跨沪杭高速公路转体桥双壁钢围堰基坑围护

跨沪杭高速公路转体桥下球铰安装四氟乙烯滑块

跨沪杭高速公路转体桥支架施工

跨沪杭高速公路转体桥现浇拱肋、拱上立柱

跨沪杭高速公路转体桥拱上连续梁施工

跨沪杭高速公路转体桥转体施工

跨沪杭高速公路转体桥合龙

沪杭高铁跨石大路转体桥如彩虹般的美丽，
成了杭州城市一道新的风景线

高速动车通过跨沪杭高速公路转体桥

沪杭高铁超大吨位转体施工拱桥建造技术

钱桂枫　程　飞　王景全　张琪峰 等　编著

中 国 铁 道 出 版 社

2012年·北 京

图书在版编目(CIP)数据

沪杭高铁超大吨位转体施工拱桥建造技术/钱桂枫等编著.—北京:中国铁道出版社,2012.1
ISBN 978-7-113-14070-0

Ⅰ.①沪… Ⅱ.①钱… Ⅲ.①高速铁路—拱桥—转体施工—中国 Ⅳ.①U448.13

中国版本图书馆CIP数据核字(2011)第273331号

书　　名:沪杭高铁超大吨位转体施工拱桥建造技术
作　　者:钱桂枫　程　飞　王景全　张琪峰 等

策划编辑:熊安春
责任编辑:陈小刚　　**电话**:010-63549495　　**电子邮箱**:cxgsuccess@163.com
封面设计:郑春鹏
责任校对:张玉华
责任印制:陆　宁

出版发行:中国铁道出版社　(100054,北京市西城区右安门西街8号)
网　　址:http://www.tdpress.com
印　　刷:北京铭成印刷有限公司
版　　次:2012年1月第1版　2012年1月第1次印刷
开　　本:889 mm×1 194 mm　1/16　印张:15.5　彩插:2　字数:465千
书　　号:ISBN 978-7-113-14070-0
定　　价:80.00元

序

转体施工技术是一种较为快捷的桥梁工程施工技术，在特定的条件下具有很大的优越性，甚至会是必选的施工方案。近几年随着我国高速铁路和高速公路路网逐渐完善，在很多跨越既有交通线的桥梁工程建设中采用了转体施工技术，并且其应用将越来越广泛，转体吨位也越来越大。然而，目前转体施工技术的理论体系与施工规程尚不完善，给设计施工带来了不便和一定的盲目性。

沪杭高速铁路连接上海和杭州两大城市，全线运营长度202 km，其中90%为桥梁工程。在沪杭高速铁路跨沪杭高速公路和跨石大路两座160 m大跨拱桥施工中，工程师们坚持科技创新，采用转体施工方式，不仅减少了对高速公路车辆通行的干扰，降低了安全风险，而且大大优化了施工组织设计。该项目的建成创造了拱桥转体跨度、转体吨位的世界第一，在软土地基上建造超大吨位转体施工拱桥也尚属首例，并实现了我国乃至世界高速铁路施工技术的突破，也为我国铁路实施走出去战略提供了新的技术支撑。迫切需要对这一成功技术进行总结提炼，为转体施工技术在我国桥梁建设中的推广应用提供示范和参考。

我高兴地看到钱桂枫、程飞、王景全等几位同志编著的《沪杭高铁超大吨位转体施工拱桥建造技术》已经完稿，并即将出版。几位作者都是高速铁路桥梁建设的科技工作者，或是在高校从事桥梁工程研究的教师，体现了理论与实践的结合。这是一本优秀的科技书，在这本书中，不仅对高速铁路桥梁转体施工技术进行了全面的阐述和分析，探讨了关键的设计理论问题，而且对沪杭高速铁路16 800 t转体施工桥梁进行了技术总结，使转体施工技术在理论与实践上均得到较大的提升和发展。这本书可使广大工程技术人员对转体施工桥梁的技术问题的认识更为清晰,并从理论高度指导设计施工;在工程技术上,对指导转体施工桥梁的设计和建造很有借鉴和帮助。此外,该书还简介了作者们的若干创新成果,并对高铁桥梁的转体施工技术作了展望。

谨向广大工程技术人员推荐这本书。

中国工程院院士 吕志涛

2012 年元旦

前　言

历经18个月的紧张施工和调试，沪杭高铁于2010年10月26日正式通车。沪杭高铁连接上海、杭州两大城市，运营里程202 km，运营时速350 km。它是在我国城市群最密集、生产力最发达、经济增长最强劲的长三角核心区域建设的又一条高铁。

沪杭高速铁路具有如下鲜明的特点：(1)设计速度350 km/h，技术新，系统集成度高。采用的是当前世界最先进的高速铁路技术，牵引供电、自动化控制、系统集成度高。(2)沿线经济发达，城镇规划完善，环境敏感点多，环保、水保要求高。(3)广泛分布深厚软土层，工程地质条件差。(4)桥梁比重高，特殊桥跨类型多。沿线河渠密集，通航河道及高等级公路星罗密布，与高速公路相交有18处，跨等级航道36处。沪杭高铁桥梁占线路长度比重高达90%，特殊孔跨有155联，有连续梁、道岔梁、刚构、刚架、特殊墩台等多种形式。

针对桥梁的技术特点，沪杭高速铁路因地制宜，采取了技术创新：在沪杭高铁跨沪杭高速公路和跨石大公路两座160 m大跨连续自锚上承式拱桥施工中，采用转体施工方式；首次设计并建成了高速铁路跨度最大且孔数最多的2×135 m混凝土连续梁。两转体拱桥，在设计、重量、跨度上创出三个世界第一：高速铁路160 m自锚上承式钢筋混凝土拱桥跨度为世界第一，软土地基上首次建造160 m自锚上承式钢筋混凝土拱桥，单边转体自重为世界同类转体桥梁之最。克服了精度高、技术新，地质复杂等难题，实现了我国乃至世界高速铁路施工技术的突破。

转体施工技术不仅减少了对高速公路车辆通行的干扰，降低了安全风险，而且大大缩短了施工工期，比同类跨度桥梁约节省6个月以上的工期，实现了我国乃至世界高速铁路施工技术的突破，为我国铁路实施走出去战略提供了新的技术支撑。

本书系统地总结了沪杭高速铁路两座转体施工自锚上承式系杆拱桥的技术成果。全书共分7章:第1章系统总结了国内外转体施工桥梁技术现状,重点针对高速铁路的技术现状作了评述。第2章介绍了沪杭高速铁路及其转体施工桥梁的工程背景和特色。第3章从工程设计角度介绍了项目的设计要点。第4章介绍了施工过程及技术难点。第5章介绍了转体施工过程中的施工监控技术。第6章介绍沪杭高铁的相关科研项目及成果。最后一章对本工程进行了总结和展望。本书由沪杭客运专线股份有限公司钱桂枫、程飞和东南大学王景全、张琪峰等编著。

中国工程院院士、东南大学吕志涛教授、上海铁路局王峰常务副局长一直热情鼓励编写本书,并在百忙之中给予具体指导。本书成稿阶段得到了中铁第四勘察设计院集团有限公司、中铁十二局集团公司、中铁一局集团公司的领导和工程师们的帮助,本书研究内容是集体智慧的结晶,研究成果离不开各位工程师们的灵感和智慧,笔者表示衷心的感谢!

本书图文并茂,内容丰富,可供从事铁路桥梁科研、设计、施工、建设管理、教育等相关人员参考,也可为国内外同类高速铁路工程借鉴。

目　　录

第1章　桥梁转体施工发展与关键技术要点

桥梁转体施工是一种无支架的施工方法，在上跨山谷、大河、既有线等桥梁建设中应用具有显著的优越性。转体施工的本质是将桥梁在非原位处进行制造，然后通过转动体系将其旋转到设计位置的一种施工方法。根据旋转的方向不同，转体施工方法主要可分为平转、竖转、平竖转结合三种类型。所谓平转即指桥梁结构仅在水平面内进行旋转，到达设计位置；竖转指结构只在竖面内进行旋转的施工方法，平竖转结合即为上述两种旋转方法的混合。

早期转体施工技术主要用于山区跨越河流或山谷的桥梁，多为拱桥。后经推广及进一步发展，在适用桥型、转体技术、应用范围等方面均有长足进步。我国的转体施工技术起步落后于西方，但发展迅速。据统计，截至目前我国采用转体施工的桥梁总数已位居世界第一。

1.1　转体施工及其关键技术

1.1.1　转体施工概述

转体施工法最早出现的是竖转法，从20世纪40年代就开始在国外使用。如1947年法国修建的一座主跨为110 m的拱桥；20世纪50年代意大利修建了跨径70 m的多姆朗斯河桥。这种竖转法主要运用于中小钢筋混凝土肋拱桥中，而当桥梁跨径增大以后，拱肋过长，竖向搭架过高，转动难以控制。

在竖转法产生大约30余年后，平转工艺开始得到尝试。此后，转体施工技术逐步应用于斜拉桥、梁桥，进一步发展了平转法施工技术。平转法于1976年首次在奥地利维也纳的多瑙河运河桥上运用，该桥为跨度(55.7+119+55.7) m的双塔斜拉桥采用了平转施工，转体重量3 000 t。该桥的成功转体，惊动了世界桥梁界。

我国早期的转体施工桥梁多建于山谷或河流等地。在山区典型“V”形河套上，谷深流急，建桥十分困难。采用常用的施工方法，施工设备与用钢量剧增，费用昂贵，施工安装难度大。而一旦采用转体施工，施工就会方便很多。

为适应山区建桥，1975年我国进行了“拱桥转体施工工艺”的研究，并于1977年完成第一座跨径为70 m的钢筋混凝土箱形肋拱转体施工试验桥——四川遂宁建设桥。其后，转体施工工艺在全国范围内得到推广应用，桥型包括箱形拱、双曲拱、桁架拱、刚架拱、斜腿刚架、斜拉桥、T形刚构、板拉桥、连续梁桥及中承式拱桥等。分别用于跨越河流、铁路、公路以及大型馆堂建筑物。这一工艺对地形的适应也由山区进入了平原，取得了较好的技术经济效益，且施工时不影响通航，不中断通车。

统计表明，截至目前我国采用转体施工的桥梁总数已居世界第一。

当前，我国正进行着大规模的基础设施建设，并且在未来很长一段时间仍将持续，在这大背景下，大量跨线桥适宜采用转体施工技术，但是目前我国对转体施工技术的研究较工程实践相对落后，对一些关键技术的掌握不够，比如球铰制作技术、转体安全监控技术等，同时，工程界尚未形成有关转体施工的设计施工指南，这些理论与技术上的不足制约了转体施工技术的进一步发展。

1.1.2　转体施工基本概念

转体施工概念清晰、施工简便，逐渐受到工程界的认可。下面简要介绍转体施工的几项基本概念。

1. 转体施工方法分类

转体施工方法分类如图 1－1－1 所示。转体法施工，根据桥梁结构的转动方向，可分为竖向转体法、水平转体法以及竖转和平转相结合的方法，其中以平转法应用最广泛，而近年来更大跨径的桥梁转体则更多的考虑竖转和平转相结合的方法。竖向转体法按其转动方向分为向上和向下两种。水平转体施工可分为平衡转动体系转体施工和无平衡重转体施工方法，其中平衡转动体施工又可分为结构自平衡转体施工与需专门配重的转体施工。

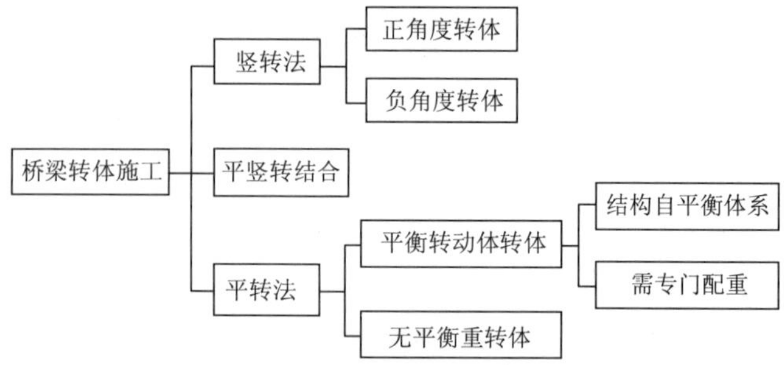

图 1－1－1　转体施工方法分类

(1)竖转施工方法

竖向转体施工是将桥梁从跨中分为两半，在轴线上利用地形搭设简单支架，在其上组装或现浇拱架也可工厂预制，用浮船运至桥轴线下方，在拱脚安装转动铰，铰的摩阻力应尽量减小。同时在岸边搭设索塔利用扣索的牵引力将结构竖向旋转至设计高程，跨中合龙完成结构安装。半跨结构的重力对转铰的力矩是半拱的重量和重力臂的乘积，而扣索力和扣索力臂乘积来抵消重力矩。设法增大扣索力臂就可减小拉索的拉力，竖向转体就是利用这个原理在岸边搭设塔架，来增大扣索力臂，减小扣索力，用较小的动力设备就可以达到转动较重结构的目的。竖向转体的体系布置及转动球面铰构造如图 1－1－2 所示。

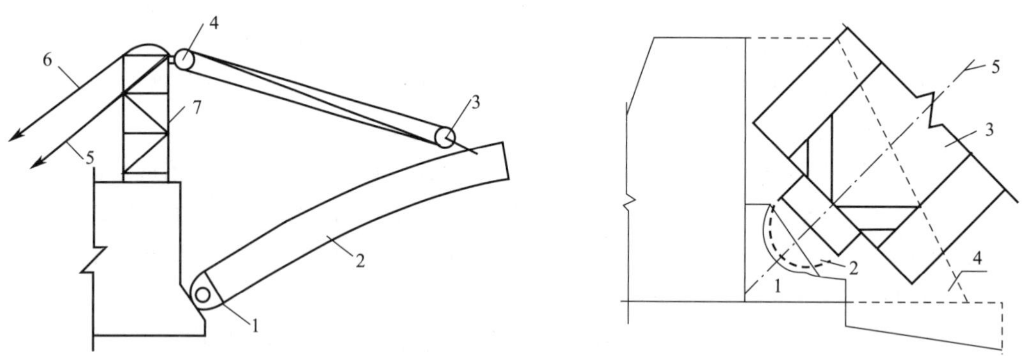

(a)竖转体系布置

1—转动铰；2—桥体；3—动滑车；4—定滑车；5—牵引车；6—锚索（接锚定）；7—塔架

(b)转动球面铰构造

1—铰座；2—铰轴；3—拱肋；4—封铰混凝土；5—拱轴线

图 1－1－2　竖转施工结构体系布置示意图

除此之外，国外采用了滑模施工，竖直浇筑主体结构，安装机锚系统，将结构向下竖转至设计高程，完成主体结构施工，亦可取得较好的技术经济效益。

图 1－1－3 所示的是贵州珍珠大桥采用竖转法施工。

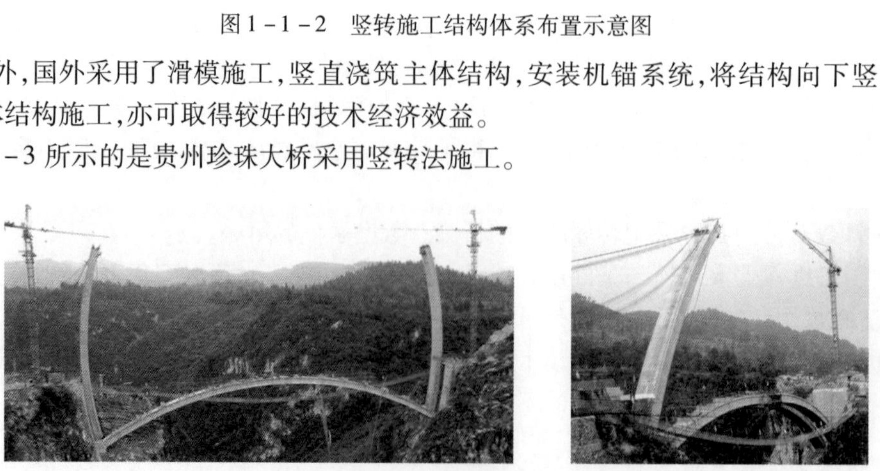

图 1－1－3　贵州珍珠大桥

(2)平衡转动体系转体施工方法

将主体结构分为两个半跨，分别在两岸利用地形做简单支架预制(拼装)主梁结构，利用结构本身及结构用钢组成扣锚体系，张拉扣索使主梁结构脱架。由主梁结构、平衡重、上转盘及扣索组成转动体系(其重心通过转轴中心)，借助于预先设置的具有较小摩擦系数的环形滑道，用卷扬机或千斤顶牵引(需要时可增加助推设施)，将桥梁结构转至桥轴线就位合龙。

①结构自平衡转体施工

斜拉桥、板拉桥、T 形刚构、连续刚构、桁式拱桥、拱梁体系组合梁桥、中承式系杆拱等桥型依靠结构自身就能实现平衡，且结构自身强度完全满足转体施工阶段的受力要求，转动体系较为简单，采用转体施工更为经济合理。采用这种类型进行转体施工的桥梁有山东大里营斜拉桥(图 1－1－4)、江西德兴太白桥(图 1－1－5)等。

图 1－1－4　山东大里营斜拉桥

②需专门配重的转体施工

这种转动体系设计的基本思路是通过调整背墙尺寸或配重把转动体系的重心设计在中心上，利用桥梁两岸的地形，选择合适的角度制作土牛拱胎，搭设简易支架，在支架上组装或浇筑桥梁上部构造。这种类型的转体桥可以做成钢筋混凝土桁架拱、刚架拱、斜腿刚架、双曲拱、箱肋拱或是钢管混凝土桁架拱、钢管混凝土上承式肋拱等桥型。采用这种转体方式施工的桥梁有河东大桥、江西高安樟树岭水库大桥。

(3)无平衡重转动施工方法

无平衡重转体施工利用锚固体系形成平衡体系，节省了平衡转动体系的庞大平衡圬工，再通过转动体系及位控体系的作用，实现结构转动就位合龙。

无平衡重转体施工有锚固体系、转动体系和位控体系组成，如图 1－1－6 所示。

图 1－1－5　江西德兴太白桥

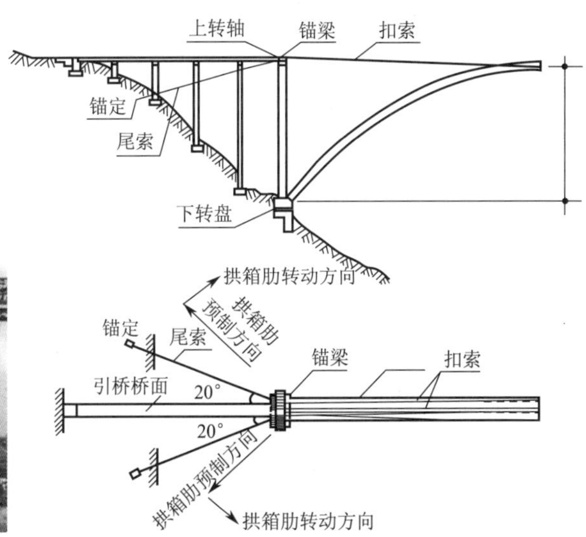

图 1－1－6　无平衡重转体示意图

①锚固体系有锚定、尾索、平撑和立柱组成。锚定设与引道与边坡岩层中,锚梁支撑于立柱上,两个方向的平撑和尾索组成三角形稳定机构,使上转轴为一确定的固定点。拱箱转至任一角度,锚固体系平衡拱箱扣索力,从而可省去平衡转动体系的庞大平衡污工。

②转动体系由上下转轴、拱箱和扣索组成。上转轴有埋于锚梁中的轴套、转轴和环套组成。扣索一端与环套相连,另一端与拱箱顶端相连,转轴、环套与轴套间均可转动。

③位控体系。上转盘与下转盘之间设有一偏心值,扣索张拉到设计吨位后,拱箱离架,扣索力产生一个向外的分力,即形成向外自转的力矩。因此,必须在拱箱顶端用缆风索将拱顶拉住。用卷扬机放缆风索,拱箱即可自动向外转体就位。缆风索控制了拱箱转动速度和位置,这就是位控体系。无平衡重转体施工就是利用上下转盘之间的偏心,使得拱架对转铰有一个偏心力矩,这样拱架自动地向河心转动(不考虑摩擦力),节省了吊装设备,简化了施工。1984 年,我国进行了“拱桥无平衡重转体施工工艺”研究,结合巫山县龙门桥地形特点,完成了巫山龙门桥 $L = 122$ m 箱形拱无平衡重转体施工试验桥,如图 1-1-7 所示。

(a)转体中　　(b)建成后

图 1-1-7　巫山县龙门试验桥

(4)平转与竖转相结合

顾名思义,平转与竖转结合综合了平转方法与竖转方法的特点。采用平竖转结合转体施工的桥梁有广东佛山东平大桥(图 1-1-8)、广州丫髻沙大桥等。

图 1-1-8　广东佛山东平大桥

2. 转体施工特点

(1)转体施工法用桥梁结构本身做成转动体系,充分利用结构本身及结构用钢作施工设施,完全避免了在河道上搭设大量支撑管架,大大减少了钢管等周转性材料的投入,降低了成本。

(2)改高处作业或水上作业为岸边陆地作业,扩大了施工场地,改变了施工环境和施工条件,施工安全得到了提高。

(3)在航河道或车辆频繁的跨线立交桥的施工中可不间断通航、不干扰交通,且当主要构件先期合龙后,能给以后的施工带来方便。

(4)用简单的机械(如手拉葫芦、千斤顶、手摇绞车等)就能使结构转体合龙,且能很好地控制桥梁成型后的线型和外观质量。

(5)转体施工法施工简单快速,有利于加快工程进度,缩短施工周期,直接经济效益十分明显。

例如:兴贤桥(挂篮施工)与北津桥(转体施工)是同期在浒关镇建造的横跨苏南运河的桥梁,其桥型结构、荷载等级、桥宽、桥长等与北津桥基本一致,且由同一个施工队伍中标承建。北津桥主桥与兴贤桥主桥相比,混凝土指标:上部是兴贤桥的 78%,下部是兴贤桥的 36.8%;钢材指标:上部是兴贤桥的 85.3%，下部是兴贤桥的 74.2%；钢绞线指标是兴贤桥的 72.3%。北津桥的总造价为 676.74 万元，兴贤桥的总造价为 893.56 万元，北津桥总造价是兴贤桥的 75.7%。

目前转体施工法已经得到广泛的应用，但是，它还不是最完善的体系。和其他施工方法一样，也存在一些缺点，简述如下。

(1)施工中钢筋混凝土球缺铰(上、下转盘)的加工制作、磨合等工艺都很繁琐复杂，控制精度对于土建施工而言也很难达到。

(2)合龙过程中连续千斤顶沿着钢绞线只能上升不能自动下降，当项升超位，需要把结构高程下调时，必须手工放松夹片，这是非常困难的。一旦控制夹片的小螺钉拉断，要取出夹片就更困难了。

(3)转体施工结构为了减轻重量、增大跨度，尽量采用轻型结构或劲性骨架，这样很容易使得结构的稳定性降低，所以转体阶段容易出现结构失稳的现象，必须予以关注。

(4)转体阶段结构容易出现裂缝，尤其是在背墙和拱架等部位，为结构埋下了安全隐患。

3. 转体施工适用条件

(1)平转法：对于山区的深谷高桥、两岸陡峻及预制场地狭窄的桥位，利用两岸地形搭设简单支架，采用平转施工法具有较大的优越性；对于平原地区的跨线桥施工，特别是桁架桥、刚构桥、斜拉桥等结构自平衡体系，采用转体施工可以将对交通的影响降到最低。

(2)竖转法：对于季节性河流或河流水深较浅搭设支架不困难的河流，常采用搭设简单支架组拼和现浇拱肋(大田口渡槽、南昌体育馆、三滩沟桥)；对于通航河流，也可采用工厂制造，浮船浮运至桥位，拱肋由下向上竖转至设计高程。国外竖转施工常用桥台结构竖向搭设组拼或现浇拱肋的脚手架，拱肋由上向下竖转至设计高程。

(3)平竖结合法：主要用于平原区。当跨越宽阔河流及桥位地形较平坦时，采用平转法施工难以有效利用地形，宜采用竖转与平转相结合的方法。

4. 转体体系基本组成

(1)平转法

平转体系主要由转动支承系统、转动牵引系统和平衡系统组成。其中，转动支承系统是平转法的核心。

①转动支承系统

转动支承是平转法施工的关键部件，由上转盘、下转盘构成。上转盘支承转动结构，下转盘与基础相连。通过上转盘相对于下转盘转动，达到转体目的。转动支承往往必须兼顾转体、承重及平衡等多种功能。按转动支承时的平衡条件，转动支承可分为中心支承、撑脚支承和中心与撑脚共同支承 3 种。

中心支承，即由中心承压面承受全部转动重量，有时在中心插有定位转轴。为了保证安全，通常在支承转盘周围设有支重轮或承重柱块。正常转动时，支重轮或承重柱块不与滑道面接触，只在有倾覆倾向时才起支承作用。在已转体施工桥梁中，一般要求此间隙为 2 ~ 20 mm，间隙越小对滑道面的平整度要求也越严格。中心支承有钢制体系与混凝土体系之分，其中钢制体系又可分为钢制球铰转盘和钢制平面转盘，如图 1 - 1 - 9、图 1 - 1 - 10 所示。

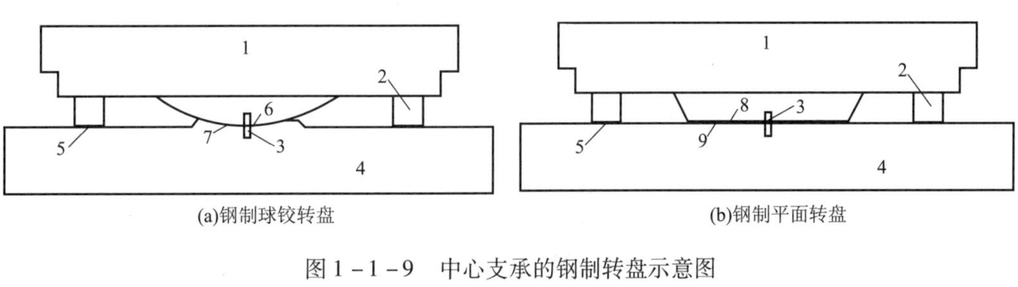

(a)钢制球铰转盘　　(b)钢制平面转盘

图 1 - 1 - 9　中心支承的钢制转盘示意图

1—上承台；2—撑脚；3—销轴；4—下承台；5—环道；6—上球铰；7—下球铰；8—上钢板；9—下钢板

第二种转动支承为撑脚支承形式。撑脚支撑形式下转盘为一环道，上转盘的撑脚有4个或4个以上，以保持平转时的稳定。这种形式，转动过程支撑范围大，抗倾稳定性能好，但阻力力矩也随之增大，而且环道与撑脚的施工精度要求较高。撑脚形式有采用滚轮，也有采用柱脚的。滚轮平转时为滚动摩擦，摩阻力小，但加工困难，而且常因加工精度不够或变形使滚轮不滚。采用柱脚平转时为滑动摩擦，通常用不锈钢板加四氟板再涂黄油等润滑剂，其加工精度比滚轮容易保证，通过精心施工，已有较多成功的例子。当转体结构悬臂较大，抗倾覆稳定要求突出时，往往采用此种结构。

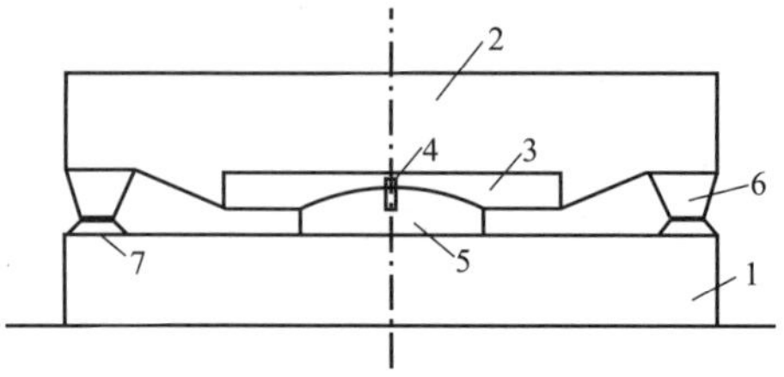

图1-1-10　中心支承的混凝土转盘示意图
1—下转盘；2—上转盘；3—球铰盘；4—钢制定位；5—球面铰柱；6—支腿；7—环道

第三类支承为中心与撑脚共同支承。如果撑脚多于一个，则支承点多于2个，上转盘类似于超静定结构，在施工工艺上保证各支撑点受力基本符合设计要求比较困难。广州丫髻沙大桥原采用多撑脚与中心共同受力体系，后考虑到这种困难，减小了中心受压的比例，使其蜕化为撑脚体系。水平转体施工中，转得动转不动是一个很关键的技术问题。一般情况下可设启动摩擦系数为0.06~0.08之间，有时为保证有足够的启动力，按0.1配置启动力。因此，减小摩阻力，提高转动力矩是保证平转顺利实施的两个关键。转动力通常安排在上转盘的外侧，以获得较大的力臂。转动力可以是推力，也可以是拉力。推力由千斤顶施加，但千斤顶行程短，转动过程中千斤顶安装的工作量又很大，为保证平转过程的连续性，所以单独采用千斤顶顶推平转的较少。转动力通常为拉力，转动重量小时，采用卷扬机，转体重量大时采用牵引千斤顶，有时还辅以助推千斤顶，用于克服启动时静摩阻力与动摩阻力之比的增量。

②转动牵引系统

桥梁转体施工的牵引系统主要有两种。一种是锚定加电动或手动卷扬机滑车轮组系统。由于该牵引系统需修筑锚定并灌注相当数量的混凝土，一次性使用后便废弃不用，材料浪费多，且需要较大的施工场地和较大的专用设备投资等。此牵引系统控制精度不高、效率低下，在现代大跨桥梁转体中很少采用。另一种是液压千斤顶牵引系统，随时间发展为间断牵引方法和连续牵引方法。连续牵引避免了因频繁起动、停止而发生的颤动，是牵引转体施工技术的进步。连续牵引系统由连续自动伸缩两台千斤顶和钢铰线索柔性拉杆、自动工具锚以及拉锚器等系统组成。目前桥梁转体的重量和跨径都有增大的趋势，这也为液压千斤顶牵引系统的发展创造了机遇。佛山东平大桥更是成功的应用此技术完成了3 000 t竖提转体和14 800 t的平面转体。

③平衡系统

平衡系统是转体施工成败的关键。对于斜拉桥、T形刚构桥以及带悬臂的中承式拱等上部恒载在墩轴线方向基本对称的结构，一般以桥墩轴心为转动中心，为使重心降低，通常将转盘设于墩底。对于单跨的拱桥、斜腿刚构等，可分为有平衡重与无平衡重转体两种。有平衡重时，上部结构与桥台一起作为转体结构，上部结构悬臂长，重量轻，桥台则相反，在设置转轴中心时，尽可能远离上部结构方向，以求得平衡，如果还不平衡，则需在台后加平衡重。无平衡重转体，只转动上部结构部分，利用背索平衡，使结构转体过程中被转体部分始终为索和转铰处两点支承的简支结构。对于双肋拱，双肋分于两侧，然后向中间转。

(2)竖转法

竖转法主要用于肋拱桥。我国在应用竖转法时，拱肋是在低位浇筑或拼装，然后向上拉升达到设计位置。

竖转体系通常由牵引系统、索塔、拉索组成。竖转的拉索索力存脱架时最大，因为此时拉索的水平角最小产生的水平分力也最小，而且拱肋要实现从多跨支承于拱架的连续曲梁转化为铰支承和扣点处索支承的曲梁，脱架时要完成结构自身的变形和受力转化。

为使竖转脱架顺利，有时需在提升索点安置助升千斤顶。竖转施工方案设计时，要合理安排竖转体系。索塔高、支架高(拼装位置高),则水平交角也大,脱架提升力也相对小,但索塔、拼装支架受力(特别是受压稳定问题)也大,材料用量也多;反之亦然。在竖转过程中,主要要考虑索塔的受力和拱肋的受力,尤其是风力的作用。

在施工工艺上,竖转铰的构造与安装精度,索鞍与牵转动力装置,索塔和锚固系统是保证竖转质量、转动顺利和安全的关键所在。国内的拱桥基本上为无铰拱,竖转铰是施工临时构造,所以,竖转铰的结构与精度应综合考虑满足施工要求和降低造价。跨径较小时,可采用插销式,跨径较大时可采用滚轴。拉索的牵引系统当跨径较小时,可采用卷扬机牵引;跨径较大,要求牵引力较大,牵引索也较多时,则应采用千斤顶液压同步系统。

1.1.3　转体施工关键技术

桥梁转体施工与其他施工工艺的最大区别在于,要实现桥梁转体“转得动、转得稳、转得准”的目标。为此,桥梁转体施工存在以下几项关键技术:①球铰的设计与施工;②转动体系的布置;③转体施工准备;④转体稳定性控制。

1. 球铰的设计与施工

(1)球铰材料的开发

转动支承体系中最重要的部件就是球铰。目前,最常用的两种球铰类型是混凝土球铰和钢制球铰。一般来说,混凝土球铰适用于小吨位转体,大吨位转体一般都采用钢制球铰。一些高性能混凝土球铰还处于研究阶段,距离实际应用还有很长的路要走。

(2)转盘结构

我国转体施工所采用的转盘结构,基本上只有两种,即环道与中心相结合的转盘和中心支承转盘结构。

(3)球铰施工技术

钢制球铰需要加工制作,并现场安装。目前,国内能生产钢制球铰的厂家较少,而且价格昂贵。

混凝土球铰的施工则较繁琐。施工过程中,除了加强现场管理、严格控制质量外,还参照转体工艺流程对重要部位和关键工序的施工制定了技术对策。混凝土球铰施工要点主要有以下两点:

①研制母线板,准确浇筑球铰转动轴。

②涂油细磨,提高球铰表面圆顺光滑度。

2. 转动体系布置

转动系统由牵引及助推系统、防过转及微调系统、测量系统等构成。转体施工设备采用全液压、自动、连续运行系统。

采用电动分离式油压千斤顶作为转体动力装置,除了可以直接在压力表上读取转体作用力值外,还能克服采用卷扬机、普通千斤顶作转体动力装置,转体过程中作用力大小无法准确测量控制、作用力不易保持平衡、加载难以保持同步进行,桥梁转体到位后中心及顶部高程容易出现偏差,接正合龙前尚须用。大吨位千斤顶、卷扬机、导链等机具体进行纠偏的缺陷,对桥梁尤其是高重心桥平稳转体具有明显功效。

3. 转体施工准备

转体施工的关键构件就是承载整个转动体重量的转动球铰,而转动球铰摩擦系数的大小直接影响着转体时所需牵引力矩的大小。在施工支架完全拆除后以及在转体过程中,转动体的自平衡或配重平衡又对施工过程的安全性起着至关重要的作用。

转体桥梁在沿梁轴线的竖平面内,由于球铰体系的制作安装误差和梁体质量分布差异以及预应力张拉的程度差异,可能导致桥墩两侧悬臂梁段质量分布不同以及刚度不同,从而产生不平衡力矩。为了保证桥梁转体的顺利进行,及时为大桥转体阶段的指挥和决策提供依据,有必要在转体前进行转动体称重试验,测试转动体部分的不平衡力矩、偏心距、摩阻力矩及摩擦系数。

4. 转体稳定性控制

转体桥梁的稳定性控制包括两方面:一是转动体的倾覆稳定性控制;一是拱肋屈曲稳定性控制。

(1)转动体倾覆稳定性控制

在施工支架完全拆除后及在转体过程中,转动体的自平衡或配重平衡对施工过程的安全性起着至关重要的作用。施工支架拆除后,转动体的平衡体系将出现下列两种情况中的一种:转动体球铰摩阻力矩小于转动体不平衡力矩;转动体球铰摩阻力矩大于转动体不平衡力矩。当转动体球铰摩阻力矩小于转动体不平衡力矩时,意味着支架拆除后,转动体部分在自身的不平衡力矩作用下发生转动;当转动体球铰摩阻力矩大于转动体不平衡力矩时,意味着支架拆除后,转动体部分在自身的不平衡力矩作用下不能发生转动。为了保证桥梁转动体形成整体后拆架过程中的安全和转体过程的顺利进行,及时为大桥转体阶段的指挥和决策提供依据,有必要在转体前进行转动体称重试验,测试转动体部分的不平衡力矩、偏心距、摩阻力矩及静摩擦系数。

所以,在桥梁转体施工中,尤其是在转体重达万吨以上的桥梁施工中,为了确保转体过程的安全性,及时为大桥转体阶段的指挥和决策提供依据,有必要在转体前对转动体部分的不平衡力矩进行测试。

(2)拱肋屈曲稳定性控制

拱肋的屈曲稳定性一向都是拱桥施工中的关键技术问题,而当采用转体施工,这个问题又进一步被强调。长期以来,对拱的稳定性研究都只限于光滑的理想拱轴线(圆弧拱、抛物线拱或悬链线拱)的状态,而实际上理想拱轴线在拱桥的施工过程中几乎不可能实现。转体桥为了实现自重轻,施工方便,往往采用薄壁结构,从而使得桥梁整体在转动过程中和二期荷载施加过程中的稳定安全问题显得突出。

特别是对钢箱薄壁截面拱肋,主拱在合龙前后容易发生加劲肋板及侧板的局部屈曲,合龙后的二期混凝土浇筑时,由于刚浇筑的混凝土没有任何承载力,纯粹以自重荷载的形式施加在薄壁箱形拱圈上,加之转体桥施工应用范围主要在高山深涧之中,无法做有效支架。这些不利因素导致二期混凝土加载过程中,桥梁可能发生平面外屈曲。

实际施工中,拱肋稳定性可以通过计算和施工监控来保证。首先,要通过有限元程序进行施工全过程的受力分析,确保在计算上拱肋稳定性满足要求。然后在施工过程中进行施工监控,当出现变形异常或明显屈曲,则应当立即停止施工,商讨解决办法,采取适当的处理措施保证拱肋稳定性后再进行施工。

1.2 国内外桥梁转体施工技术发展现状

1.2.1 国外转体施工桥梁调研

转体施工法最早出现的是竖转法,从 20 世纪 40 年代就开始在国外使用。如 1947 年法国修建的一座主跨为 110 m 的拱桥;20 世纪 50 年代意大利修建了跨径 70 m 的多姆朗斯河桥。这种竖转法主要运用于中小钢筋混凝土肋拱桥中,因为当桥梁跨径增大以后,拱肋过长,竖向搭架过高,转动很难控制。

在竖转法产生大约 30 多年后,才在竖转法的启迪下开始了平转工艺的尝试。后来又将转体施工技术应用于斜拉桥、梁桥,进一步发展了平转法施工技术。平转法于 1976 年首次在奥地利维也纳的多瑙河运河桥上运用,对跨度为(55.7 + 119 + 55.7) m 的双塔斜拉桥采用了平转施工,转体重量 3 000 t。该桥的成功转体,惊动了世界桥梁界。

此后,法国、德国、日本、比利时等国家开始采用此法,并相继修建了斜拉桥、T 构桥、钢桁架桥、预应力连续梁桥和拱桥等桥型的桥梁,迄今为止,转体重量最大的是 1991 年在比利时修建的本 · 艾因桥(图 1 – 2 – 1),该桥为斜拉桥,跨径布置(3 × 42 + 168) m,转体重量达 1.95 万 t。表 1 – 2 – 1 所示的是国外部分采用转体施工的桥梁。

1.2.2 国内转体施工桥梁调研

1. 国内转体施工桥梁发展现状综述

为适应山区建桥,1975 年我国进行了“拱桥转体施工工艺”的研究,并于 1977 年完成第一座跨径为 70 m 的钢筋混凝土箱形肋拱转体施工试验桥——四川遂宁建设桥。其后，转体施工工艺在全国范围内得到推广应用，桥型包括箱形拱、双曲拱、桁架拱、刚架拱、斜腿刚架、斜拉桥、T 形刚构、板拉桥、连续梁桥及中承式拱桥等。分别用于跨越河流、铁路、公路以及大型馆堂建筑物。这一工艺对地形的适应也由山区进入了平原，取得了较好的技术经济效益，且施工时不影响通航，不中断通车。

图 1－2－1　瑞士 Ben-Ahin 桥

转体施工技术在斜拉桥和刚构桥中的应用，使其从山区推广至平原，尤其是跨线桥的施工。例如，1980 年四川金川县的曾达桥（图 1－2－2），独塔斜拉桥，转体重量1 344 t；1985 年江西贵溪跨线桥（斜脚刚构桥，转体重量1 100 t）；1990 年四川绵阳桥（T 构桥，转体重量 2 350 t）；1997 年山东大里营立交桥（刚性索斜拉桥，转体重量3 040 t）；1998 年贵州都拉营桥（T 构桥，转体重量 7 100 t）。

20 世纪 70 年代末 80 年代初我国平转法施工的拱桥，跨径均在 100 m 以下，且均为有平衡重转体施工。为解决大跨径拱桥转体重量大的问题，四川省交通厅公路规划设计院从 1979 年开始了“拱桥双箱对称同步转体施工工艺”研究（又称为无平衡重转体施工），并于 1987 年成功地进行了跨径为 122 m 的四川巫山龙门桥试验桥（图 1－2－3）施工。1993 年德兴太白桥采用该法转体成功，使我国拱桥的跨径首次跃上 200 m 大关。

表 1－2－1　国外部分转体施工桥梁

修建年份	桥址	桥型	桥跨(m)	转体方式	吨位(t)
20 世纪 40 年代	法国某桥	拱桥	110	竖转法	
20 世纪 50 年代	意大利多姆朗斯河桥		70	竖转法	
1976 年	奥地利多瑙河运河桥	双塔斜拉桥	119	平转法	4 000
1981 年	法国 Gilly 桥	斜塔斜拉桥	67 + 103	平竖转结合	
1982 年	法国 Melan 人行桥	双塔斜拉桥	79		
1982 年	法国 hof 桥	双塔斜拉桥	79		
1986 年	德国 Argentobel 桥	拱桥	150	竖转法	
1991 年	比利时 Ben-Ahin 桥	双塔斜拉桥	128 + 168	平转法	19 500

图 1－2－2　四川金川县曾达桥

图 1－2－3　巫山龙门试验桥

根据巫山龙门桥施工试验结果，1988 年完成了四川涪陵乌江大桥（图 1－2－4）$L=200$ m 双箱对称同步转体施工的实践。同一时期，自贡市水电局 1984 年完成了 $L=100$ m 的桁架渡槽竖转施工，1985 年在南昌体育馆 $L=88$ m 拱竖转施工，1990 年广元完成 $L=70$ m 三滩沟刚架拱竖转施工，1999 年广西梧州完成 $L=170$ m 钢管混凝土拱桥竖转施工。

1993 年，郑州铁路局为适应跨越铁路编组站。不影响通车的需要，需要采用竖转与平转相结合的转体施工工艺，建成了 $L=150$ m 的安阳钢管混凝土拱桥（图 1－2－5）。

图 1－2－4　四川涪陵乌江大桥

图 1－2－5　安阳文峰钢管混凝土拱桥

1999 年，为不影响珠江口通航，广州丫髻沙大桥采用竖转与平转相结合的转体施工工艺，建成跨径达 344 m 钢管混凝土中承式系杆拱，转体重量达 13 685 t。在平原区修建大跨径拱桥取得了突破性进展，为我国桥梁建设创造了新纪录，如图 1－2－6 所示。

2001 年，贵州北盘江大桥（图 1－2－7）采用竖转法转体施工，跨径达 236 m 上承钢管混凝土拱桥，转体重量达 10 400 t，为我国首座万吨级转体桥梁。2003 年，北京石景山混凝土斜拉桥，跨径组合为（45＋65＋95＋40）m，采用平转法施工，转体重量达 14 000 t。同样转体重量达 14 000 t 的还有 2005 年建成的绥芬河预应力混凝土斜拉桥（图 1－2－8）。2009 年，石环公路跨石太铁路公路斜拉桥采用平转法转体施工，转体重量达 16 500 t。2010 年 6 月，沪杭高铁跨沪杭高速系杆拱桥（图 1－2－9）采用平转法施工，转体重量达 16 800 t，是目前我国转体吨位最大的桥梁。

图 1－2－6　广州丫髻沙大桥

图 1－2－7　贵州北盘江大桥

图 1－2－8　绥芬河斜拉桥

图 1－2－9　沪杭高铁跨沪杭高速系杆拱桥

2. 国内转体施工桥梁调研总结

本书对我国自 1977 年建成第一座转体桥以来的所有转体施工桥梁进行了全面调研，成果如下：竖转施工桥梁 9 座（另外还有一体育馆和一渡槽），平转施工桥梁 105 座（其中 2000 年之前的有 63 座，之后的有 42 座），竖转平转相结合施工桥梁 5 座，具体信息如表 1－2－2～表 1－2－5 所示。下面将以这些桥梁作为分析对象，研究转体施工的发展历程。

表 1－2－2　我国部分采用竖转法施工的工程

序号	年份	桥梁名称	结构类型	桥跨（m）	吨位（t）
1	1985	自贡市水电局渡槽	桁架	100	320
2	1989	南昌体育馆	拱	88	
3	1990	三滩沟刚架拱桥	刚架拱	70	
4	1991	四川杨家沟桥	箱肋拱	60	
5	1996	三峡莲沱桥	钢管混凝土拱桥	48.3＋114＋48.3	
6	1996	三峡黄柏河桥和下牢溪桥	钢管混凝土上承式拱桥	160	3 500
7	1999	广西鸳江桥	三孔自锚式钢管混凝土系杆拱桥	175	
8	2001	徐州京杭运河桥	钢管混凝土提篮拱桥	235	
9	2007	贵州珍珠大桥	混凝土箱拱	120	600

表 1－2－3　2000 年之前我国部分采用平转法施工的桥梁

序号	年份	桥梁名称	结构类型	桥跨（m）	吨位（t）
1	1977	四川遂宁	钢筋混凝土箱肋拱	70	1 200
2	1978	四川小金县新桥	桁架拱	46.8	365
3	1979	四川宋科桥	桁架拱	50	526
4	1979	四川松树坳渡槽	桁架拱	51.73	347
5	1980	四川金川曾达桥	独塔斜拉桥	41＋70	1 344
6	1980	四川壤塘枣科桥	桁架拱	50	526
7	1980	四川三台鲁班水库桥	钢桁架	35	50
8	1981	贵州瓮安鲤鱼塘桥	箱梁双曲拱	80	1 630
9	1981	四川黑水穿洞子桥	双曲拱	35	260
10	1981	四川黑水渔巴渡桥	双曲拱	30	274
11	1982	四川卧龙核桃坪桥	桁架拱	40	292
12	1983	湖南洞口县洪溪桥	刚架拱	40	322
13	1983	四川木里县安定桥	桁架拱	45	460

续上表

序号	年份	桥梁名称	结构类型	桥跨(m)	吨位(t)
14	1983	四川南平县绕腊桥	刚架拱	30	192
15	1984	四川松潘镇江关桥	刚架拱	35	382
16	1984	江西庆平县杨村流槽桥	刚架拱	67	440
17	1985	山东济南前进桥	刚架拱	40	836
18	1985	四川自贡大田口渡槽	桁架拱	100	320
19	1985	江西贵溪跨线桥	斜脚刚构	38.6	1 100
20	1986	湖南洞口县石背桥	箱形拱	90	1 666
21	1986	四川壤塘县幸福桥	桁架拱	24	
22	1986	四川壤塘县友谊桥	桁架拱	29	
23	1986	四川壤塘县团结桥	桁架拱	44	
24	1987	四川巫山龙门桥试验桥	钢筋混凝土箱形拱	122	424
25	1987	湖南资兴县游垄桥	双曲拱	60	38
26	1987	四川小金县抚边桥	斜腿刚构	31	750
27	1987	广西崇左县禄江桥	箱形拱	65	1 800
28	1987	江西南昌水厂人行桥	肋拱	50	
29	1987	广东罗定县古榄桥	刚架拱	60	640
30	1988	广西钦江大桥	钢筋混凝土箱形拱	120	3 003
31	1988	湖南保靖县仙人桥	刚架桥	80	1 570
32	1988	四川涪陵乌江大桥	钢筋混凝土箱形拱	200	750
33	1989	四川阿坝金川何东大桥	桁架拱	75	950
34	1989	四川茂县木学堡桥	桁架拱		
35	1990	四川茂县烟灯坡桥	桁架拱		
36	1990	四川绵阳桥	T构桥	70	2 350
37	1990	四川广元三滩沟桥	刚架拱	60	
38	1990	湖北巴东县三道沟桥	刚架拱	35	850
39	1990	广西红水河桥	箱肋拱	120	
40	1991	江西德兴小港桥	斜腿刚架	62	1 300
41	1991	湖南江华县消水河桥	独塔斜拉桥	95 +60	
42	1992	湖北景阳桥	箱形拱		830
43	1992	广东顺德西安亭桥	T形刚构	128	3 000
44	1993	四川马尔康阿拉伯桥	桁架拱	85	
45	1993	江西德兴太白桥	刚架拱桥	130	1 810
46	1993	江西高安樟树岭桥	桁架拱	70	290
47	1994	山西白勉峡桥	箱肋拱	105	1 643
48	1994	广东南海雅瑶桥	T形刚构	95	4 200
49	1994	广东南海谢叠桥	T形刚构	68	3 505
50	1994	福建新岭大桥	钢筋混凝土箱拱	80	
51	1995	吴江市云梨桥	连续梁拱	75	
52	1995	坛丘桥	连续梁拱	85	
53	1995	苏州运河友联桥	连续梁桥	88	
54	1996	湖北恩施汪家寨桥	刚架拱	75	1 300

续上表

序号	年份	桥梁名称	结构类型	桥跨(m)	吨位(t)
55	1996	常州武进奔牛东桥	单悬臂梁拱	80	
56	1997	山东大里营刚性索斜拉桥	刚性索斜拉桥	50 +40. 75	3 040
57	1998	北津桥	箱梁刚构	65	
58	1998	屯浦桥	单悬臂梁拱	72	
59	1998	湖北恩施大车铺桥	刚架拱	76	2 200
60	1998	三岔沟桥	箱肋拱	105	1 700
61	1998	湖北火炉子沟桥	箱肋拱	100	1 520
62	1998	湖北杉木溪桥	箱肋拱	100	2 000
63	1998	贵州都拉营大桥	连续 T 刚构	55. 7 +90 +55. 7	7 100

表 1－2－4　2000 年之后我国部分采用平转法施工的桥梁

序号	年份	桥址	桥型	桥跨(m)	吨位(t)
1	2000	松江砖莘公路跨线桥	中承式拱梁组合结构	28 +75 +28	3 000
2	2000	湖北兴山李家沟桥	刚架拱	130	1 630
3	2000	江西林新二号桥	刚架拱	62	1 630
4	2000	湖北清江肖儿河桥	刚架拱	84	1 500
5	2000	吴江市江陵大桥	变截面双薄壁墩连续刚构	50 +86 +50	5 200
6	2001	吴江市峋塘大桥	中承式拱梁组合桥	32. 7 +84 +32. 7	
7	2001	贵州省北盘江大桥	上承式钢管混凝土拱桥	236	10 400
8	2002	吴县新家桥	空腹式连续梁	39. 46 +88 +39. 46	
9	2002	吴江市江南大桥	变截面双薄壁墩连续刚构	34 +79 +34	
10	2003	北京石景山斜拉桥	混凝土斜拉桥	45 +65 +95 +40	14 000
11	2003	G312 跨沪宁高速公路跨线桥	预应力混凝土连续箱梁桥	40 +70 +40	5 400
12	2004	松江玉树路跨线桥	空腹式连续刚架	32 +70 +32	
13	2004	昆山市江浦路跨线桥	变截面双薄壁墩连续刚构	40 +70 +40	
14	2004	吴江 H02 公路桥新屯浦大桥	变截面双薄壁墩连续刚构	55 +90 +55	4 300
15	2004	吴江盛泽市场路云和大桥	变截面双薄壁墩连续刚构	58 +98 +58	
16	2004	松江沪松公路跨线桥	变截面双薄壁墩连续刚构	36 +65 +36	2 700
17	2004	昆山市柏庐路跨线桥	变截面双薄壁墩连续刚构	40 +70 +40	
18	2004	云南庄大桥	箱肋拱	98	2 186
19	2004	跳鱼坎大桥	箱肋拱	125	2 670
20	2004	宜恩平地坝大桥	混凝土箱拱	132	2 700
21	2004	贵州楚米大桥	预应力混凝土箱梁		3 380
22	2004	贵州鞍山大桥	预应力混凝土箱梁		8 498
23	2005	绥芬河斜拉桥	预应力混凝土斜拉桥	100 +100	14 000
24	2005	苏州星湖街跨线桥	变截面 V 形墩连续刚构	40 +70 +40	
25	2006	松江辰塔路跨线桥	上承式拱梁组合体系	42 +80 +42	
26	2006	吴江 H04 八宛大桥	变截面双薄壁墩连续刚构	35 +96 +62	
27	2006	吴江市苏嘉杭高速公路跨线桥	变截面双薄壁墩连续刚构	40 +70 +40	
28	2007	苏州清剑湖大桥	变截面预应力混凝土连续刚构箱梁		
29	2008	跨苏嘉杭高速公路特大桥	混凝土连续箱梁桥	50 +80 +50	6 320

续上表

序号	年份	桥址	桥型	桥跨(m)	吨位(t)
30	2008	天津集疏港公路跨铁路桥	预应力混凝土刚构桥	61 +61	13 300
31	2008	吴江长湖申大桥		55 +100 +55	
32	2009	石环公路跨石太铁路公路斜拉桥	预应力混凝土斜拉桥	45 +85 +85 +45	16 500
33	2009	贵州小兴浪大桥	混凝土箱拱	122	3 850
34	2009	哈大铁路客运专线粮河特大桥	预应力混凝土连续箱梁	60 +100 +60	
35	2009	刘房子大桥	预应力混凝土连续箱梁	48 +80 +48	4 700
36	2010	南广铁路独屋特大桥	预应力混凝土连续梁桥	60 +100 +60	4 530
37	2010	京广高速铁路转体桥	T形刚构混凝土箱梁桥	80 +80	14 400
38	2010	贵州花江大桥	混凝土箱拱	140	3 800
39	2010	兴郭路跨苏嘉杭高速公路大桥	预应力混凝土连续箱梁	55 +85 +55	
40	2010	丰沙铁路立交桥	预应力混凝土部分斜拉桥	56 +100 +70 +37	15 000
41	2010	京石客运专线滹沱河特大桥	预应力混凝土连续梁		12 000
42	2010	沪杭客运专线	钢筋混凝土拱桥	80 +160 +80	16 800

表1-2-5　我国部分采用平转竖转相结合施工的桥梁

序号	年份	桥梁名称	结构类型	桥跨(m)	转体吨位(t)
1	1992	云南兴平县漠沙桥	双曲拱	65 +65	3 000
2	1993	安阳钢管混凝土拱桥	钢管混凝土拱桥	150	
3	1995	安阳文峰路钢管混凝土拱桥	钢管混凝土拱桥	48.3 +114 +48.3	
4	2000	广州丫髻沙大桥	拱桥	360	13 685
5	2006	广东佛山东平大桥	混凝土连续梁-钢箱组合拱桥		14 800

经过统计发现，在国内的119座桥梁中，其中斜拉桥7座，刚构桥23座，连续梁桥11座，拱桥74座，同时发现，采用竖转施工的桥全为拱桥。在地域分布上，也可以看出，在四川、湖南等多山多河的地区转体施工桥梁比较多。

图1-2-10表示不同时期转体施工桥梁的吨位，可以看出：20世纪80年代之前，我国转体施工实例很少，吨位也很小，在2 000 t以下；在1980年到2000年之间，施工了大量的转体桥梁，其吨位大多数在4 000 t以下，只有少量超过4 000 t；在2000年至2010年期间，虽然数量有所下降，但是吨位却有大幅提高，过万吨的桥梁也有好几座，目前最大吨位是2010年建成的沪杭客运专线钢筋混凝土拱桥，达16 800 t。从转体桥数量来看，图1-2-11表明自1977年以来，转体桥数量一直持续快速增长，2005年建成的转体桥达到顶峰，近年来转体桥的数量的增长率又有所加快。

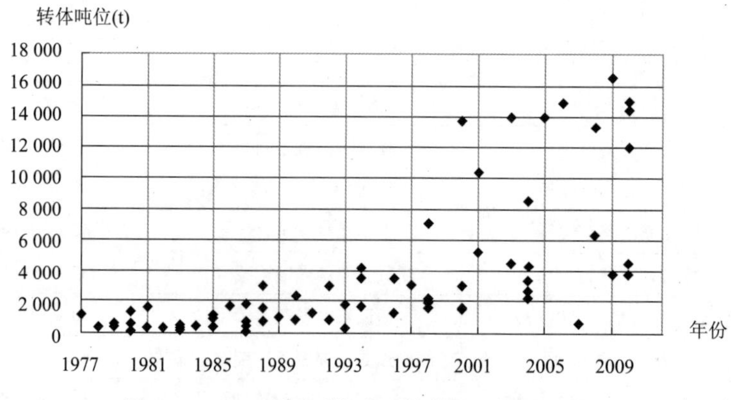

图1-2-10　不同时期我国转体施工桥梁的吨位

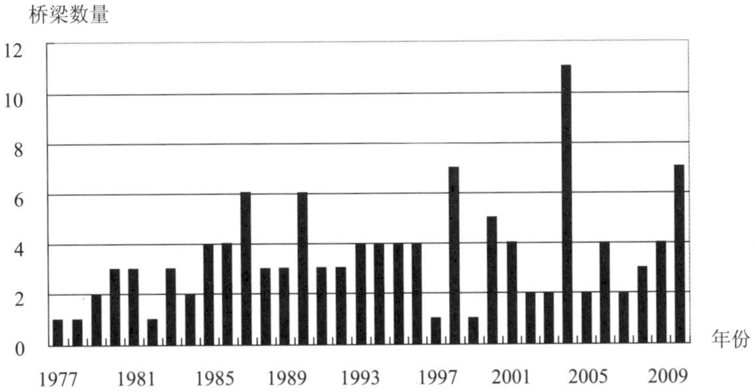

图 1－2－11　不同时期我国转体施工桥梁的数量

1.3　转体施工在我国的应用前景及面临的挑战

转体工艺由有平衡重转体发展到无平衡重转体；转体方式由竖转、平转发展到竖转加平转施工；涉及的桥型包括了箱形拱、双曲拱、桁架拱、刚架拱、斜腿刚构、斜拉桥、T 形刚构、连续梁等，取得了较好的经济效益和社会效益。早期转体施工基本上仍以拱桥为主，其转体重量多数不大，且大都采用配重平衡转体，转体方式采用环道与球铰相结合，转动摩阻大，制约了转体重量与跨度的提高。我国桥梁转体施工方法的研究与应用处于特定的历史时期，当时与外界交往很少，虽然时间上晚于国外，实际上是独立发展起来的，而且一开始就应用于拱桥之中，极具中国特色。

近些年来随着我国经济的发展的需要，公路和铁路交通工程事业的发展也迫在眉睫，一些大跨度大吨位的桥梁也成了建设发展的趋势。但由于桥梁施工的条件限制，如城市交通繁忙地区，城市平原等，会给桥梁建设带来不便。幸运的是，我国桥梁转体施工工艺的进步，实现了在交通繁忙城市建设桥梁的目标，并且相对于其他施工方法也节约了工程成本；同时，该技术成功地实现了由原来的小吨级桥梁转体向过万吨级桥梁转体；由拱桥向斜拉桥和刚构桥等多种桥型推广。

从第 1.2 节的表格可以看出，我国桥梁转体施工正向过万吨级的转体质量突进，为实现这样的转体，相应的转体设备和转体技术都有较大的发展更新。对于大吨位的转体施工，采用连续千斤顶，中心支承与环道支承相结合和钢球铰单点平转法是未来发展的趋势。

转体施工技术应用前景广阔，将有待于进一步发展应用：

(1)转体施工在山区应用更为有利，也可用于平原区，特别适合在交通繁忙的市区和常规施工方法无法实现的山区修建桥梁、大型堂馆工程及其他跨越结构。

(2)随着新材料研究的进展以及桥梁转体施工工艺的日渐成熟，将有可能借助于转体施工方法，利用简单的设备修建 300～500 m 跨度的特大桥梁，特别是连续液压同步提升技术在转体施工中的应用，很好地解决了转动牵引体系控制问题，并且可以满足更大提升力的要求。新材料、新工艺的成熟使得转动摩擦系数进一步降低，转体重量和跨径可以进一步向前发展。

(3)目前我国正实施西部大开发战略，西部要开发、要发展经济，基础设施是保证，特别是交通要先行，为西部大开发提供必要物流、人流通道。而西部地区多为山区，山高谷深，地势险峻，建一条公路桥梁较多。而且施工难度大，造价高。因此研究推广适用于在深山峡谷中施工的桥梁转体施工工艺具有深远的现实意义与发展前景。

(4)目前我国正在大规模地进行基础设施建设，不可避免地会出现新建路线跨越已有路线，特别是跨越高速公路等重要路线，传统的支架施工或悬臂施工都会对已有线路造成困扰，将影响降到最小的做法就是采用转体施工法，因此在此类情况下，转体施工将独具优势。

斜拉桥由于斜拉索的作用，可大大降低梁高，转体时其悬臂小，临时配筋少，斜拉索在平转时可起到扣索作用，能增加桥梁结构的平衡稳定。因此与其他桥型相比，斜拉桥采用转体施工技术，具有更大的优越性和较为广泛的发展前景。

但也应看到，转体施工桥梁并非万无一失，有时也可能由于疏忽或者设计理论的不足而导致施工失败。我国桥梁转体施工中，因经验不足及其他原因，曾有十余座桥不同程度地出现问题，这些失误和教训包括：

（1）为了减轻转体重量而设计不当。

某桥平衡重力臂过大（背墙重心距轴心 5.7 m），而转盘配筋不足，脱架过程中上转盘出现竖向裂缝；某桥在上转盘挖了四个空洞，影响了配筋，脱架后铰顶产生顺桥纵向裂缝（1 mm）贯通 1/2 截面；某桥上转盘顶面配筋不足，脱架时严重开裂，后用十字形钢筋混凝土纵横梁补强后脱架，转体完成后再凿去主梁。

（2）转动轴心位置不当。

某桥支承轴心在墩底沉井基础中心偏前 1.95 m 处。转体脱架后基础前倾，轨道板倾斜 0.5%，使转体困难。

（3）混凝土圬工施工质量不高或处理不当。

某桥背墙砂浆及混凝土强度等级低，未达强度就提前提扣脱架，致使背墙上方尾铰处产生 45°斜向裂缝，直达上转盘顶面 80 cm 处而无法脱架；某桥浇筑主梁立模粗糙，致使主跨梁部严重超重（比边跨），使转体时纵向失衡，只得临时截去主梁前端一段，转体后再接长；某桥过早拆除背墙模板支架，致使背墙与上盘开裂，背墙重量全部压到滚轮上而剪断了转轴。

（4）滚轮或滑道设置精度底。

某桥滚轮安装精度不合要求，致使部分轨道板被碾压出 3 mm 深槽；某桥后滑道轨道高低不平，使得后支腿承受过大弯矩而开裂，滑道上的四氟板被挤成波浪形或重叠起来。

（5）上下转盘错位。

某桥因混凝土球形铰矢高较小，转动重量大，平转时上下盘间发生 4 cm 错位而影响转动，后采用顶、拉等各种纠偏措施，才使上下盘复位完成转体。上面列举的问题表明，在我国转体施工桥梁必须加强监控工作（包括理论计算和现场监测），如何保证转体施工安全并满足最终成桥受力及线形等要求，还需要对转体施工监控进行更深入的研究。

我国大规模的基础设施建设仍将持续一段时间，大量跨线桥的施工非常适合采用转体施工技术，同时转体桥梁也在朝着大吨位、大跨度的方向发展。我国的转体施工技术还有较大的发展空间，但是目前我国对转体施工技术的理论认识远落后于实践，尚未形成可供工程界普遍采纳的规范性文件。因此，我国今后转体施工技术的发展，必须将重点放在理论研究上，只有从理论上掌握转体施工的技术要领，才能做到以不变应万变，指导更大吨位、更大悬臂的转体施工桥梁建设。

1.4 沪杭高铁超大吨位、超长悬臂桥梁转体施工技术概述

1.4.1 工程背景

沪杭高铁自上海虹桥站引出，终到杭州站（杭州东站在建），运营里程 202 km，沿途设松江南、金山北、嘉善南、嘉兴南、桐乡、海宁西、余杭等站。沪杭高铁设计时速 350 km，采用当前世界上最先进的高速铁路技术，牵引供电、自动化控制、系统集成度高，项目总投资约 300 亿元。沪杭高铁于 2009 年 4 月开工建设，2010 年 10 月 26 日正式开通运营，在沪杭间构筑起一条安全、方便、快捷的大能力客运通道，对推动沪浙两地和长三角地区的经济一体化发展具有十分重要的意义。

沪杭高速铁路具有如下鲜明的特点：（1）设计速度 350 km/h，技术新，系统集成度高。采用的是当前世界最先进的高速铁路技术，牵引供电、自动化控制、系统集成度高。（2）沿线经济发达，城镇规划完善，环境敏感点多，环保、水保要求高。（3）广泛分布深厚软土层，工程地质条件差。（4）桥梁比重高，特殊桥跨、类型多。沿线河渠密集，通航河道及高等级公路星罗密布，与高速公路相交有 18 处，

跨等级航道 36 处。沪杭高铁桥梁占线路长度比重高达 90%，特殊孔跨有 155 联，有连续梁、道岔梁、刚构、刚架、特殊墩台等多种形式。

针对桥梁的技术特点，沪杭高速铁路因地制异，采取了技术创新：(1)在沪杭高铁跨沪杭高速公路和跨石大公路两座 160 m 大跨连续自锚上承式拱桥施工中，采用转体施工方式；两转体拱桥，在设计、重量、跨度上创出三个世界第一：高速铁路 160 m 自锚上承式钢筋混凝土拱桥跨度为世界第一，软土地基上首次建造 160 m 自锚上承式钢筋混凝土拱桥，单边转体自重为世界同类转体桥梁之最。克服了精度高、技术新，地质复杂等难题，实现了我国乃至世界高速铁路施工技术的突破。(2)首次设计并建成了高速铁路跨度最大且孔数最多的 2×135 m 混凝土连续梁桥-横潦泾大桥，鉴于工期要求，横潦泾桥采取了一系列的技术创新，最终实现了在保证安全和质量的前提下，工期大大缩短，节约综合投资，保证了全线按期贯通。(3)沿线主跨超过 100 m 的特大跨连续梁桥还有十余座，采取了一系列创新技术，提高了工程质量，保证了施工安全，并加快了施工进度。这些技术创新很多属于我国高速铁路桥梁建设史上开创性的工作，本书对此作简要概述，期望对今后我国高速铁路的发展作出贡献。

本书以沪杭高铁在两处上跨跨高速公路的(88.8＋160＋88.8) m 自锚上承式拱桥为工程背景。详细介绍高速铁路桥梁转体施工的设计、施工及监控过程，本工程的建成借鉴了众多以往成功经验，同时在此基础上，进行了大量的技术攻关与理论深化，在设计方法与施工经验上都取得了重大突破。在我国大规模基础设施建设的大背景下，采用转体施工工艺建设跨既有线桥梁成为一种趋势，本项目建设的成功经验必将为今后同类桥梁的设计与施工提供宝贵的参考资料。

桥梁转体施工是一种无支架的施工方法，在山谷、大河、跨越既有线等是具有优越的性能。早期转体施工技术主要用于在山区建造跨越河流或山谷的桥梁，且多为拱桥。后经推广及进一步发展，在地域、桥型、转体技术等方面其应用范围迅速扩大。我国的转体施工技术起步落后于西方，但一经采用便得到了迅速发展，如今我国采用转体施工的桥梁总数已居世界第一，同时技术也处于世界领先水平。但是，当前仍然有一些关键技术的不足制约着转体施工的进一步发展，超大吨位转体桥梁的设计、施工仍然是一项极具挑战性的课题。

国外转体施工技术起步较早，20 世纪 40 年代即开始采用转体施工，目前世界上转体吨位最大的是 1991 年在比利时修建的本·艾因桥，该桥为斜拉桥，跨径布置(3×42＋168) m，转体重量达 1.95 万 t。国内转体施工工艺起始于 20 世纪 70 年代，之后便得到迅速发展。20 世纪 80 年代之前，我国转体施工实例很少，吨位也很小，在 2 000 t 以下，在 1980 年到 2000 年之间，施工了大量的转体桥梁，其吨位大多数在 4 000 t 以下，只有少量超过 4 000 t；在 2000 年至 2010 年期间，转体施工技术继续蓬勃发展，在跨度、转体吨位及新技术的应用上屡屡有新突破，2000 年建成的广州丫髻沙大桥采用平转与竖转相结合的方法，转体吨位达 13 685 t，2006 年建成的广东佛山大桥，同样采用平竖转相结合，转体吨位达14 800 t，可见转体吨位越做越大，其巨大的优越性充分显现。

国家铁路“十一五”规划中，沪杭甬客运专线，自上海虹桥站至浙江宁波站，正线全长约 320 km，沪杭甬客运专线上海南部、浙江省北部，线路自上海虹桥站引出，向南至春申后，折向西经松江、嘉善、嘉兴、桐乡、余杭后引入杭州东站，再经过萧山、绍兴、上虞、余姚等地到达宁波站，全线共分布 12 个车站。速度目标值推荐设计速度 350 km/h，初期运行速度 300 km/h；引入上海、杭州枢纽采用 200 km/h。沪杭甬客运专线设计速度目标值为 200 km/h 及以上，将由此成为目前运营和规划中长三角铁路网络中速度最快的线路。

在此大工程背景下，跨高速公路特大桥在铁路里程 DK59＋075.555～DK59＋413.555 设计为(88＋160＋88) m 自锚上承式拱桥，其中主跨跨越沪杭高速公路主线，夹角为 57°，沪杭高速公路目前已拓宽为双向八车道，净高要求 5.5 m，交通十分繁忙。在这种情况下，满堂支架施工是不允许的，如果先搭设防护棚架再进行悬臂施工，则需耗费大量的材料，同时施工工期将会延误，最后决定采用转体施工。这样不仅将对沪杭高速的影响减到最小，同时也大大提高了施工进度。

对于跨越既有线的桥梁，转体施工是一种既经济又有效的施工方法。目前，我国正进行大规模基础设施建设，跨越既有线建桥的工程情况较多，因此转体施工工艺有着良好的应用前景。鉴于此，本书以本工程为背景，详细介绍了转体施工的设计理论与施工方法，为以后同类桥梁的建设提供参考。

1.4.2 拟解决的关键问题

沪杭高铁大吨位、超长悬臂桥梁转体施工是一项具有重大挑战的任务。为了实现该工程安全、高质、高效的建成，必须从设计理论和现场施工两方面对本工程进行监督指导。

1. 拟解决的关键设计理论问题

(1)软土地基超长群桩基础承载力及沉降计算方法

群桩基础竖向受压承载力及沉降的计算是桩基工程设计中最困难的问题之一，特别是对于软基超长直径钻孔灌注桩，更是如此。理论研究表明，对于深厚土层中的超长大直径群桩，由承台传递给桩顶的荷载主要通过桩侧摩阻力传给桩周土和桩端土层，小部分由桩端传递。本工程中，桩设计成摩擦桩，即不考虑桩端土层的承载力。

目前，常用的群桩基础承载力计算方法主要有：群桩效应系数法和等代墩基法。本书将同时应用这两种方法来计算群桩基础承载力，并将两者作对比，讨论其在软土地基群桩基础承载力计算的适用性。对于沉降的计算，本书对比各类规范的计算结果，对其适用性提出评价，并对软基沉降计算的要点作出全面分析。

(2)转体桥梁下承台设计方法

承台是上部结构与桩基的联系部件，其主要作用是将上部结构荷载较为均匀地传递给桩基，为此，承台须满足一定的刚度要求，使得承台底部的桩基受力均匀，同时承台还须满足自身的承载力要求。

对于承台承载力的计算，我国《公路钢筋混凝土及预应力混凝土桥涵设计通用规范》(以下简称《公预规》)针对不同类型的承台，分别采用控制截面法和撑杆-系杆体系来计算承台的承载力。作为我国第一部引入拉压杆模型理论的规范，《公预规》意识到对于计算类似承台这种不符合平截面假定的结构，拉压杆模型是一种有效且合理的计算手段。对于少桩承台，通过构建简易的拉压杆模型，可以较为简便地计算承台的承载力，但是对于大型群桩承台，构建的拉压杆模型为超静定结构，计算繁琐，不易被工程界采纳。

本书以拉压杆模型基本理论为基础，主要研究适用于工程应用的拉压杆模型设计方法，难点在于大型群桩承台的超静定拉压杆模型的荷载分配比例计算。

(3)球铰体系的设计方法及关键参数计算

目前，工程界对于球铰体系的设计多依据经验，缺乏相关规范或设计指南参考。《公路桥涵施工技术规范》中给出的球铰启动力矩计算公式是基于将球铰摩擦面当作平面进行计算，但是鲜有学者对这种方法的精度作过评价。

《公预规》中关于铰的计算只有圆柱形铰的计算方法，却没有针对球铰的计算内容。针对目前工程界对球铰体系计算理论的不完善，本书力图通过对球铰进行受力分析，推导球铰摩擦面正应力分布的解析解，从而计算球铰启动力矩和倾覆转动力矩。最后，根据理论计算和实际工程实践，提出球铰的一般设计流程，并对相关参数的确定，给出建议范围。

(4)转体过程中桥梁抗倾覆设计方法

转体施工的抗倾覆控制是桥梁转体施工的关键，也是决定成败的重要方面，一旦桥梁发生倾覆，后果不堪设想。防止转体桥发生倾覆最常用的方法是在上转盘设置撑脚，撑脚支撑在下转盘的环道上。撑脚是转体桥抗倾覆的最后一道防线，在此之前，结构有可能发生克服静摩阻力矩的转动失稳。本书将全面分析结构可能发生的倾覆形式，同时计算各种形式的临界倾覆力矩，从而为环道半径、撑脚尺寸的确定提供理论依据。

(5)拱肋屈曲稳定性控制

拱肋的屈曲稳定是拱结构始终无法回避的一个问题，只是混凝土结构较钢结构，稳定性问题没那么突出。但是由于采用转体施工，对于大跨拱桥的转体施工，拱肋的屈曲稳定性仍然是值得关注的一个问题。本书将以沪杭高铁转体桥为工程背景，研究结构在悬臂阶段及成桥阶段的拱肋稳定性，从而为类似结构的稳定性控制提供参考。

(6)转体施工自锚上承式拱桥的顶推力与系杆力计算

针对本工程的结构类型——上承式系杆拱桥，系杆内力与顶推力的确定对结构安全、性能至关重要。目前，对于系杆内力和顶推力的确定缺乏理论指导，一般都是经过软件计算通过即可。本书认为，系杆内力和顶推力的确定应当有理论指导，因此本书的研究任务就是提出系杆索张拉力与顶推力的实用设计方法。

(7)基于桥梁后期使用性能的收缩徐变及预应力张拉顺序研究

收缩徐变效应是混凝土结构的固有特性，对其开展的研究历史较长，目前理论界也形成了较为统一的理论。目前，我国《公预规》采用的是欧洲规范的 90 模式。本书采用有限元软件 Midas 来研究收缩徐变效应对结构的影响，采用的计算模式即《公预规》模式，收缩与徐变对本工程的影响规律，以及不同施工周期对结构后期使用性能的影响。从而为施工进度计划的制订提供参考。

预应力张拉顺序问题也是预应力混凝土结构经常遇到的问题。本书主要从张拉完后的有效预应力来评价张拉方案的好坏。同样采用 Midas 软件进行计算分析。

2. 拟解决的关键施工技术问题

针对转体施工桥梁的施工技术研究，主要是要解决转体结构转的动、转的稳和转的准的目标。为此，可从以下几个方面着手：

(1)球铰承台施工的一般流程和控制要求

球铰安装过程与承台混凝土浇筑过程是交互进行的，承台混凝土对球铰安装具有提供固定边界的作用，因此承台混凝土一般分次浇筑，同时浇筑混凝土过程中应当尽量减小对球铰的影响。球铰安装精度是另一重要指标，这直接影响转体的难易程度。

(2)转动体系的合理设计

转动体系由牵引及助推系统、配重体系、防过转及微调系统、测量系统等构成，是整个转体施工的动力系统，其布局是否合理、设备性能直接关系到转体施工的成败。

(3)转体施工准备的称重试验技术

在正式转体前，应当进行称重试验和球铰试转。称重试验的直接任务是测得转动体不平衡力据、偏心距、静摩擦力矩和摩擦系数等参数，目的是为球铰启动力矩的计算提供依据，同时通过配重保证转动体的自平衡状态。球铰试转非常重要，是正式转体的预演，试转中测得的数据对正式转体有着直接的指导价值。

(4)转体精确定位与锁定技术

转体定位与锁定是控制桥梁线形的关键，其又包括轴线和高程控制。

(5)软基地区支架搭设的地基处理技术

转体结构采取支架现浇，为保证施工质量，必须严格控制地基沉降量。钻孔桩、CFG 桩、级配碎石褥垫层复合地基，复合地基上设置厚钢筋混凝土地基板，用于支撑支架立杆。

(6)转体施工桥梁的施工监控技术

转体施工桥梁的施工监控内容可分为两大项内容：第一是为了实现“转得动、转得稳、转得准”的目标，专门针对转体进行的转体体系施工监控，又以时间节点不同，分为转体前施工监控和转体过程中施工监控，转体前施工监控主要包括：球铰安装、环道安装、撑脚安装、称重试验、球铰试转等，转体过程中施工监控主要包括：转动力学与物理参数（启动力矩、转动力矩、转动速度等）的控制、转动体偏心的控制等；二是与普通桥梁类似，对结构应力、线形监控，保证结构的安全和使用性能，主要包括拱肋、拱上连续梁的应力变形监控及支架沉降监控等。

第2章 工程概况

2.1 工程的前期筹划

沪杭客运专线(88+160+88)m自锚上承式拱桥在沪杭客运专线的里程为DK59+075.555～DK59+413.555,其主跨跨越沪杭高速公路主线,沪杭高速公路与沪杭客运专线夹角为57°,沪杭高速公路目前已拓宽为双向八车道,路肩正宽41.5 m,边坡1∶1.5,净高要求5.5 m,交通十分繁忙。

本桥处地势平坦,起伏不大,局部低端显著低洼。小里程侧有东官塘河道,河道沿线路方向宽度约70 m。地址结构相对单一,主要有粉质、粉土、粉沙、淤泥质粉质黏土、淤泥质黏土、细沙、粉细沙、砾砂构成。软土厚度一般10～25 m、埋深3～35 m,软土强度指标低,压缩性高。东莞塘水为较低,流速较小。地下水成因类型可分为孔隙水和承压水,孔隙水主要存在于第四系全新地层中,污染影响较大,水质较差;承压水主要存在第四系中上更新统冲击层中,水质为封存型淡水,对混凝土无侵蚀性,可作为供水水源。

本桥地处亚热带季风区,气候温和,四季分明。冬季天气稳定,多晴天;春季梅雨持续一个月左右;夏季炎热,多东南风;6～9月为台风活动期,台风经过时,常形成大风大雨的灾害性天气;秋季常阴雨绵绵的情况,10月开始,气候干寒,多偏北风。全年平均气温14.3 ℃～16.8 ℃,最高月平均气温33.2 ℃,一月最冷,最低月平均气温0.6 ℃。年平均降雨量1 148.1～1 400.7 mm,年平均蒸发量1 139.9～1 378.9 mm,年平均相对湿度80%～82%。

地震基本烈度值为6度,地震动峰值加速度为0.05g。

本桥设计为自锚上承式拱桥,立面图如图2-1-1所示,主要有以下几个结构部分组成:桩基础、承台、拱肋、立柱、拱上连续梁、系杆,同时由于采用转体施工工艺,在承台内设置了球铰转动体系。拱肋采用抛物线线形,矢跨比为1/6,边中跨拱肋跨中截面高4.0 m,边、中跨拱肋拱脚处截面高6.0 m。主拱截面采用单箱单室截面,顶板宽7.5 m,顶、底板及腹板均采用60 cm厚,拱脚处局部加厚。边拱在主拱的端部、拱脚、拱上立柱等处各设相应厚度的横隔板。中拱主拱的拱脚、拱上立柱、跨中合龙等各处设相应厚度的横隔板。

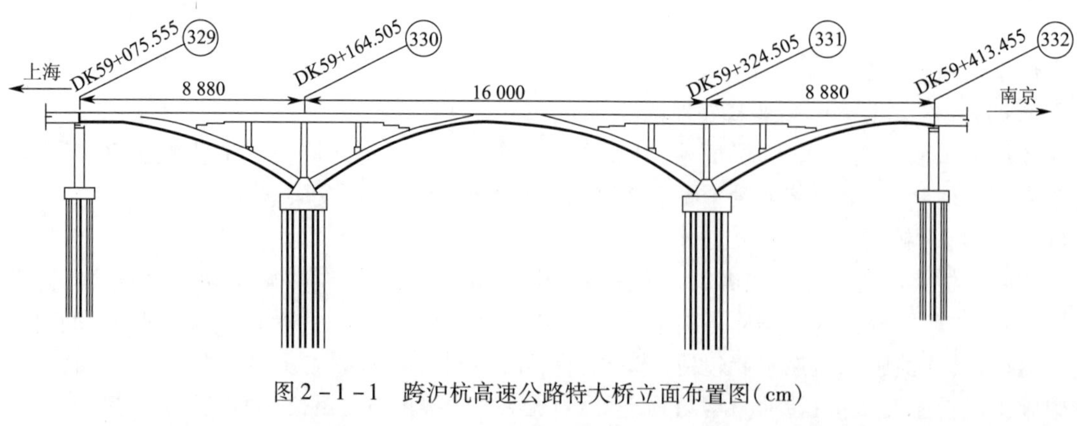

图2-1-1 跨沪杭高速公路特大桥立面布置图(cm)

拱上立柱均采用矩形实体截面。拱脚上立柱纵向厚度为2.0 m,两边拱肋立柱纵向厚度为1.8 m。上部采用花瓶形状,横向宽度由5.5 m过渡到7.5 m。拱上连续梁计算跨度为(20+22+22+20)m,为配合拱肋曲线景观需要,边跨支点梁高为4.5 m,跨中梁高为3 m。拱上连续梁共设置5道横隔板,在对应支点位置处设置。拱上连续梁采用先简支后连续的施工方法。

自锚式拱桥主要通过设置水平系杆来平衡主拱推力。系杆分临时系杆和永久系杆，是该桥的重要受力结构，采用高强度、低松弛钢绞线。临时、永久系杆均为体外预应力形式，临时索采用直线布索，永久系杆部分在梁端作平弯处理，在拱肋端部锚固。

本桥最基本的目的是完成沪杭客运的全线贯通，在出色完成该项任务的同时，本桥实现了诸多工程创新。沪杭客专自锚上承式混凝土转体拱桥创造了软土地基大跨度大吨位半幅拱圈支架、转体桥拱圈超大节断、拱座与支架基础、大跨度组织施工与快速等四项自主创新的施工控制技术，使工程技术人员掌握了软土地基 140 m 深超长超深钻孔桩、软土地基钢壁沉井下沉、长大系杆、多次体系转换、1.68 万 t 单边转体等五大设计与施工控制技术。

本工程创下了三项世界第一：高速铁路自锚上承式钢筋混凝土拱桥跨度 160 m，为世界第一；世界上第一座在软土地基上建造的 160 m 自锚上承式钢筋混凝土拱桥；单边转体自重达 1.68 万 t，为世界同类转体桥梁之最。同时，本桥跨度布置合理，外形美观，结构轻盈，在辽阔的平原地区形成一道亮丽风景。

2.2　工程技术标准

(1)设计标准：客运专线，设计时速 350 km；
(2)正线数目：双线；
(3)轨道形式：无砟轨道、Ⅱ形板；
(4)线间距：5.0 m；
(5)荷载标准：ZK 活载；
(6)环境类别及作用等级：按照环境类别为炭化环境，梁部作用等级为 T2；
(7)桥面布置形式及有关技术参数(图 2－2－1)。

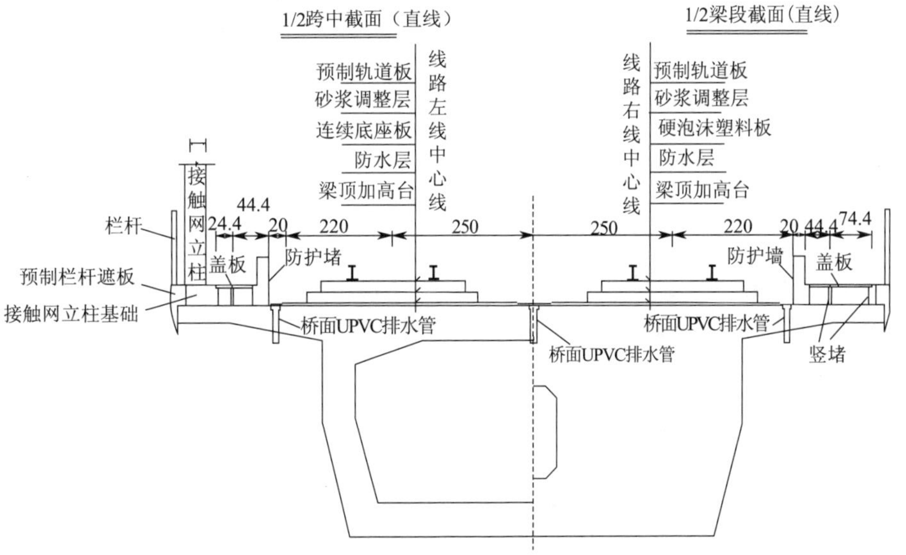

图 2－2－1　桥面布置形式及有关技术参数(cm)

2.3　工程设计方案的选定

传统的上承式拱桥拱脚的不平衡水平推力一般都靠地基来抵消，它对基础的要求非常高，故在软基地区很少应用。而自锚上承式拱桥是通过在结构中布置专门的预应力系杆来抵消拱脚不平衡水平推力的一种上承式拱桥，它对地基要求不高，能够适用于软土地基。

沪杭客运专线受走向控制，线路轴线与沪杭高速、石大公路轴线夹角很小，沪杭高速公路、石大公路路面宽，等级高，且道路中间不具备设墩条件。特别是石大公路，该处为公路桥梁，左右幅道路中间仅设有0.5 m宽的桥上分隔带，考虑铁路桥梁的基础规模，跨度均需要160 m。综合结构受力、施工周期及施工过程对公路的影响等几个因素，桥式方案构思考虑了(88+160+88)m自锚上承式拱桥、(90+160+90)m连续刚构、(76+160+76)m连续梁拱3个方案。

上承自锚式拱桥结构受力明确。拱肋高度相对较小，竖向刚度较大。缺点是该类型桥梁需要系杆数量较多，系杆力的变化、温度力对拱肋影响较大；该桥设计为转体施工，转体重达1.68万t，球铰设计复杂，转体施工技术要求高。

连续刚构结构形式简单、技术成熟。但梁部混凝土体量较大，另外因降低下部结构刚度需要采用分离式基础，转体法施工难以实现，而采用悬臂灌注施工，则工期较长，难以满足本项目整体工期要求。

连续梁拱技术成熟，受力明确，梁体截面高度相对较小。竖向刚度较大。缺点是该类型桥梁采用“先梁后拱”即先悬臂灌注连续梁然后在梁上支架拼装拱肋，施工周期长，难以满足本项目的整体工期要求。

综合结构构造、受力、施工周期等几个方面考虑，跨沪杭高速公路及石大公，采用(88+160+88)m自锚上承式拱桥。主拱跨度为160 m，计算跨度为153 m。拱肋矢跨比为1/6，计算矢高为25 m，拱肋线形采用二次抛物线。拱肋采用预应力混凝土结构，拱墩基础固结、拱梁固结，施工采用“支架现浇，水平转体就位”的施工方案。整个结构刚度大，整体性好，外形美观。

2.4 工程管理

2.4.1 项目管理

转体桥为本线的重点控制性工程，是铺轨工程分割点，按期完成对本线的工期有决定性意义，上级主管部门、建设管理机构和参加单位都高度重视，并针对本工程的特点，层层落实管理机构、层层落实管理人员和职责。

公司总经理作为项目管理的第一责任人，全面负责项目质量、安全、工期以及成本等相关建设管理工作。负责贯彻实施质量方针和质量目标，组织制定项目质量规划及实施计划，监督检查计划执行情况。公司分管副总经理代表总经理具体负责处理本工程的各项管理工作。具体主抓项目的进度、安全、质量管理，从计划进度、实际进度和进度调整等多方面进行控制，确保项目如期完工，推动全线安全质量保证体系的有效运行，确保实现安全质量目标。

公司总工程师在公司总经理领导下对项目施工质量、技术、进度、计量测试和重难点攻关全面负责。负责组织施工方案、施工组织进度计划、质量目标、安全目标的制定及批准后的实施，解决施工中有关技术难题，协助总经理解决质量控制关键技术和重大技术难题，并负责指导施工技术人员开展科技创新和科技攻关活动；负责组织指导新技术、新工艺、新设备、新材料及先进科技成果的推广应用。

工程管理部在公司领导下，负责组织初步设计初审、施工图设计审核和施工图投资检算审查工作。督促设计单位做好优化设计工作。对勘察设计和技术咨询进行日常管理和考核，组织施工图设计考核工作，制定有关技术管理办法、技术管理程序和相关考核制度。组织施工前的技术交底工作，负责重大技术方案、重大技术问题、主要设备及系统选型的研究审查工作。组织实施和现场管理工作，落实施工计划，负责工程进度和质量控制，及时协调处理工程建设中的有关问题。定期召开现场例会，掌握施工进度情况，定期对施工进度和质量安全情况进行分析总结，对存在的质量安全、进度方面的问题提出整改措施并组织落实。同时负责全线征地拆迁和建设协调工作，办理建设项目用地预审、报批相关手续，检查、指导各施工单位征地拆迁和地亩竣工资料的组卷交验工作，负责征地拆迁计价的审核工作。

2.4.2 安全管理

由于本项目结构体系新颖，又采用转体施工技术，施工难度及复杂性都大大增加，因此施工过程中涉及许多安全问题异常突出。

在本项目的安全管理工作中，将工程安全管理体系分成安全的责任体系和监督体系。所谓责任体系，是指由各级主管经理组成的，可以调动各类财力、物力、人力、维护安全设施的体系，强调各级主管经理负责生产的同时必须对自己负责范围内的人员安全负责。监督体系则是指各级安全总监、安全工程师、安全员组成的对工地安全及人员安全状况进行监督的体系。

1. 施工准备时的安全保证

项目的安全不仅包括施工过程中的安全，更重要的是保证结构设计的安全可靠。为确保结构安全，业主要求大桥设计时充分考虑施工时可能出现的各类不利荷载工况，特别是转体过程中的安全性，及其他台风、地震等不利自然因素。

施工中各分项工程均需要有详细的施工方案，并报业主和监理确认后方可进行施工。施工单位在组织各项目部编制这些施工方案时均需要充分考虑到施工过程中在设施上保证人员施工安全及施工过程中可能出现的不利荷载和不利自然条件下人员、机械设备、其他临时结构的安全。具体做法是：

(1)大桥的设计，在规范要求范围内偏保守安全系数取值，最大限度保证大桥整体结构安全。

(2)编制总体及分项施工方案时重视临时结构的安全设计，从源头上保证工程安全，要求总体及分项施工方案必须包括详细、切实可行的临时安全设施设计。

(3)各工序制定安全操作规程，使各工序施工程序化、科学化。

2. 施工安全资源的保证

施工安全与施工投入成正比，但过多的投入也是不现实的，因此找到安全投入与施工安全的最佳点是安全工作的重点。施工时遵照的安全投入原则是在满足安全法规的前提下，结合工地实际情况决定安全投入。其最基本的安全投入包括安全设施、个人安全防护用品、安全培训的组织及落实(人力投入)。

(1)安全设施的投入最基本的包括：施工操作平台、安全通道、安全(平、立)网、围栏、挡脚板、上下作业安全隔离层。安全设施随施工的进行及时调整，原则是在进行下一道工序施工前必须首先完成这些安全设施，根据分项工程的大小，经相关级别的安全人员检查签字后方可进入下一道工序。

(2)个人安全防护用品：给所有进入施工现场的人员配发安全帽，给上桥及高处作业人员配发安全带，给水上作业人员配发救生衣。要求所有进入施工现场的人员必须戴安全帽，进行水上相关作业时必须穿救生衣，进行高处相关作业时必须系好安全带，进行水上高处作业时穿救生衣并同时系好安全带。同时，要求安全帽、救生衣随时穿着规范，系安全带时按规范要求操作。

(3)安全培训的组织及落实：由上一级安全部门检查监督下一级安全部门的培训落实情况。

3. 安全监督体系

(1)人员组织及其职责

联合体及各项目部设置专职安全总监、安全工程师、安全员。专职安全人员工作时配备特殊标志的袖标、服装及安全帽，并对安全人员建立责任状及奖罚制度。

(2)安全检查制度

安全检查是安全生产管理的一项重要内容，是发现不安全状态和不安全行为以及管理缺陷的有效途径。安全检查的目的是及时发现并消除施工过程中由于设备、工作环境、人员操作等可能导致发生事故的隐患，防止伤亡事故发生，改善劳动条件。安全检查主要包括查制度、查隐患、查管理、查事故处理、查思想(安全意识)。

(3)安全会议制度

实施三级安全会议制度：每周安全例会、每日安全例会和安全特别会议。每周安全例会，主要研究近一周的工地安全工作汇报，大型安全设施投入的决定，一般安全事故的处理；大的安全投入等。每日安全例会重在提醒。讨论当日的安全检查情况；安全隐患处理情况；安全事故汇总；第二天的安全注意事项;安全工程师对安全员进行专业培训。安全特别会议主要处理安全突发事件;严重安全事故的处罚。

2.4.3 技术管理

(88+160+88)m 自锚上承式拱桥是一座大跨度的转体施工高速铁路桥梁,无论从桥梁的结构设计、施工方案的编制等方面来说,都存在着诸多技术难点。

(1)根据(88+160+88)m 自锚上承式拱桥的难点,项目公司、设计单位、施工单位及科研单位等组成公关小组,设立科研项目,进行技术攻关。

(2)督促施工单位编制(88+160+88)m 自锚上承式拱桥的设计、施工重大技术方案、技术标准、技术措施等方案,并先后六次邀请国内专家对转体桥的基坑围护、支架、转动系统、拱部及梁部分别进行了审查,并督促施工单位按照专家审查意见修改完善施工方案和组织实施。

(3)充分熟悉设计施工图,并从现场工期、安全和质量的角度提出具体书面修正意见。

(4)施工实施时,公司编制指导性施工组织设计、实施细则和作业指导书,下发施工单位执行,并督促施工单位编制详细且操作性强的实施细则和作业指导书。

(5)(88+160+88)m 自锚上承式拱桥施工方案需经严格的技术管理,首先经施工单位其集团公司主管部门审批后,报监理、建设单位审批,支架结构检算请相关资质的单位设计、检算并出图。针对重点控制关键环节,以科技攻关解决工程的设计与施工的难点,在工程实施中做到技术管理工作统一有序、不出差错,确保大桥的工程质量。

2.4.4 质量管理

1. 建立完善的质量安全管理体系

沪杭高铁建设标准世界之最、对质量安全的要求再严也不为过。按照各级领导对沪杭高铁的建设要求,公司要求全体参建单位进一步更新质量管理理念,必须树立沪杭高铁质量安全无小事的建设沪杭高铁的观念,必须树立各项管理无差错无失误的建设沪杭高铁的理念,必须树立最高标准建设沪杭高铁的理念,必须树立最严格要求建设沪杭高铁的理念,必须树立最快的速度建设沪杭高铁的理念,倾力打造高标准、高安全的转体工程。

针对前所未有的世界级挑战,中铁十二局和中铁一局沪杭铁路项目部按照铁道部“六位一体”建设理念,严格遵循上海铁路局、沪杭客专公司科学建设理念,把“事事有标准,人人讲标准,处处达标准”融入“程序化、规范化、专业化和专家治理”之中,严格标准,超强要素配置。由项目经理部下设的一工区负责转体桥施工质量安全工作,转体桥配置专职总工程师 1 人,副经理 2 人,副总工程师 1 人,技术干部 4 人,质检工程师 1 人,安全员 2 人,做到全部工序安全质量有盯控。

为加强(88+160+88) m 自锚上承式拱桥转体施工安全质量保证,监理公司组织专家进场指导监控,监理项目部成立安全质量监控小组,总监为组长全面负责,2 名副总监为副组长主要负责质量及安全控制,组员为项目部各部门主管,现场派遣有转体施工经验及敬岗敬业的监理工程师 2 名,下设 2 名监理员,保证现场 24 h 有监理人员巡视及检查。

2. 针对转体桥制定专门的质量安全管理文件体系

针对转体桥施工新技术、新材料、新工艺多的特点,公司成立了施工工艺专业组、沉降评估专业组、桥梁线形控制组,每周组织设计、施工、监理单位召开一次现场质量安全分析会,确保现场质量安全全面受控。

项目经理部根据编制并经审批的《转体桥总体施工组织设计》指导现场施工,期间根据施工要求分别编制了钻孔桩、钢围堰、转动系统、地基加固处理、支架搭设、拱圈分段现浇、拱上连续梁、合龙段、系杆索等多项施工专项方案,内容涉及各工序质量安全管理内容。

监理项目部根据施工现场要求,建立健全各种质量安全监控措施:

(1)根据已批准的《监理规划》编制转体监理实施细则,制定安全质量监控要点,指导现场监理开展工作；

(2)组织监理人员熟悉设计文件及图纸要求，学习转体施工方法；

(3)严格开工报告、施工组织设计、施工专项方案的审核，要求施工单位组织专家对专项方案进行评审；

(4)采取巡视制度，强化旁站及试验检测手段，加强过程控制；

(5)督促施工单位进行技术交底，并提出合理化建议。

3. 质量控制

施工过程中通过践行“程序化，规范化，专业化”保质量。

一是通过专家“专家治理”控方案，由方案保质量；国内相关领域知名专家先后6次聚集现场，针对工程特点论证施工方案，如弱地基上半拱圈现浇采用弹性地基梁理论进行地基处理，设计了合理的支架结构并有效控制了水平变位，研究制定了合理的拱圈分段、间隔槽后浇带设置及混凝土浇筑顺序，避免了现浇施工过程中混凝土裂缝的产生，保证了主拱结构的施工质量。二是细化了专业分工，加大了对技术干部和技术工人的培训力度，让各个环节皆为明白人操作。三是严格按公司要求的质量标准施工，从水泥、沙石、钢筋等原材料质量把关入手控制质量。四是实行了现场人员核查确认、工序签名确认、安全检查确认和现场监控“四确认”措施，从制度上确保工程质量。五是采取严厉的奖优罚劣措施。六是现场始终坚持了干部24 h的跟班制。七是以强有力的政治思想工作，充分调动全体参建员工的积极性。

转体桥施工按照上海铁路局“捍卫质量保卫安全”的总体要求，全面推行工序交接、验收、签认和留名制，始终坚持上道工序不合格，严禁进入下道工序施工作业，严格把关，使工程质量处于可控状态。

(1)工序验收的组成

场地平整、监理复核测量放样；边墩钻孔桩施工完成后承台墩身施工；基础处理、支架搭设；主墩钻孔桩完成后进行转体下承台、转盘、球铰制作及安装、拱圈施工、拱上梁部施工、边跨现浇段、拱上梁部支架拆除、试转、正式转动、拱梁固结、合龙、永久系杆索张拉，最后进行桥面系及无砟轨道施工，并对桥梁进行长期变形观测。所有工序全过程有技术人员跟班作业，并有质检工程师、技术负责人进行质量把关检查，监理工程师对各工序进行检查验收，并派监理人员进行全过程旁站监督，施工过程中以工序控制为中心，重视事前控制，严格事中控制，严把事后控制关。

安质部牵头组织施工、监理单位全面建立了每个施工工序与环节的质量安全责任界定、追溯体系，每一个工程、每一个项目都把责任分解到人、落实到位，并现场挂牌公示。实行建设、施工、监理等单位安全质量检查人员在现场检查的签认登记制度，切实提高安全质量检查人员的责任心。强化工序交接和隐蔽工程质量验收，坚决实行工程质量终身记名制。通过作业、确认、检查等环节的全过程、全覆盖签认留名、存档，实现工程全寿命期安全、质量责任的可追溯，从而确保工程安全质量达标。

(2)工序的分级签认

根据工序检查验收制度，架子队质检员、技术负责人、架子队长、工区专业质检工程师、安质部长、总工或技术负责人及经理应对整个工序进行确认，报监理工程师验收签认。总监或副总监对巡查部位或工序进行签认。

(3)工序的检测

工程施工过程中，严格施工工序检查，确保每道工序质量可控，对原材料、半成品和成品进行全部检查，并由监理单位旁站抽检，见证或平行检验。

①桩基施工检查桩长和桩径、钢筋笼下放、泥浆比重、沉渣厚度、耐久性混凝土各项性能指标控制。

②承台墩身施工检查模板刚度、强度及稳定性，并进行验算；钢筋的连接、尺寸检查；混凝土性能指标控制及养护。

③地基基础的处理是否符合设计及施工现场要求。

④支架搭设预压及卸载是否符合设计及验标要求,并对支架预压进行观测。

⑤模板及支架拆除,必须待混凝土养护强度达到设计强度后进行。

⑥球形转盘制作,应在工厂加工完成后,进行试磨合,各项指标满足要求后整体运至工地安装,监理工程师对产品合格证进行检查。

⑦转动刚球铰的安装,首先安装下球铰,中心纵横向及水平调整,球铰周围顶面处各点误差不大于1 mm;上球铰安装必须精确定位,必须与下球铰吻合,严禁杂物进入。

⑧下盘滑道与上盘撑脚安装,滑道钢板调平,对中要求纵横向误差不大于1 mm;撑脚安装完成后,立模、钢筋绑扎、安装预应力筋及管道、预埋转体牵引索、浇筑混凝土,待混凝土强度达到要求后,张拉竖向预应力筋及纵横向钢绞线,监理应进行全部检查并旁站。

⑨牵引系统安装,监理应检查设备出厂合格证,设备性能保证正常运转。

⑩平衡控制:进行称重试验,用位移计测出球铰由静摩擦状态到动摩擦状态的临界值,反算内力,监理应进行检查确认。

⑪试转过程控制,检查牵引动力系统、转体体系、位控体系、防倾保险体系是否状态良好,控制转动速度。

⑫正式转动检查滑道和转体设备是否完好,同步转体,防止超转现象。

⑬转体精确控制,要求测量人员测报轴线走形现状数据一次,反复观测,直至转体轴线精确就位,测量监理进行全过程监控。

另外通过采用先进的施工技术和监测手段保证工序质量。钻孔桩施工过程中,为能真实地反映成孔的质量,同时为混凝土灌注提供有效的参考数据确保桩基施工质量,采用孔型检测仪进行孔型检测。该仪器可以每5 ~ 10 cm检测一个断面,然后由超声波将检测结果通过程序处理后直接反映在电脑上,孔型有关数据一目了然。

通过球铰、滑道及撑脚等转动设施的精确安装、定位以及混凝土施工控制,配合精确称重、合理配重的措施,实现了“中心承重、平衡转体”,保证了16 800 t超大吨位转体施工的顺利实施,合龙轴线精度达0.5 mm,高差精度达5 mm。

由于自锚上承式拱桥的结构型式独特,构造复杂,施工环节多,工艺要求高,受外界影响的因素很多,为确保主桥在施工过程中结构安全可靠,成桥后的线形符合设计要求,在主桥施工过程中按照设计施工顺序要求对各施工工况进行监控,利用各种测试手段获取的反馈数据进行跟踪修正计算,不断校核各工况下的实测数据与设计的偏差,保证成桥后的线形及内力符合设计要求。

4. 安全控制

(1)安全控制的重难点分析

转体桥施工技术含量高、施工难度大、安全风险高、工期奇紧。

①跨沪杭高速公路施工,对行车形成安全威胁;

②主跨跨度为160 m,单边转体重量达16 800 t;

③地处软土地基,地基处理难度大、基坑开挖困难;

④梁拱地基处理及预压控制难度大;

⑤球铰中心、滑道、脚撑、牵引千斤顶必须精确定位,保证纵横向误差不大于1 mm,精度度要求高;

⑥正式转体施工必须保证每个转体使用的两对千斤顶的作用力始终保持大小相等、方向相反,避免不平衡力偶产生,操控难度大。

(2)安全专项方案

转体桥在施工期间按照沪杭公司和高速公路管理部门等单位的要求召开大型方案评审会2次,针对基坑开挖、拱圈现浇、桥梁转体、合龙段施工等各个时期的安全技术方案进行了审查,实施过程中严格按各方批复的方案进行。

监理项目部对施工单位提交的安全专项方案进行审批,必须符合设计及满足实际施工要求。

(3)安全投入

采用30 m内径的钢壁沉井作为承台基坑施工防护措施,加快了施工进度,保证了高速公路的运营安全。拱圈浇筑期间在高速公路上紧急停车带上设置混凝土预制块防撞带,防止车辆冲撞支架;转体施工请高速公路相关部门协助进行安装摆放交通警示标志和施工部位现场的交通管制及交通协调指挥。中跨合龙段施工利用底模钢桁托架及底模系统对合龙段下方进行底部安全防护,在底模托架和底模系统上方四周安装侧向安全防护装置,侧向安全防护装置与底部安全防护及两侧梁体形成全封闭合体,整体对施工过程中进行安全防护。整个施工过程中按照高速公路的管理要求设置了规范的警示及引导标志,累计安全投入221.9万元(不含钢壁沉井)。

监理工程师对施工单位安全措施保证进行专项检查、符合已批准方案及其他相关要求。施工现场必须保证专职安全人员进行监控,现场设置安全警示标志标识或警戒线。对投入施工用的连续顶推千斤顶、油泵、主控系统等按照设备管理要求进行标定、检查、确保设备完好率及操作性能,并对相关操作人员进行培训学习。

(4)现场安全控制

工区项目经理部成立安全生产领导小组,项目经理为组长,书记为副组长,项目部副经理、各部门和施工队(厂)负责人为组员。由安全质量部负责项目安全监察和日常工作。施工现场配置2名安全员,专职负责所有员工的安全和治安保卫工作。对工程安全管理实行层层负责制,建立各级安全生产责任制度;建立各项安全生产规章制度,编制各工种安全操作规程;建立内部考核制度;确保安全保证措施得到层层落实。转体桥施工中确保高速公路安全是最大的安全隐患,为此项目部编制了专门的高速公路安全防护方案,并经过了相关单位的审批,实施过程中严格按照方案进行,日常安全工作由现场副经理现场监督,书记抽查;关键工序如钢壁沉井下沉、桥梁转体、中跨合龙施工等由项目经理到现场监督。

监理工程师督促施工单位进行安全交底,并落实到个人。跨高速公路施工,与高速公路协调并报安全施工方案,施工过程中必须封锁,现场专职安全人员到场,安全总监到位现场监督。

所有施工设备操作必须有专人负责。非指定人员不得随意触动、开启设备按钮和开关;各配电线符合安全用电要求,主控台及泵站须搭设防雨棚,防止电气控制设备受潮。

5. 用科技为质量安全管理提供支撑

公司分别与中铁十二局、中建八局、铁四院和东南大学组成关于特大跨桥梁主梁混凝土材料收缩徐变控制与耐久性提升技术研究课题组;与中铁一局、中铁十二局、中建八局、铁四院和东南大学组成大跨径PC梁桥长期变形与裂缝控制的设计与施工措施研究课题组;与中铁一局、中铁十二局、铁四院和东南大学组成特大跨桥梁转体施工关键技术研究课题组,形成了强有力的科研攻关组织,明确了研究任务分工和科技攻关内容,并按照时间节点要求展开工作。通过技术上的完善,同时加强质量和安全的动态监控,确保了转体桥建设的成功。

2.4.5 计划管理

1. 进度计划的编制与审核

根据工程特点及工程项目实施的不同阶段,公司下发了总体进度计划及月进度计划,对于某些起控制作用的关键工程项目还单独编制了进度计划。同时要求施工单位按照公司下发的月计划,编制周计划、日计划上报公司审批,并严格按照计划实施。

(1)总体进度计划

施工总进度计划是用来指导工程全局的,它是工程从开工一直到竣工为止各个主要环节的总的进度安排,起着控制构成工程总体的各个单位工程及各个施工阶段工期的作用。上级主管部门专题分析了2次、公司先后专题分析了很多次,主要完善了以下内容:工程项目的合同工期;完成各单位工程及各施工阶段所需要的工期、开始和完成时间;各单位工程及各施工阶段所需配备的主要施工设备的数量及其调配次序;各单位工程或分部工程的施工方案和施工方法;各单位工程或分部工程的控制日期。

(2)月进度计划

为确保沪杭客专2010年10月份通车的目标,公司组织专业技术人员,对总体进度目标进行了分解,并编制月进度计划。月进度计划要受工程总体进度计划的控制,月进度计划是总进度计划实现的保证。工程月进度计划主要反映了以下内容:本月计划完成的分项工程内容及施工顺序;完成各分项工程所需配备的主要施工设备的数量及其调配次序;在总体进度计划下对各单位工程或分项工程进行局部调整或修改;施工计划的编制。

(3)督促施工单位编制周、日计划,并审批。每日定期召开工程进度推进会议,总结和分析进度存在的问题,并立即制订纠正措施。确保每周计划实现,体现了上级主管部门的指导思想“以日保周、以周保月,以月保年”,从而确保了转体桥的总体目标的实现。

2. 施工计划的考核

制定了科学、合理的施工计划考核办法和管理制定,并下发执行。对施工、监理单位进行严格的考核和奖励,形成大干的态势。

3. 进度检查

制订科学合理的进度计划,是实现进度控制的重要前提。然而在项目实施过程中,由于外部环境和条件的变化,进度计划的编制者很难事先对项目实施过程中可能出现的问题进行全面估计。气候的变化、意外事故以及其他条件的变化都会对工程进度计划的执行产生影响,往往造成实际进度与计划进度发生偏差,如果这种偏差不能及时纠正,将会影响进度总目标的实现。因此,公司组织定期对照计划检查,发现偏差,首先分析原因,制订措施,限期解决内外部协调问题。施工时,要求监理单位全天候对工程进度检查和监督,形成健全的进度报告采集制度,并以此来收集数据,采用有效的检查手段来发现问题,以及应用行之有效的进度调整方法来解决问题。

(1)工程进度计划的实施

为了保证工程进度计划的实施,并且尽量按编制的计划逐步进行,保证进度目标的实现,主要抓了以下几个方面的工作:编制各层次的计划,形成严密的计划保证系统;计划全面交底,发动全体人员实施计划。

(2)工程进度计划的检查

在大桥的施工过程中,进度控制人员要经常地、定期地对进度的执行情况进行跟踪检查,发现问题及采取措施加以解决。

4. 进度延误处理与计划调整

通过实际进展与目标计划的比较,出现进度偏差时,进度控制人员要认真寻找产生进度偏差的原因,分析进度偏差对后续工作的影响,并采取必要的进度调整措施,以确保进度总目标的实现。

2.5 主要工程数量

主要工程数量如表2-5-1所示。

表2-5-1 主要工程数量

序号	跨沪杭高速公路主桥段			单位	数量
1	上部结构	主拱圈		联	2
		拱上立柱		个	6
		拱上连续梁	(20+22+22+20)m	联	4
2	下部结构	ϕ200 cm 桩基		根/m^3	36/14 580
		ϕ150 cm 桩基		根/m^3	24/14 580
		承台		个/m^3	4

第3章 工程设计

3.1 设计采用及参考规范

(1)《铁路工程抗震设计规范》(GB 50111—2006)

(2)《高速铁路设计规范(试行)》(TB 10621—2009)

(3)《铁路桥涵设计基本规范》(TB 10002.1—2005)

(4)《铁路桥涵钢筋混凝土和预应力钢筋混凝土结构设计规范》(TB 10002.3—2005)

(5)《铁路桥涵混凝土和砌体结构设计规范》(TB 10002.4—2005)

(6)《铁路混凝土结构耐久性设计规范》(TB 10005—2010)

(7)《新建铁路桥上无缝线路设计暂行规定》(铁建设函〔2003〕205 号)

(8)《铁路桥涵地基和基础设计规范》(TB 10002.5—2005)

(9)《铁路综合接地系统》(通号〔2009〕9301)

(10)《公路桥梁抗风设计规范》(JTG/T D60—01—2004)

3.2 软基条件下超大吨位转体施工桥梁设计计算

本节主要内容是将本项目课题组的最新科研成果应用于实际工程设计,详细介绍计算过程,理论原理见本书第6章。

3.2.1 基于锥形面拉压杆模型的桩基、下承台设计

1. 桩基设计

本工程项目的地质条件属于长江中下游地区典型的软土地基,以沪杭高铁跨沪杭高速转体桥330号墩为例,其地质条件如表3-2-1所示。

表3-2-1 330号墩下地质条件

地层代号	深度范围(m)	土层厚度(m)	土名	状态	基本承载力(kPa)
(1)1	1.1/-2.8	3.8	黏土	软塑	120
(3)1	-2.8/-10.6	7.8	黏土	硬塑	140
(3)2	-10.6/-16.8	6.2	淤泥质黏土	软塑	60
(4)1	-16.8/-25.8	9	黏土	硬塑	160
(4)2	-25.8/-33	7.2	粉质黏土	软塑	120
(4)2-2	-33/-43	10	粉砂	饱和	100
(5)1	-43/-44	1	黏土	硬塑	180
(5)2	-44/-55.15	11.15	粉质黏土	软塑	130
(6)1	-55.15/-59.1	3.95	黏土	硬塑	200

续上表

地层代号	深度范围(m)	土层厚度(m)	土名	状态	基本承载力(kPa)
(6)3－1	－59.1/－81.4	22.3	粉细砂	饱和	180
(6)3－3	－81.4/－87.4	6	粉质黏土	软塑	150
(6)3－4	－87.4/－92.4	5	粉细砂	饱和	200
(7)1	－92.4/－104	11.6	粉质黏土	硬塑	200
(7)2	－104/－115	11	粉细砂	饱和	200
(7)3	－115/－123.9	8.9	粉质黏土	硬塑	200
(7)3－1	－123.9/－127.9	4	粉细砂	饱和	200
(7)3	－127.9/－135.4	7.5	粉质黏土	硬塑	200
(7)3－1	－135.4/－138.8	3.4	粉细砂	饱和	200

根据上部结构设计在基本组合下的竖向荷载设计值在250 000 kN以内。如果考虑群桩效应系数η后的单桩承载力为10 000 kN，则需要桩大约25根，如果考虑η后的单桩承载力为20 000 kN，则需要装大约13根。其中群桩效应系数η是一个经验性较强的参数，美国规范规定$\eta=0.65\sim1$，欧洲规范则为0.75。但研究表明，对于低承台群桩，由于承台－桩－土的共同作用，由承台传递的竖向荷载会增加桩的极限侧摩阻力，结果是基桩承载力较单桩不仅没有降低，甚至大幅提高，增大系数可达2～3倍。

参考实际工程经验，桩径一般在2～3 m之间，单桩承载力可达几万吨。但是对于本项目的地质条件，单桩承载力较良好地基低很多，如要提高单桩承载力，则必须增加桩长或桩径。其中增加桩径带来的问题是，为了保证桩与桩之间影响较小，桩间距会较大，从而使得承台平面尺寸相应变大，这会大量增加混凝土的用量，同时对于转体施工的承台，由于球铰作用于下承台的荷载较接近集中力，如果承台尺寸较大，宜造成桩基反力分布不均。相较而言，增加桩长更可取。目前，国内桥梁工程中的最大桩长已超过120 m，并且对超长灌注桩的施工国内施工单位已有较丰富的经验。综合以上分析，考虑设计单桩桩径为2 m，桩长为129 m，计算得到单桩承载力为22 609 kN。对于群桩效应系数η的考虑作保守取值，取$\eta=0.65$，则按设计荷载250 000 kN计算所需的桩数为17根，因此可取总桩数为偶数18根。如果考虑低承台群桩的增强效应，取增大系数1.5，则安全系数可达22 609×1.5×18/250 000＝2.44。

最后设计的桩位布置及承台平面尺寸如图3－2－1所示，桩径2 m，桩长129 m。

2. 下承台设计

参考本书第6.3节的内容，对本工程下承台进行设计。下承台设计流程如图3－2－2所示。

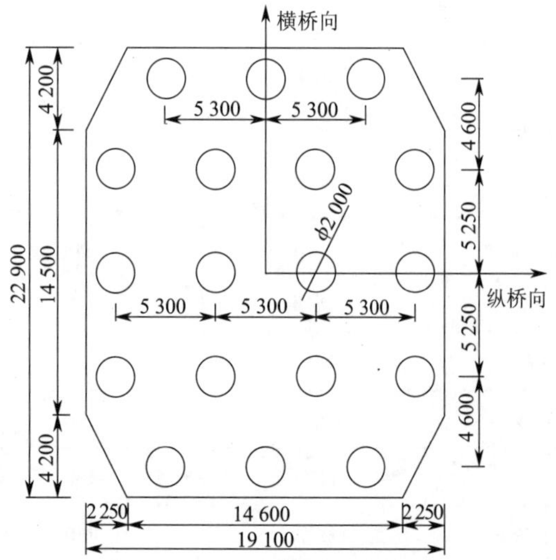

图3－2－1　桩位布置平面图(mm)

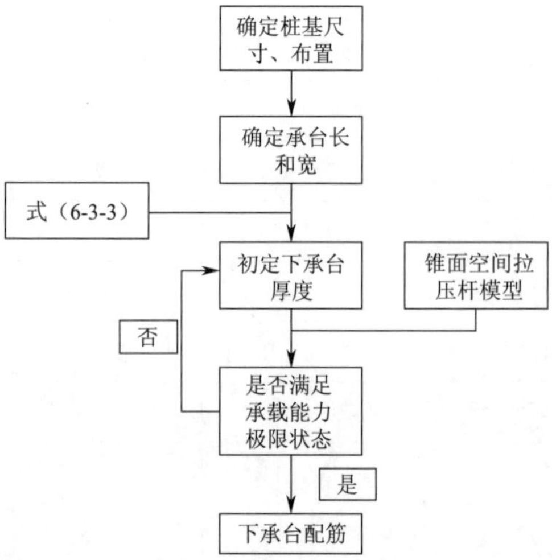

图3－2－2　球铰下承台设计流程

(1)下承台厚度确定

前面已设计完桩基及承台平面尺寸,参见图3-2-1,下面要设计的是下承台的厚度,由式(3-2-1)确定,即

$$H \geqslant \frac{(\sqrt[3]{K_P D s_a})(1+3\eta)}{\sqrt{B/L}E_R a D_P} \tag{3-2-1}$$

其中,$B=19.1$ m,$L=22.9$ m,$E_R=32.5$ kN/mm^2,$a=2.5$,$D_P=2$ m,$K_P=20$ kN/mm,$D=12.26$ m,$s_a=5.3$ m,$\eta=0.72$。

计算得,$H>3.13$,取$H=3.5$ m。

(2)承载力验算及配筋

初步确定下承台厚度后,须对下承台进行承载能力极限状态验算及配筋设计。具体计算过程将在第6章详细介绍,按照第3.3.3节中的承台配筋,下承台承载力满足要求。同时对其进行正常施工极限状态的验算,即查看转体过程中下承台的变形,结果在容许范围内,可行。

3.2.2　球铰关键参数设计

球铰体系设计的一般流程如图3-2-3所示。

1. 选定球铰材料

根据上部结构设计,转体重量达16 800 t,查表6-4-5、表6-4-6可知必定选用钢制球铰。

2. 确定球铰支承半径

查表6-4-8得,转体重量为16 800 t对应的球铰支承半径取值范围1.8~2.4 m,可取2.0 m。

3. 确定球铰半径

查表6-4-9得,支承半径为2 m对应的球铰半径取值范围为7.6~9.4 m,因此可取球铰半径8 m。

4. 计算球铰启动力矩

具体计算见第6.4.4节。

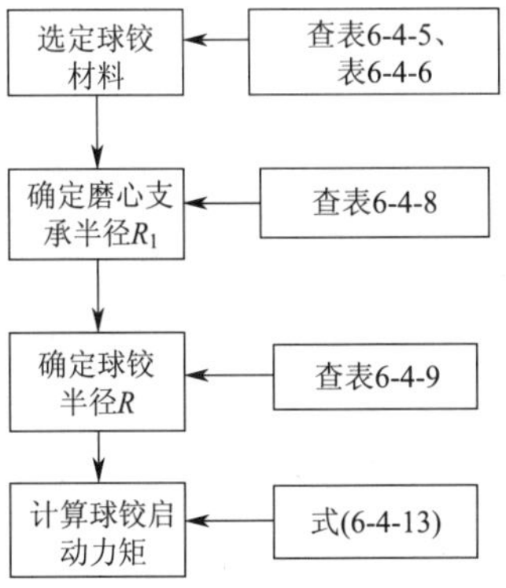

图3-2-3　球铰设计一般流程及设计依据

按照上述设计流程,可得球铰的主要尺寸如图3-2-4所示。

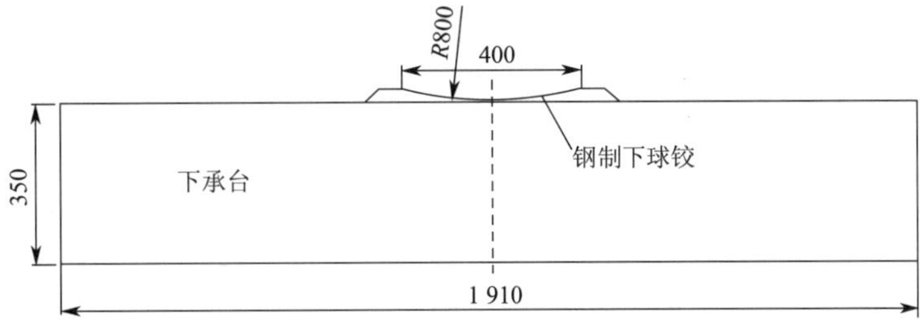

图3-2-4　球铰体系主要尺寸(cm)

3.2.3　结构抗倾覆稳定设计

结构抗倾覆能力主要由撑脚起作用,撑脚受力图式如图3-2-5所示,撑脚设计荷载按式(3-2-2)计算。

$$N_C = G\cdot(e+e_1)/(R'+e_1) \tag{3-2-2}$$

式中　N_C——撑脚所受的等效集中力;

G——上部结构设计荷载等效集中力;

e——上部结构荷载偏心距；

e_1——球铰面等效支承集中力偏心距；

R'——环道中心线半径。

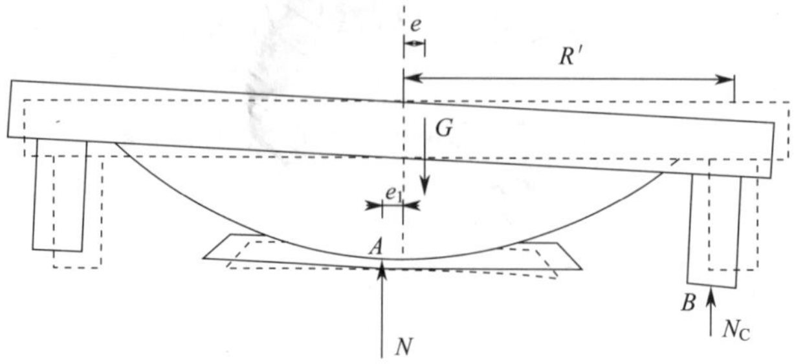

图 3－2－5　撑脚受力图式

取 $G=201\ 600$ kN，$e=0.1$ m，$e_1=0.05$，$R'=5$ m，算得 $N_C=6\ 000$ kN。

单个撑脚的尺寸如图 3－2－6 所示。其竖向承载力为 $N_C=0.9\times2\pi\times0.45^2\times22.4\times1\ 000\approx25\ 650$ kN $>6\ 000$ kN，因此撑脚承载力远远满足要求。

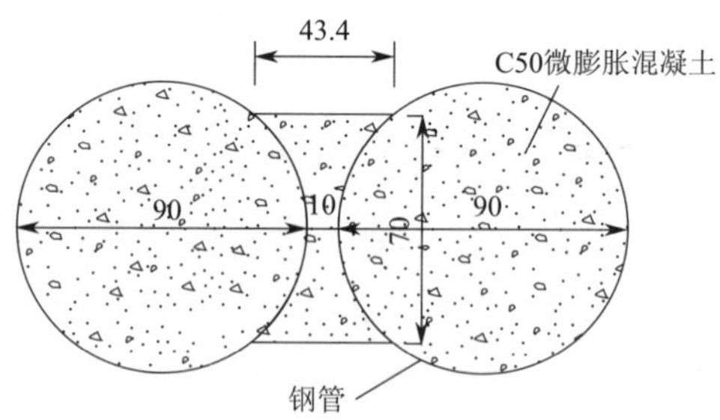

图 3－2－6　撑脚平面尺寸(cm)

3.2.4　基于影响矩阵的系杆力与顶推力设计

本课题组提出采用基于影响矩阵的系杆力与顶推力确定方法，具体思想及计算方法见本书第 6.7 节。

根据本工程的实际施工工序，建立以下约束方程组：

$$\begin{pmatrix}[\sigma_1]\\ [\sigma_2]\\ [\sigma_3]\\ [\sigma_4]\\ [-F_0]\end{pmatrix}\leqslant\begin{pmatrix}\sigma_{zt1}&\sigma_{zt2}&\sigma_{zt3}&\sigma_{zt4}&\sigma_{zt5}&\sigma_{zt6}&\sigma_{ztl}\\ \sigma_{zb1}&\sigma_{zb2}&\sigma_{zb3}&\sigma_{zb4}&\sigma_{zb5}&\sigma_{zb6}&\sigma_{zbl}\\ \sigma_{bt1}&\sigma_{bt2}&\sigma_{bt3}&\sigma_{bt4}&\sigma_{bt5}&\sigma_{bt6}&\sigma_{btl}\\ \sigma_{bb1}&\sigma_{bb2}&\sigma_{bb3}&\sigma_{bb4}&\sigma_{bb5}&\sigma_{bb6}&\sigma_{bbl}\\ F_1&F_2&F_3&F_4&F_5&F_6&F_1\end{pmatrix}\begin{pmatrix}1\\ x\\ y\\ 1\\ z\\ 1\\ 1\end{pmatrix}\leqslant\begin{pmatrix}[\sigma_{11}]\\ [\sigma_{22}]\\ [\sigma_{33}]\\ [\sigma_{44}]\\ [F_0]\end{pmatrix}\tag{3-2-3}$$

式中　$[\sigma_1]\sim[\sigma_4]$——中跨拱脚上缘、下缘，边跨拱脚上缘、下缘持久状况下最大压应力容许值；

$[\sigma_{11}]\sim[\sigma_{44}]$——中跨拱脚上缘、下缘，边跨拱脚上缘、下缘的持久状况下最大拉应力容许值；

x,y,z——待优化确定的未知数，用于确定系杆索张拉力和顶推力；

$[F_0]$——持久状况下理想的拱座水平推力，其余各参数含义如表 6－7－3 所示。

根据经验及材料的一般特性，选取较理想的应力状态和水平推力状态，并将表中数据代入式(3－2－3)，得

$$\begin{pmatrix}[-10]\\ [-12]\\ [-10]\\ [-12]\\ [-5\ 000]\end{pmatrix}\leqslant\begin{pmatrix}-1.68&-0.8&-0.12&-0.15&0&0.5&0.4\\ -9.3&0.83&0.11&-1&-0.09&-0.6&-2\\ -1.68&-0.8&0.13&0&-0.43&-0.3&-0.2\\ -9.3&0.83&-0.12&-0.96&0.42&0.1&-1.2\\ 0&0&1\ 000&-923&-487&-2\ 449&-713\end{pmatrix}\begin{pmatrix}1\\ x\\ y\\ 1\\ z\\ 1\\ 1\end{pmatrix}$$

$$\leqslant\begin{pmatrix}[-4]\\ [-6]\\ [-4]\\ [-6]\\ [5\ 000]\end{pmatrix} \tag{3-2-4}$$

经过优化设计，最后确定的参数为 $x=3.4$，$y=8.2$，$z=6.1$，即临时系杆加 F 型索共张拉 3 400 kN，顶推力施加 8 200 kN，永久系杆张拉力为 6 100 kN，将其代入式(3－2－4)，得

$$\begin{pmatrix}-1.68 & -0.8 & -0.12 & -0.15 & 0 & 0.5 & 0.4\\ -9.3 & 0.83 & 0.11 & -1 & -0.09 & -0.6 & -2\\ -1.68 & -0.8 & 0.13 & 0 & -0.43 & -0.3 & -0.2\\ -9.3 & 0.83 & -0.12 & -0.96 & 0.42 & 0.1 & -1.2\\ 0 & 0 & 1\ 000 & -923 & -487 & -2\ 449 & -713\end{pmatrix}\begin{pmatrix}1\\ 3.4\\ 8.2\\ 1\\ 6.1\\ 1\\ 1\end{pmatrix}$$

$$=\begin{pmatrix}-4.634\\ -9.419\\ -4.995\\ -9.388\\ 1\ 857.3\end{pmatrix} \tag{3-2-5}$$

由式(3－2－5)可见，各项参数都在合理取值范围内。

3.3　下部结构设计

下部结构是整个桥梁结构的基石，包括承台和桩基础施工。承台作用是将上部结构荷载传递至桩基，须满足自身的承载力要求及刚度要求，使得桩基受力均匀合理。由于本工程地质条件属软土地基，桩的类型的摩擦桩。为了满足高速铁路对线形的高要求，桩较长。桩采用钻孔灌注桩施工工艺，采用双臂钢围堰及内撑作基坑支护。

由于球铰的存在，使得承台设计与施工较普通承台复杂许多。

3.3.1　地质资料

跨石大路转体桥的主墩2号墩位上层覆盖1～3 m填筑土，第二层主要为淤泥质粉质黏土厚度26 m左右，第三层为粉质黏土厚度6 m，第四层为凝灰岩，全风化层厚度10.5 m，第五层为强风化凝灰岩层，厚度4.0 m，第六层为弱风化凝灰岩厚度8.2 m。

主墩3号墩位上层覆盖3 m厚填筑土；第二层为粉土，厚度8.9 m；第三层为淤泥质粉质黏土，厚度19.5 m；第四层为粉质黏土，厚度为16.4 m；第五层为全风化泥质砂岩，厚度为13.3 m；第六层为强风化泥质砂岩，厚度为1.2 m；第七层为弱风化泥质砂岩，厚度为15.4 m。

跨沪杭高速转体桥桥址处地层相对单一，主要由粉质黏土、粉土、粉砂、淤泥质粉质黏土、淤泥质黏土、细砂、粉细砂、砾砂构成。软土厚度一般10～25 m、埋深3～35 m，软土强度指标低，压缩性高。

3.3.2　桩基础设计

本工程地质条件为软土地基，因此桩的承载类型是摩擦型，这就要求桩长非常长，达129 m，这在

国内乃至世界都是属于超长桩。桩位的平面布置如图3－3－1所示。

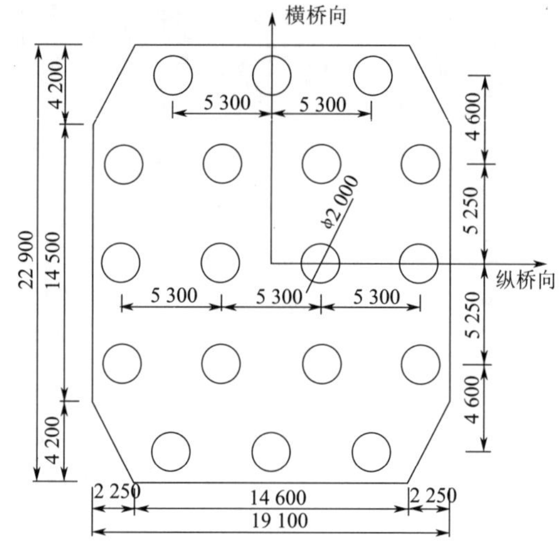

图3－3－1　桩位布置平面图(mm)

3.3.3　承台设计

由于转体施工的特殊性，承台分为上、下承台，转体到位后通过封铰将上下承台合成一个整体。将承台沿高度方向分为三部分：下承台矩形块体(3.5 m)、上承台矩形块体(2.1 m)及中间球体区域(0.9 m)。

1. 上承台

上承台矩形块体区域包含两部分：13 m×14 m截面的高度为1.4 m，采用C40混凝土；12 m×14 m截面的高度为0.7 m，采用C50混凝土。球铰凸块的最大圆半径为429.2 cm，采用C50混凝土，下球铰支承半径为2 m。上承台的具体尺寸如图3－3－2所示。

2. 下承台

下转盘是转体重要支撑结构，布置有转体系统的下球铰、撑脚的环形滑道、转体牵引系统的反力座、助推系统、轴线微调系统等。下转盘长22.9 m，宽19.1 m，高3.5 m；布置有纵、横向预应力钢筋、上下层普通钢筋网以及抗剪钢材、钢筋。

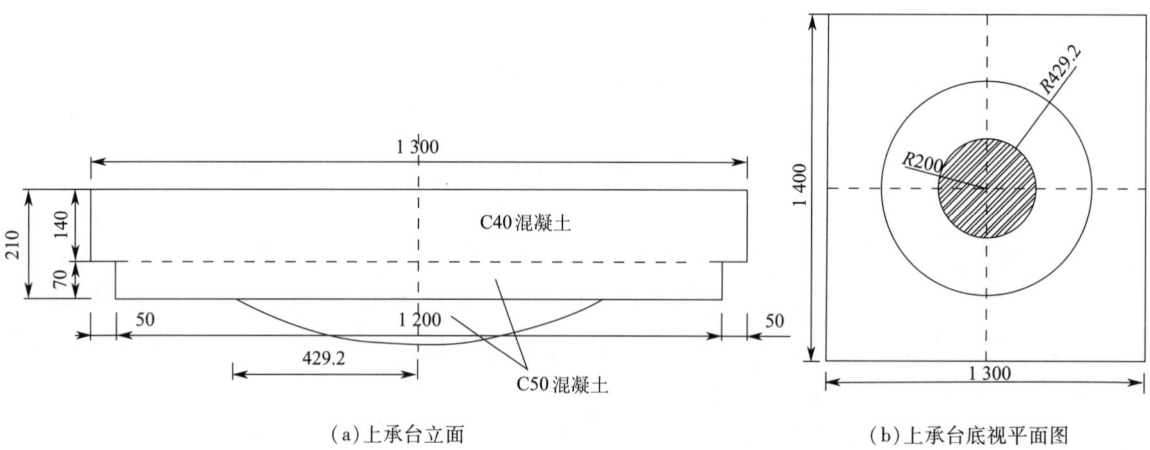

(a)上承台立面　　(b)上承台底视平面图

图3－3－2　上承台尺寸(cm)

纵、横向预应力筋均采用19-7ϕ5钢绞线，两端张拉，锚下张拉控制应力1 300 MPa。预应力孔道均用金属波纹管制孔，波纹管用钢筋定位。预应力分两批张拉，第一批预应力张拉在上转盘施工完成后张拉；第二批索在拱肋、立柱混凝土浇筑完成后，转体结构直索张拉前张拉。各预应力索张拉后按规范要求及时压浆、封墙。

下转盘上下球铰、滑道安装是重要的施工项目，施工要求精度高，应先预埋好定位骨架，通过调整螺栓精确调平滑道、下球铰平面，各平面相对高差不大于0.5 mm，调整完成后浇筑C50后浇混凝土。

转体完成后，通过封铰混凝土连接上下承台，使之成为一体。

下承台矩形块体区域高度为3.5 m，采用C40混凝土，只在下球铰安装区域(半径为6 m的圆形区域，高度为90 cm)采用C50混凝土。下承台的具体尺寸如图3－3－3所示。

3. 承台配筋设计

本工程中承台分为上、下承台施工，其配筋较普通承台有较大区别。

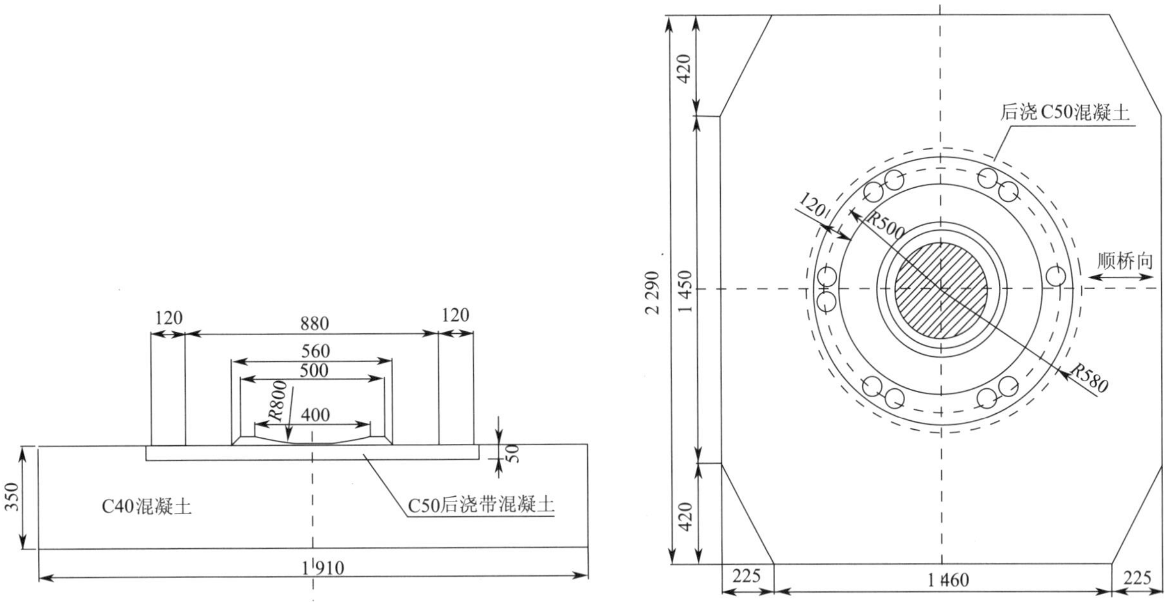

(a)下转盘立面　　(b)下转盘俯视平面图

图 3－3－3　下转盘布置图(cm)

(1)上承台配筋

上承台的受力特点:上表面承受拱座传来的上部荷载,荷载作用面积较大;下表面由下球铰球面支承,支承面积同样较大,因此上承台的荷载传递方式属于面到面的传递,总体上受力比较均匀。

由于球铰的存在,上承台配筋较为复杂,钢筋的配置是严格遵守受力规律的,在矩形块体区域内配筋纵横竖向钢筋,在球体区域配置环向及径向钢筋。具体布筋如图 3－3－4 所示。

(2)下承台配筋

下承台的受力特点:上表面承受上球铰传来的上部荷载,荷载作用面积较小;下表面由桩基支承,支承范围较大,因此下承台的荷载传递方式接近与由点到面的传递。这种受力方式下,下承台存在明显的弯曲效应,下缘受拉,为此在设计上除了布置较多的普通钢筋外,另外设置了数量较多的预应力筋,以此来抵消弯曲效应,防止底缘开裂。下承台的普通钢筋及预应力筋布置如图 3－3－5～图 3－3－8 所示。

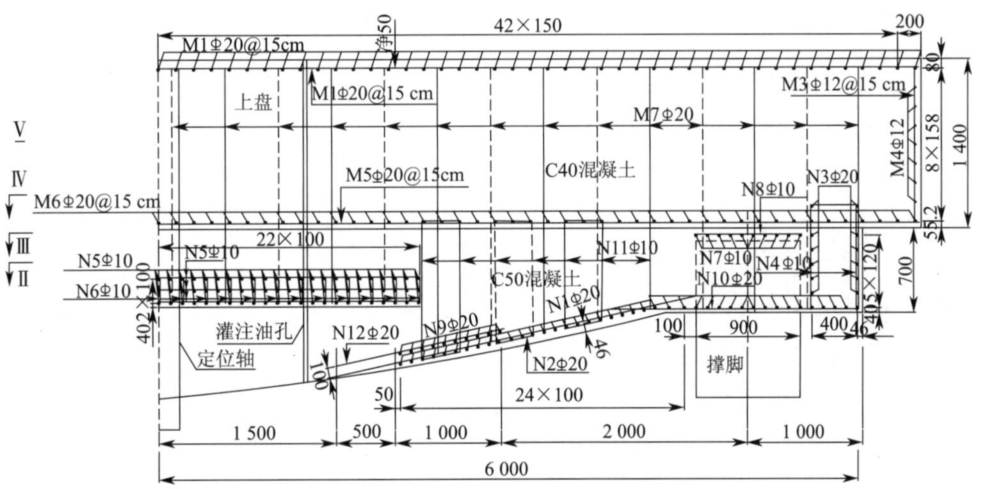

(a)上转盘钢筋剖面布置图

图　3－3－4

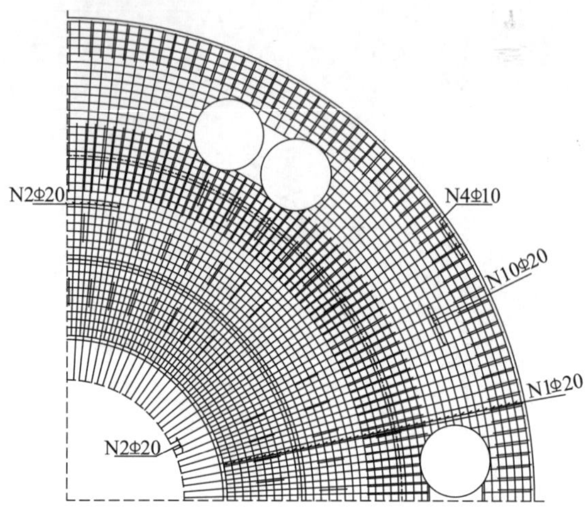

(b)1/4 Ⅰ－Ⅰ

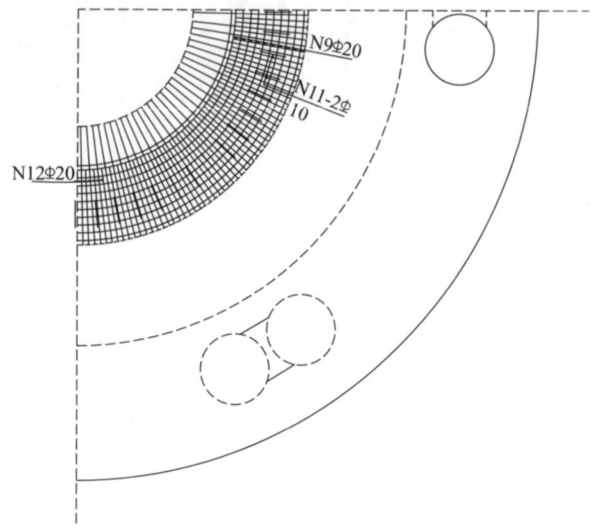

(c)1/4 Ⅰ－Ⅰ(仅标识 N1、N2 钢筋)

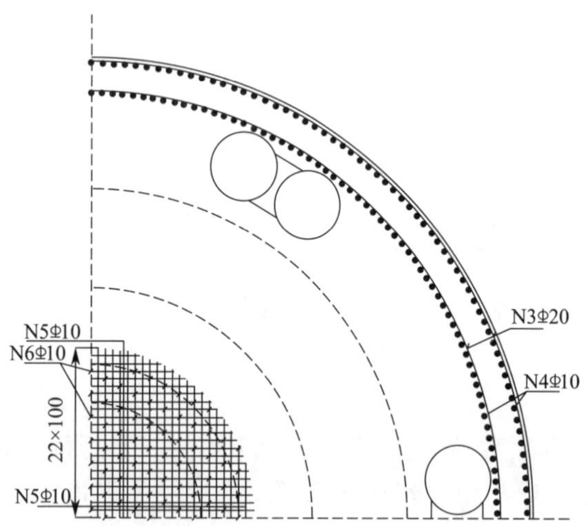

(d)1/4 Ⅱ－Ⅱ

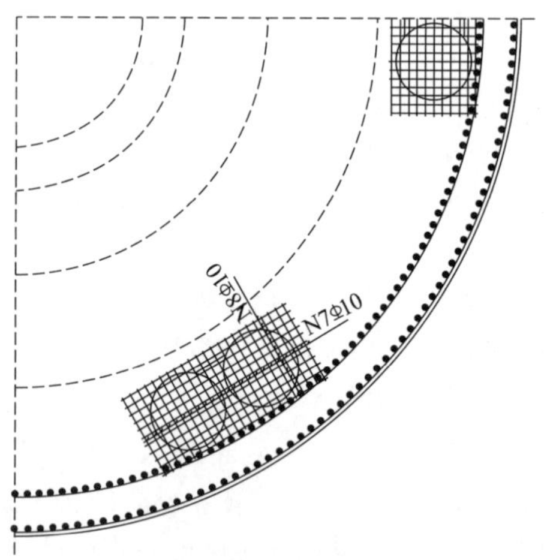

(e)1/4 Ⅲ－Ⅲ

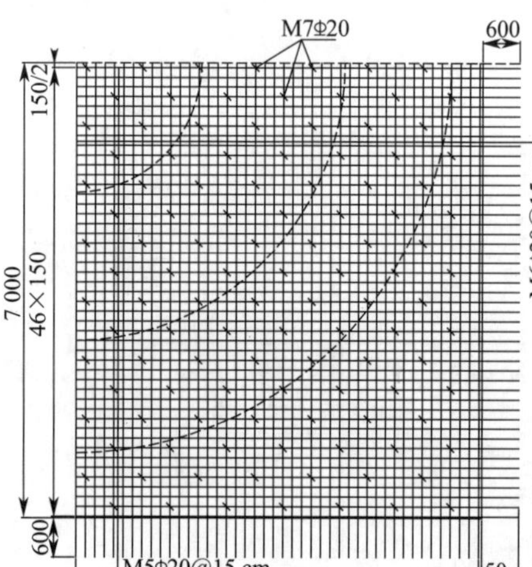

(f)1/4 Ⅳ-Ⅳ

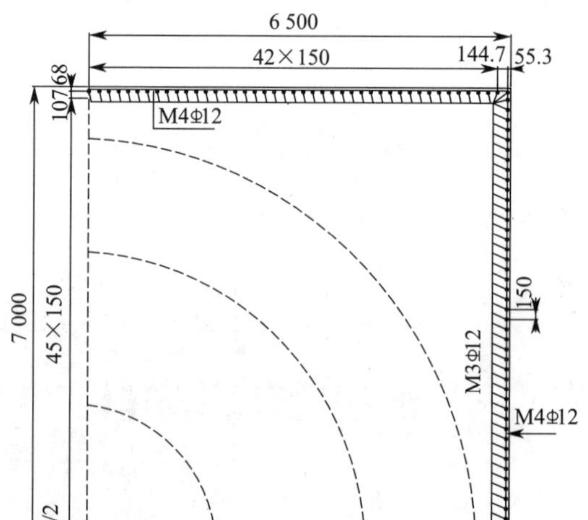

(g)1/4 Ⅴ-Ⅴ

图 3－3－4 上转盘钢筋布置图(cm)

①普通钢筋

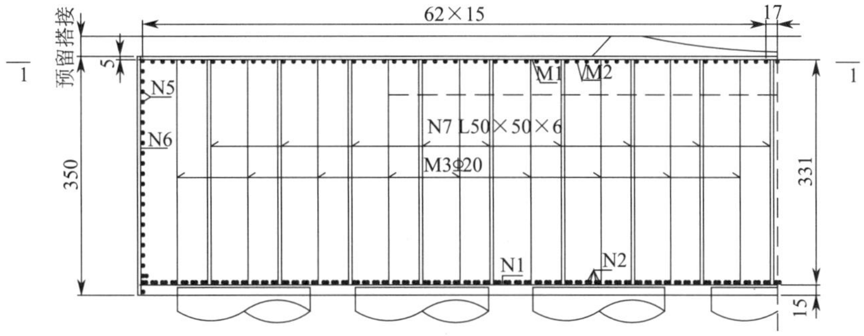

(a) 1/2 下转盘钢筋立面图

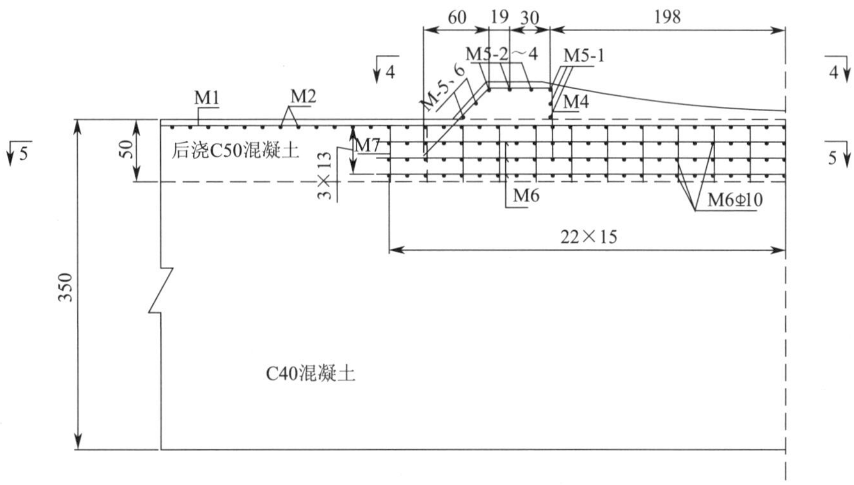

(b) 1/2 3－3 断面

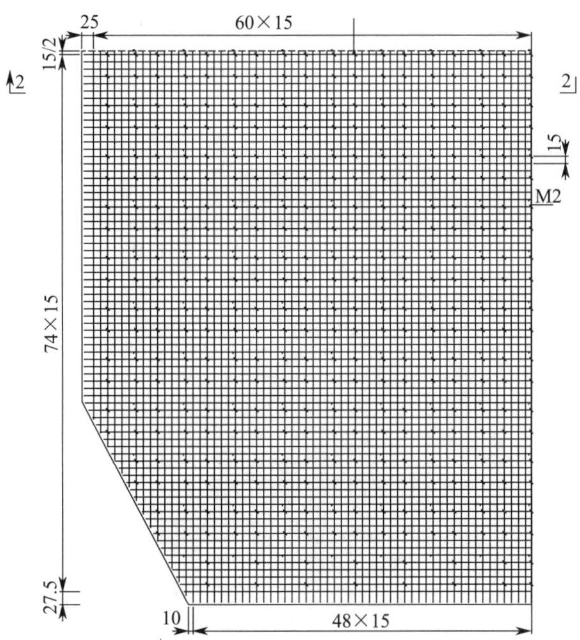

(c)1/4 下转盘钢筋平面图

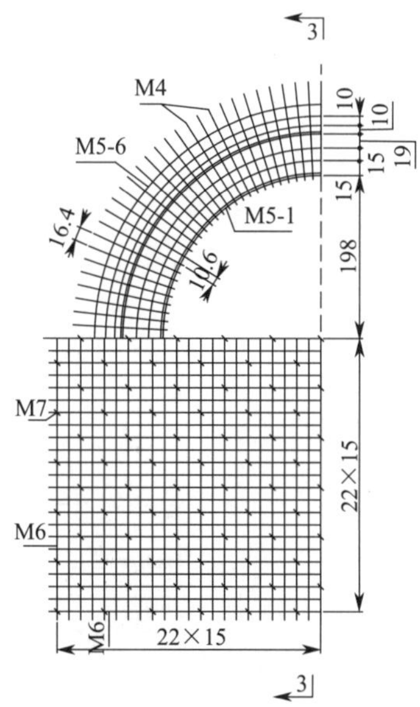

(d)1/4 4-4、5-5断面

图 3－3－5　下转盘钢筋布置图(cm)

②预应力钢筋

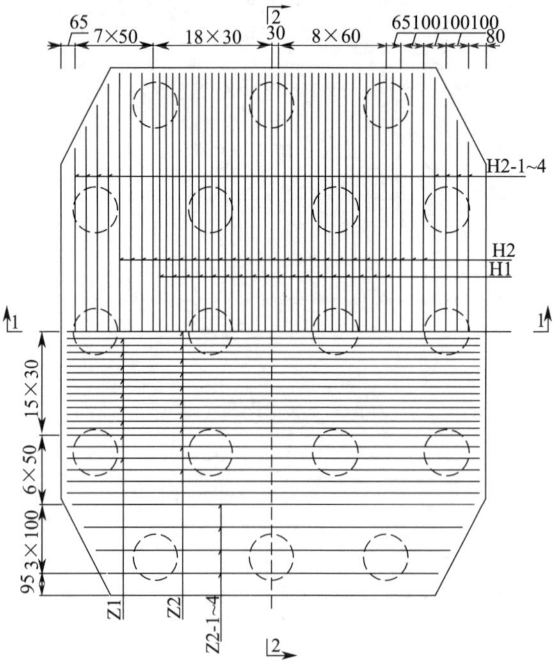

图 3－3－6　下转盘预应力布置平面图

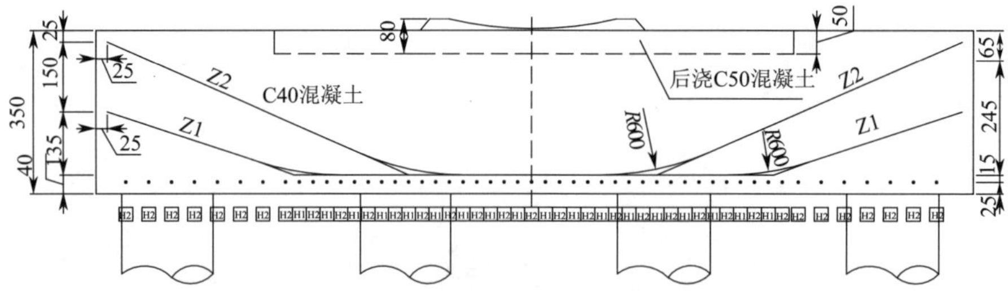

(a)纵断面

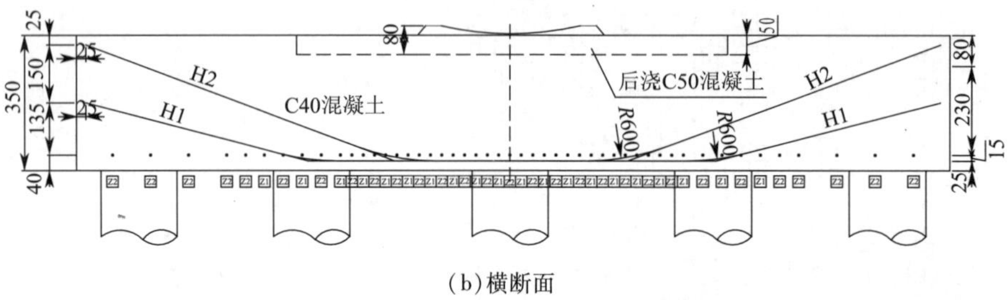

(b)横断面

图 3－3－7　下转盘预应力布置断面图(cm)

(3)转盘封铰钢筋

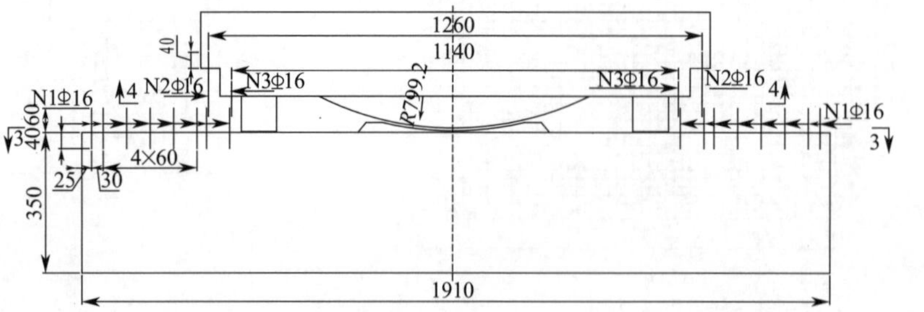

(a)1－1 断面

图　3－3－8

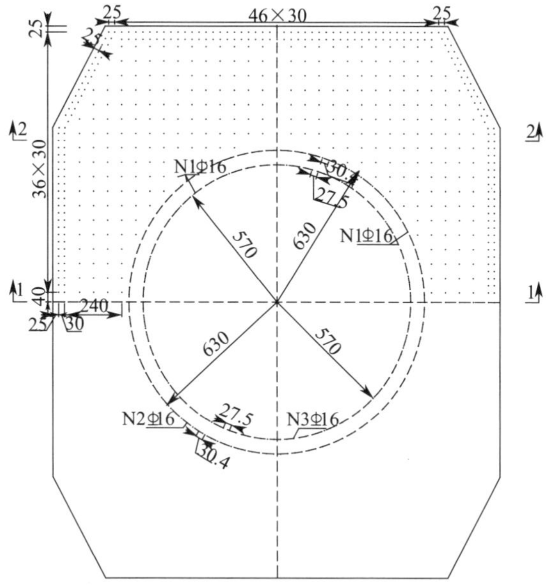

(b)3－3、4－4 断面

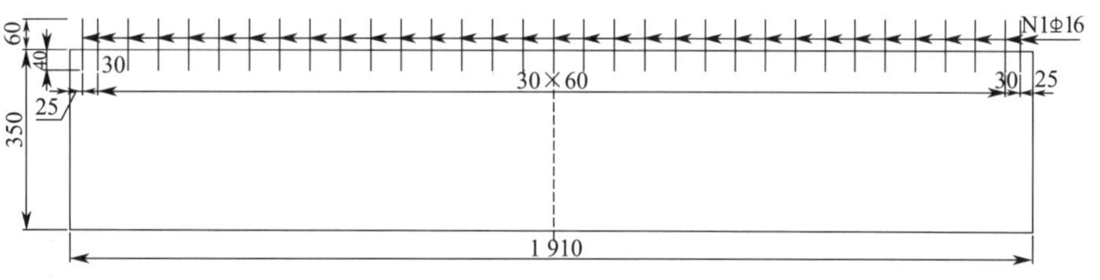

(c)2－2 断面

图 3－3－8　转盘封铰钢筋布置图(cm)

3.4　转体结构设计

转体结构设计主要包括以下几个方面:球铰的设计、转动体系布置、转动过程中的稳定性控制措施设计,以及给出球铰相关的力学参数,比如球铰启动力矩等。

3.4.1　钢制球铰加工设计

1. 设计要求

球铰设计承载力 16 800 t,由具有相关能力及经验的厂家负责加工。球铰为焊接钢结构,需无损探伤检测。其球面半径为 8 m,平面直径为 4 m,球铰的下球面板上镶嵌填充聚四氟乙烯复合夹层滑板,与上球面板组成摩擦副,并涂抹黄油四氟粉润滑,确保静摩擦因数 <0.05,动摩擦因数 <0.03。

2. 结构设计

球铰的上下球铰系由球面板、加强肋板、球形加强板、定位轴套管、聚四氟乙烯复合夹层滑板等零件组成,如图 3－4－1 所示。加强肋板呈放射状对称布置,并通过球形加强肋板与球面板、定位轴套管连接固定到一起,球铰安装有定位销轴,保证转动时对中。下球铰凹球面沿径向均匀镶嵌若干片聚四氟乙烯复合夹层滑板,与上球铰凸球面形成摩擦副。下球铰的加强肋板上设有振捣孔,以保证球铰下部混凝土灌注密实。在完工后,出厂前进行验收,到现场后进行现场验收,主要验收内容如下:各部件的外形尺寸及公差配合;焊缝质量及探伤情况报告;上球铰球面光洁度;下球铰镶嵌的聚四氟乙烯滑板顶面位置;上下球铰的同心度;定位销轴套与球面截面的圆平面的垂直度;摩擦面的模拟试验报告。

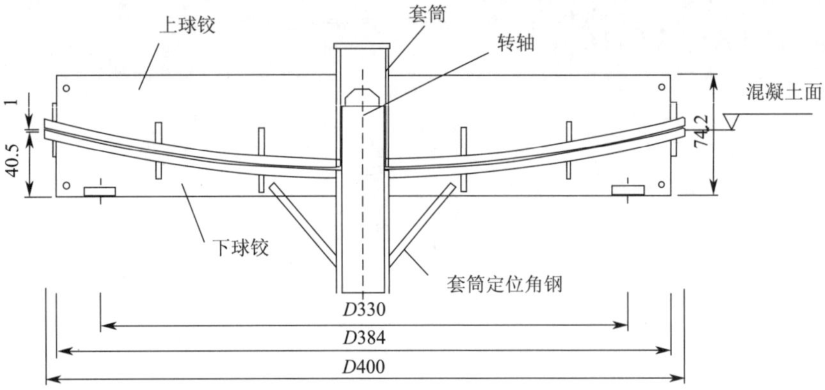

图 3－4－1　球铰构造图(cm)

3. 加工精度要求

(1)球面光洁度不小于▽3;

(2)球面各处的曲率应相等,曲率半径之差 ±0.5 mm;

(3)边缘各点高程差≯1 mm;

(4)椭圆度≯1 mm;

(5)各镶嵌四氟板顶面应位于同一球面上,误差≯1 mm;

(6)球铰上、下铰形心轴、球铰转动中心轴务必吻合。

4. 球铰安装一般规定

(1)球铰骨架安装

下层混凝土强度达到25%后,先利用预埋件安装滑道骨架和下球铰骨架,要求骨架顶面的相对高差不大于5 mm。骨架中心和球铰重合,与理论中心偏差不大于 1 mm;骨架与埋件焊接牢固,经多次进行复查无误后,安装下球铰。球铰与承台的相对位置如图 3－4－2(a)所示,球铰骨架构造及尺寸如图 3－4－2(b)、图 3－4－2(c)所示。

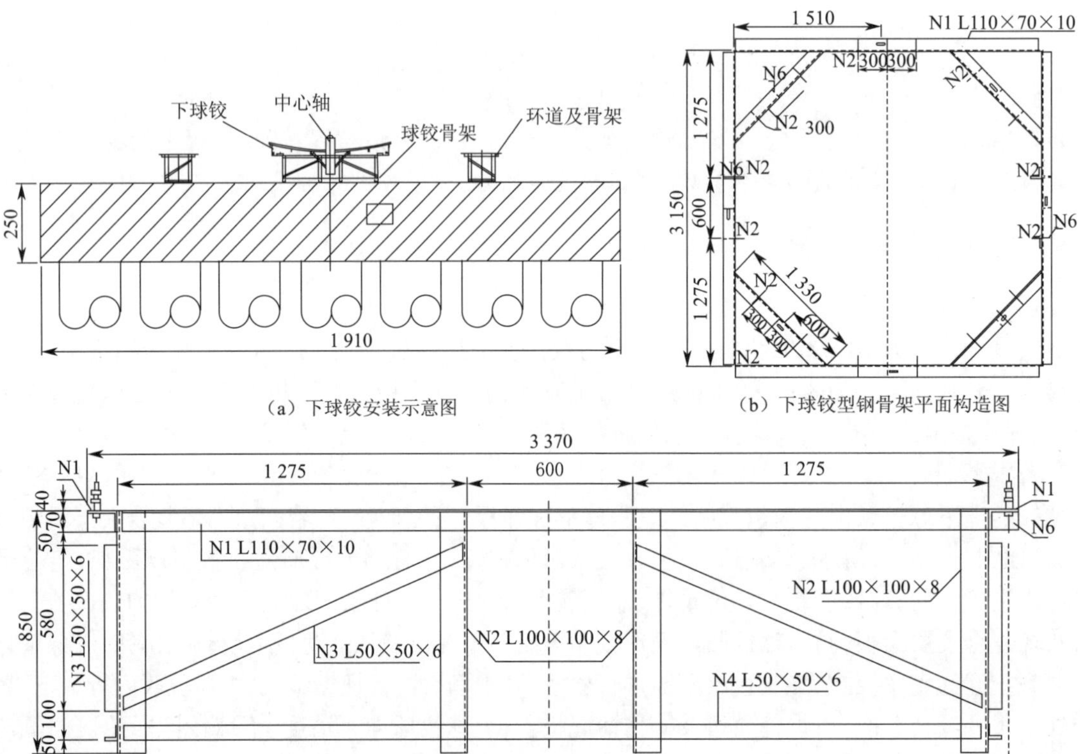

(a) 下球铰安装示意图　(b) 下球铰型钢骨架平面构造图

(c) 下球铰型钢骨架立面构造图

图 3－4－2　下球铰骨架构造及安装示意图(mm)

(2)环道安装

滑道板宽1.2 m,外弧长35.18 m,内弧长27.64 m,分为5块加工。安装时通过滑道定位架定位滑道钢板,先把下滑道块放入定位架上,利用定位架上的微调装置进行调整,使每块板高程误差≤0.5 mm,高差≤0.2 mm,然后安装第2块,要求同前。滑道板接缝高差要求≤0.5 mm,两块之间的高差≤0.2 mm,直至24块全部装完。装完后将整个滑道检测1遍,确保滑道任何位置高差≤1 mm/3 m。达到设计要求后,拴紧螺栓。

(3)下球铰安装

球铰是转体系统中最重要的部件,它传递了近97%的竖向力,其制造和安装的精度决定了转体的成功与否。为此,进行了专门的设计,由技术力量雄厚的七二五所生产,并由专门的班子进行验收和安装。

球铰安装在定位骨架上,球铰用汽车吊机安装。先用吊机将上球铰吊开放置一边,并在凸球面上涂油,用塑料、胶带将其防护好以避免生锈损坏。再将下球铰吊放在预埋支架上,利用千斤顶将球铰在水平面上移动,使球铰中心处于理论中心位置,然后将球铰在水平位置限位,防止调整球铰高差时使球铰位置偏移。水平位置调整完毕,进行球铰的高程调整,以确保下球铰周边高程处于同一水平面内,误差≤0.5 mm,中心套管轴线为一铅直线。先用S3级水准仪对下球铰周边平面十字线的四点进行粗调,然后,用水准仪进行精确调整。调整后进行定位固定,将其与预埋定位架焊死,焊完后复查1次,如无变化就可以准备浇筑下球铰混凝土。

(4)安装上球铰

将下球铰球面及各滑块安装槽内清理干净,按照厂家调配过的滑块对号入座,安装聚四氟乙烯复合滑块,由中间向边缘逐排安装。滑块安装完,用特制样板复查滑块顶面是否处于同一球面。确认无误后,在下球铰球面处涂黄油四氟粉,吊起上球铰清理球面杂物后涂上黄油四氟粉,缓慢下放与下球面对中,精确调好后,将转动轴涂上黄油四氟粉,插入上下球铰轴套,并通过临时限位装置进行固定。最后,将上下球铰用胶带密封防止杂物进入。

安装精度要求:

球铰安装顶口务必水平,其顶面任意两点误差不大于1 mm;

球铰转动中心务必位于设计位置,误差:顺桥向±1 mm,横桥向±1.5 mm。

3.4.2　撑脚与砂箱设计

撑脚、砂箱与环道的相对位置如图3-4-3所示。

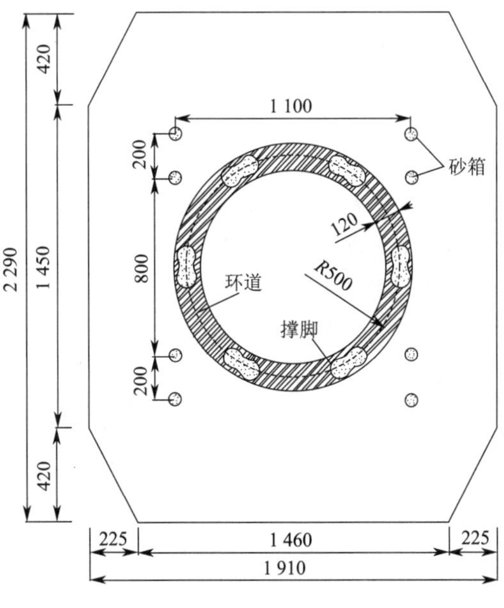

图3-4-3　撑脚、沙箱及环道的布置形式(cm)

1. 撑脚设计

上盘撑脚为转体时保持转体结构平稳的保险腿。从保持转体结构的稳定性和方便施工出发,在上转盘周围对称布置6个撑脚,如图3-4-4所示。在撑脚的下方(即下盘顶面)设有1.2 m宽的滑道,滑道中心半径5.0 m,转体时保险撑脚可在滑道内滑动,以保持转体结构平稳。为保证转体的顺利实施,要求整个滑道面在一个水平面上,其相对高差不大于0.5 mm。

每个上转盘设有6个撑脚,每个撑脚为双圆柱形,下设20 mm厚钢走板。双圆柱为两个ϕ900 mm×16 mm的钢管,撑脚钢管内灌注C50微膨胀混凝土。撑脚在工厂整体制造后运进工地,在下转盘混凝土灌注完成上球铰安装就位时即安装撑脚,并在撑脚走板下支垫10 mm钢板(作为转体结构与滑道的间隙)。上转盘施工完成后抽掉垫板。转动前在接触下滑道的支撑腿下面铺装3 mm四氟滑板,并在转动过程中及时添加,以减小转动时的摩擦力。

2. 砂箱设计

由于在拱肋现浇施工中,两侧拱肋施工不可能保持完全同步对称,为抵抗不对称或不同步施工引起的球铰偏载，需要在转体前进行称重试验，测转动体不平衡力矩及静摩阻力矩，此时需要砂箱作为千斤顶的支撑物。砂箱用直径 690 mm 壁厚 10 mm 的无缝钢管制作，内填石英砂，砂箱与永久撑脚同步安装，砂箱尺寸如图 3－4－5 所示。

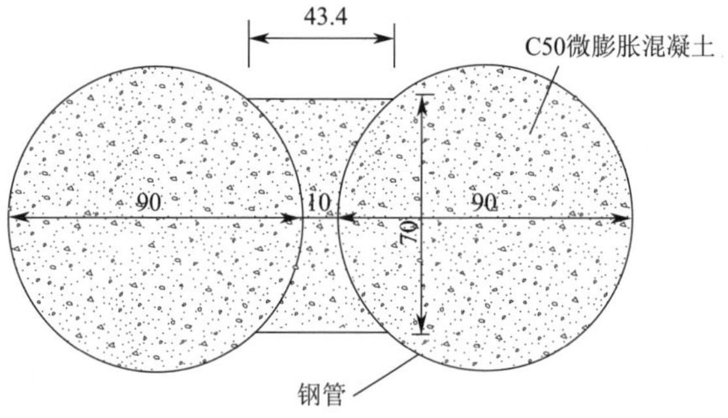

图 3－4－4　撑脚平面图(cm)

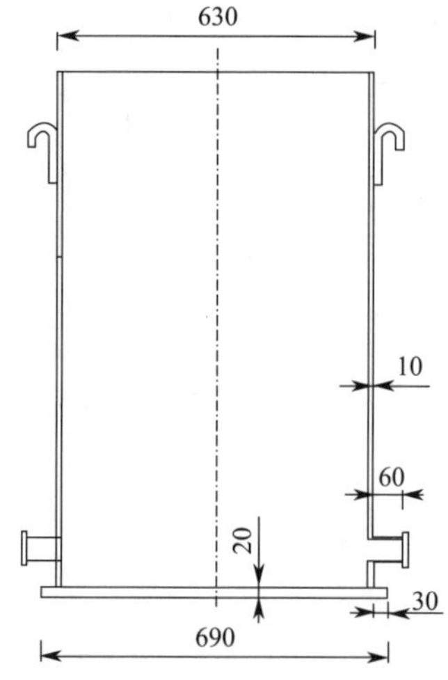

图 3－4－5　砂箱立面图(cm)

3.4.3　转体系统设计

1. 转体系统设计

转动系统由牵引及助推系统、防过转及微调系统、测量系统等构成，如图 3－4－6 所示。

牵引系统主要作用是张拉牵引索给上转盘提供一个克服上下球铰之间及撑脚与下滑道之间动摩阻力矩的力偶，采用在上转盘预埋牵引钢绞线，利用连续千斤顶牵引，牵引系统由牵引钢绞线和牵引反力座组成。助推系统主要作用是提供一个克服静、动摩阻力矩差的力偶，以免牵引系统太复杂，另外，也作为牵引系统不正常工作时的应急手段，助推系统由助推千斤顶和助推反力座组成。

在转体过程中，16 800 t 转体重量只有球铰一点支承。转体结构中心高度 21 m，上部转体结构受外界条件或施工影响，易出现倾斜，必须设置位置控制系统；在转体过程中及转体就位后，对转体的悬臂端高程及轴线要进行微小调整，需要设置微调系统。微调系统由千斤顶、反力座、限位杆、测量仪器等组成。

测量系统是通过在转体上布置监控点，对转体过程中进行位置测量，及时动态反应转体状态，为转体提供数据支持。在转体就位后进行测量，保证结构精度。

施工方在布设牵引索时应注意：

(1)同一对索的锚固端在同一直径线上并对称于圆心，每根索的预埋高度和牵引方向应一致。

(2)每根索的出口点对称于转盘中心，牵引索外露部分圆顺地缠绕在转盘周围，互不干扰地搁置于预埋钢筋上。

(3)做好保护措施，防止施工过程中钢绞线损坏或生锈。牵引索安装完到使用还有几个月时间，在此期间应注意保护，特别注意防止电焊打伤或电流通过，另外要注意防潮防淋避免锈蚀。

待上盘混凝土达到设计强度后，进行整个转体系统体系转换。抽去垫板使转台支承于球铰上。施加转动力矩，使转台沿球铰中心轴转动。检查球铰的运转是否正常，测定其摩擦系数，为转体施工提供依据。

外力计算时，设计采用静摩擦系数为 0.1，动摩擦系数为 0.06。具体实施前应进行称重试验，测出实际摩擦系数，并对牵引力进行相应调整。

2. 转动牵引力计算

转体总重量 $W=168\ 000$ kN。

球铰转动摩擦力矩为：

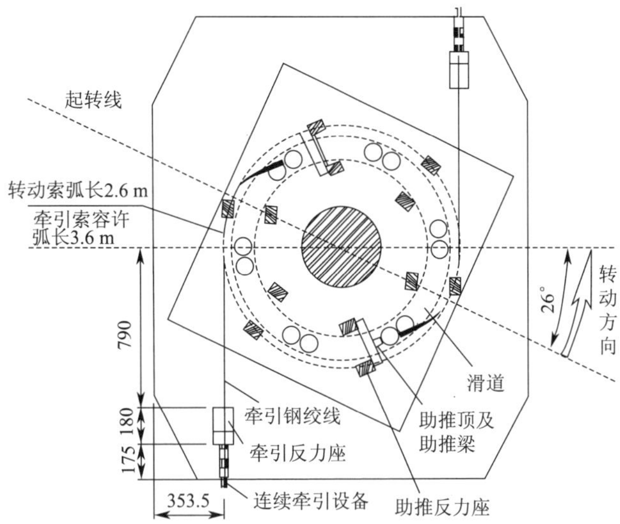

（a）平面图

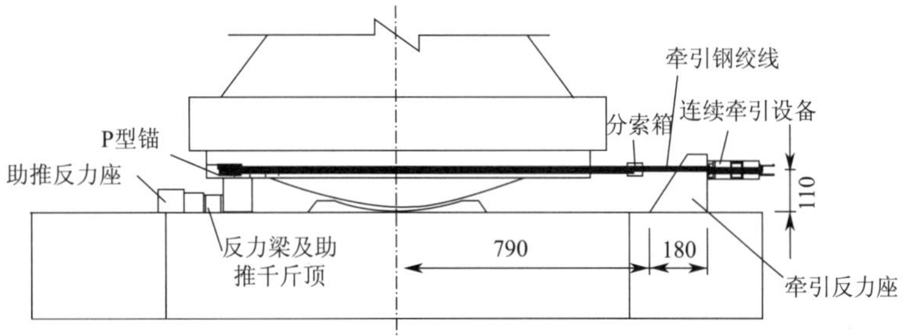

（b）立面图

图 3-4-6　牵引系统布置图(cm)

$$M = \int_0^{2\pi}\int_0^{R_1} r(\sigma'\mu r)\,\mathrm{d}r\mathrm{d}\theta = \frac{W\mu}{\pi R_1^2}\times\frac{2\pi R_1^3}{3} = \frac{2W\mu R_1}{3}$$

式中　R_1——球铰支承半径，$R_1=2$ m；

W——转体总质量，$W=168\ 000$ kN；

μ——球铰摩擦系数，$\mu_{静}=0.1$，$\mu_{动}=0.06$。

经计算可得：

启动时静摩擦系数按 $\mu_{静}=0.1$，$M_{静}=22\ 400$ kN·m；

转动过程中地动摩擦系数 $\mu=0.06$，$M_{动}=13\ 440$ kN·m。

实际转体按不平衡体系转动，即，人为控制转体结构偏向后侧，使一个支撑腿接触滑道，控制该支撑腿支撑反力不超过 2 000 kN。在上述设定的转动条件下，计算索引力为：

$$T = \left(\frac{2W\mu R_1}{3} + N\mu R'\right)/D$$

式中　D——转台直径，$D=12$ m；

N——转体时支撑腿最大支撑力，$N=2\ 000$ kN；

R'——环道半径，$R'=5$ m。

经计算得：

启动时所需要最大牵引力 $T=1\ 950$ kN；

转动时所需要最大牵引力 $T=1\ 170$ kN。

3.4.4　综合接地钢筋

综合接地钢筋参照《铁路综合接地系统》(通号〔2009〕9301)办理。综合接地钢筋采用承台结构钢筋，施工时注意选择采用与桩基、拱座综合接地钢筋对应位置结构钢筋，按通号〔2009〕9301 要求与之焊接,并做好标识,应确保综合接地回路通畅,满足要求。

3.4.5 施工注意事项

(1)承台紧靠公路,施工时应探明地下管线位置,加强施工防护,避免承台开挖影响公路行车及安全。

(2)施工单位根据现场条件布置、设计转动牵引系统、助推系统、轴线微调系统等,必要时可报设计复查。

(3)承台各部分混凝土等级详见设计图。上下转盘混凝土尺寸大,施工中应采取相应控制裂缝措施,避免混凝土出现裂缝。

(4)下转盘混凝土浇筑时,预留钢筋接头、定位钢筋以及一定空间,方便环道及球铰支架的定位。

(5)下转盘预应力按设计要求张拉,并注意球铰压力监测,第二批索张拉前宜通知设计。

(6)环道、球铰支架须定位牢固,角钢顶面应平整、水平,相对高度小于 5 mm;环道钢板同螺母调整调平,其顶面高程应控制在 +0.5 mm 范围内。

(7)环道钢材表面应加工平整,表面粗糙度 12.5。钢环道加工好后,应做好防腐、防锈工作,特别是安装到位后的防尘、防腐、防锈措施。

(8)转动球铰采用厂家成套产品,其竖向承载力 168 000 kN。球铰安装须保证球铰水平,中心立管垂直。

(9)上、下球铰在运输、存储、安装过程中应作好防尘、放水、防锈处理。

(10)安装上球铰前,下球铰面须涂抹黄油四氟粉;转动前,定位轴套管、球铰转动面内应注满油脂,施工应注意注油孔的设置与预埋。

(11)撑脚内填充 C50 微膨胀混凝土,其走板与环道间的间隙应不小于 10 mm,也不宜过大,一般不超过 20 mm,施工时须严格控制。

(12)注意现场气象资料的搜集与预报,选择气象条件有利的时段拆除转盘支撑,拆除后,注意保留适当支撑,并设置转体限位装置,必要时可在支撑腿下堵塞楔形块,保证转体结构的安全。支架拆除至转体结构临时锁定期间应避免大风、暴雨等恶劣天气。

(13)桥梁转体宜选择无雨、无风或微风的环境下进行,转动时的现场风力不宜大于 4 级。

(14)拆除拱肋全部支架,静置 12 h 以上,检查转动体系安全可靠程度以及结构变形随气温变化的规律,考虑转动前各种因素的预留拱度高程,以利合龙高程调整。

(15)定位轴套管、球铰转动面内应注满油脂,环道面应清理干净,并涂抹黄油四氟粉,尽可能减少转动时的摩阻力。

(16)为保证结构更好安全转动,宜使结构向后倾斜,其后端支撑腿支撑力宜控制在 200 t 范围内,否则须采用压载调整。转动前用千斤顶测定支腿力,并在支腿走板与环道间放置 3 mm 厚四氟滑板。

(17)设计起转牵引索力 2×2 000 kN,设计转动牵引索力 2×1 200 kN。

起转时,牵引索的张拉力宜略小于设计转动牵引索力,其余力可采用辅助启动千斤顶施加。各力应分级、逐步、缓慢增加,使结构平稳起转。

(18)转动时,宜稳定牵引力,使结构缓慢、均匀转动。

(19)转体到位前,宜逐步减小牵引力,使转动体减速,利用结构惯性转动到位。施工前应做好发生欠转或过转的预案及措施,调整桥梁轴线到设计位置。

(20)桥梁横向、竖向调整到位后,采用钢板、楔形块稳固支撑腿并焊接,安装临时连接构件,焊接上下转盘,临时锁定转体结构。

(21)安装、恢复上下转盘间的连接钢筋,浇筑 C50 微膨胀混凝土封固转盘。

3.5 上部结构设计

桥梁上部结构是指跨越桥孔的结构,主要包括桥面系、桥道结构、承重结构(本工程中为拱结构)。上部结构的主要功能是完成设计要求的使用功能,同时兼顾美观,艺术造型设计。

3.5.1 主桥方案的优化与比选

传统的上承式拱桥拱脚的不平衡水平推力一般都靠地基来抵消,它对基础的要求非常高,故在软基地区很少应用。而自锚上承式拱桥是通过在结构中布置专门的预应力筋来抵消拱脚不平衡水平推力的一种上承式拱桥,它对地基要求不高,能够适用于软土地基。

结合本桥实际情况:沪杭客运专线受走向控制,线路轴线与沪杭高速、石大公路轴线夹角很小,沪杭高速公路、石大公路路面宽,等级高,且道路中间不具备设墩条件。特别是石大公路,该处为公路桥梁,左右幅道路中间仅设有0.5 m宽的桥上分隔带,考虑铁路桥梁的基础规模,跨度均需要160 m。综合结构受力 、施工周期及施工过程对公路的影响等几个因素,桥式方案构思考虑了(88 +160 +88)m 自锚上承式拱桥、(90 +160 +90)m 连续刚构、(76 +160 +76)m 连续梁拱3 个方案。

上承自锚式拱桥结构受力明确。拱肋高度相对较小,竖向刚度较大。缺点是该类型桥梁需要系杆数量较多,系杆力的变化、温度力对拱肋影响较敏感;该桥设计为转体施工,转体重达1.68 万t,转铰设计复杂,转体施工技术要求高。

连续刚构结构形式简单、技术成熟。但梁部混凝土体量较大,另外因降低下部结构刚度需要采用分离式基础,转体法施工难以实现,而采用悬臂灌注施工,则工期较长,难以满足本项目整体工期要求。

连续梁拱技术成熟,受力明确,梁体截面高度相对较小。竖向刚度较大。缺点是该类型桥梁采用“先梁后拱”即先悬臂灌注连续梁然后在梁上支架拼装拱肋,施工周期长,难以满足本项目的整体工期要求。

综合结构构造、受力、施工周期等几个方面考虑,跨沪杭高速公路及石大公路采用(88 +160 +88)m 自锚上承式拱桥。

(88 +160 +88)m 自锚上承式拱桥主拱跨度为160 m,计算跨度为153 m。拱肋矢跨比为1/6,计算矢高为25 m,拱肋线形采用二次抛物线。拱肋采用预应力混凝土结构,拱墩基础固结、拱梁固结,施工采用“支架现浇,水平转体就位”的施工方案。整个结构刚度大,整体性好,外形美观。

对于矢跨比的选择,主要考虑了以下因素。线位跨沪杭高速公路时,线路高程受大里程方向跨规划的磁悬浮净高控制,沪杭高速公路基本不控制线路高程。按跨规划的磁悬浮控制点所设计的线路纵坡,跨沪杭高速公路上承式拱桥矢跨比可定在1/6 左右。

线位跨石大公路时,同样受大里程方向线路跨既有沪杭铁路(桥梁主跨为125 m 连续梁)控制。按跨既有沪杭铁路控制点所设计的线路纵坡时,石大路处轨面高程在31.0 m。当采用跨度160 m、矢跨比为1/6 的上承式拱桥时,受桥下净高及结构高度控制,该处轨面高程在37.0 m 左右;当矢跨比采用1/5 时,该处轨面高程在42 m 左右。

线位跨沪杭高速公路及石大公路两侧地势均平坦,若因结构原因,过多抬高线路纵断面显然既不经济、又不合理。而对于拱桥矢跨比在1/6 ~1/4,如图3 -5 -1 所示,均是可以接受的范围,适当增大矢跨比,受力比较有利,但矢跨比超过1/5 时,景观性稍差。综合结构受力、线路条件,本自锚式拱桥矢跨比确定为1/6。

3.5.2 拱肋设计

1. 拱肋线形的确定

当主拱圈的拱上建筑采用板(梁)式腹孔时,拱上建筑的恒载比较均匀,此时的恒载(包括主拱在内)压力线接近抛物线,一般矢跨比较小的空腹式拱桥,均可采用抛物线。结合本桥,选取悬链线与抛物线进行计算比较。由计算可知:本桥拱肋采用抛物线线形时,其主拱内力、应力、静活载梁端转角和中跨竖向刚度均优于悬链线线形。综合上述,本桥拱肋采用二次抛物线线形。

本桥边拱、中拱拱轴线均采用二次抛物线,主拱拱轴线方程为:

$$y = \{4f \times [L - (x - 3.5)] \times (x - 3.5)\}/L^2$$

其中计算矢高 f =25.5 m,计算跨径 L = 153 m,矢跨比 f/L = 1/6 。边、中跨拱肋跨中截面高度为 4 m,边、中跨拱肋拱脚处截面高度为 6 m。

2. 拱肋截面形式的确定

单箱单室拱肋截面,结构受力明确、自重轻、竖横向刚度大,施工相对简单。本桥为双线铁路,由于主跨跨径大,双线活载,二期恒载相对较大,为满足桥梁竖、横向刚度要求同时为减少主拱圬工选择单箱单室截面,拱肋横向宽度采用 7.5 m,截面形式如图3 – 5 – 2所示。

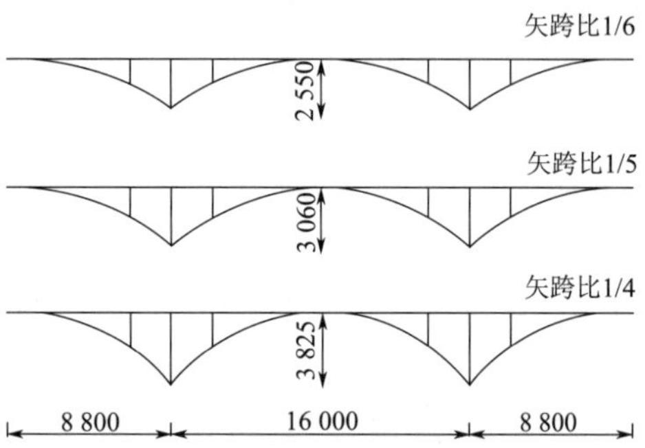

图3 – 5 – 1　不同矢跨比的视觉效果对比(cm)

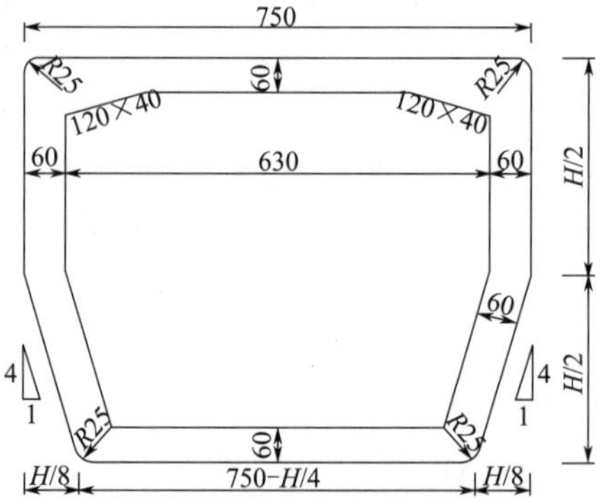

图 3 – 5 – 2　拱肋标准断面形式(cm)

3.5.3　桥面、立柱设计

桥面系设计与立柱设计相互影响,首先,立柱间距决定了连续梁的跨度;同时立柱作为桥面系荷载与拱肋之间的传力结构,在立柱与拱肋交界处拱肋承受较大的集中力,从这个意义上讲,立柱越多作用于拱肋的力分布越均匀,拱上梁的跨度也越小,截面尺寸也越小,但是立柱越多,施工复杂性也随之增加,同时从美学上讲,立柱少给人以简洁、通透之感,最后定的方案是半跨设三根立柱,如图 3 – 5 – 3 所示,拱上连续梁的跨径布置为(20 + 22 + 22 + 20)m。

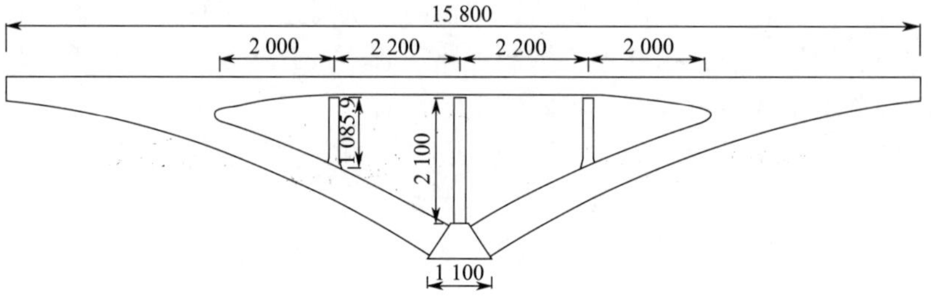

图 3 – 5 – 3　拱上立柱布置图(cm)

为使拱上连续梁的受力合理及线形易于控制,拱上连续梁采用先简支后连续的施工方法。简支阶段时边湿接缝和中湿接缝宽度均为0.8 m。湿接缝在拆除拱肋支架(留拱肋悬臂端1 m 范围内支架不拆除)后现浇,形成与拱肋固接的连续梁。拱上连续梁一般截面高度为 3 m,拱上连续梁与拱肋固结处为 4.5 m。拱上连续梁横截面示意如图 3 – 5 –4 所示。

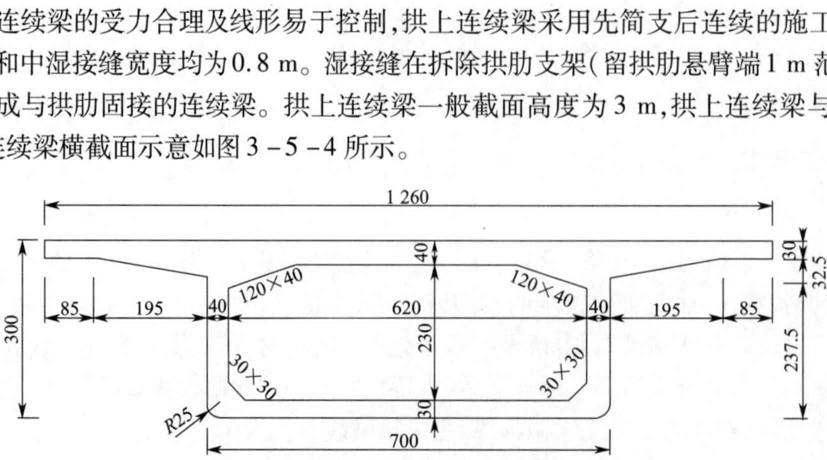

图 3 – 5 – 4　拱上连续梁标准断面(cm)

拱上立柱均采用圆端形实体截面，与沪杭客运专线简支梁桥墩形式一致。拱脚立柱纵向厚度为 2.0 m，两边拱肋立柱纵向厚度为 1.8 m。各立柱横向宽度为 6.0 m，上部采用花瓶形状，横向宽度由 6.0 m 过渡到 7.8 m。拱上立柱的具体尺寸如图 3 -5 -5、图 3 -5 -6 所示。

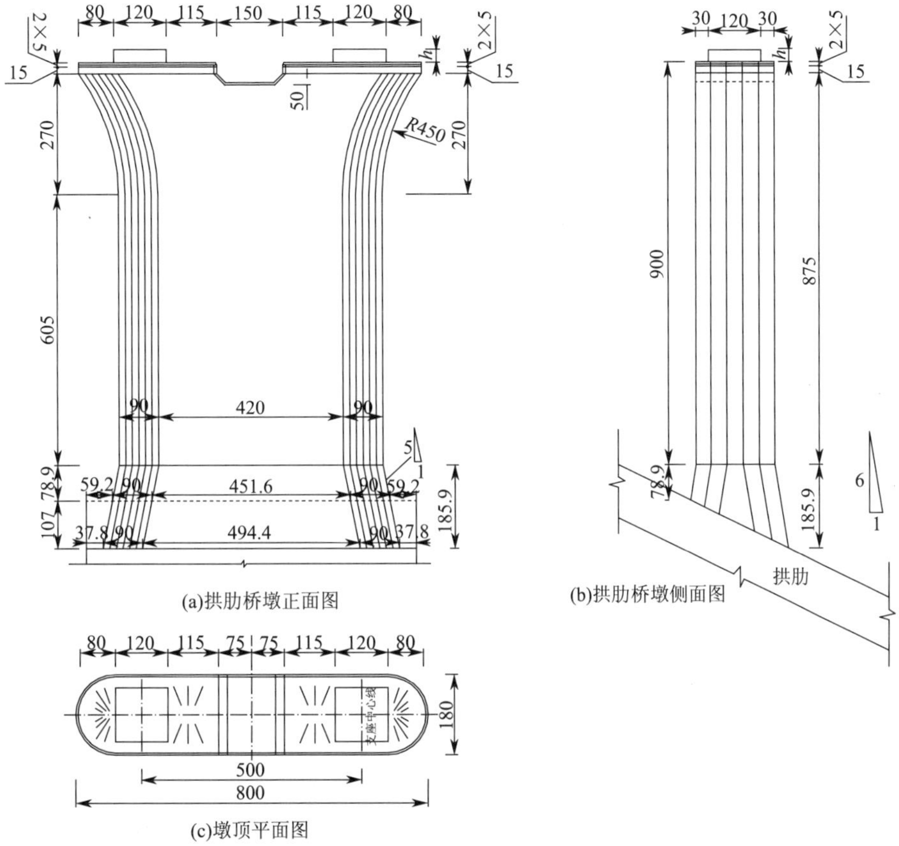

(a)拱肋桥墩正面图　(b)拱肋桥墩侧面图　(c)墩顶平面图

图 3 -5 -5　拱肋桥墩尺寸(cm)

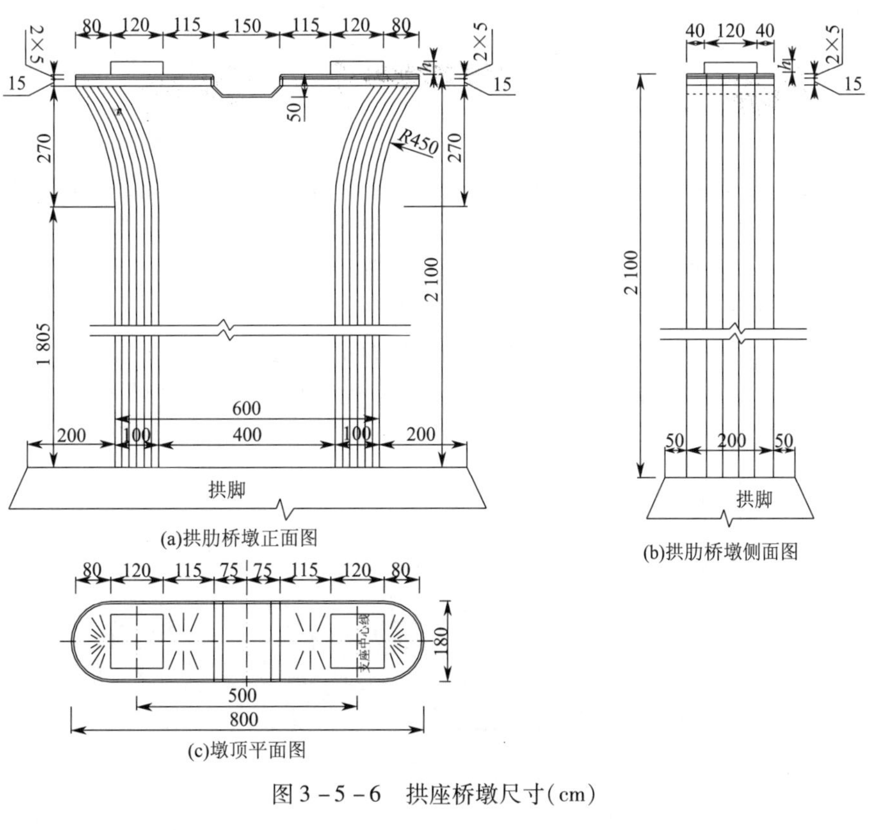

(a)拱肋桥墩正面图　(b)拱肋桥墩侧面图　(c)墩顶平面图

图 3 -5 -6　拱座桥墩尺寸(cm)

3.5.4 合龙段构造设计

本桥包括两个边跨合龙段，一个中跨合龙段。设中跨合龙段长度为 2 m，截面形式如图 3－5－7 所示；设边跨合龙段长度为 2 m，截面形式如图 3－5－8 所示。

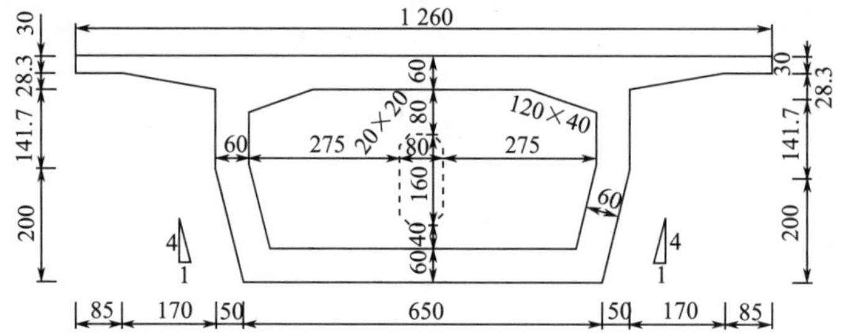

图 3－5－7 跨中合龙截面(cm)

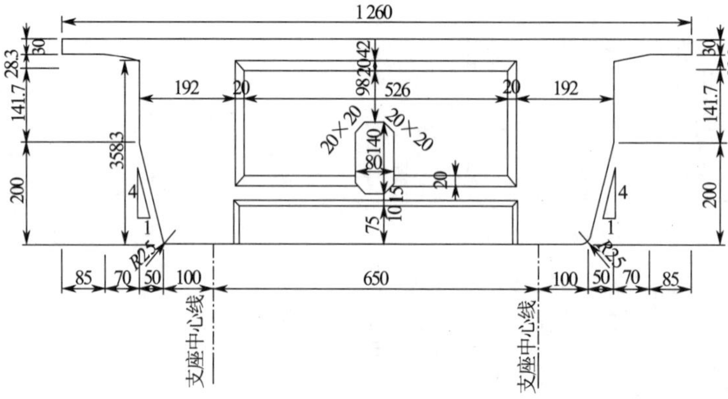

图 3－5－8 边跨合龙段截面(cm)

3.5.5 预应力系杆设计

全桥的预应力系杆体系可分为三大类：一是充当临时系杆的预应力；二是充当永久系杆的预应力；三是改善结构受力的体内预应力。其中临时系杆包括只存在于施工阶段的临时预应力筋（LS1、LS2、LS3）和永久存于结构内的预应力筋（F1、F2、F3、F4 索）。

1. 永久系杆

永久系杆选用可换式钢绞线系杆，每根系杆由 85 根 $\phi15.2$ mm 镀锌涂油外包 PE 钢绞线，其抗拉标准强度为 $f_{pk}=1\ 860$ MPa。索体为多层防护下半黏结 PE 钢绞线，应具有优良的防腐性能，可以避免 PE 间的摩擦损伤。系杆张拉需要采用单根张拉、整体调索工艺，并配以电子传感器和电脑精确控制索力。施工工艺完全可逆，以确保以后单根钢绞线换索及检查。

考虑到结构的安全储备及永久系杆的养护和耐久性要求，共设置永久系杆索 10 根，设置在箱梁内，锚固在边跨拱肋端部。锚具具有良好的锚固性能，完全的水密性，并可以进行单根钢绞线的更换、检查，可以有效地过滤弯曲应力，同时具有良好的抗疲劳性能和耐久性。其具体布置形式如图 3－5－9 所示。

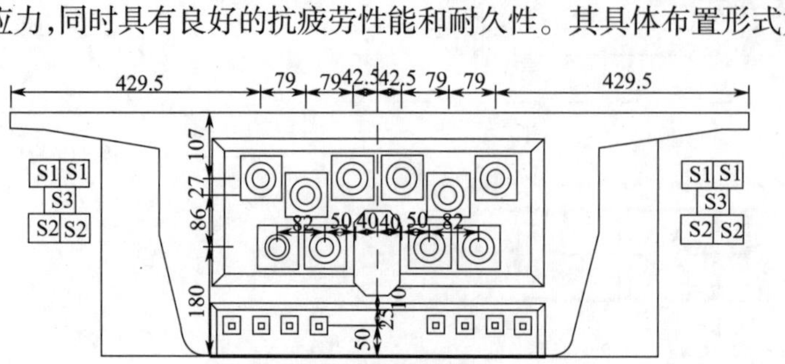

(a)梁端截面

图 3－5－9

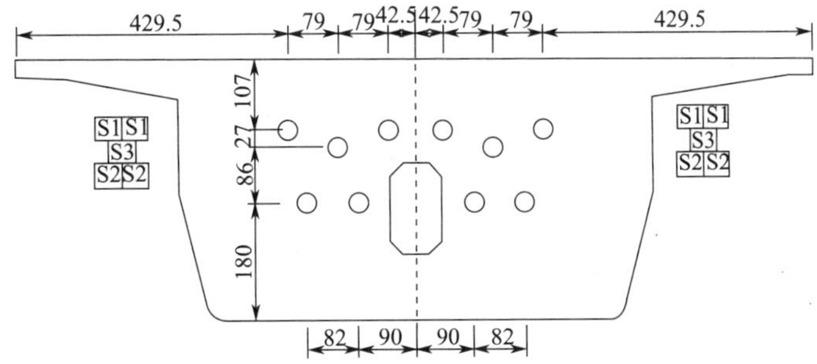

(b)跨中截面

图 3－5－9　永久系杆布置图(cm)

2. 临时系杆

临时系杆采用 55ϕ15.2 mm 一束钢绞线,其抗拉标准值为 f_{pk} = 1 860 MPa、弹性模量 E_p = 195 GPa,公称直径为 15.2 mm 高强度钢绞线,其技术条件符合 GB 5224 标准。为节省临时系杆的数量,考虑部分临时系杆作为永久系杆使用。其中 F 索既当临时系杆又当永久系杆使用,其具体布置形式如图 3－5－10 所示。

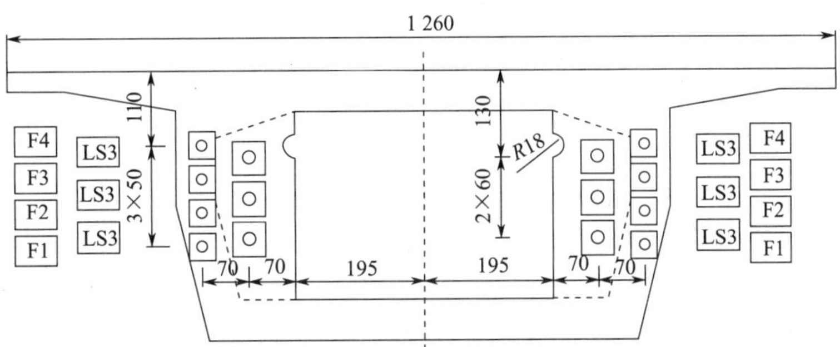

图 3－5－10　临时系杆布置图(cm)

3.5.6　拱梁结合段设计及构造

从整个结构体系来看,可以认为,最终的承重体系是由系杆与拱肋组成的拱结构,桥面系与立柱的主要作用是传递桥面恒载及车辆荷载,而在拱梁结合段,拱与梁共同直接承受桥面恒载及活载,结构受力比较复杂,必须从结构受力上合理设计并作适当构造处理。设计时要遵循一些基本原则,首先作为主要承重部件的拱肋,必须保证其受力的连续性和均匀性,因此在拱梁结合处以保证拱肋截面的尺寸为首要原则;其次,在拱肋顶面与拱上连续梁底面交接处,受力极其复杂,设计中在此区域设置了很大的实心段来容纳各个方向的不均匀力流;最后,在构造上通过设置较平缓的倒角来减小箱形截面的畸变效应,同时降低应力集中带来的不利影响。拱梁结合段的剖面图、断面图如图 3－5－11 所示。

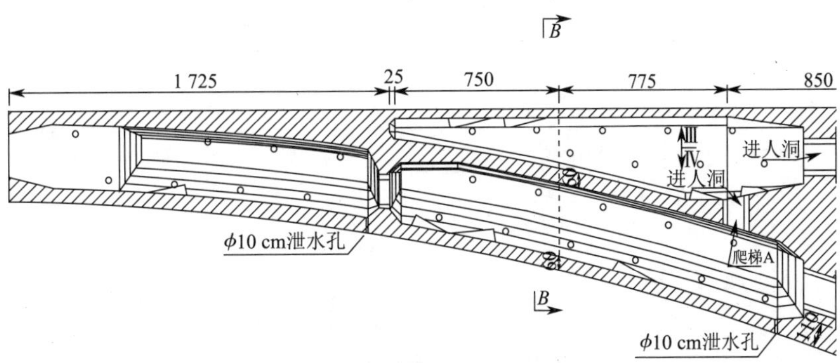

(a) 拱梁结合段剖面图

图　3－5－11

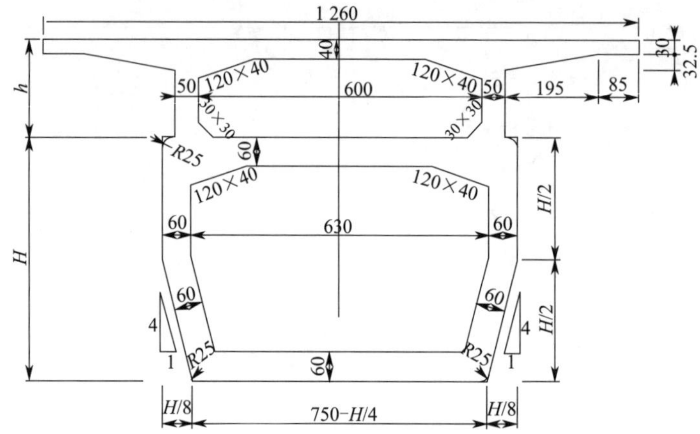

(b) B-B断面

图 3－5－11　拱梁结合段设计构造图(cm)

3.5.7　人孔设计

桥梁的可检修性作为桥梁设计的重要标准,已经越来越得到桥梁从业人员的重视。人孔设计是保证桥梁可检修性的前提,通过在桥梁内部设置人孔,使得施工人员能够在不破坏主体结构的情况下到达桥梁的每一个部位,同时人孔的设计应当符合结构受力,通常设置在应力水平较低的区域。最后,人孔的设置贯通整个桥梁的内部,如图 3－5－12 所示。

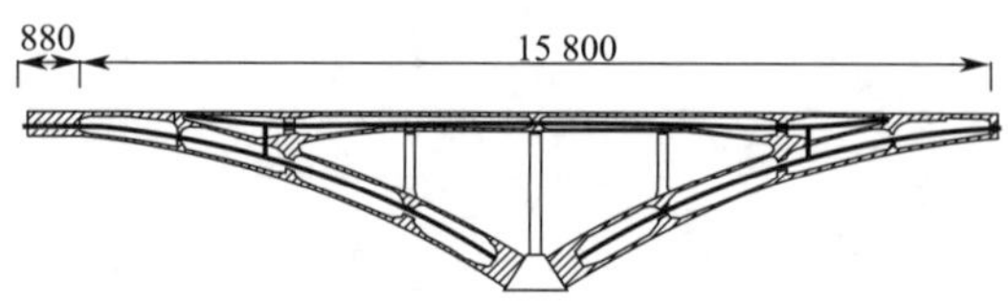

图 3－5－12　人孔内部贯通线(cm)

3.6　线形设计

3.6.1　概　　述

线形设计是结构设计满足使用要求的关键内容,线形设计主要包括平、纵断面线形及横断面设计。

3.6.2　平面设计

跨沪杭高速公路位于直线、平坡上;跨石大路主桥位于缓和曲线、平坡上。

3.6.3　横断面设计(图 3－6－1、图 3－6－2)

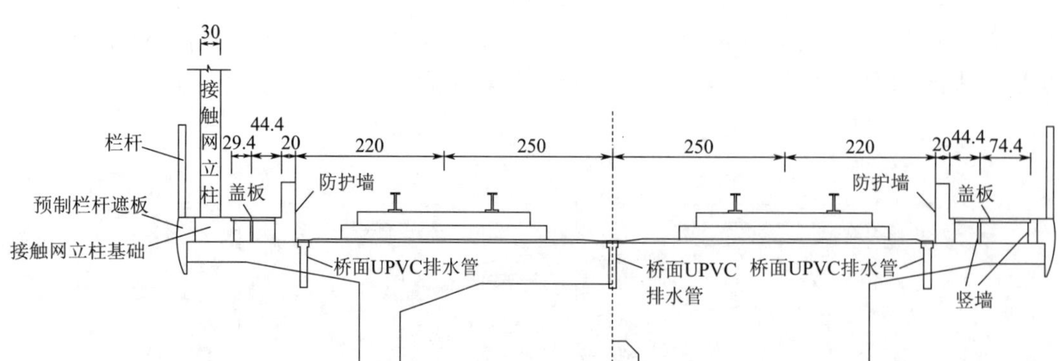

图 3－6－1　直线桥面横断面布置图(cm)

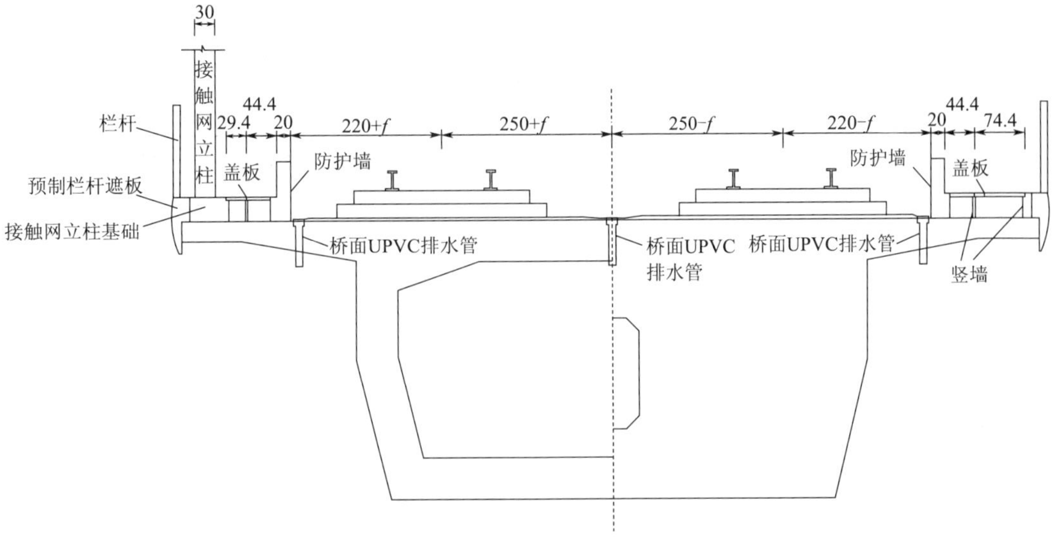

图3-6-2 曲线桥面横断面布置图(cm)

3.7 结构抗震、抗风设计

3.7.1 概 述

桥梁抗震是有关桥梁技术研究的前沿课题,不管是桥梁、房屋,还是其他土木工程结构,地震响应分析方法主要有静力法、反应谱理论及最新的时程分析理论,从抗震设计思想来看,主要经历了以下三个阶段:20世纪初,抗震设计主要采用强度准则;20世纪60年代开始,出现了延性抗震和能力设计思想;近年来,国际上提出了基于结构性能的抗震设计理论。

3.7.2 结构抗震设计

跨沪杭高速公路特大桥地区地震加峰值加速度为0.05g,动反应谱特征值为0.7 s;海杭特大桥石大路桥段地震加速度为0.05g,动反应谱特征值为0.65 s。

3.7.3 结构抗风设计

按《铁路桥涵设计基本规范》(TB 10002.1—2005)第4.4.4条计算。

第4章 工程施工

4.1 工程概况

4.1.1 总体施工顺序

整个项目的施工可分为上部结构施工(拱肋、拱上连续梁等施工)和下部结构施工(桩基、承台等施工)。主要施工工艺流程如图4-1-1所示。

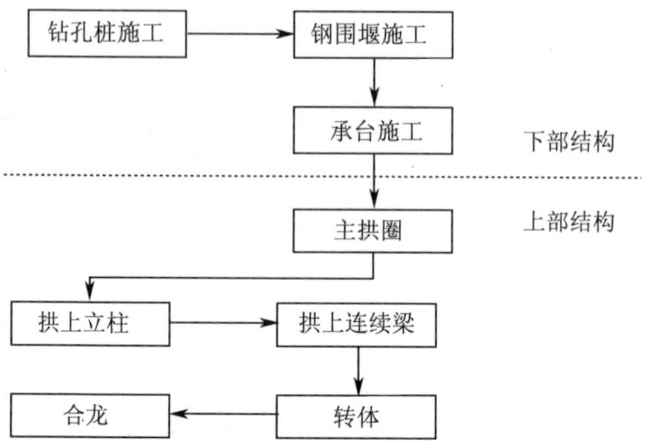

图4-1-1 转体桥施工总体流程

基础施工的基本流程为:桩基施工→基坑围护结构施工→下承台施工→球铰安装→上承台施工→拱座施工。

拱梁施工的基本流程为:地基处理→搭设支架→预压→分节段支架现浇拱肋→浇筑拱上立柱→搭设拱上支架→现浇拱上简支梁→张拉临时系杆及其他预应力索→拆除拱肋、拱上支架→现浇连续梁湿接缝(简支变连续)→转体准备→正式转体→平转到位→封铰→支架现浇边跨并合龙→中跨合龙→张拉永久系杆,拆除临时系杆→桥面附属施工。

4.1.2 总体施工方案

1. 钻孔桩

钻孔桩设计为摩擦桩,钻孔采用回旋钻机,主墩采用气举反循环工艺,边墩采用正循环工艺进行施工,主墩混凝土采用泵送方法进行灌注。

2. 承台

承台开挖采用圆形双壁钢围堰进行防护,在靠沪杭高速公路侧在围堰外设置一排抗滑桩,围堰开挖下沉到位以后,进行封底混凝土施工,承台厚度6.5 m,总体分三次进行浇筑,第一次浇筑3.5 m,第二次浇筑球铰以上2.1 m(部分承台),最后封铰浇筑剩余承台混凝土(包括平转空间0.9 m)。在承台混凝土当中埋设好冷却水管,以降低混凝土的内部温度,防止混凝土开裂。

3. 主拱圈

拱圈混凝土采用碗扣式满堂脚手架现浇的方法施工,地基处采用CFG桩进行加固。单个转体半边主拱圈分为3个节段,每段水平长度分别为25 m、25 m、28 m。每节段设置1 m宽间隔槽,节段间设型钢劲性骨架,每段分三环浇筑施工。

4. 拱上立柱

拱上立柱采用定型加工的大块钢模一次性浇筑完成。

5. 拱上连续梁

拱上连续梁采用膺架体系作支撑,立柱采用钢管和在拱上柱顶部设置牛腿结合的方案,支撑梁采用贝雷梁。梁部钢筋在桥下专用胎具上绑扎好后,整体吊装入模,单跨简支梁一次性浇筑完成。逐跨梁施工完毕后,安装并张拉临时系杆后落梁。拆除拱上支架,现浇湿接缝,按设计要求张拉相关预应力索后完成简支变连续体系转换。

6. 转体

完成拱梁现浇后,实施转体。转体前进行平转摩阻力测定、不平衡力矩测试,根据检测结果进行配重,然后每个转体依靠由 2 台 200 t 连续型千斤顶、2 台液压泵站及 1 台主控台通过高压油管和电缆连接组成的牵引动力系统牵引实施转体,根据高速公路管理部门的要求,对路两侧两个转体先后进行转体。精确就位后立即锁定,然后进行转铰固结施工。

7. 合龙

按照先合龙边跨,后合龙中跨的顺序施工。合龙时,需要安装临时锁定设施,并选择当天气温最低或设计要求的温度浇筑合龙段混凝土。中跨合龙时根据设计要求施加 820 t 的顶推力。

4.2　钻孔桩、钢围堰施工

本工程采用群桩承台基础,桩为钻孔灌注桩。承台施工的支护结构采用双壁钢围堰。

4.2.1　钻孔桩施工

1. 施工工艺流程

钻孔灌注桩的主要施工工艺如图 4－2－1 所示。

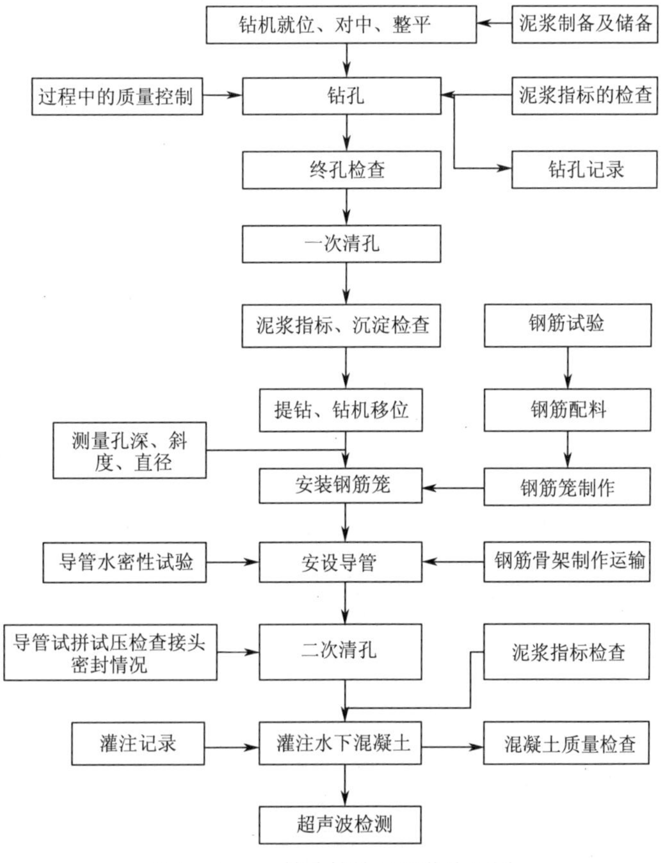

图 4－2－1　钻孔桩施工工艺流程图

2. 施工设备选择

(1)钻机选型

根据本工程孔径较大(ϕ2. 0 m),钻孔深(最大孔深 129 m)的特点,结合地质勘测报告,并借鉴我公司多年的施工经验,每墩选用 ZJD-300 型钻机 3 台(图 4－2－2)、GPS-20 钻机 1 台共计 4 台钻机投入本桥施工,钻孔工艺采用气举反循环,投入主要设备数量及其技术参数如表 4－2－1 ~ 表 4－2－4所示。

图 4－2－2　钻机

表 4－2－1　一个主墩主要钻探设备一览表

序号	设备名称	规格型号	额定功率(kW)	数量(台)	备注
1	钻机	ZJD-300	230	3	每台配备钻杆 140 m、配重杆 2 根、配重 15 t、150 mm^2 电缆线 70 m
2	钻机	GPS-20	37	1	配备钻杆 50 m、50 mm^2 电缆线 70 m
3	空压机	OG160F	160	3	每台配备 95 mm^2 电缆线 20 m
4	泥浆净化器	ZX-200	48	3	每台配备 35 mm^2 电缆线 30 m
5	刮刀钻头	ϕ2. 0 m		4	

表 4－2－2　钻机技术参数表

钻机型号	ZJD－300 型钻机	GPS－20 型钻机
最大钻孔直径(m)	ϕ3. 0	ϕ2. 0
最大钻孔深度(m)	150	100
最大扭矩(t·m)	21	3
最大提升力(t)	150	18
钻孔速度(r/min)	0～21	6. 5～17
钻杆直径(mm)	ϕ377×22×3000	ϕ180×13×3000
主机自重(t)	35	10
总功率(kW)	230	37
排渣方式	气举反循环或泵吸反循环	正循环
钻机工作方式	全液压	机械
长×宽×高(cm)	412×398×730	570×240×930

表 4－2－3　空压机技术参数表

型号	OG160F	型号	OG160F
排气量(m^3/min)	19. 5	外形尺寸(cm)	230×160×220
工作压力(MPa)	1. 25	重量(kg)	2 600
功率(kW)	60		

表 4－2－4　泥浆净化器技术参数表

型号	ZX-200	型号	ZX-200
处理能力(m^3/h)	200	总功率(kW)	48
分率程度(UM)	≥74	外形尺寸(cm)	330×220×270
除砂率(%)	≥90	重量(kg)	3 700
脱水率(%)	≥80		

(2)钻具选型

本工程钻孔灌注桩的钻具选用 ϕ2.0 m 三翼刮刀钻头，如图 4－2－3 所示，锥体角度 115°，翼板斜 15°～20°，腰带直径 1.95 m，单挡圈高度为 30 cm，钢板厚度 3 cm；开孔头为 2 翼，钢板厚度为6 cm，斜撑钢板厚度为 4.5 cm，水平撑钢板厚度为 4 cm，法兰 ϕ1 000×55。

图 4－2－3　钻头

(3)机械设备的检修及保养

①旧设备必须先经过保养检修，新设备必须试运转以免影响工程质量及工期(ZJD-300 钻机、泥浆净化器在中坚机械厂保养，空压机由厂家保养)。

②设备进场后做好编号登记工作，安排专人进行管理。

③机管人员时常注意各种机械设备在使用过程中的运转情况，发现有异常现象及时组织检修。

④电器管理人员应注意各种电器设备安全运转，发现有异常现象时应及时检查或更换，确保用电安全。

3. 钻机平面布置及钻孔顺序

根据钻进工艺流程及施工计划的整体安排，结合现场平面布置图，拟安排 3 台钻机同时施工，同时为不影响吊机的运转，又能使空压机和泥浆净化器能满足施工的需要，先将其布置在两侧。施工用的其他物资料根据现场的实际情况灵活布置。

每台钻机成孔的桩位顺序如图 4－2－4 所示，也就是：

1 号钻机：09→01→11→04→14→06；

2 号钻机：16→13→17→15→12→18；

3 号钻机：07→03→10→02→08→05。

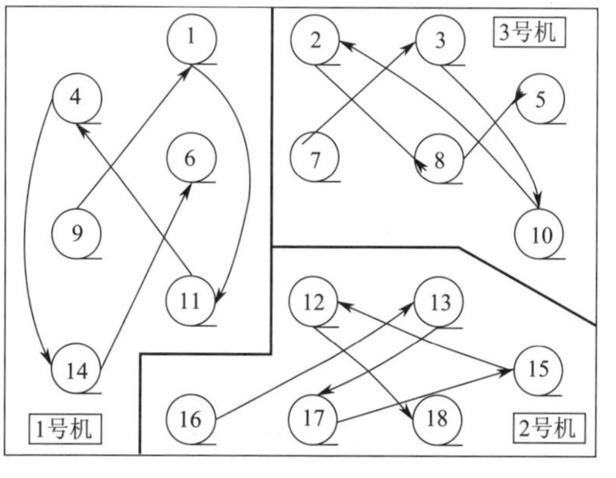

图 4－2－4　钻机布置和钻孔顺序

4. 主要施工工艺

(1)泥浆循环系统

根据施工现场的实际情况,钻孔施工利用泥浆池或钢护筒形成泥浆循环池,并配备泥浆净化器,钻进过程中加强泥浆的净化及处理。施工过程中主要采用自然过滤及机械过滤相结合的方法进行净化,采用气举反循环净化器处理,处理过的泥浆经过过滤筒预筛处理,预筛处理过的泥浆再通过泥浆净化器处理,处理过的泥浆经过管路回流至钻孔施工的护筒内,分离出的钻渣排至指定地点。

(2)钻孔施工

①设备安装调试

空压机、泥浆分离器是整机,只要接通电源即可。

钻机为组合机需现场组装,拼装前备好起重用的各种型号的钢丝绳和卸扣(吊整机用 4 根 ϕ38 钢丝绳、4 只 17 t 卸扣,其他用 ϕ21.5 钢丝绳,各种吊装均使用双绳)。

②钻机就位

钻机就位时,底盘必须水平、稳固。钻塔与底盘保持垂直状态,根据桩位中心及护筒垂直度,在偏差允许范围内调整钻孔中心,定位偏差不大于 2 cm,定位时,根据测量的位置,先用十字交叉线定出桩位中心,在钻盘中心挂一线垂,用水平尺、千斤顶等工具调整钻机的机底座,垫实找平,保持动力头中心与护筒中心在同一垂线上,同时底盘必须保持水平稳固状态,在钻进过程中及结束时对底盘四角点不间断进行校核。

③钻进成孔

ϕ2.0 m 刮刀钻头(配重 10 t、法兰螺栓连接后还必须用 2～3 cm 厚 U 形卡焊接),采用气举反循环钻进,在钻孔过程中充分利用黏土层及时调整护壁泥浆指标(泥浆比重 1.25～1.30,黏度≥20 s,含砂率≤4%),钻进过程中应控制钻进速度,每小时进尺不得超过 2 m。

(3)气举时置换风包钻杆的应用

钻孔时风包钻杆设置位置如下:第一钻孔段风包加设在配重上端约 40 m 左右;第二钻孔阶段的第一个风包加设在配重上端约 40 m 左右,随着孔深的增加,在 60 m 的位置加设第二个风包钻杆,空压机的能力能够继续使用第一个风包钻进至 100 m 的孔深位置;此时第二个风包已埋入泥浆中40 m,反循环系统已经能够正常工作,空压机的能力可以使用满足第二个风包钻进至 140 m 的孔深位置;缩短了单孔作业的辅助时间。

(4)钻孔成孔质量标准(表 4－2－5)

表 4－2－5　钻孔成孔质量标准

序号	项目		允许偏差	检验方法
1	护筒	顶面位置	50 mm	测量检查
		倾斜度	1%	
2	孔位中心		50 mm	
3	倾斜度		1%	

(5)清孔

①钻孔过程中严格控制泥浆指标,减少终孔后二次清孔时间。

②第一次清孔阶段:清孔时旋转钻具,将孔底钻渣清除干净。

清孔后孔内泥浆指标参数如表 4－2－6 所示。

表 4－2－6　清孔质量标准

项目名称	pH 值	比重	黏度(s)	孔底沉渣	含砂率
指标	8～10	≤1.2	18～22	≤5 cm	2% 以内

5. 钢筋笼制作

主墩共计 36 根桩,单根钢筋笼最重约为 21.3 t,钢筋主筋为Ⅱ级钢筋,钢筋笼全长 40 m。钢筋笼采取在后场分节同槽长线台座法加工制作,通过汽车运至施工现场,在钻孔完成验收合格后,用履带吊分节吊入桩孔进行接长和下沉。

(1)钢筋笼的分节和接头的设置

整根钢筋笼长度为40 m,必须分成多节才能进行运输和现场的拼装和连接。考虑到主筋的长度和布置位置,钢筋接头必须错开的距离(1.5 m)以及现场的安装需要,钢筋笼整数分节长度按9~12 m控制。钢筋笼分节时,每个断面的接头数量不大于总数量50%,相邻断面的间距按1.5 m设置。

(2)钢筋笼的制作

钢筋笼加工制作在后场钢筋加工场进行。加工场区设置1条台座,台座由混凝土施工平台,半圆形钢筋定位架构成。钢筋定位架由钢筋位置开槽口半圆形钢板以及半圆形钢板支撑型钢组成,钢筋定位架安装固定时用经纬仪控制轴线,水准仪控制高程,保证钢筋定位架轴线在同一水平面和同一条线上。为了保证钢筋笼制作时上下断面的齐平,在底模的一头设置8 mm钢板挡板,并用型钢支撑牢固。

钢筋笼制作之前,先进行主筋滚轧螺纹加工和钢筋笼加劲箍制作。等强度滚轧直螺纹连接技术是在一台滚轧直螺纹加工设备上将钢筋的端头通过滚轧挤压螺纹自动一次性生成。这种工艺使钢筋原材没有被切削而是被滚压密实,提高了原材的强度;操作简便,加工工序少;接头稳定可靠,螺纹压型好精度高,连接质量稳定可靠。其施工工艺流程如图4-2-5所示。

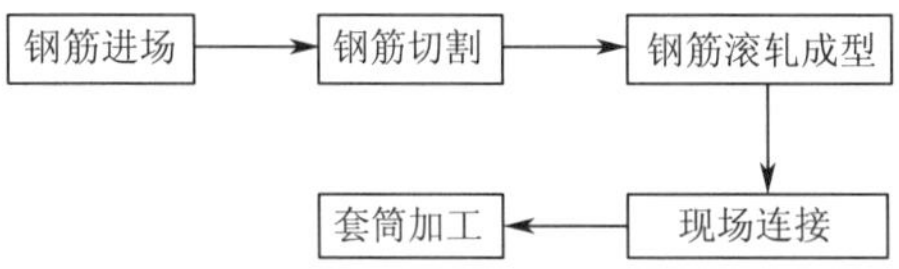

图4-2-5 滚轧直螺纹钢筋施工工艺流程

成品钢筋笼质量抽检(外观鉴定):钢筋表面不允许有明显的锈蚀、油污、焊渣;钢筋骨架没有明显不圆和,施工刚度能满足要求,方为质量检查合格。

钻孔桩钢筋骨架的允许偏差和检验方法如表4-2-7所示。

表4-2-7 钻孔桩钢筋骨架制作实测项目

项次	检查项目	规定值或允许偏差	检查方式
1	主筋间距	±0.5d	用尺量,不少于5处
2	箍筋或螺旋筋间距	±20 mm	用尺量,不少于5处
3	骨架直径	±20 mm	用尺量
4	钢筋骨架在承台底以下长度	±100 mm	用尺量
5	加强筋间距	±20 mm	用尺量,不少于5处
6	骨架垂直度	±1%	吊线尺检查

加劲箍在钢筋弯曲机特制的一个弯曲圆盘上进行弯曲加工,弯曲好之后焊接成形。制作好的坚筋骨内焊接Ⅱ级钢筋按"Δ"形对加劲箍进行内撑加强。

钢筋笼制作时,先人工将整根钢筋笼下半部主筋抬上钢筋定位架,每节钢筋之间用套管连接起来并将丝扣上到位;将加劲箍按设计间距进行布置,并与下半部的主筋焊接牢固;再将上半部钢筋按照钢筋的位置逐根进行焊接在加劲箍上并且每节钢筋之间用套筒连接起来。钢筋笼制作结束后进行螺旋筋的盘绕,每节钢筋笼接头断面错开2.0 m的范围内暂不布置螺旋筋,等到施工现场钢筋笼沉放时二节钢筋笼连接好之后,再进行绑扎。整根通长的钢筋笼加工好之后,进行焊接加固,焊接部位包括:主筋和加强箍连接部位、二根并排布置的主筋之间,以及三角撑和加强箍之间。

(3)钢筋笼内管道的安装

在钢筋笼制作好之后,在钢筋笼分解之前,进行声测管与保护层钢筋的安装。声测管的总长度按顶高程+8.0 m,底高程与设计桩底高程相同考虑,声测管的分节长度跟钢筋笼的分节情况一致,主筋保护层净距为7.0 cm。为了保证在钢筋笼现场对接时声测管能够准确对准位置,钢筋笼内的每根管道对准安装位置,用铁丝将管道与钢筋绑扎,每3 m左右绑扎一道,并设置定位钢筋,管道与钢筋笼的绑扎要牢固,同时让管道可以一定的范围内移动;现场对接时先将管道对好,再调整管道的位置,保证管道顺畅再进行焊接连接。声测管接头位置设置在钢筋笼各节接头位置,管道的接头采用承插式焊接接头,接头管在后场先与管道的一端焊接好,在前场对接好后再与相连接的管道焊接,接头管长10 cm,接头管和管道的焊缝结实可靠且无夹渣孔洞现象。

(4)吊耳(环)设置和使用

①后场的起吊

后场的起吊不另外设置吊耳,采用四点吊,吊点的位置设置在两头第二道加劲箍和主筋连接位置,为了防止起吊时钢筋笼变形,吊点位置尽量靠近"Δ"撑位置。起吊时先拴好 ϕ21.5 钢丝绳(长6 m)和5 t卡环,在钢筋笼的一头拴上一根长绳子,绳子的另一头控制在人手里,慢慢吊车起钩,同时控制绳索的人拉住绳子,控制钢筋笼方向,保证钢筋笼不发生旋转,慢慢旋转把杆将钢筋笼安放在运输车辆上。

②前场起吊

每节钢筋笼的顶口位置沿圆周对称设置8个吊耳,吊耳采用Q345C钢板制作,吊耳分二层布置,每层各4个,二层吊耳之间的距离60 cm。上层吊耳用于钢筋笼起吊使用,下层吊耳待钢筋笼下沉到孔内后用吊钩临时挂在钢护筒上,进行钢筋笼对接。为了保证钢筋笼准确定位和固定,在顶节钢筋笼对称设置与吊架连接的8个吊板,吊板采用Q345C、$\delta = 25$ mm钢板制作;吊板和主筋之间双面焊连接。焊接材料采用J502焊条。

钢筋笼安装时,为避免钢筋笼发生吊装变形,钢筋笼顶口设置专用吊具(用4根 ϕ38 钢丝绳、4只17 t卸扣)。

(5)钢筋笼的拆分和运输

钢筋笼加工制作好之后,进行各节钢筋笼之间连接接头的拆开,按照现场沉放的先后进行顺序进行反方向拆分,拆分后的钢筋笼在运输之前,用塑料套筒将直螺纹套上,防止在运输过程中破坏丝牙。

钢筋笼运输时,按照拆分的顺序进行。钢筋笼在后场用吊车吊上运输车,四周塞垫稳固,二侧用葫芦锁死;钢筋笼运输到施工现场,等待沉放。

钢筋笼运输过程中,卡车要平稳行驶,为了防止运输过程中出现意外,派专人跟踪运输。

(6)钢筋笼接长和沉放

钢筋笼接长和沉放之前应做好准备工作,将管钳、氧气、乙炔、接长的螺旋钢筋、扎丝、电焊机、焊条、葫芦等材料和工具准备到施工现场,并备好起重用的各种型号的钢丝绳和卸扣。

当超声波检测孔壁合格后进行钢筋笼接长和沉放。直接采用75 t履带吊与固定支架配合进行钢筋笼的起吊竖立与接长,钢筋笼接长时按照每节上面的标识牌至上而下依次进行。先期履带吊吊起钢筋笼放置在施工现场。履带吊吊起吊架并通过卸扣将吊架下的四根钢丝绳用卸扣在钢筋笼顶口上层的四个吊耳上,另外采用副钩,履带吊主副钩同时起钩,到一定高度后将副钩慢慢往下放,同时主钩将钢筋笼竖立成垂直状态,解除副钩卸扣。履带吊吊起竖立垂直的钢筋笼旋转至成孔桩位置,将第一节钢筋笼下沉并使用挂钩将其固定在护筒上。再按照第一节钢筋笼竖立方法将第二节钢筋笼吊立垂直,进行二节钢筋笼对接,对准位置后旋上滚轧螺纹接头,并用测力扳手检测确保拧紧力矩不小于320 N·m,然后连接声测管道,盘上螺纹钢筋。

在钢筋笼下沉过程中,用气割割除加强箍处的内撑,每节钢筋笼最顶端的支撑暂不割除,在下节钢筋笼连接完成后再进行割除,在割除支撑时要求用白棕绳拴好支撑后再进行,严禁掉入孔中;当钢筋笼下沉到顶口的下层吊耳与钢护筒齐平时停止下沉,使用挂钩将钢筋笼挂在钢护筒上,然后履带吊落钩直到吊具上的钢丝绳不受力,解下卸扣,履带吊吊起吊具及钢丝扣。按照第一、二节钢筋笼对接、沉放的施工方法进行其余钢筋笼接长下沉,当下沉至最后一节钢筋笼时,根据护筒的偏位情况,在钢筋笼最后一个加强箍位置焊设定位钢筋,保证钢筋笼的中心位置准确。在进行钢筋笼对接沉放施工时应注意:

①声测管在分节接长时,管道对接要顺直,焊接要牢固可靠,并用铁丝将管道绑扎在相应的位置,绑扎扎丝应不能伸出钢筋笼外。同时需在声测管内注满淡水,可预先检查焊缝是否漏水(漏水需补

焊），以及混凝土灌注时以避免漏浆，确保施工前后声测管的畅通。

②为了方便连接，滚扎直螺纹接头上涂上专用润滑剂。

由于最后一节钢筋顶口距护筒顶口有约 7 m，钢筋笼无法下放到位并予以固定。为此，加工 4 根由 ϕ25 钢筋做成的 7.0 m 吊筋，将接长管道绑扎在吊筋上，用履带吊将吊笼吊立竖直；对接好管道，保持管道的顺直并焊接牢固不漏水。履带吊吊起钢筋笼，解除挂钩，割除最顶端的支撑；慢慢落钩，直至将最后节钢筋笼下沉到位。履带吊落钩、解除吊具，将割除的支撑吊运输车上，运回后场，周转使用。

（7）水下混凝土灌注

水下混凝土灌注是钻孔灌注桩施工的主要工序，也是影响桩身质量的关键。灌注前须仔细测量沉渣，若混凝土灌注前沉渣超过设计要求，须进行第二次清孔，满足设计要求经现场监理工程师认可后，方可进行水下混凝土灌注。

①水下混凝土灌注的设备

a. 导管及集料斗

导管采用无缝钢管制成，快速螺纹接头，导管接头处设 1 道密封圈，保证接头的密封性。

根据首批封底混凝土方量的要求，选用 10 m^3 储料斗，能够满足混凝土浇筑的需要。

b. 混凝土浇筑设备

单根钻孔桩的混凝土最大方量 440 多立方米，采用 2 台 90 型拌和楼同时生产供应，12 台 8 m^3 的混凝土搅拌车运输，每辆车往返时间按 1 h 计算，每小时可以灌注 48 m^3，预计 8 ~ 10 h 左右浇筑完成。

c. 混凝土浇筑前的准备工作

水下混凝土浇筑导管选用壁厚 $\delta = 10$ mm，$\phi_{外} = 300$ mm 的无缝钢管，导管须经水密试验不漏水，其容许最大内压力必须大于 P_{max}。导管可能承受的最大内压力计算式如下：

$$P_{max} = 1.3(r_c h_{x_{max}} - r_w h_w)$$

式中　P_{max}——导管可能承受到的最大内压力（kPa）；

r_c——混凝土容重（kN/m^3），取 24.0 kN/m^3；

$h_{x_{max}}$——导管内混凝土柱最大高度（m），取 120.0 m；

r_w——孔内泥浆的容重（kN/m^3），取 11.0 kN/m^3；

h_w——孔内泥浆的深度（m），取 117 m。

$$P_{max} = 1.3 \times (24 \times 145 - 11.0 \times 144) = 2\,465 \text{ kPa}$$

水密性试验方法：把拼装好的导管先灌满水，两端封闭，一端焊接出水管接头，另一端焊接进水管接头，并与压浆泵出水管相接，启动压水泵给导管注入压力水，当压水泵的压力表压力达到导管须承受的计算压力时，稳压 10 min 后接头及接缝处不渗漏即为合格。

d. 二次清孔

导管安装好，混凝土浇筑之前，进行二次清孔。在导管内接一根内径 4 cm 的钢管，底部密封，距底部 1 m 左右的四周开有若干直径 2 ~3 mm 的通气孔，导管顶端密封，顶留进风管及出浆管，用空压机进行气举清孔。由于桩径较大清孔时可摇动导管，改变导管在孔底的位置进行清孔，知道孔底沉渣厚度达到要求。经监理工程师验收合格后，再进行混凝土的灌注。

二次清孔后孔内泥浆指标参数如表 4 –2 –8 所示。

表 4 –2 –8　二次清孔质量控制标准

项目名称	pH 值	比重	黏度（s）	孔底沉渣	含砂率
指标	8 ~ 10	≤1.1	17 ~ 20	≤5 cm	2% 以内

e. 首批混凝土数量

首盘混凝土的方量应满足导管初次埋深≥1.0 m 和填充导管底部间隙的需要，设导管下口离孔底 40 cm，进行计算：

$$V \geq (\pi d^2/4)h_1 + (\pi d^2/4)(H_1 + H_2)$$
$$= (\pi \times 0.3^2/4) \times 63.07 + (\pi \times 2.16^2/4) \times (1.0 + 0.40)$$
$$= 9.59\ m^3$$

式中 V——首批混凝土所需数量(m^3)；

h_1——桩孔内混凝土面高度达到埋置深度 H_2 时，导管内混凝土柱平衡导管外(或泥浆)压力所需的高度 h_1 (m)，即 $h_1 = H_w\gamma_w/\gamma_c = (139 - 1.4) \times 11.0/24.0 = 63.07$ m；

H_w——孔内泥浆的高度(m)，取 139 m；

H_1——桩底至导管底的间距，一般取 0.40 m；

H_2——导管初次埋置深度，一般不小于 1.0 m；

D——桩孔直径(考虑 1.08 扩孔系数，m)；

d——导管内径(m)。

首批混凝土灌注的加工集料斗容积为 10 m^3，另需加工一个 1.0 m^3 的小料斗，预制两只堵头(一只备用)。

②混凝土灌注

封底灌注采用隔水栓(隔水栓采用球胆)拔塞法施工，即在漏斗的底部、导管的顶口安放球胆，用盖板封住导管口。盖板通过钢丝绳挂在起重设备上，当储料斗内混凝土方量放满后，立即吊出盖板，从而完成首批混凝土的灌注。首批混凝土灌注成功后，将料斗更换为 1.0 m^3 的小料斗，随即转入正常灌注阶段。混凝土经小料斗及导管灌注水下混凝土，直至完成整根桩的灌注。正常灌注阶段导管埋深控制在 4 ~ 6 m，且每 15 ~ 30 min 测量一次混凝土面高程，测点为 2 个，当测点出现较大的高差时，应及时调整导管埋深。当混凝土灌注临近结束时，核对混凝土的灌入数量，以确定所测混凝土的高度是否准确，当确定混凝土的顶面高程到位后，停止灌注，及时拆除灌注导管。灌注完成时，混凝土面高程应不小于设计桩顶高程以上 0.8 m，以保证桩头混凝土质量。

在灌注过程中，由混凝土置换出来的孔内泥浆经连通管引流至其他待钻护筒内回收利用，对于混凝土浇筑至桩顶部分含水泥浆的废浆用泥浆泵排出，运送处理场内进行处理。

6. 质量控制措施

(1)泥浆的控制

提高护壁泥浆配制质量和管理：配备 ZX-200 型泥浆净化器，钻进过程中定时对孔内泥浆进行指标测试，确保钻孔过程中的泥浆各项指标均符合要求，减少清孔时间。根据桩基础施工的经验，并结合钻孔地质情况，采用二阶段泥浆净化系统。第一阶段采取设置泥浆循环沉淀池、延迟泥浆在沉淀池的循环路径等措施，利用粉细砂的重力，从而达到了粉细砂自然沉淀、分离的良好效果。第二阶段利用泥浆净化器的除渣能力，将泥浆里的沉砂清除干净，把沉渣控制在要求的指标内。

(2)钻孔垂直度控制

①开孔时必须用水平尺四方校正钻盘，保持水平、交接班时每班都必须用水平尺进行检查，发现倾斜立即纠正；

②所有钻杆必须平直，发现有弯曲现象应及时更换；

③熟悉地质情况，地层变层处要控制进尺；

④采用大配重、减压钻进，始终让加在孔底的钻压小于钻具总重的 50%。

(3)桩径的控制

①钻头直径要严格检查，直径应与桩径相适应。施工过程中药及时检查和修复，保证钻头的锋利。

②加强护筒内壁扫孔确保护筒内的泥皮充分剥落。

(4)孔深控制

①开钻前准确测量钻具尺寸，终孔时用测绳测试孔深，并校对钻具总长度。

②钻进终孔前通知监理人员，钻进达设计孔深后会同监理人员验收。

(5)混凝土灌注控制

①灌注料斗底部与导管连接的短导管上开设2个$\phi10$的出气孔,混凝土灌注前清理出气孔保持通畅,封底混凝土灌注时,发现出气孔堵塞时及时进行疏通。首批过后正常浇筑时,将料斗换成外径小于导管内径的插入式轻型料斗,使混凝土小于满管下落,不至于形成气堵。

②严格控制进入储料斗内混凝土的坍落度。坍落度太小,混凝土流动性差,易造成堵管;坍落度太大,混凝土容易泌水离析,也会造成堵管。发现混凝土有异常应停止灌注,处理不合格混凝土,同时查明原因并进行处理后才能继续施工。

③导管连接时,接头须清洗干净、涂上黄油,并加上密封圈,对于破损的密封圈进行调换,接头的螺纹要旋转到位,以防漏水。使用前须做水密、承压、接头抗拉试验和孔深长度导管垂直的检查。每次混凝土浇筑拆管后应及时清洗导管,以免水泥砂浆附着凝固后下次浇筑时造成堵管。

④混凝土配合比设计要求初凝时间不小于30 h,混凝土搅拌时必须落实每罐混凝土外加剂的添加数量,以免混凝土提前初凝造成堵管。

⑤灌注过程中,应不时地上下缓慢提升导管(导管提升器为自制3 cm厚钢板、$\phi25.5$钢丝绳),以免因导管埋置太深混凝土提不动或混凝土假凝而堵管。

⑥认真检测混凝土柱上升高度,导管埋深,并和已灌入的混凝土数量校核,以便确定扩孔率或混凝土面上升是否正常。

7. 应急预案

(1)防止孔内异物及处理措施

产生孔内异物的主要原因有:

①现场管理混乱,孔口堆物太多掉入孔内。

②扳手、套筒及铁锤等工具跟钻机要有可靠的连接,防止掉入孔内。

(2)防止糊钻的措施

糊钻主要是在土层钻进时进尺太快、钻头设计不合理或在不同土层选择的施工工艺不当而造成的。因此防止糊钻措施如下:

①改进钻头,将钻头斜撑与钻杆有8°~10°的角度,增大加劲板之间的空当,使钻进过程中的泥块不易残留在钻头上。

②控制钻进速度,特别是在黏土层应轻压慢进。

③在黏土层采用反循环施工工艺。

(3)防止出现斜孔、扩孔、塌孔措施

①钻机底座牢固可靠,钻机不得产生水平位移和沉降。同时钻进的过程中经常性进行钻机基座检测调平。

②采用大配重减压钻进。钻进中,始终采取重锤导向,减压钻进、中低速钻进,严禁大钻压、高速钻进,保证钻孔垂直度。

③钻进过程根据不同的地层控制钻压和钻进速度,尤其在变土层位置采用低压慢转施工。

④钻孔的垂直度偏差控制在1/100,倾斜后及时进行修孔。

⑤钻孔施工中加强泥浆指标的控制,使泥浆指标始终在容许范围内,控制钻进速度,使孔壁泥皮得以牢固形成,以保持孔壁的稳定。

⑥在施工过程中,根据不同的地层情况,选择合理的钻进参数。

⑦由具有丰富施工经验的技术工人参与施工,强调预防为主的指导思想,避免塌孔事故的发生。

⑧钢筋笼下放时应对准钻孔中心,垂直放入,减少对孔壁的摩擦。

⑨一旦发现塌孔现象,应立即停钻。如果塌孔范围较小时可通过增大泥浆黏度及比重的办法稳定孔壁;如果塌孔较为严重时,可对钻孔采用黏性土回填待稳定一段时间后再重新钻进成孔,或增加埋置深度重新钻进。

(4)防止孔缩径的措施

桩孔缩径现场可能出现在软塑状淤泥质黏土层中，主墩位置有两个软塑淤泥质黏土层。在该地层的土层中间，施工时拟采取以下措施：

①使用与钻孔直径相匹配的钻头以气举反循环工艺钻进成孔，采用高黏度泥浆清渣护壁。

②在软塑淤泥质黏土层采用小钻压、中等转速钻进成孔，并控制进尺。

③根据试桩时钻孔的钻进参数、孔径检测情况，适当调整钻进参数，以期达到设计要求。

④当发现钻孔缩径时，可通过提高泥浆性能指标，降低泥浆的失水率，以稳定孔壁。同时在缩径孔段注意多次扫孔，以确保成孔直径。

(5)防止掉钻措施

掉钻的主要原因是因为钻杆与钻杆或钻头之间的连接承受不了扭矩或自重，使接头脱落、断裂或钻杆断裂。防止吊钻措施：加强接头连接质量检查(所有钻杆螺栓强度在10.9级以上并加保险卡)，加强钻杆质量检查，对焊接部位进行超声波检查，对焊接部位进行超声波检测，每使用一次就全面仔细检查一次，避免有裂纹或质量不过关的钻具用于施工中，同时钻进施工时要中低压中低速钻进，严禁大钻压、高速钻进，减小扭矩。

如果不慎发生掉钻事故，根据以往施工经验，采用偏心钩打捞，速度快，成功率高。打捞要及时，不可耽误，以免孔壁不牢，出现塌孔，故现场需备好打捞钩，以防万一。

(6)防止沉渣过厚或清孔过深措施

①距孔底高程差50 cm左右，钻具不再进尺，先停钻停气，清理掉沉渣池沉渣，以增加沉渣效果；再进行大气量低转速清孔循环，泥浆全部净化2 h后，停机下钻杆探孔深，导致出现沉渣少的假象。

②防止沉渣超标的一个重要方法是成孔后，孔内泥浆指标要达到规定要求，规范规定含砂率应小于2%，但对于孔深在100多米，经过近30 h的静止，泥浆中的砂子将沉淀下来10%～20%，如果钻渣厚度控制在5 cm以内，则含砂率要降至1%以下甚至更小，须采用泥浆净化装置循环去砂，降低含砂率。

(7)防止声测管孔底堵塞、超声波检测不到位的措施

声测管在每一节焊接完后，孔内要灌淡水，由于孔深100多米，如果所灌水含泥率有1%，则经过一个多月沉淀，声测管内就有1 m多的探头下不到位，故施工时用来灌清水来达到预防探测管底堵塞、超声波不到位的目的。声测管施工时接头焊接要牢固，不得漏浆，顶、底口封闭严实，声测管与钢筋笼用钢筋箍连接，确保声测管根根能够检测到底。

(8)防止钻孔桩混凝土浇筑时出现堵管、断桩现象的措施

①堵管现象主要分为两种，一种是气堵，当混凝土满管下落时，导管内混凝土(或泥浆)面至导管口的空气被压缩，当导管外泥浆压力和混凝土压力处于平衡状态时就出现气堵现象，解决气堵现象的措施有：首批混凝土浇筑时，在泥浆面以上的导管中间要开孔排气，当首批混凝土满管下落时，空气能从孔口排掉，就不会形成气堵；另外一种堵管现象为物堵，混凝土施工性能不好，石子较多，或混凝土原材料内有杂物等，在混凝土垂直下落时，石子或杂物在导管内形成拱塞，导致堵管。物堵现象的控制为：由于孔深达100多米，混凝土自由落至孔底时速度较大，易形成拱塞，要求混凝土有较好的流动性、不离析性能和丰富的胶凝材料，同时加强现场物资管理，使混凝土原材料中不含有任何杂物，并在浇筑现场层层把关，确保混凝土浇筑顺利。

②断桩主要是导管埋置深度不够，导管拔出了混凝土面(或导管拔断)，形成了泥浆隔层。防止措施为：对导管埋深进行记录，同时用搅拌站浇筑方量校核测深锤测得混凝土面高程，始终保持导管埋深在4 m以上，同时对导管要每根桩进行试压，并舍弃使用时间长或壁厚较薄的导管，确保导管有一定的强度和刚度。

③防止钻孔桩出现接桩的措施

按规范要求钻孔桩应超高浇筑0.5～1.0 m，目的是用来保证桩头混凝土质量，避免导管拔出时出现形成的泥浆芯在桩体内，而实际操作时依靠测深锤来测定桩顶高程，由于泥浆是一种胶体，遇呈碱性的混凝土后开始凝结成块，故有时操作易错将泥浆内的凝结面当作混凝土面，使得混凝土少浇，

导致桩体要接长。施工时用一自制混凝土取样器在孔内取样,另一方面要将孔壁测试结果和搅拌站浇筑方量来校核最后的混凝土面是否正确。确保桩体质量。

4.2.2　钢围堰施工

1. 总体施工方案

承台开挖采用圆形双壁钢围堰进行防护,靠沪杭高速公路侧在围堰外设置一排钢板桩,围堰开挖下沉到位以后,进行封底混凝土施工。

围堰下沉采用挖掘机开挖,人工配合清理,自卸汽车外运土方到指定弃土场;围堰内承台底垫层四周设排水沟及集水井,污水泵抽水;模板选用 18 mm 厚竹胶板木模,人工安装,内置拉杆和外部支撑方式加固;钢筋由钢筋加工厂统一下料、加工,平板车运输到位,人工绑扎安装成型;混凝土由拌和站集中拌制,搅拌运输车运送到位,输送泵泵送入模,插入式振捣器振捣密实。

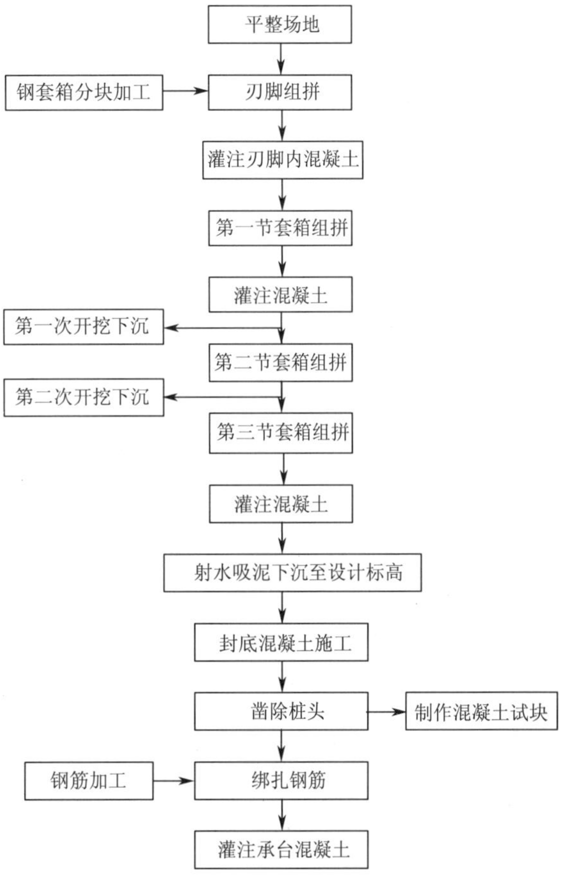

图 4－2－6　钢围堰施工工艺流程图

钢围堰施工工艺流程如图 4－2－6 所示。

2. 主要施工方法及要求

(1)测量放样

跨沪杭高速公路特大桥转体主墩基础采用双壁钢围堰,围堰外壁半径 16.4 m,内壁半径 15.0 m,围堰高度 12.0 m,其中刃脚部分 1.8 m,10.2 m 高为常规围堰部分。

钢围堰组装前测量队根据围堰组装轮廓线准确放样。

(2)钢围堰施工

①围堰方式的选择

原地面高程 2.1 m,设计承台底高程 －7.536 m,基坑封底混凝土 1.5 m 厚,基坑底高程 －9.036 m,开挖深度 11.2 m。下承台浇筑 3.5 m,下转盘顶面至原地面高度接近 6.5 m。基于以上情况考虑下承台张拉和转体施工基坑范围内无法设置内支撑,基坑防护采用双壁钢套箱混凝土沉井围堰,如图 4－2－7 所示。

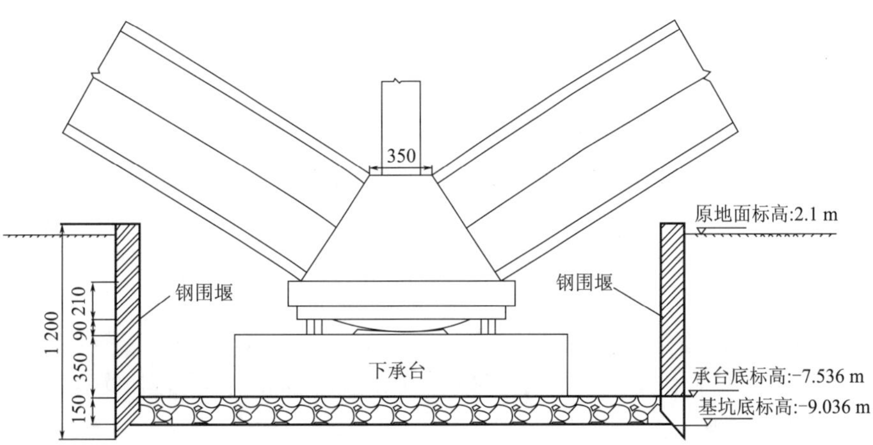

图 4－2－7　钢围堰布置方式(cm)

②钢套箱的设计

圆形双壁钢围堰内径 30.0 m,外径 32.8 m,套箱内外壁之间相距 1.4 m,钢套箱高 12.0 m。根据现场起吊和运输能力可对吊箱每节进行分块,沿圆周方向按角度 36°分块,每节分 10 块,以便钢吊箱的吊装、运输和组拼。预先在厂家分块加工,到现场后拼装,每节高 3.0 m。拼装后填充 C30 混凝土,共分四次下沉到位。

内外壁板采用 $\delta=8$ mm 钢板,内外壁板上都设有水平环板(截面 220 mm×12 mm)每道水平环板上都焊有补强板(120 mm×12 mm),水平环板的间距分布为 450 mm、500 mm、600 mm、700 mm、800 mm和1 000 mm,每两道水平环板之间设置一道水平加劲角钢,壁板水平加劲角钢采用∠90×56×7;内外壁板圆周方向每隔 1°设置一道竖向加劲角钢,角钢采用∠75×75×6;沿圆周方向每隔 36°设置一道隔舱板,厚度 $\delta=6$ mm;在隔舱板上设有水平和竖向加劲肋,采用角钢∠75×75×6;每道水平环板的内外环板之间设置一道水平斜撑,采用∠90×56×7。

刃脚坡度为 1∶1.07,刃脚内部分壁板厚度为 12 mm,刃脚内壁板上设有水平和竖向加劲角钢,刃脚区域内设有一道水平撑杆(∠90×56×7)。套箱在下沉前首先在刃脚区域(1.5 m 范围内)填充混凝土,待混凝土达到一定强度后开始挖土下沉。

③钢套箱的加工

a. 钢套箱的钢材为 Q235B 钢,从正规厂家进货,保证机械性能和化学成分。钢板下料采用剪板机或自动切割。套箱的加工制造选择有资质和经验的正规厂家,先进行试安装,经严查合格后,再出厂。加工时应充分考虑分块拼装接缝线的焊接方便、可靠。

b. 壁板与隔舱板之间的焊缝应进行水密性检查。各单元(分段)在胎架上制造,各部分制造误差≤±5 mm,平面尺寸误差≤±5 cm;对角线误差≤±10 cm;底板预留孔误差≤±1 cm,各相邻阶段分界线吻合,没有不一致的变形。拼板焊缝反面扣槽焊接,对接焊缝要保证焊透(一级焊缝)。根据《钢结构工程及验收规范》进行检查验收,并提供焊接工艺质量检查报告。

c. 钢套箱水平环板与水平角钢采用连续双侧角焊与壁板连接,焊缝高度 7 mm,水平环板与水平角钢连续,水平环板与隔舱板交接处在隔舱板上开槽处理,水平角钢与隔舱板交界处可断开,水平环板加劲板与水平环板焊接同样采用连续焊缝。

d. 加劲角钢与壁板之间采用连续双侧角焊,焊缝高度 6 mm,竖向角钢与水平环板和水平角钢相交处断开,并且端头与环板和水平角钢焊接相连;隔舱板与壁板采用连续双侧角焊,隔舱板竖向加劲肋连续,水平加劲肋断开,焊缝高度均为 6 mm。

e. 焊接前应进行工艺评定,按工艺评定报告确定焊接工艺。焊接工艺评定,应根据《铁路钢桥制造规范》的规定进行。

④钢套箱组拼、下沉

采用排水开挖和不排水开挖相结合的方法。原地面以下 0~7 m 范围先采用排水开挖,7 m 以下最后视具体情况采用排水或不排水开挖。

a. 移除钻机,清理场地。

b. 将围堰轮廓线测量放样,按照钢围堰刃脚设计尺寸人工配合挖掘机在原地面下开槽,将刃脚逐块吊装拼装,节段间用螺栓连接,然后用 2 台汽车泵同时、匀速、分层灌注刃脚内混凝土。

c. 采用挖机掘土,人工配合的方式进行除土下沉,由中间向四周分层开挖,每层厚度 20~30 cm,四周刃脚挖掘的部分转运到中间部位临时存储,由顶部的两台长臂挖机及时转运到地面运至弃土场,保证围堰中部基本不存多余弃土。

挖掘下沉过程配置四台挖机同时作业,其中围堰内部设置 2 台 130 挖机,负责切角部位挖掘,围堰顶部设置 2 台 24 m 长臂挖机负责及时清理转运围堰内部挖机的弃土和围堰中部土体的挖掘,挖掘出的弃土及时转运至弃土场。

挖掘过程沿围堰圆周方向由 2 台 130 挖机同时从对称的两个方向对称连续开挖,保证开挖速度、深度一致，由现场技术人员和指挥人员整体协调控制。挖机布置如图 4－2－8 所示。

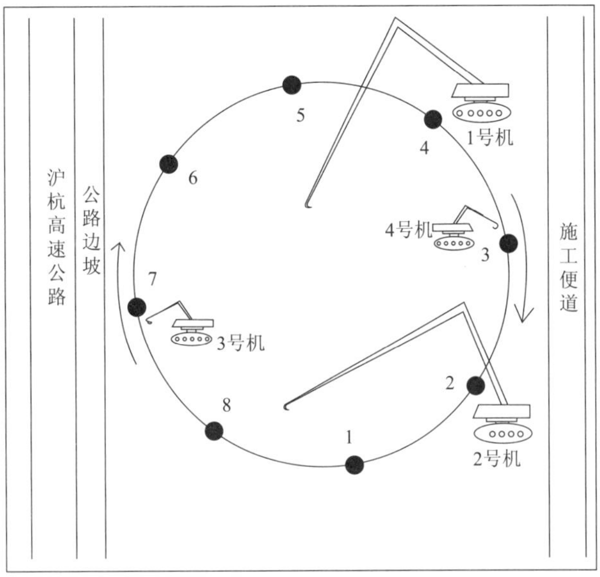

图 4－2－8　基坑开挖示意图

注：1. 开挖过程由 3 号机和 4 号机负责进行围堰内部刃脚开挖；

2. 围堰内弃土由 1 号机和 2 号机负责向外转运；

3. 内部开挖由 3 号点和 7 号点分别由 4 号机和 3 号机按顺时针方向对称开挖。

d. 围堰的接高

经过下沉后的围堰处于暂时稳定状态后进行钢套箱接高，自墩位中心线开始向两侧拼装钢套箱，上紧连接角钢上的连接螺栓后再将其拼接缝的上缘通长焊接。为杜绝漏水，在各接头处，须加装止水密封胶条。此过程相当于对围堰进行加载，围堰将有可能自然下沉。为保证安全围堰接高、特别是套箱内灌注混凝土时按 30 cm 高分层，灌注过程均匀加载。图 4－2－9 为钢围堰组拼及开挖下沉图。

e. 下沉施工监测要点

(a)施工过程的控制

围堰下沉过程的控制主要包括三个方面：刃脚高差控制、下沉速度控制、平面位移控制。其中平面位移控制是通过刃脚高差控制和下沉速度控制来实现的。

(a)钢围堰组拼

图　4－2－9

(b)钢围堰开挖下沉

图 4-2-9　钢围堰组拼及开挖下沉

刃脚高差控制:排水下沉时,由于不带水作业,故刃脚高差锅底的形成和移动都比较直观,根据高差的大小可以有效地改变锅底的大小、深浅和平面位置,以此来达到对刃脚高差的控制。

围堰下沉速度控制:围堰下沉速度控制也是一个重要方面,一般来讲对围堰下沉速度没有严格的限制,需根据施工经验和围堰下沉的具体情况而定,施工中主要按以下原则进行:在围堰刃脚高差不大时(在水平间距的 0.5% 以内),围堰的下沉速度越快越好;围堰下沉速度均匀为宜。

围堰平面位移控制:对围堰平面位移的控制主要是通过控制围堰刃脚高差来实现,如果围堰刃脚高差不大,则围堰平面位移较易得到控制。

围堰哪个角下沉得快(即刃脚较低),则围堰就会向哪个方向移位;围堰刃脚高差大时,围堰位移量大。施工过程中需要具体情况具体分析,决定采用相应的方法和措施。

(b)在施工过程中的各项施工监控工作

在围堰下沉前,将每个围堰各个角点处的高程及围堰轴线放样并作好标记,记录测量原始数据,绘制测量监控平面图,计算下沉具体高度。

整个套箱下沉分三个阶段,即首沉 2~3 m,中沉,最后下沉 1.5~2.0 m。

首沉阶段,必须每 30 min 观测一次并记录数据,汇总到监控小组,及时计算偏差情况,并由总指挥统一指挥确定挖(冲)沉部位及挖(冲)沉速度等;

中沉阶段,进入正常下沉,正常下沉时,可每 2 h 测量一次;

最后下沉阶段必须增加观测频率,一般为 30 min 左右观测一次。

通过对各阶段观测数据的分析,必须使围堰的对角高差不超过 15 cm,并观察围堰周围土质变化情况,将地下水位、涌土、沉降、沉速随时记入历时曲线表。

终沉阶段最后 2 m 范围内要减小锅底的开挖深度,防止突沉及超沉事故发生,控制开挖深度及速度,以下沉为辅,纠偏为主。

当沉速 8 h 不超过 1 cm 即认为围堰已趋稳定。

f. 围堰封底分三个分区进行施工,如图 4-2-10(a)所示,各区域开挖深度及界面控制详见图 4-2-10(b)~图 4-2-10(d)。

进行各区域施工时可根据现场实际地质情况和机械场地情况同时进行 1 号~3 号区域之外中间部位的施工,需注意预留下一区域施工的作业操作空间。

3 号区域底部设置为钢筋混凝土封底层,钢筋设置为网状,直径为 16 mm,间距 20 cm,底部保护层厚度 8 cm;施工时注意底层钢筋伸入承台 100 cm,竖向预埋入承台不小于 50 cm,具体钢筋布置方式详见图 4-2-10(e)、图 4-2-10(f)。

封底顶面高程预留 20 cm 厚找平垫层,混凝土强度达到 15 MPa 后,进行下一区域基槽开挖及各项施工。

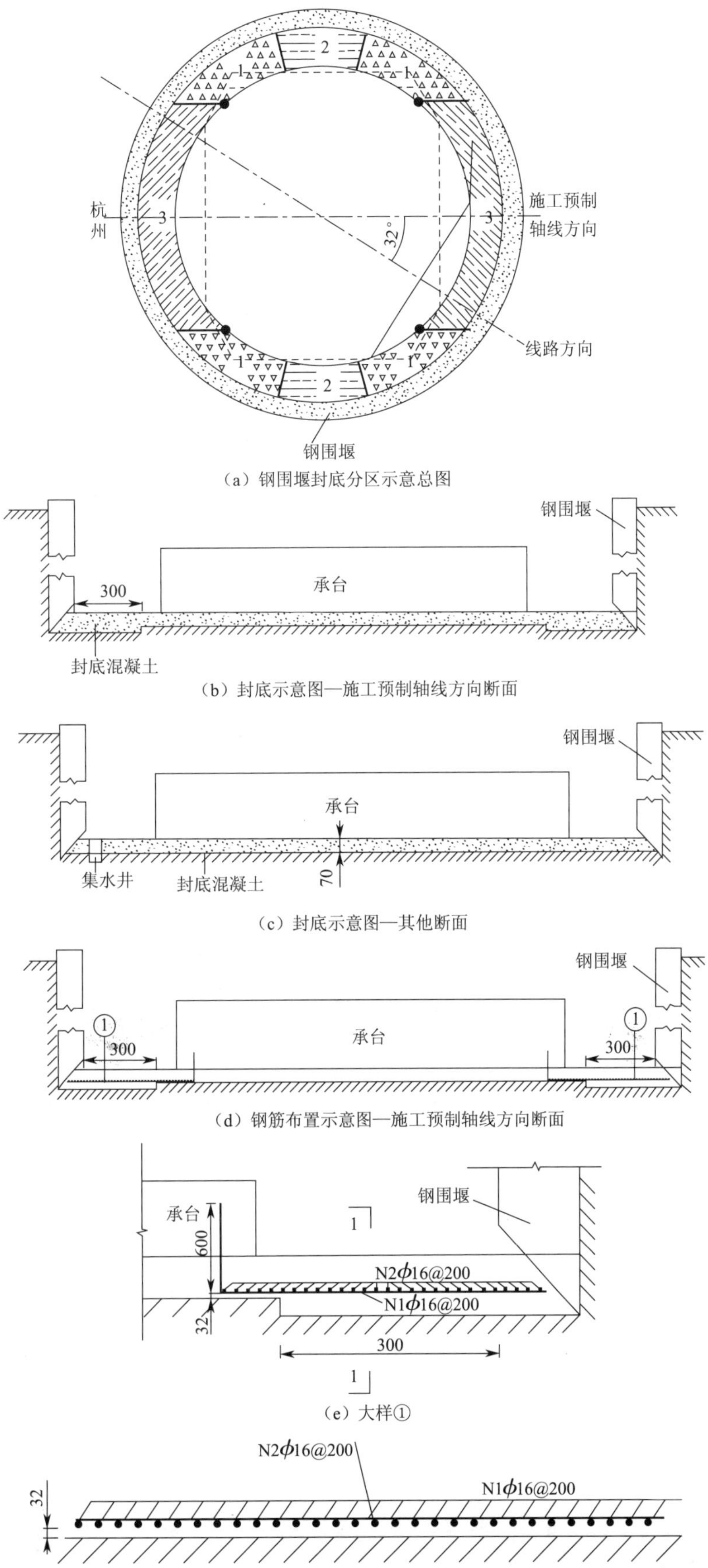

图 4－2－10　钢围堰封底分区示意图（cm）

4.2.3 封底混凝土施工

为保证基坑的整体稳定性,确保通车安全,开挖至设计高程时分块进行封底混凝土的施工,混凝土采用C30,厚度根据设计文件执行。若基坑内水位较高水泵无法强排,则采用水下C30混凝土导管法进行封底。

4.3 承台与球铰施工

4.3.1 总体施工流程

根据设计要求承台整体由下转盘、下转盘后浇部分、上转盘和后浇封铰混凝土共四部分组成,上下转盘之间设置球铰和环形滑道及撑脚等转动系统。其中球铰和环形滑道及牵引、助推、微调系统须在下承台施工过程中提前预埋安装。

考虑工期及现场操作方便程度等综合因素,确定下转盘混凝土分四次浇筑,具体施工顺序如下:

(1)浇筑第一次混凝土至球铰下套管底面;

(2)安装下球铰和滑道骨架,并初步调平;

(3)浇筑第二次混凝土至后浇混凝土分界面;

(4)安装下球铰和环道,并精确调平;

(5)浇筑第三次混凝土至下转盘顶面;

(6)浇筑第四次下球铰下方突出部分混凝土;

(7)安装上球铰,浇筑反力座混凝土,安装撑脚、砂箱;

(8)浇筑转台混凝土;

(9)浇筑上转盘混凝土。

下转盘构造分四次浇筑完成,如图4－3－1所示。

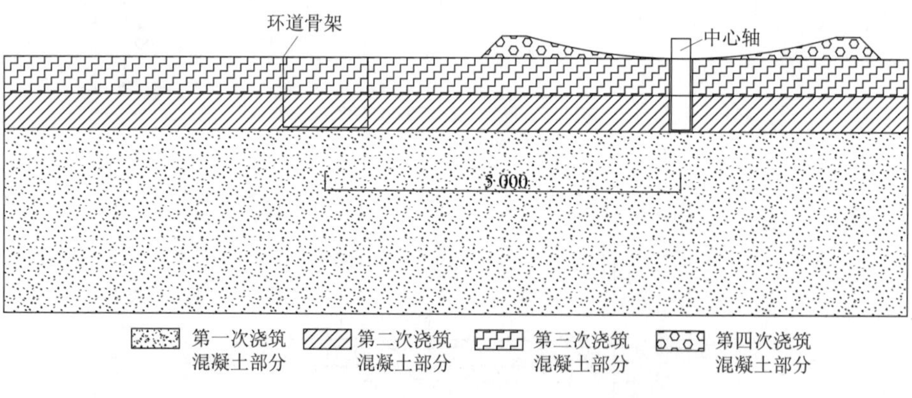

图4－3－1 下承台分次浇筑示意图(cm)

4.3.2 承台浇筑与球铰安装

1. 第一次浇筑混凝土

承台浇筑在围堰内进行。承台混凝土采取“双掺技术”并埋设冷却管等措施降低水化热,防止混凝土开裂,混凝土按耐久(防腐)性能生产,由搅拌车运至墩位泵送,插入式振捣器分层振捣密实,采用斜面分层的方法完成混凝土的浇筑。

(1)施工准备:清除封底混凝土顶部杂物,然后测量放线,放出下承台中线和轮廓线。

(2)绑扎钢筋:钢筋采用人工焊接、绑扎。在配置垂直方向的钢筋时应有不同的长度,以便同一断面上的钢筋接头能符合有关规定。水平钢筋的接头也应内外、上下相互错开。钢筋保护层的净厚度,应符合设计规范要求。

(3)预埋预应力钢绞线:由于基坑尺寸受限,下承台浇筑完成后无法穿钢绞线,因此钢筋绑扎过程中同步预埋预应力管道和钢绞线,管道严格按照设计要求定位准确。

(4)立模:下模板采用定型钢模,模板采用汽车吊吊装,人工配合。模板采用内拉外预的方式加固,保证钢模有足够的刚度、强度和稳定性。

(5)灌注混凝土:混凝土采用拌和站集中拌和,混凝土输送车运输到位,泵送混凝土入模。混凝土分层浇筑,分层厚度不宜大于 30 cm,混凝土采用插入式振捣器密实。

(6)拆除模板及混凝土养护:承台模板拆除采用人工配合汽车吊进行,拆除模板时,一定要小心谨慎,以防模板碰撞墩身表面及伤人。混凝土养护采用顶面覆盖麻袋片或土木布洒水养生。

(7)张拉、注浆:混凝土强度达到设计要求后进行预应力钢绞线张拉,张拉完成后及时进行注浆施工。

承台允许偏差和检验方法如表 4－3－1 所示。

表 4－3－1　承台允许偏差和检验方法

序号	项目	允许偏差(mm)	检验方法
1	尺寸	±30	尺量长、宽、高各 2 点
2	顶面高程	±20	测量 5 点
3	轴线偏位	15	测量纵横各 2 点
4	前后、左右边缘距设计中心线尺寸	±50	尺量各边 2 处

2. 安装下球铰和滑道骨架

(1)安装定位底座

用吊车将下球铰骨架吊入,并进行粗调,然后采用千斤顶、撬棍进行人工精确调整,调整时先用线绳拉出骨架准确位置和高程。待骨架调整完成后将下承台架立角钢与骨架预留钢筋焊接牢固。固定好球铰定位底座后,绑扎钢筋、立模浇筑下球铰骨架混凝土:混凝土的浇筑关键在于混凝土的密实度、浇筑过程中下球铰骨架应不受扰动、混凝土的收缩不至于对骨架产生影响。

(2)球铰骨架安装

下层混凝土强度达到 25% 后,先利用预埋件安装滑道骨架和下球铰骨架,要求骨架顶面的相对高差不大于 5 mm。骨架中心和球铰重合,与理论中心偏差不大于 1 mm;骨架与埋件焊接牢固,经多次进行复查无误后,安装下球铰。球铰骨架与下球铰及下承台的相对位置如图 4－3－2所示。

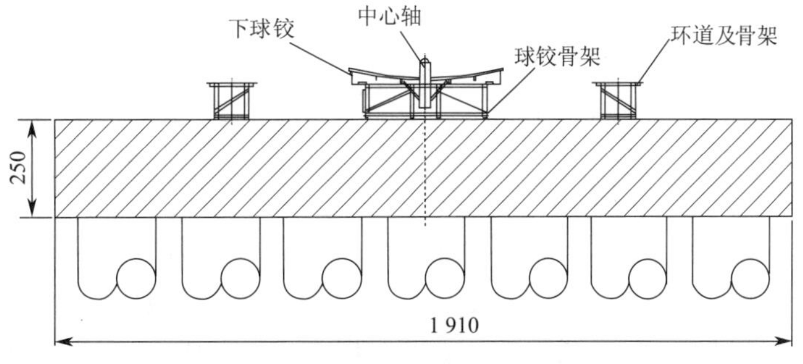

图 4－3－2　下球铰骨架安装示意图(cm)

(3)环道骨架安装

如图4－3－3所示，在钢撑脚的下方设有环形滑道，环道分块加工，现场采取分节段拼装，在盘下利用调整螺栓调整固定。安装时通过滑道定位架定位滑道钢板，先把下滑道块放入定位架上，利用定位架上的微调装置进行调整。

下球铰和环道安装完成后，第二次浇筑混凝土。

3. 安装下球铰及环道，并精确调平

（1）安装下球铰

下球铰安装前先进行检查，主要对下转盘球铰表面椭圆度及结构检查是否满足设计加工要求。下转盘球铰的现场组装，主要是下转盘球铰的锚固钢筋及调整螺栓的安装；此部分为螺栓连接，其他构件均在厂内进行焊接组装完成。下球铰安装过程如图4－3－4所示。

图4－3－3　安装环道骨架

(a)球铰检查　　(b)球铰安装定位

图4－3－4　球铰安装

（2）下球铰精确定位

球铰安装在定位骨架上，球铰用汽车吊机安装。先用吊机将上球铰吊开放置一边，并在凸球面上涂油，用塑料、胶带将其防护好以避免生锈损坏。再将下球铰吊放在预埋支架上，利用千斤顶将球铰在水平面上移动，使球铰中心处于理论中心位置，然后将球铰在水平位置限位，防止调整球铰高差时使球铰位置偏移。水平位置调整完毕，进行球铰的高程调整，以确保下球铰周边高程处于同一水平面内，误差≤0.5 mm，中心套管轴线为一铅直线。先用S3级水准仪对下球铰周边平面十字线的四点进行粗调，然后，用水准仪进行精确调整。

下盘顶面高程采用现场测量、现场调整的方法进行。采用精度达0.01 mm的数字水准仪和配套塔尺进行高程测量、4台5 t油压千斤顶进行高程调整。

①测量点位布置

为保证下盘安装精度高差满足设计要求，沿下盘面4.0 m圆周方向等间距布置16个观测点，其中A点～H点为测量控制点，其位置与骨架上的调节螺栓一一对应，A'点～H'点为测量高程复核点，控制点与复核点分别用不同颜色的油漆作好标志。具体点位布置如图4－3－5所示。

②精调

将控制点高程逐一测量后，利用油压千斤顶同步调整盘面高程，旋紧调节螺栓的调位螺母，松顶后再次测量，相对高差在2 mm范围内时，利用螺母紧固扳手进行微调，微调按照逐点测量、逐点调整的原则进行。由于调节螺栓为0.5 mm/丝的细牙螺栓，所以每次调整高度确定为0.5 mm，A点～H点相对高差满足要求后，对A'点～H'点高程进行复核，同步对中心销轴套管的竖直度进行复核，全部满足要求后旋紧紧固螺母完成精调并固定。

（3）下球铰固定

精确定位及调整完成后，对下转盘球铰的中心、高程、平整度进行复查；中心位置利用全站仪检查,高程采用精度0.01 mm的精密水准仪及钢卷尺多点复测,经检查合格后对其进行固定;竖向利用调整螺栓与横梁拧紧固定,横向采用在承台上预埋型钢固定。

(4)环道精确定位

环道精确定位后,务必满足以下要求:每块板高程误差≤0.5 mm,高差≤0.2 mm。滑道板接缝高差要求≤0.5 mm,两块之间的高差≤0.2 mm;装完后将整个滑道检测1遍,确保滑道任何位置高差≤2 mm。达到设计要求后,螺栓栓紧。图4-3-6所示的是工人正在进行环道的精确定位。

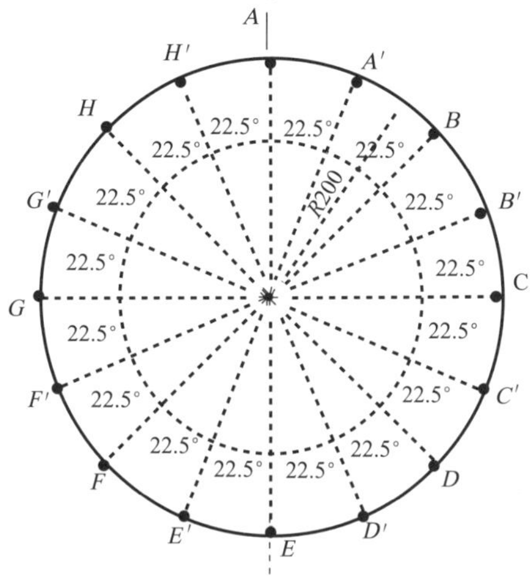

图4-3-5 测量点位布置

图4-3-6 环道精确定位

4. 第三、四次浇筑混凝土

球铰和滑道安装后进行下转盘混凝土浇筑,浇筑过程严禁振捣棒碰撞球铰骨架和滑道骨架,同时须密切检查球铰、滑道平面位置、高程及支撑结构是否发生变化,确保球铰和滑道在混凝土浇筑过程中位置及高程准确。同时在混凝土浇筑过程中注意对球铰表面及下球铰套筒的覆盖保护,防止混凝土等杂物污染,加强球铰下方混凝土浇筑时的振捣,保证下球铰下方混凝土浇筑饱满,振捣密实。

混凝土的浇筑关键在于混凝土的密实度、浇筑过程中下转盘球铰应不受扰动、混凝土的收缩不至于对转盘产生影响。为解决这几个问题采取以下措施:

(1)利用下转盘球铰上设置混凝土浇筑及排气孔分块单独浇筑各肋板区,混凝土的浇筑顺序由中心向四周进行。

(2)在混凝土浇筑前搭设工作平台。人员在工作平台上作业,避免操作过程对其产生扰动。

(3)严格控制混凝土浇筑,加强混凝土的养护。混凝土凝固后采用中间敲击边缘观察的方法进行检查,对混凝土收缩产生的间隙用钻孔压浆的方法进行处理。

图4-3-7 下承台混凝土浇筑完成后

混凝土浇筑完成后如图4-3-7所示。下转盘混凝土浇筑完成后随即进行上球铰和滑道不锈钢板的安装。

5. 安装上球铰,浇筑反力座混凝土,安装撑脚、砂箱

(1)上球铰安装

①清理下球铰球面,如图4-3-8所示。

②在中心销轴套管中放入黄油四氟粉,将中心销轴放到套管中,调整好垂直度与周边间隙。中心轴安装如图4-3-9所示。

图4-3-8 清理下球铰球面

图4-3-9 安装中心轴

③在下球铰凹球面上按照顺序由内到外安装聚四氟乙烯滑板,用黄油四氟粉填满聚四氟乙烯滑板之间的间隙,使黄油与四氟滑板相平。四氟乙烯滑块安装后如图4-3-10(a)所示。

为减小转体过程中上下盘之间摩擦阻力并防止杂物进入上下转动摩擦面,球铰上下盘之间采用润滑油脂与聚四氟乙烯粉均匀拌和后进行填充。润滑油脂尽量选用润滑性能好且品质稳定的特殊油脂,一般采用锂基脂或硅脂。安装过程中实际采用3号锂基脂与聚四氟乙烯粉按120∶1的重量比进行配制,配制好的润滑脂人工均匀涂抹在聚四氟乙烯滑块之间的间隙及滑块顶面,涂抹厚度为10 mm,确保能够填满上下盘之间的间隙。整个安装过程要保持球面清洁,不得将杂物带至球面上。图4-3-10(b)所示的是正在四氟乙烯滑块间涂润滑油脂。

(a)安装四氟乙烯滑块

(b)涂黄油

图4-3-10 安装四氟乙烯滑块、涂黄油(cm)

④将上球铰吊装到位,套进中心销轴内。用倒链微调上球铰位置,使之水平并与下球铰外圈间隙一致。球铰安装顶口务必水平,其顶面任意两点误差不大于1 mm。

球铰转动中心务必位于设计位置,误差:顺桥向±1 mm,横桥向±1.5 mm。

图4-3-11所示的是工人正在吊装上球铰。

⑤上球铰安装结束后,进行球铰试转,采用杠杆原理在球铰四周对称施力,缓慢转动球铰,使球铰内四氟粉黄油均匀布于球铰上下盘之间,同时使上下球铰同心,保证下球铰均匀受力。

⑥球铰安装完毕对周边进行防护,上下球铰之间用胶带缠绕包裹严密,确保杂质不进入到摩擦面内。

(2)安装撑脚、砂箱、浇筑反力座混凝土

上转盘共设有6组撑脚,钢管内灌注C50微膨胀混凝土。撑脚中心处于直径为10 m的圆环上。撑脚在工厂整体制造后运进现场,在下转盘混凝土浇筑完成,上球铰安装就位时即安装撑脚,安装撑脚时确保撑脚与下滑道的间隙为14 mm。转体前在滑道面内铺装3 mm厚不锈钢板及9 mm厚的聚四氟乙烯板。转体前用砂箱作为临时支撑。与此同时,进行反力座混凝土的浇筑。图4-3-12所示的是工人正在安装撑脚。

图 4－3－11　吊装上球铰

图 4－3－12　安装撑脚

(3)滑道面板安装

①安装前进行位置和高程复核,保证滑道位置准确及顶面在同一水平面。

②不锈钢板安装时以滑道面板边缘线作为控制基线,要求不锈钢板底面与滑道面板顶面衔接紧密,且不锈钢板边缘须与滑道面板作断焊固定处理。

③要求不锈钢板接缝衔接严密,宜采用饱满、连续焊缝连接。

④焊缝须打磨平整、光滑,表面高差不大于 0. 5 mm。

6. 浇筑转台混凝土和上转盘混凝土

转台混凝土和上转盘混凝土分两次浇筑完成,其中第一次浇筑的是 C40 混凝土,第二次浇筑的是 C50 混凝土。浇筑顺序如图 4－3－13(a)所示。图 4－3－13(b)所示的是工人在绑扎上球铰球铰内的钢筋,图 4－3－13(c)所示的是球铰混凝土已浇筑完成,正在绑扎转台及上转盘的钢筋。

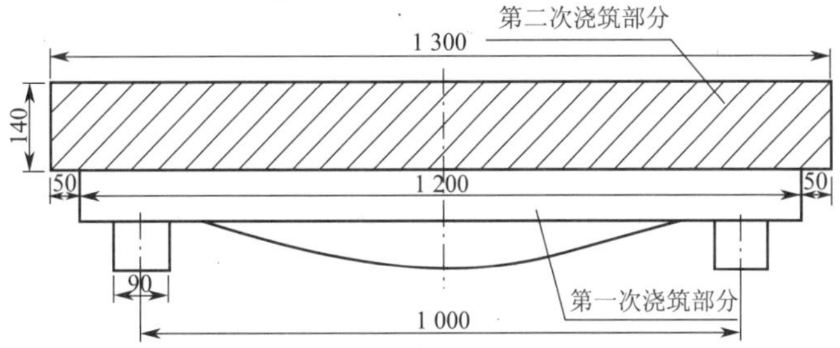

(a)上转盘混凝土分次浇筑

(b)绑扎转台钢筋

(c)上转盘支模及钢筋绑扎

图 4－3－13　转台和上转盘混凝土浇筑(cm)

7. 上转盘临时固定

为确保拱肋及上部结构施工时转盘、球铰结构不发生移动,用钢锲将钢管混凝土撑脚与环道之间塞死。

8. 承台温控措施

承台为大体积混凝土施工,内部水化热较高,要采取措施解决水化热引起的体积变形问题,以最大限度减少混凝土开裂。

(1)混凝土内部的降温

降温方法:在混凝土内预埋冷却水管,用循环水降低混凝土温度,进行人工导热。冷却管采用 $\phi 43 \times 3$ mm 的热传导性能好,钢管横桥向布置,横向间距 1.5 m,竖向间距 1.5 m,上下两层交错布置,并用立管相连,具体布置形式如图 4－3－14 所示。

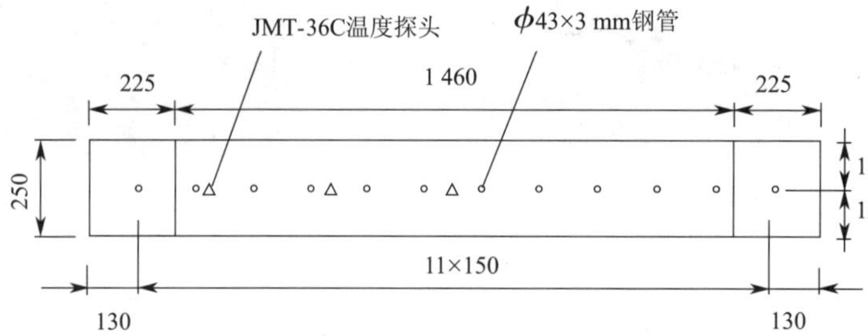

(a) 浇筑2.5 m下承台时的冷却管布置立面图

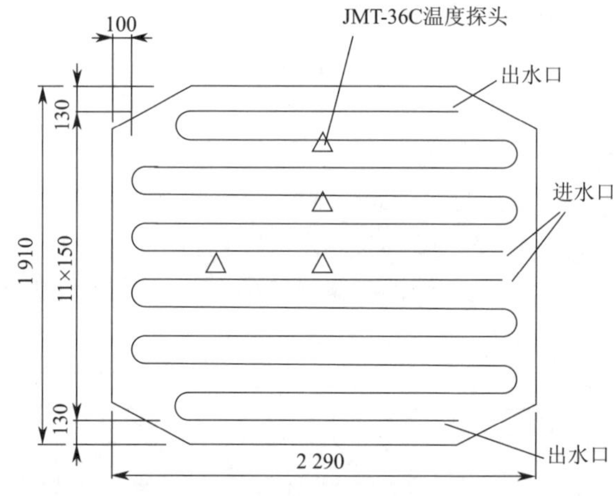

(b) 浇筑2.5 m下承台时的冷却管布置平面图

图 4－3－14　浇筑 2.5 m 下承台时的冷却管布置(cm)

冷却水与混凝土之间的温差值应限制在 22 ℃以内。为了保证水流通畅,安装两台水泵(其中一台为备用)。水泵规格根据供水量的大小由计算确定。

(2)混凝土表面的蓄水隔热

混凝土浇筑完成,并在混凝土终凝后,在混凝土的表面蓄水 30 cm。由于水的导热系数为 0.58 W/(m·K),具有一定的隔热保温效果,可以推迟混凝土内部水化热的迅速失散,控制混凝土表面温度与内部中心温度之间的差值。

在混凝土施工过程中,每隔 4 h 测量一次原材料温度、拌和温度、冷却水温度及环境气温。每天测温的间隔时间,控制在 2 h 内。

4.4　拱圈现浇支架搭设及地基处理

4.4.1　拱圈支架搭设

1. 支架设计

主拱采用满堂脚手架体系作支撑。基坑外支架顺桥向 53 m 范围内立杆间距 30 cm,其余部分立杆间距采用 60 cm 间距,横桥向拱圈腹板、横隔板等位置立杆间距采用 30 cm,底板采用 60 cm 间距,悬臂板立杆间距为 90 cm。底板、腹板碗扣脚手架步距为 60 cm,悬臂板为 120 cm。支架搭设的现场照片如图 4－4－1 所示。

(a)拱脚处钢桁架

(b)拱圈碗扣式支架搭设

图 4－4－1　拱圈支架搭设

2. 支架搭设

(1)脚手架搭设前确定脚手架平面设置,列出构件用量表,制订构件供应和周转计划等。

(2)所用所有构件,必须经检验合格后方能投入使用。碗扣式脚手架构件主要由焊接而成,故检验的关键是焊接质量,要求焊缝饱满,没有咬肉、夹渣、裂纹等缺陷。钢管应无裂缝、凹陷、锈蚀,壁厚符合要求。立杆最大弯曲变形矢高不超过$\frac{1}{500}L$,横杆斜杆变形矢高不超过$\frac{1}{250}L$。可调构件、螺纹部分完好,无滑丝现象,无严重锈蚀,焊缝无脱开现象。

3. 杆件组装顺序

在已处理好的地基或基垫上按设计位置安放[14 槽钢,其上安装立杆,使同一层立杆接头处于同一水平面内,以便装横杆。组装顺序是:底座槽钢→立杆→横杆→斜杆→接头锁紧→上层立杆→立杆连接销→横杆。

碗扣支架组装以 3～4 人编一小组为宜,其中 1～2 人递料,另外两人共同配合组装,没人负责一端。组装时,要求最多二层向同一方向,由中间向两边推进,不得从两边向中间合龙组装,否则中间几根会因两侧架子刚度太大而难以安装。

4. 注意事项

立杆生根在混凝土表面要在同排立杆下垫[14 槽钢,作好排水处理。

接头是立杆同横杆、斜杆的连接装置,应确保接头锁紧。组装时,先将上碗扣搁置在限位销上,将横杆、斜杆等接头插入下碗扣，使接头弧面与立杆密贴，待全部接头插入后，将上碗扣套下，并用榔头顺时针沿切线敲击上碗扣凸头，直至上碗扣被限位销卡紧不再转动为止。

如发现上碗扣扣不紧，或限位销不能进入上碗扣螺旋面，应检查立杆与横杆是否垂直，相邻的两下碗扣是否在同一水平面上（即横杆水平度是否符合要求）；下碗扣与立杆的同轴度是否符合要求；下碗扣的水平面同立杆轴线的垂直度是否符合要求；横杆接头与横杆是否变形；横杆接头的弧面中心线同横杆轴线是否垂直；下碗扣内有无砂浆等杂物填充等；如是装配原因，则应调整后锁紧；如是杆件本身原因，则应拆除，并送去整修。

每道剪刀撑跨越立杆的根数宜与斜杆水平倾角相适应，宜为 5 ~ 7 根，每道剪刀撑宽度不应小于 4 跨；必须在外侧立面的两端和中间各设置一道纵向剪刀撑，并应由底至顶连续设置；支架四边与中间每隔四排支架立杆应设置一道纵向剪刀撑，由底至顶连续设置；剪刀撑斜杆的接长采用搭接，搭接长度不小于 1 m，采用不小于 2 个旋转扣件固定，端部扣件盖板的边缘至杆端距离不小于 10 cm；

搭设时相邻立杆的接长缝应错开，第一层立杆应使用不同长度的立杆错开布置，往上均用 3.0 m 长杆，至顶层再用不同长度的立杆找平。

5. 验收标准

（1）整架垂直度应不小于$\frac{1}{500}L$，但最大不超过 100 mm；

（2）碗扣支架直线布置，其中心直线度应小于$\frac{1}{200}L$；

（3）横杆的水平度，即横杆两端的高度偏差应小于$\frac{1}{400}L$；

（4）所有碗扣接头必须锁紧；

（5）剪刀撑须抵地。

4.4.2 地基处理方案

1. 地基处理总体方案

根据拱肋实际截面形式，支架共划分为 12 个区域，纵向立杆间距分为 30 cm 和 60 cm，横向立杆间距分为 30 cm、60 cm、90 cm，步距分为 60 cm、120 cm 形式布置。

拱肋现浇支架采用满堂式碗扣式脚手架。基础采用钻孔桩、CFG 桩、级配碎石褥垫层复合地基，复合地基上设置 50 cm 厚钢筋混凝土地基板；支架顶端采用碗扣式可调顶托调整高度，顶托上铺设方木作为横向和纵向分配梁。

图 4 -4 -2 所示的是地基处理与钻孔桩的同步施工。

图 4 -4 -2　地基处理与钻孔桩同步施工

2. 主要施工方法及要求

(1)桩基础施工

桩基础采用 ϕ150 cm 钻孔桩和 ϕ50 cm CFG 桩基础,钻孔桩桩长 60 m,CFG 参考桩长 18 m,以进入硬塑为准。

①工艺流程

陆上钻孔桩的施工工艺流程如图 4－4－3 所示。

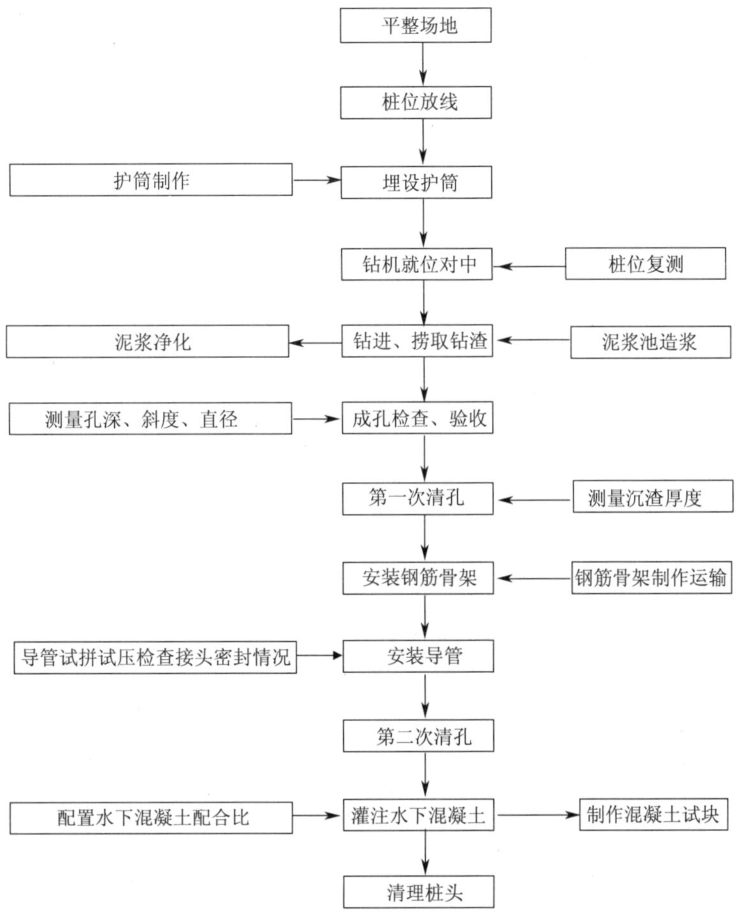

图 4－4－3　陆上钻孔桩施工工艺流程图

②钢护筒施工

a. 钢护筒的制作

钢护筒的制作工艺:每个钻孔桩均设有钢护筒,钢护筒采用厚度 8 mm 钢板现场卷制,ϕ1. 25 m 钻孔桩采用 ϕ1. 5 m 钢护筒,ϕ1. 5 m 钻孔桩采用 ϕ1. 8 m 钢护筒,长度根据现场情况采用 1. 5 m 左右;钢护筒顶口及底口用箍圈加强,钢护筒加工精度要符合规范要求,钢护筒顶端留有 0. 4 m 的出浆口,钢护筒下脚设刃脚。

b. 钢护筒的埋设

首先对钻孔桩桩位进行测量放样,在桩位旁边打设护桩钢筋。采用人工或挖机在原桩位挖设埋置护筒,利用护桩钢筋将桩位中心对准护桶中心线,然后将钻机移至桩位上方,进行钻机就位。

在该过程中,要用测量仪器进行全程监控,以防钢护筒及钻机偏位、倾斜和及时监测护筒高程变化等,使其符合规范要求。

③桩基础施工工艺

a. 泥浆护壁

采用泥浆池造浆。每台钻机需配置泥浆制备分离系统一套，并将泥浆池和沉淀池挖沟连接用于泥浆循环，墩旁配备沉淀池，满足钻孔废浆、废渣排放需要。

现场技术人员经常对泥浆进行检查，不符合要求的应及时调整，成孔时要控制好泥浆比重、防止塌孔，以确保顺利成孔。

钻孔过程泥浆性能要求：

相对密度：1.2～1.4；

黏度：22～30 s；

含砂率：≤4%；

胶体率：≥95%；

失水率：≤20 mL/30 min；

泥皮厚：≤3 mm/30 min；

静切力：3～5 Pa；

酸碱度：8～11 pH。

b. 正循环回旋钻钻孔施工

钻机就位：钻机就位前，应对钻孔前的各项准备工作进行检查，包括主要机具设备的检查和维修。钢护筒埋设后，进行钻机就位，确保钻机底盘安放稳固，钻机转盘中心与设计桩位中心位置偏差不得大于2 cm。

钻进作业：

(a)开始钻孔时，应稍提钻杆，在护筒内打浆，并开动泥浆泵进行循环，待泥浆均匀后开始钻进。进尺要适当控制，对护筒底部，应低挡慢速钻进，使底脚处有较坚固的泥皮护壁。

(b)如护筒底土质松软出现漏浆时，可提起钻头，向孔内倒入黏土块，再放入钻头倒转，使胶泥挤入孔壁堵住漏浆空隙，稳住泥浆后继续钻进。钻至护筒底部以下2 m后，则可按土质情况以正常速度钻进。

(c)钻进过程中应经常注意土层变化，每进尺2 m或在土层变化处应捞取渣样，判断土层，记入钻孔记录表并与地质柱状图核对。每进尺2～3 m，应检查孔径以及孔的垂直度，确保钻孔直径和竖直度符合要求。

(d)操作人员必须认真贯彻执行岗位责任制，随时填写钻孔施工记录，交接班时应详细交待本班钻进情况及下一班需注意的事项。

(e)钻孔过程中要保持孔内有1.5～2 m的水头高度，并要防止扳手、管钳等金属工具或其他异物掉落孔内，损坏钻机钻头。

(f)钻进作业必须保持连续性，升降钻头时要平稳，不得碰撞护筒或孔壁。拆除和加接钻杆时力求迅速。

c. 终孔

钻孔至设计高程后，对成孔的孔径、孔深和倾斜度等进行检查，满足设计要求后请监理工程师进行终孔检验，并填写终孔检验记录。

d. 清孔

终孔检验合格后，立即进行清孔作业，采用换浆法清孔，具体做法：当钻孔距设计高程1 m时即改用纯净的稠泥浆(比重约1.4以上)，继续钻到设计高程，然后吸泥，进行孔深测量。清孔过程中必须始终保持孔内原有水头高度，以防塌孔。钻孔灌注桩在浇筑混凝土前必须进行清孔，沉渣厚度不得大于20 cm。

孔的中心偏位群桩不大于10 cm，单排桩不大于5 cm。

孔径不小于设计规定。

倾斜度小于1/100h(h为设计桩长)。

孔深大于设计桩长5 cm。

清孔后要符合下列要求：

孔底沉渣厚度：<20 cm；

泥浆指标比重：1.03 ~ 1.10；

黏度：17 ~ 20 s；

含砂率：<2%。

e. 钢筋骨架

(a)钢筋笼在加工厂分节加工，以12 m一节分节绑扎、焊接，钢筋接头按规范要求错开，保证同一截面接头数量不大于50%，钢筋接头采用搭接焊接或直螺纹套筒连接等工艺进行连接。按照设计要求，每隔2 m设置加强箍筋一道，箍筋及加强筋的焊缝采用双面焊。钢筋骨架用吊车吊上平板车，运输至施工现场，吊车吊装入孔安装。

(b)吊车进行钢筋笼吊装前在骨架上端均匀设置好吊环，缓慢起吊第一节钢筋笼，如有弯曲变形应加以纠正，骨架进入孔口后，应将其扶正慢慢下放。当最后一道加劲箍筋接近孔口时，用钢丝绳穿过吊环，再用[14型钢从钢丝绳内穿过将骨架支撑在钢护筒上，然后起吊第二节钢筋笼，使它们在同一竖直轴线上，然后进行钢筋笼焊接，先焊接直径方向四根相对的主筋，然后吊车缓慢提起使上下两节钢筋笼在自重的作用下基本顺直，钢筋笼孔口连接采用单面搭接焊接，焊接长度不小于10d，且须接头位置错开布置，35d范围内接头数量不大于接头总量的一半。在骨架主筋外侧设置控制保护层厚度的混凝土轮。吊装钢筋笼时，检查其中心是否满足桩中心允许偏差要求，并在钢筋笼上加设定位部件，利用护筒将其定位，以确保成桩中心偏差满足要求。

f. 导管吊装

施工所配置的导管需用9 mm厚以上无缝钢管制作，内径30 cm，底节长度不小于6 m，其他标准节长度1.5 m左右，另需配有0.2 ~ 0.8 m长度不等的调整导管。导管接头用法兰连接，法兰用16 mm厚钢板加工，接头需设置防水胶垫。导管吊装前要试拼，接口连接要牢固严密，不得夹有杂物，并按1.3倍孔底水压做水密性试验，同时检查拼装的垂直情况，根据桩孔的总长，确定导管的拼装长度。在灌注混凝土之前进行升降试验，吊装时导管位于孔口中央，导管底口距离孔底30 ~ 40 cm。

g. 灌注水下混凝土

灌注混凝土前，探测孔底泥浆沉淀厚度，如大于规定，要再次清孔，并注意孔壁的稳定，防止塌孔，直至符合要求后方可进行水下混凝土灌注施工。

水下混凝土灌注过程需严格控制混凝土的和易性、含气量、入模温度及坍落度等，其坍落度为18 ~ 22 cm，灌注时间宜在6 h左右，能满足桩基灌注完成后首批混凝土未初凝的要求。

首批混凝土灌注结束需保证导管埋深不小于1.0 m，料斗体积不小于2.5 m^3，采用料斗本身存储混凝土方量和罐车连续向料斗补料的方式进行首批混凝土灌注。

开始灌注混凝土时，应在漏斗底口处设置与桩身混凝土强度等级相同的混凝土球，等漏斗装满拌和好的混凝土后，便可剪球。

灌注开始后，应连续地进行，并应尽可能缩短拆除导管的间隔时间，当导管内混凝土不满时，应徐徐地灌注，防止在导管内造成高压气囊，将密封垫圈挤出。

在灌注过程中，应经常保持井孔水头，防止塌孔。应经常探测井孔内混凝土面位置，及时地调整导管埋深，导管的埋深控制在2 ~ 6 m之间；因拌和物内掺有缓凝剂、灌注速度较快、导管较坚固并有足够起重能力时，可适当加大埋深；井孔内混凝土面位置的探测，采用较为精确的器具，如采用重量≥4 kg的测深锤。

混凝土面接近钢筋骨架时，宜使导管保持稍大的埋深，并放慢灌注速度，以减小混凝土的冲击力。混凝土面进入钢筋骨架一定深度后，应适当提升导管，使钢筋骨架在导管下口有一定的埋深。

在灌注过程中，应将井孔内溢出的泥浆引流到适当地点再用泥浆船运走，防止污染环境。灌注的混凝土顶面高程应比桩顶设计高程预加80 cm以上，以保证桩头混凝土的质量。

(2)CFG 桩基础施工

①施工工艺流程

CFG 桩的施工工艺主要流程如图 4－4－4 所示。

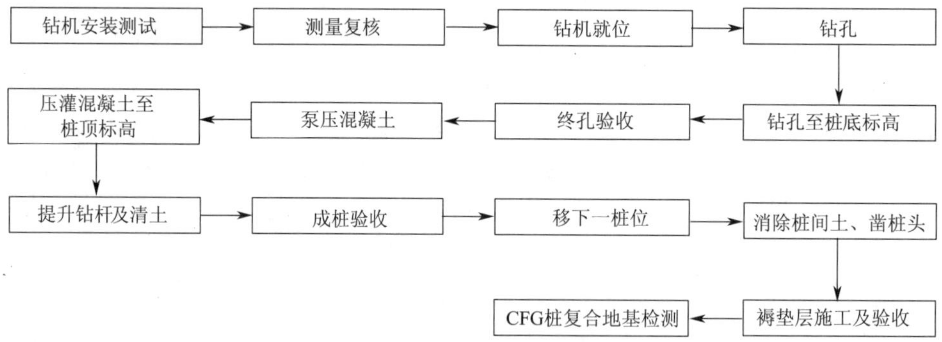

图 4－4－4　CFG 桩施工流程图

②主要工艺技术要求

a. 桩位测量放样:依据《基础平面图》及坐标控制点,由施工测量小组按要求测量放样,主轴线定位误差小于 5 mm 后根据桩位平面布置图,放出每根桩的桩位,并对放线结果进行复核。

b. 钻机就位:钻头尖对准桩位,成桩偏差控制在规范要求范围内(50 mm),并保证钻机钻架垂直度偏差在 1.5% 以内。

c. 润滑混凝土管:钻孔前用 1:1 水泥砂浆润滑混凝土输送管及钻杆内壁。

d. 钻进:根据施工图纸和地质资料,制定可行的钻进速度,不断地观察各种变化,掌握好钻进深度,控制电机的电流,注意钻杆的倾斜度,若发生斜孔时应采取相应的措施进行处理,钻机下钻的速度及钻进过程中的地质情况应作好记录,钻进速度控制在 3.5 m/min 左右,发现异常立即上报,为了防止钻进过程中出现串孔现象,钻孔时,必须采取跳打措施。

e. 终孔:本工程设计为摩擦桩,应严格控制钻进深度,满足设计桩长,孔深符合要求后,方可进行下步工序施工。

f. 灌注成桩:采用管内泵压工艺,应准确掌握提、拔钻杆时间;钻孔达到设计预定高程后,开始泵送混凝土料,管内空气从排气阀排出,待钻杆内管及输送软、硬管内混凝土料连续时提钻;钻杆提升挡位与混凝土输送速度同步,提钻速度不大于 3.0 m/min,泵压不小于 3 MPa,并使钻头保持在混凝土内 1.0 m 以上(即钻杆内始终保持混凝土高度大于 1.5 m);提拔钻杆中应连续泵料,不得停泵待料,避免造成混凝土料离析、桩身缩颈和断桩;保证混凝土浇筑量,充盈系数控制在 1.05 以上。

g. 混凝土试块制作:根据工程桩施工特点,每天每班随机取样一次,每次做试块 1 组(每组 3 块);试块应注明混凝土强度等级、成型日期及取样部位;试块做好后养护 28 d 时送到材料实验室做强度试验。

h. 混凝土坍落度:混凝土坍落度控制在 180～200 mm,随机抽检,当混凝土坍落度不满足要求时,不得使用,可采取退货处理,以防止发生堵管事故,影响桩的施工质量。施工允许偏差和检验方法如表 4－4－1所示。

表 4－4－1　施工允许偏差和检验方法

序号	项目	允许偏差(mm)	检验方法
1	桩位中心	50	尺量或测量
2	垂直度	1.5	
3	桩长	－50	
4	桩径	＋100	
5	桩顶高程	＋100	

③施工要点

a. 施工前应按设计要求由试验室进行配合比试验,施工时按配合比配制混合料。长螺旋钻孔、管内泵压混合料成桩施工的坍落度宜为180～220 mm。

b. 控制钻孔沉管入土深度，确保桩长偏差在 +100 mm 范围内。

c. 长螺旋钻孔、管内泵压混合料施工在钻至设计深度后，应准确掌握提拔钻杆时间，混合料泵送量应与拔管速度相配合，遇到饱和砂土或饱和粉土层，不得停泵待料；沉管灌注成桩施工拔管速度应按匀速控制，拔管速度应控制在 1.2 ~ 1.5 m/min 左右，如遇淤泥土或淤泥质土，拔管速度可适当放慢。

d. 施工时，桩顶高程应高出设计高程，高出长度根据桩距、布桩形式、现场地质条件和施打顺序等综合确定，一般不应小于 0.5 m。

e. 成桩过程中，抽样做混合料试块，每台机械一天应做一组（3 块）试块（边长 150 mm 的立方体），标准养护，测定其 28 d 立方体抗压强度。

f. 设置保护桩长。使桩在加料时，比设计桩长多加 0.5 m，将沉管拔出后，用插入式振捣棒对桩顶混合料加振 3 ~5 s，提高桩顶混合料密实度。上部用土封顶，增大混合料表面的高度即增加了自重压力，可提高混合料抵抗周围土挤压的能力，避免新打桩振动导致已打桩受振动挤压，混合料上涌使桩径缩小。

g. 拔管过程避免反插。在拔管过程中若出现反插，由于桩管垂直度的偏差，容易使土与桩体材料混合，导致桩身掺土影响桩身质量，应避免反插。

h. 翔实填写钻进记录、灌注记录，要求记录填写及时、真实、准确。

④成品保护

a. CFG 桩施工时，应调整好打桩顺序，以免桩机械碾压已施工完成的桩头。

b. CFG 桩施工完毕后，待桩体达到一定强度后（一般为 3 ~7 d），方可进行开挖，宜采用人工开挖，如基坑较深、开挖面积较大，可采用小型机械和人工联合开挖，应用专人指挥，保证铲斗离桩边应有一定的安全距离，同时应避免扰动桩间土和对设计桩顶高程以下的桩体产生损害。

c. 保护土层和桩头清除至设计高程后，应尽快进行褥垫层的施工，以防桩间土被扰动。

（3）褥垫层施工

①成桩 5 d 左右进行基槽开挖和桩间土清理，避免因桩身强度较大时剔桩困难；

②清土采用小型机械设备并配合人工开挖，桩身周围土体采用人工清理，避免断桩及对地基土的扰动，弃土运输至指定地点；

③褥垫层基槽截面尺寸 78 m×17 m，基槽底部高程 1.7 m，基槽开挖前进行测量放样，严格控制截面尺寸及基底高程；

④基槽预留至少 20 cm 人工清除，找平，级配碎石填筑前必须清楚基槽内积水及松散泥土；

⑤清槽后人工截桩，采用 3 根钢钎间隔 120 mm，沿径向楔入桩体，直至上部桩体断开，桩顶采用小钎修平，桩顶控制高程为 1.8 m；

⑥因剔桩造成桩顶开裂、断裂，按桩基混凝土接桩规定，断面凿毛，刷素水泥浆后用 C30 混凝土填补并振捣密实。

⑦桩基检测：邀请专业单位或业主指定的检测单位对桩基进行检测，对不合格的桩基进行处理或返工，直至桩基质量合格后方可进行下道工序施工。

⑧铺设褥垫层

a. 根据实验配合比按要求进行褥垫层的铺设，褥垫层材料使用级配碎石，采用（20 ~40）:（5 ~25）: 石粉 =1:3.64:4.45 的质量比进行配比，水泥掺量为 8%，最佳含水率为 5%；级配碎石集中拌和运输到场，采取挖机摊铺，人工配合找平，每层松铺厚度不大于 20 cm。

b. 褥垫层夯填采用平板振动仪振密，严禁利用压路机或挖机等强振动机械进行施工作业，平板振动仪功率大于 1 500 kW，压振 3 ~5 遍，控制振速。

c. 褥垫层厚度为 30 cm，桩周厚度 10 cm，桩顶厚度 20 cm，褥垫层顶面高程 2.0 m。

d. 褥垫层的夯填度（振实后的厚度与虚铺厚度之比）小于 0.9，干密度不作要求。

图 4 -4 -5 所示的是工人们正在进行褥垫层的施工。

图 4－4－5　褥垫层施工

（4）复合地基承载力检测

申请专业检测单位对复合地基承载力进行试验检测。

（5）地基板施工

①工艺流程

地基板施工工艺流程如图 4－4－6 所示。

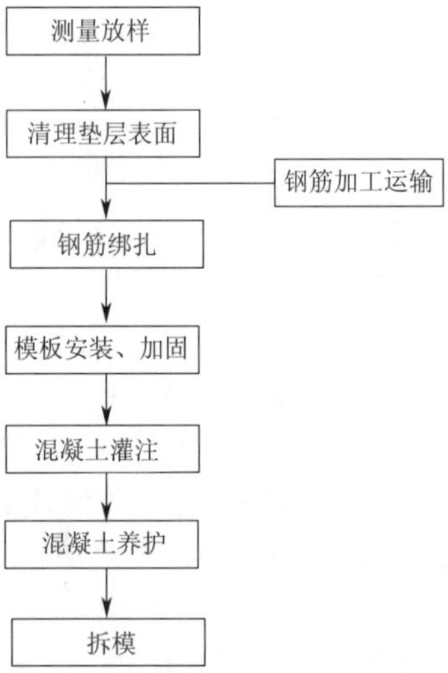

图 4－4－6　地基板施工工艺流程图

②主要工艺技术要求

a. 测量放样

跨沪杭高速公路特大桥地基板厚度 50 cm，根据地表高程地面以上 20 cm，地面以下 30 cm，基坑底平面尺寸 1 630 cm × 7 800 cm，基槽基坑开挖轮廓线如图 4－4－7 所示。

测量队根据基坑开挖轮廓线准确放样，并用白灰线作出明显标识，作为基坑开挖的边线。

b. 钢筋加工、运输及安装

钢筋由钢筋加工厂集中下料、加工，然后平板车运输到现场进行安装。为控制钢筋加工精度，要求制作钢筋加工胎座，并预先加工部分样品，经检查符合设计尺寸要求后方可大批加工。钢筋加工允许偏差及检验方法如表 4－4－2 所示。

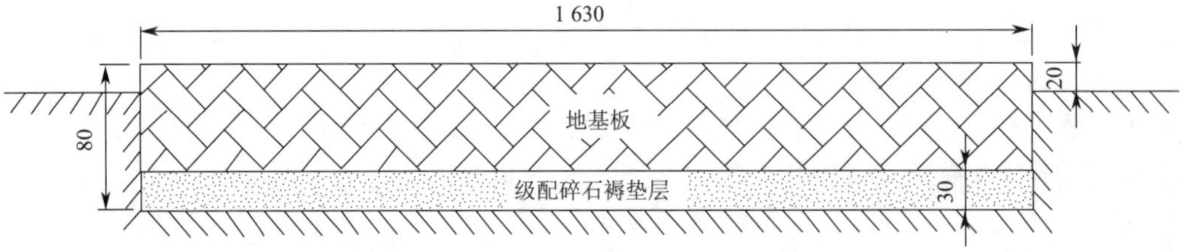

图 4－4－7　基槽开挖大样图(cm)

表 4－4－2　钢筋加工允许偏差及检验方法

序号	项目	允许偏差(mm)	检验方法
1	受力钢筋全长	+10	尺量
2	弯起钢筋的弯起位置	20	
3	箍筋内净尺寸	±3	

根据施工设计图,地基板钢筋由上下两层钢筋网片及分布筋组成。安装钢筋时,钢筋保护层采用标准的细石混凝土垫块进行支垫,其强度不小于设计的 C30 强度等级。钢筋安装及钢筋保护层厚度允许偏差和检验方法如表 4－4－3 所示。图 4－4－8 所示的是地基板钢筋绑扎。

表 4－4－3　钢筋安装及钢筋保护层厚度允许偏差和检验方法

序号	名称		允许偏差(mm)	检验方法
1	受力钢筋排距		±5	尺量,两端、中间各 1 处
2	同一排中受力钢筋间距	基础、板、墙	±20	
		柱、梁	±10	
3	分布钢筋间距		±20	尺量,连续 3 处
4	箍筋间距	绑扎钢筋	±20	
		焊接骨架	±10	
5	弯起点位置(加工偏差 ±20 mm 包括在内)		30	尺量
6	钢筋保护层厚度 c	$c \geqslant 35$ mm	$^{+10}_{-5}$	尺量,两端、中间各 2 处

图 4－4－8　地基板钢筋

c. 模板支立

地基板基槽地面以下利用基坑四周土体进行满灌,要求基坑四周坑壁人工修整整齐、竖直,地面以上支立 20 cm 高木模,采取外部支撑方式进行加固。模板安装完毕后,应对其平面位置、顶部高程、节点联系及纵横向稳定性进行检查,签认后方可浇筑混凝土。模板安装允许偏差和检验方法如表 4－4－4 所示。

表 4－4－4　模板安装允许偏差和检验方法

序号	项目		允许偏差(mm)	检验方法
1	轴线偏差	基础	15	尺量每边不少于 2 处
		梁、柱、板、墙、拱	5	
2	表面平整度		5	2 m 靠尺和塞尺不少于 3 处
3	高程	基础	±20	测量
		梁、柱、板、墙、拱	±5	
4	模板的侧向弯曲	柱	h/1 000	拉线尺量
		梁、板、墙	l/1 000	
5	梁、柱、板、墙、拱两模板内侧宽度		+10	尺量不少于 3 处
6	梁底模预拱度		+5	拉线尺量
7	相临两板表面高低差		2	尺量

d. 地基板混凝土浇筑

地基板混凝土浇筑前，基坑底面应予清理，采取措施保证无积水、无淤泥、无污物。振捣过程中，应加强检查模板支撑的稳定性和接缝的密合情况，防止在混凝土浇筑过程中产生漏浆。

插入式振捣器的移动间距不大于振捣器作用半径的 1.5 倍，不得插入基槽底部褥垫层中，与侧模要保持 5 ~ 10 cm 的距离；振捣时不得碰撞模板、钢筋和预埋部件；每一振点的振捣延续时间为 20 ~ 30 s，具体以混凝土不再沉落、不出现气泡、表面呈现泛浆为度，防止过振、漏振。混凝土养护采取洒水及覆盖法的蓄热保温措施养护。

e. 地基板各部位允许偏差

地基板各部位允许偏差和检验方法应符合表 4 – 4 – 5 的规定。

表 4 – 4 – 5　地基板各部分允许偏差

序号	项目	允许偏差(mm)	检验方法
1	尺寸	±30	尺量长、宽、高各 2 点
2	顶面高程	±20	测量
3	轴线偏位	15	测量纵横各 2 点
4	前后、左右边缘距设计中心线尺寸	±50	尺量

4.4.3　小　　结

主拱圈现浇支架地基处理采用 CFG 桩和钻孔桩组合受力体系，一方面保证地基本身强度满足要求，另一方面保证沉降满足施工要求。CFG 桩桩身混凝土设计强度等级为 C30，参考设计桩长 18 m，采用螺旋钻引孔法成孔，螺旋钻管内泵压灌注混凝土成桩工艺；钻孔灌注桩采用常规工艺施工。桩顶褥垫层采用 50 cm 厚级配碎石掺 8% 水泥静力压实成型，桩顶深入褥垫层 10 cm。褥垫层上设 50 cm 厚 C30 钢筋混凝土地基板基础。主拱圈施工完成后，地基累计下沉量 2 mm，小于理论计算的 24 mm。

4.5　拱、梁、立柱施工

4.5.1　主拱圈施工

1. 总体施工方案

边拱布置 5 道横隔板，即在拱肋的端部、拱脚、拱上立柱、拱梁结合位置处各设置相应厚度的横隔板。中拱布置 9 道横隔板，即在拱肋的拱脚、拱上立柱、拱梁结合处、中合龙处各设相应厚度的横隔板。

单个转体半边主拱圈分为 3 个节段，每段水平长度分别为 25 m、25 m、28 m。在各拱肋节段之间及拱座与拱肋之间设置 1.5 m 宽的劲型骨架间隔槽。

具体分段如图 4 – 5 – 1 所示。

(1) 主体浇筑顺序：

底板⟶腹板⟶顶板。

(2) 底板浇筑顺序：

3 号段底板⟶1 号段底板⟶2 号段底板。

(3) 腹板及顶板浇筑顺序：

1 号段腹板及顶板⟶2 号段腹板及顶板⟶3 号段腹板及顶板。

以上实体段浇筑完成后再进行间隔槽的混凝土浇筑。

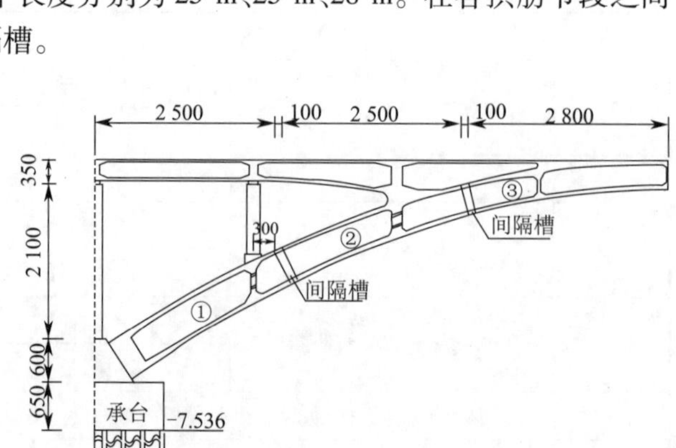

图 4 – 5 – 1　拱肋分段浇筑及间隔槽示意图(cm)

模板采用20 mm厚的竹胶板和10 cm×10 cm方木组合的木模系统，整体采用钢桁架进行加固；钢筋在钢筋加工场集中加工，板车运送至现场人工配合安装；混凝土在拌和站集中拌和，罐车运送到工地采用泵送入模。

2. 具体施工方法与工艺

(1)梁底高程确定

根据施工图纸设计高程、预拱度和支架预压的弹性形变确定梁底高程，梁底按水平距离1.0 m进行节点设置。

(2)支架高程确定、调整

支架搭设结束后，对支架每排立杆位置进行复测，根据每排支架立杆的位置确定相应高程。并利用顶托对支架顶高程进行调整，要求顶托调整高度不大于30 cm。

支架顶高程确定应根据立杆所在位置和每根纵向方木设置长度计算确定各排横向方木坡脚尺寸，然后根据拱底高程和竹胶板及纵向、横向(考虑坡脚尺寸)高度确定支架顶高程。

(3)模板加工及安装

①底模加工及安装

梁部底模采用15 cm×20 cm横向方木(作切角处理)、10 cm×10 cm纵向方木、18 mm厚竹胶板组合形式木模。

因拱肋线型设计为二次抛物线，变化较大，为保证拱肋线型符合设计要求，尽量减小施工偏差，要求沿拱底曲线方向的每根纵向方木长度不大于2.4 m，间距按30 cm设置；在纵向方木下方每排立杆之上设置横向方木，间距按支架横桥向立杆位置设置。为保证拱肋的整体线形，横向方木需根据拱底曲线变化及纵向方木设置长度进行切角处理，保证纵向方木的铺设线形与拱底线形相吻合。

方木铺设前首先对每排横向方木中心位置进行测量复核，根据横向方木中心位置确定拱底高程，并将顶托调整到预定高度后将其锁定，以防止顶托上下活动，要求顶托调整高度不大于30 cm，对于大于30 cm的采取增加30 cm长立杆或自制的20 cm长立杆的形式，以减小顶托调整高度；顶托调整结束后在顶托上铺设底模横向15 cm×20 cm方木，要求方木必须摆放在顶托凹槽内，同时两根方木接头处必须设置在顶托上方，且各占二分之一顶托位置，两端方木伸出最外排顶托边缘距离不小于20 cm；横向方木铺设完毕后进行其高程复核，如果横向方木顶高程满足要求，则进行下一道工序，如果不满足要求，则根据理论高程和实际高程对顶托高度进行调整。而后，铺设纵向方木，纵向方木采用10 cm×10 cm方木，横向间距30 cm，每组纵向方木长度不大于2.4 m，具体长度根据碗扣架立杆间沿拱底斜向距离进行确定，要求两根纵向方木接头处必须设置在横向方木正上方，且其置于横向方木之上的距离不小于5 cm，横向方木之间、纵向方木与横向方木之间、纵向方木之间用靶钉铆钉连接固定，要求每处连接不少于2根靶钉，纵向方木铺设完成后需对其顶面高程进行复核。完成上述操作之后进行底模竹胶板铺设，底模总宽度不小于9.0 m，每块竹胶板宽度1.22 m，长度等于竹胶板下方纵向方木长度，要求竹胶板与纵向方木衔接紧密，用钢钉进行铆钉固定，竹胶板与竹胶板之间衔接紧密、平整，无明显空隙、错台，同时竹胶板铺设线形顺直，无明显扭曲、折线现象。底模设置如图4－5－2所示。

②腹板模板加工及安装

侧模安装前在底模上对各钢桁架位置进行测量放样，确定接点处的里程位置，根据倾斜度安装好钢桁架后用对应拱轴线处的桁架距离进行复核。纵向带木采用10 cm×10 cm方木，间距30 cm。为固定方木，特在钢桁架上加设定位角钢。布置方木时需注意方木与定位角钢紧贴。布完方木之后将已经裁好的竹胶板钉连于方木之上。

桁架外侧设置双[14槽钢背带；拉筋采用ϕ20圆钢，竖向拉筋间距根据拱肋腹板高度进行调整，间距控制在60～80 cm内，水平间距100 cm，拉筋垫片采用150 mm×150 mm×12 mm钢板，拉筋两头设置双螺栓紧固。腹板整体侧模设置如图4－5－3所示，腹板内膜设置如图4－5－4所示。

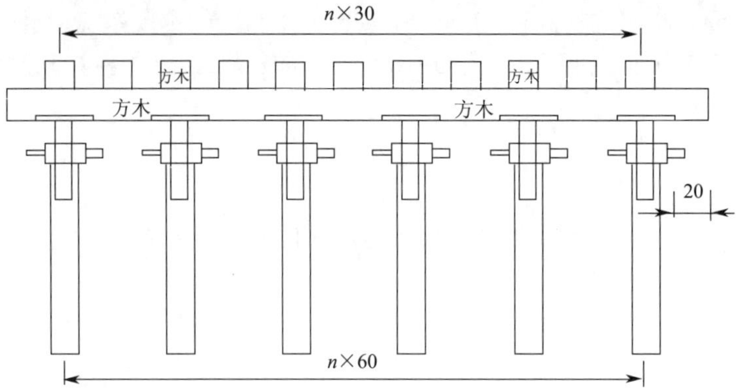

（a）横桥向

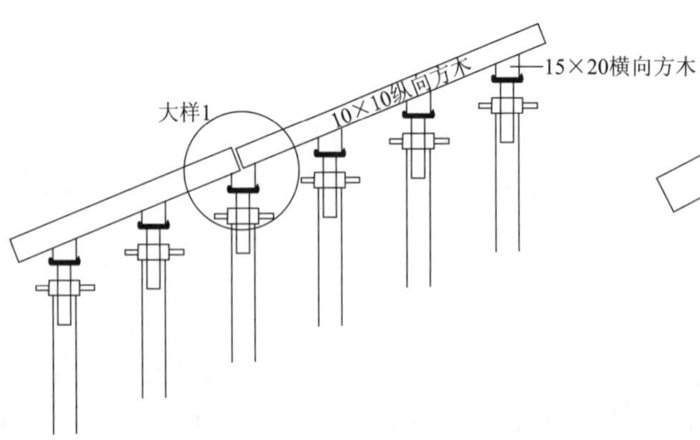

（b）纵桥向

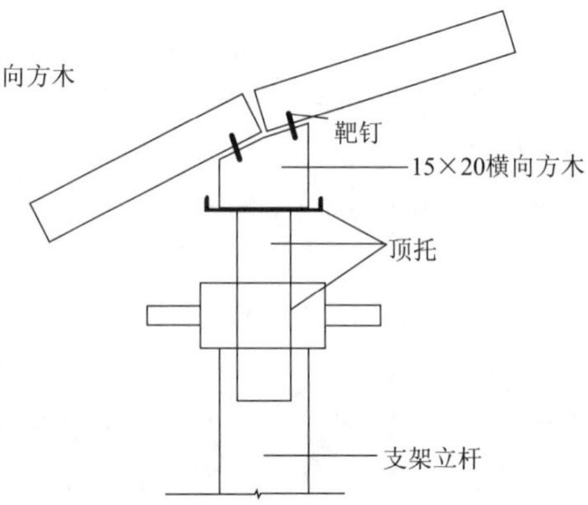

（c）大样1

图 4－5－2　底模设置示意图(cm)

模板安装过程要求竹胶板与竖向方木衔接紧密，用钢钉进行铆钉固定，竹胶板与竹胶板之间衔接紧密、平整，无明显空隙、错台，同时安装线形顺直，确保模板垂直度、顺直度和大面平整度及接缝错台和接缝线形平顺一致。

拱肋侧模模板接缝要求统一平行于拱轴线方向设置，同时拱肋模板面板竹胶板应根据每组模板所在的位置进行精确计算，按照计算结果进行面板竹胶板下料。

(4)桁架安装

钢桁架安装从梁端开始每隔 100 cm 设置一道，要求钢桁架与拱轴线方向垂直，同时平行于拱肋腹板；钢桁架定位后立即对其进行固定，每片钢桁架间采用[10 槽钢进行连接加固，连接加固槽钢不小于 3 道，将钢桁架连接成整体，桁架安装如图 4－5－5 所示。

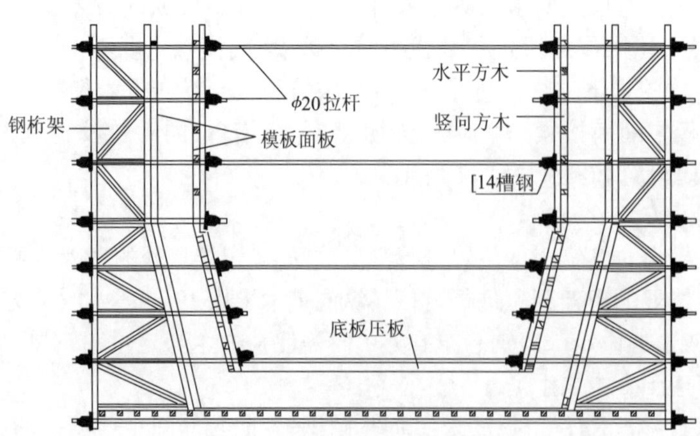

(a) 拱肋腹板侧模剖面图

图　4－5－3

（b）拱肋支架侧模

图4－5－3　腹板整体侧模设置示意图

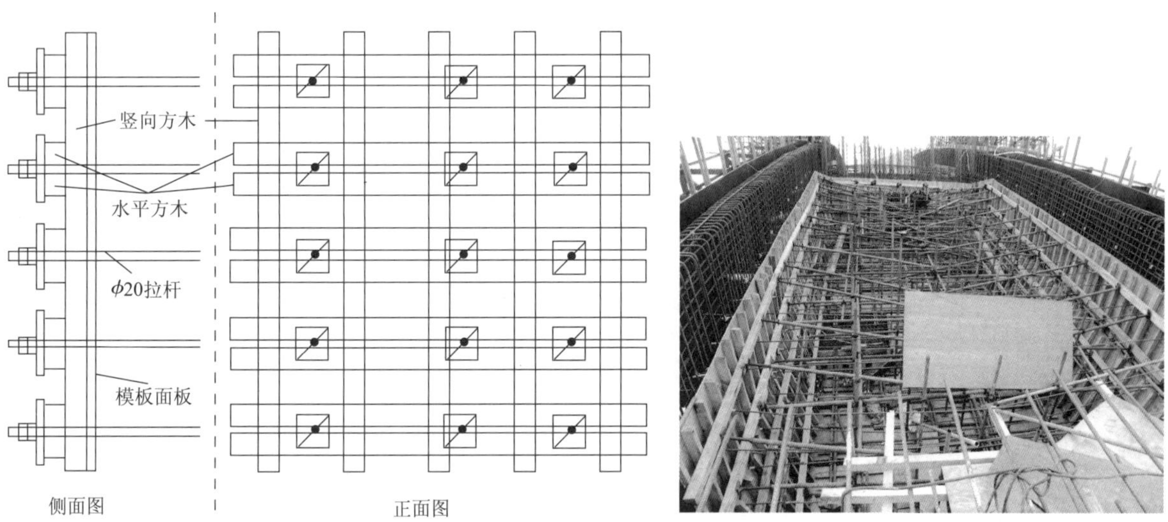

图4－5－4　腹板内膜设置示意图

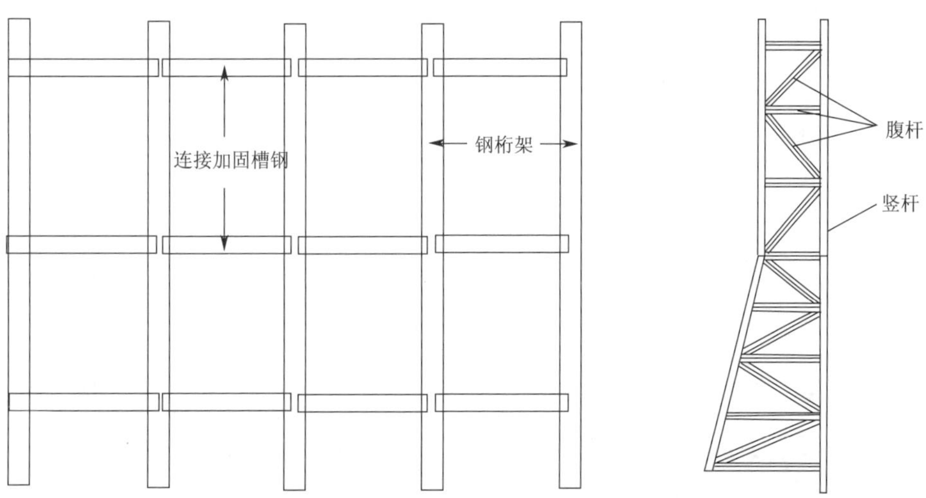

(a)　横桥向　　　(b)　纵桥向

图　4－5－5

(c)桁架安装实物图

图 4－5－5　拱圈侧模钢桁架

注:在钢桁架内侧有模板横向方木位置设置∠5×5 cm 角钢,用于固定模板纵向方木。

拱圈腹板模板安装允许偏差及检验方法如表 4－5－1 所示。

表 4－5－1　模板安装允许偏差及检验方法

序号	项目	允许偏差(mm)	检验方法
1	轴线位置	5	尺量
2	表面平整度	5	靠尺和塞尺
3	高程	±5	测量
4	模板侧向弯曲	l/1 500(l 为梁跨度)	拉线尺量
5	两模板内侧宽度	$^{+10}_{-5}$	尺量
6	相临两板表面高差	2	尺量
7	底模拱度	$^{+5}_{-2}$	测量

(5)压板安装

由于拱肋竖向线形变化较大,为克服混凝土浇筑时下滑,保证拱肋截面尺寸和整体重量,在拱肋底板和腹板顶部根据设计截面变化情况设置压板。

a. 底板在混凝土浇筑前间隔设置底板压板,每块压板宽度为 1.22 m,两块压板间隔距离不小于 1.0 m,待混凝土浇筑完本压板部位后,及时进行混凝土表面整平,将间隔空余部位安装压板;压板加固方式如图 4－5－6 所示。

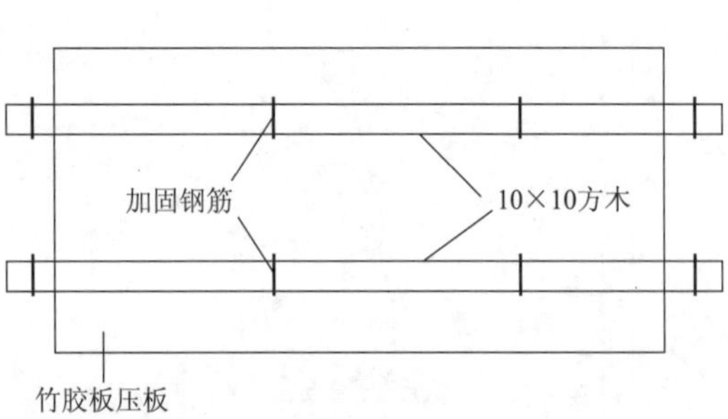

(a)平面图

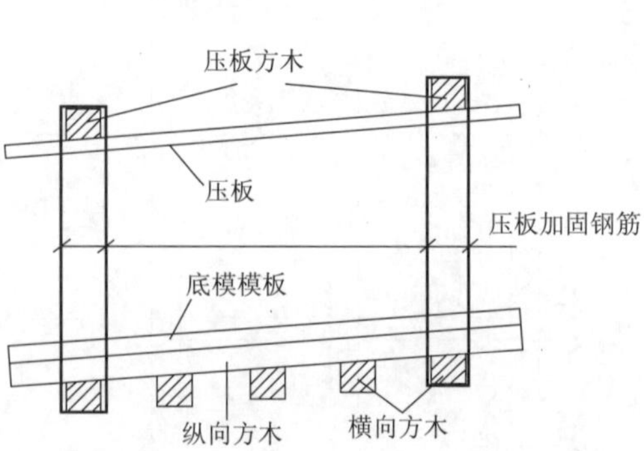

(b)侧面图

图 4－5－6　压板加固设置示意图

b. 腹板压板加固利用腹板内结构钢筋进行加固，具体方式如图 4－5－7 所示。

(6) 钢筋的安装与加工

①材料存放

钢筋原材进场后对钢筋规格型号进行复核，并按规格型号分类、分批存放，要求钢筋存放整齐，标识清楚、明确，同时要求钢筋存放时下垫上盖，钢筋垫离地面高度不小于 20 cm，并用防雨材进行覆盖。

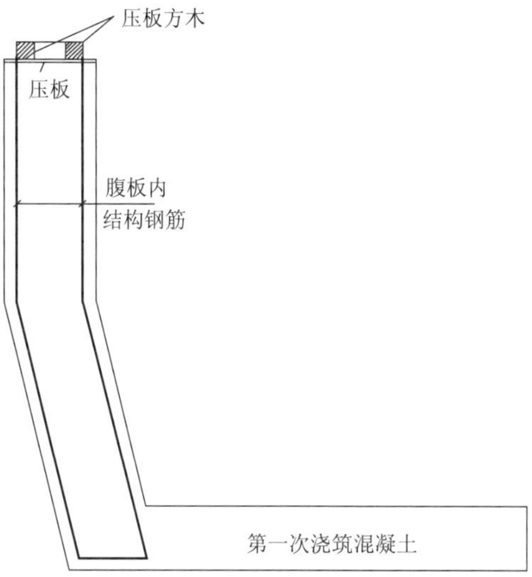

图 4－5－7　腹板压板设置示意图

②钢筋加工

a. 钢筋加工

钢筋加工前应根据设计要求进行钢筋弯制加工的预试加工，根据预试结果制作相应的钢筋加工胎具。

钢筋在加工弯制前应对钢筋规格型号与设计进行核对，并对钢筋进行调直及除锈等准备工作，并应符合下列规定：

(a) 钢筋表面的油渍、漆污、水泥浆和用锤敲击能剥落的浮皮、铁锈等均应清除干净。钢筋主要采取钢刷刷锈、砂盘除锈、喷砂除锈等方法进行除锈处理。

(b) 钢筋应平直，无局部弯曲。

(c) 加工后的钢筋，表面不应有削弱钢筋截面的伤痕。

(d) 当利用冷拉方法矫直钢筋时，必须严格控制钢筋伸长率，其允许伸长率为：Ⅰ级钢筋不得大于 2%，Ⅱ级、Ⅲ级钢筋不得大于 1%。

(e) 进行下料加工的钢筋要求平直、无损伤，表面无裂纹、油污、颗粒状或片状老锈。

钢筋加工统一在加工场内根据设计及现场施工需要要求按不同编号进行下料加工，钢筋型号、长度、弯制形状及尺寸等均以所附设计图纸为准，加工制作允许偏差和检验方法应符合设计及验收标准要求(表 4－5－2)。

表 4－5－2　钢筋加工的允许偏差和检验方法

序号	名称	允许偏差(mm)	检验方法
1	受力钢筋顺长度方向全长	±20	尺量
2	弯起钢筋的弯起位置	20	
3	钢筋内径尺寸	±3	

b. 钢筋焊接

钢筋连接接头采用搭接焊接，严禁采用绑扎连接方式。要求双面搭接焊接长度不少于 $5d$，单面搭接焊接长度不少于 $10d$，焊接前钢筋应进行同心预弯，确保钢筋同心连接；钢筋连接接头应分散布置，同一截面接头数量不得大于接头总数量 50%，相邻两接头距离不小于 $35d$，且不小于 500 mm，同一根钢筋尽量少设接头；钢筋焊接应逐个进行外观检查，并应符合下列规定：

(a) 小锤敲击接头时，钢筋发出与基本钢材同样的清脆声。

(b) 电弧焊接接头的焊缝表面应平顺，无缺口、裂纹和较大的金属焊瘤，其缺陷及尺寸的允许偏差应符合表 4－5－3 规定。

表 4－5－3　钢筋焊接接头允许偏差

序号	名称	单位	允许偏差
1	帮条对焊接头中心的纵向偏移	mm	$0.5d$
2	接头处钢筋轴线的弯折	(°)	4

续上表

序号	名称	单位	允许偏差
3	接头处钢筋轴线的偏移	mm	0.10d
		mm	3
4	焊缝高度	mm	0.1d
			d
			0
5	焊缝宽度	mm	0.1
			0
			d
6	焊缝长度	mm	-0.50d
7	咬肉深度	mm	0.50d
		mm	0.5
8	在长2d的焊缝表面上，焊缝气孔及夹渣的数量和大小	个	2
		mm^2	6

c. 弯钩加工

弯钩严格按设计形式进行弯制，钢筋弯钩要求一次性加工完成，对于180°弯钩其弯钩直径不小于钢筋直径的2.5倍，钩端应留有不小于钢筋直径3倍的直线段，具体如图4－5－8所示。

对于90°直角弯钩具体加工标准图如图4－5－9所示。

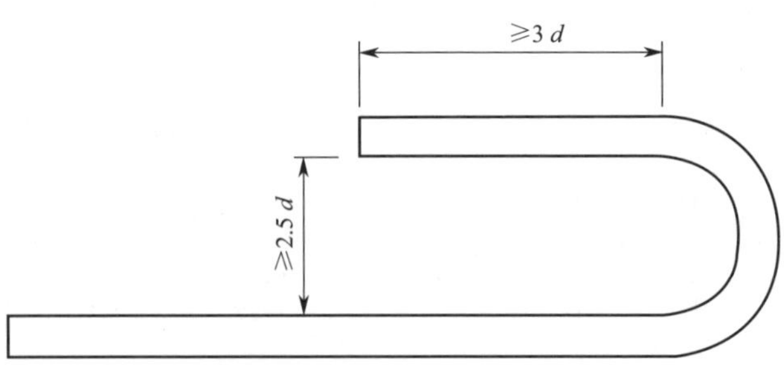

图4－5－8　180°弯钩加工

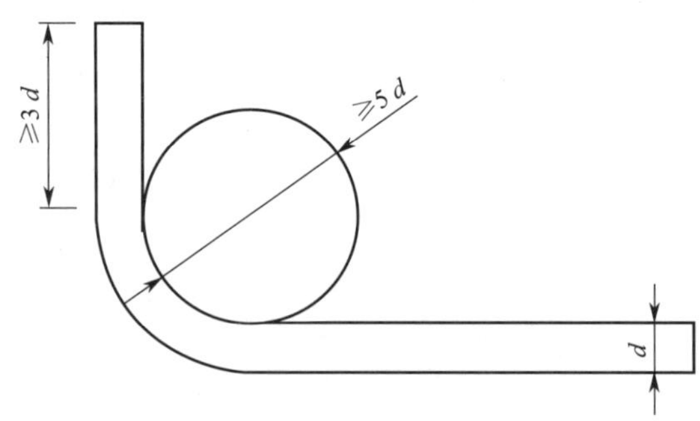

图4－5－9　90°弯钩加工

钢筋加工成型后应进行编号，并按部位进行分批存放，同时存放要求应符合上述钢筋存放标准。

③半成品自检、报验

钢筋加工过程进行跟踪自检，要求严格按设计核对钢筋规格型号、尺寸、钢筋顺直度、垂直度、钢筋外观质量、焊接质量、弯制标准及各项偏差是否符合设计和验标要求，自检合格后向现场监理工程师进行报验，准备下道工序施工。

④钢筋安装

加工成型的钢筋利用平板车按部位分批次运输至现场，塔吊吊装至安装部位，人工布置安装。钢筋运输过程要求对钢筋按编号、分批次、分部位进行运输，严禁混乱运输。钢筋安装前进行测量放样，严格控制钢筋安装位置和高程，同时按编号对应部位进行安装。

钢筋安装时须认真核对钢筋型号、尺寸，安装过程挂线控制位置和高程。要求钢筋严格按设计要求布置，保证钢筋间距、长度、位置、钢筋顺直度、垂直度等各项控制指标，需在安装时进行焊接连接的需保证焊接质量(具体焊接控制标准详见钢筋加工部分)。

安装钢筋的同时安装混凝土保护层垫块，要求混凝土垫块强度等级不低于C55，垫块布置数量按

4个/m^2 设置,钢筋安装及保护层厚度允许偏差和检验方法符合表4-5-4要求。

表4-5-4　钢筋安装及钢筋保护层厚度允许偏差和检验方法

序号	名称		允许偏差(mm)	检验方法
1	受力钢筋排距		±5	尺量,两端、中间各1处
2	同一排中受力钢筋间距	基础、板、墙	±20	
		柱、梁	±10	
3	分布钢筋间距		±20	尺量,连续3处
4	箍筋间距	绑扎钢筋	±20	
		焊接骨架	±10	
5	弯起点位置(加工偏差±20 mm包括在内)		30	尺量
6	钢筋保护层厚度 c	$c \geqslant 35$ mm	$^{+10}_{-5}$	尺量,两端、中间各2处
		25 mm $< c <$ 35 mm	$^{+5}_{-2}$	
		$c \leqslant 25$ mm	$^{+3}_{-1}$	

⑤成品自检、报验

钢筋安装结束后进行自检,要求严格按设计核对钢筋布置形式、钢筋规格型号、间距、尺寸、钢筋顺直度、垂直度、钢筋外观质量、焊接质量、保护层设置及各项偏差是否符合设计和验标要求,自检合格后向现场监理工程师进行报验,准备下道工序施工。

⑥施工注意事项

a. 钢筋安装过程注意对钢筋进行加固,防止钢筋变形、扭曲、倾覆。

b. 钢筋安装高度大于2.0 m的部位按高处作业要求搭设脚手架和施工作业平台,并严格按要求配备安全防护用品,作业过程严格按高处作业进行规范操作。

c. 半成品存放过程严格按部位、型号分编号、分批次进行存放,严禁混部位、混型号存放;存放标准应符合相关标准。

d. 钢筋焊接所使用的焊条标准为直径不小于5 mm,要求焊缝焊接饱满、平整,焊接控制标准必须符合设计和验标要求。

e. 施工过程应提前考虑各型号钢筋安装顺序,防止出现返工重装现象。

f. 施工过程应注意及时安装齿块钢筋、横隔板钢筋、临时系杆齿块钢筋。

(7)安装预应力

拱肋设计采用双向预应力体系,纵向钢绞线有15-19、15-15、15-23、15-55、15-85五种类型,采用外径ϕ100 mm、ϕ120 mm的波纹管和ϕ325 mm、ϕ415 mm钢导管;竖向采用ϕ32 mm精轧螺纹钢,ϕ45 mm金属波纹管成孔。

其中15-55为临时系杆、15-85为永久系杆,15-19、15-15、15-23为纵向预应力体系。

①预留孔道的定位

a. 预应力管道布设、定位与钢筋安装同时进行,管道安装前对管道位置主要控制点进行测量放样,根据管道安装位置技术交底进行管道布置和定位。预应力管道采用定位钢筋进行定位固定,定位钢筋直线段间距不大于0.6 m,曲线段间距不大于0.3 m,定位钢筋设置为"井"形定位钢筋网片,用以固定管道位置。为避免混凝土浇筑时水泥浆进入锚垫板发生堵塞现象,波纹管要延伸至锚垫板口内,并用胶带将接口处密封。

b. 纵向预应力筋采用外径100 mm的波纹管制孔。波纹管的连接采用专用接头或大一号同类型波纹管作为接头管,接头管长不小于300 mm。波纹管连接后用密封胶带缠封接头,避免混凝土浇筑时水泥浆渗入管内。

c. 波纹管的安装位置要求准确,并固定牢固,预埋管道要求曲线顺畅,水平顺直,确保混凝土浇筑过程不移位。孔道位置允许偏差及检验方法如表4-5-5所示。

表 4-5-5　预留孔道位置允许偏差及检验方法

序号	项目		允许偏差(mm)	检验方法
1	纵向	距跨中 4 m 范围内	6	尺量跨中 1 处
		其余部位	8	尺量 1/4、3/4 跨各 1 处
2	横向		5	尺量两端
3	竖向		h/1 000	吊线尺量

②锚垫板、螺旋筋安装

在波纹管安装定位的同时,安装锚垫板和锚下螺旋钢筋。要求锚垫板安装位置准确、固定牢固,且保证锚垫板应与预应力钢束保持垂直,锚垫板与锚盒模板或外模板衔接严密、不得漏浆;锚下螺旋钢筋与锚垫板连接紧密,波纹管伸入锚垫板喇叭口内,喇叭口四周塞填包裹严密,不得漏浆。

③预应力钢绞线下料、穿束

纵向预应力(不包括永久系杆)采用高强度低松弛钢绞线,规格 7ϕ5、公称直径 15.2 mm、强度等级为 f_{pk} = 1 860 MPa、弹性模量 E_p = 1.95 × 105 MPa;永久系杆采用 ϕ15.24 镀锌 PE 钢绞线。在桥位处现场下料、编束,验收合格后,方可进行穿束作业。

a. 预应力钢绞线下料

钢绞线采用砂轮切割机切割下料,严禁利用电焊、氧焊进行切割;下料时钢绞线下方垫设方木和竹胶板,形成下料平台,严禁钢绞线沿地面拖拽。钢绞线的下料长度除需考虑设计要求的孔道长度外,还要充分考虑现场张拉千斤顶的型号、工具锚的大小及穿束、张拉方式等因素的影响。下料长度的允许偏差和检验方法应符合表 4-5-6 的要求。

表 4-5-6　钢绞线下料长度的允许偏差和检验方法

序号	项目		允许偏差(mm)	检验方法
1	钢绞线	与设计长度差	±10	尺量
		束中各根钢绞线长度差	5	
2	预应力螺纹钢筋		±50	

钢绞线下料后应理顺并分根编束,每隔 2 m 左右绑扎细铁丝,编束后的钢绞线应顺直,并按长度、孔位编号挂牌存放。存放时须防潮防雨,保持通风。

b. 预应力钢绞线穿束

钢绞线采用人工集束穿束,穿束前宜将预应力筋端部用胶布包扎以减小摩擦力并防止穿破波纹管。人工穿束确有困难,可采用卷扬机协助穿束。穿索前对钢束长度、根数及编号进行核对,穿索过程中钢绞线不得交叉、缠绕,穿束后钢绞线端头用包装薄膜包裹,以防锈蚀。

(8)预埋件及综合接地安装

预埋件位置及检验方法如表 4-5-7 所示。

表 4-5-7　预埋件、预留孔种类统计表

序号	预埋件、预留孔名称	预埋部位	检验方法
1	合龙段型钢	拱端	测量定位
2	滚轮安装预埋件	拱底内侧	测量定位
3	预应力锚板	齿块端头	尺量
4	梁端综合接地系统	梁底、顶面	尺量
5	通风孔	两侧腹板	尺量
6	泄水孔	挡渣墙内侧	尺量

续上表

序号	预埋件、预留孔名称	预埋部位	检验方法
7	挡渣墙、竖墙钢筋	梁顶	测量
8	接触网支柱基础	梁顶	测量
9	间隔槽预埋连接型钢	拱端	尺量
10	剪力齿槽	梁顶	测量
11	侧向档块	梁顶	测量
12	永久系杆、临时系杆预埋导管	腹板	尺量

要求预埋件埋设位置准确，埋设之前进行测量放样，根据设计图纸确定预埋件具体位置，施工过程中应考虑施工工序先后。

(9)混凝土浇筑及养护

拱肋混凝土由混凝土拌和站集中拌制，混凝土运输车运输到位，混凝土输送泵泵送入模，插入式振捣器振捣成型，人工整平、收面；混凝土的养护采用自然养护，浇筑完成后，及时对混凝土暴露面进行覆盖包裹，其余部位采取带模包裹的措施进行保湿、潮湿养护。

①混凝土浇筑

a. 混凝土浇筑前，首先仔细检查支撑支架、模板、拉筋、预埋件的紧固程度和保护层垫块的位置、数量等，并指定专人作重复性检查。同时确保将模内的杂物清除干净。

b. 混凝土浇筑过程中需要严格控制混凝土入模温度。在炎热气候条件下，混凝土入模时的温度不宜超过 30 ℃，应避免模板和新浇筑混凝土受阳光直射，控制混凝土入模前模板和钢筋的温度以及附近局部气温不超过 40 ℃。当昼夜平均气温低于 5 ℃或最低气温低于 －3 ℃时，按冬期施工处理，保证混凝土入模温度不低于 5 ℃，并按冬期施工要求采取保温措施。

c. 混凝土浇筑分三次浇筑完成，第一次浇筑底板混凝土，浇筑至距离底板 60 cm 位置；第二次浇筑腹板混凝土，浇筑至腹板和顶板交界处；第三次浇筑顶板混凝土。混凝土灌注顺序如图 4－5－10所示。

每次混凝土浇筑均由下向上分层浇筑，底板第一次布料厚度 40 cm，剩余 20 cm 靠混凝土浇筑过程的向下自流填充和最后找平。在混凝土浇筑前对混凝土连接面进行充分的凿毛处理，同时在混凝土过程中，跟随混凝土的浇筑及时进行混凝土的高程控制和找平收面，并进行压板的安装和固定，保证混凝土的浇筑厚度和高程。其余部位混凝土分层厚度不超过 30 cm，先后两层混凝土的间隔时间不超过初凝时间。

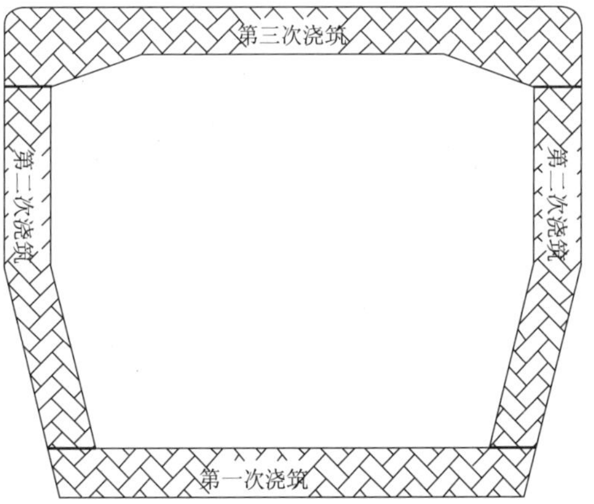

图 4－5－10　浇筑顺序图

d. 混凝土振捣采用插入式振捣器振捣。插入式振捣器的移动间距不大于振捣器作用半径的 1.5 倍，且插入下层混凝土内的深度 5～10 cm，与侧模要保持 5～10 cm的距离。当振捣完毕需要变换振捣棒在混凝土拌和物中的水平位置时，要边振捣边竖向缓慢提出振捣棒，不得将振捣棒在混凝土中平拖，更不得用振捣棒驱赶混凝土。振捣时不得碰撞模板、钢筋和预埋部件；每一振点的振捣延续时间为 20～30 s，具体以混凝土不再沉落、不出现气泡、表面呈现泛浆为度，防止过振、漏振。

e. 混凝土浇筑过程中，要有专人检查支架、模板、钢筋和预埋件等的稳固情况和接缝的密合情况，发现有松动、变形、位移和漏浆时应及时处理。

②混凝土养护

a. 混凝土养护期间，重点加强混凝土的湿度和温度控制。

b. 顶板混凝土进行二次收面后，及时用塑料薄膜和橡塑海绵对暴露面进行紧密覆盖，防止表面水分蒸发。侧面、底面采用带模包裹进行保温、潮湿养护。在包裹、覆盖期间，包裹覆盖物要求完好无损，彼此搭接完整，内表面随时有凝结水珠，保持混凝土表面充分潮湿，梁体养护用水与拌制梁体混凝土用水相同。

c. 为保证混凝土质量，须严格控制混凝土的温度和湿度，在混凝土浇筑前预埋温度、湿度传感器。每 2 ~4 h 对混凝土芯部、表层、环境温湿度进行一次检测，并作好记录。

d. 混凝土养护期间，混凝土内部最高温度不宜超过 65 ℃，混凝土内部温度与表面温度之差、表面温度与环境温度之差、养护用水温度与混凝土表面温度之差不得大于 15 ℃。

e. 混凝土浇筑过程中做好混凝土留置试件，对其做同条件养护。

4.5.2 拱上立柱施工

拱上立柱施工施工工艺流程如图 4 –5 –11 所示。

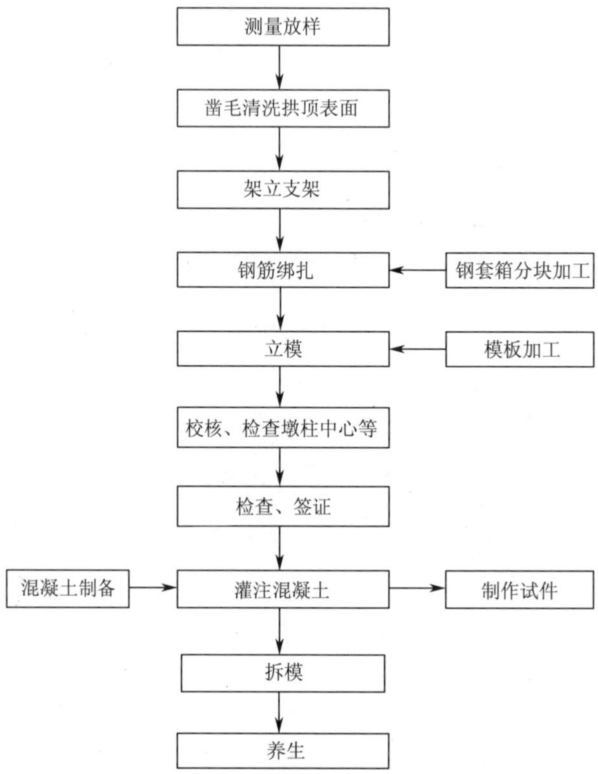

图 4 –5 –11 拱上立柱施工工艺流程图

拱上立柱采用整体大块钢模一次性浇筑完成，混凝土浇筑完毕终凝后，墩顶洒水并覆盖，拆模后用塑料薄膜加土工布包裹以加强养护。

混凝土立柱墩台的允许偏差和检验方法如表 4 –5 –8 所示，图 4 –5 –12 所示的是拱座上立柱的施工。

表 4 –5 –8 混凝土墩台允许偏差和检验方法

序号	项目	允许偏差(mm)	检验方法
1	墩台前后、左右边缘距设计中心线尺寸	±20	检查不少于 5 处
2	墩高	±5	
3	桥墩平面扭角	2°	

续上表

序号	项目		允许偏差(mm)	检验方法
4	表明平整度		5	1 m 靠尺检查不少于5处
5	简支混凝土梁	每片混凝土梁一端两支承垫石顶面高差	3	测量检查
		每孔混凝土梁一端两支承垫石顶面高差	4	
6	简支钢梁	支承垫石顶面高差	5	
7	支承垫石顶面高程		0	
			-10	
8	预埋件和预留孔位置		5	

图4－5－12　拱上立柱施工

4.5.3　拱上连续梁施工

连续梁采用先简支后连续的方法施工。每片梁施工工序流程为：支架搭设→安装底模、外侧模→绑扎底板、腹板钢筋→安装预应力管道→安装内模→浇筑底、腹板钢筋→绑扎顶板钢筋→安装预应力管道→浇筑顶板混凝土→养生→张拉相应的预应力钢束→压浆。4孔简支梁施工完后，穿通长预应力束，浇筑湿接缝，强度达到设计要求后张拉预应力束，完成体系转换。拱上梁的施工工艺流程如图4－5－13所示。

1. 膺架施工

连续梁采用膺架体系作支撑，立柱采用钢管和在拱上柱顶部设置牛腿结合的方案，在两个拱上立柱之间设置两排 ϕ630 mm 钢管立柱，跨度9.0 m。钢管立柱放置在拱圈上，并与拱圈顶板上预埋的钢板焊接，钢管之间纵横用槽钢设置剪刀撑连接。牛腿在拱上立柱浇筑混凝土前预埋钢件，拆模后立柱两侧对称安装牛腿，并用精轧螺纹钢通过墩身预留孔将每对牛腿联接，立柱和牛腿上放工字钢垫梁，垫梁与钢管立柱和牛腿焊接相连，然后顺桥向放置11组单层双排18 m 贝雷梁，靠近拱上立柱处采用贝雷梁上设置型钢或方木形成连续梁底模支撑体系。

拱上膺架与拱上立柱同步施工，在拱圈完成后开始搭设，牛腿、贝雷梁待立柱拆模后安装。图4－5－14所示的是安装完成后的拱上连续梁膺架。

2. 模板安装、预压

模板采用竹胶板，便于安装和拆卸。

采用砂袋进行预压检测，用以消除膺架非弹性变形，逐步施加荷载期间对测点每隔一定时间进行一次测量。观测支架各部位的沉降量并作好记录，与原设置的支架沉降量核对，以便以后施工参考。

同时观测支架的强度和稳定性，对变形超过设计变形的要立即停止加载，查明原因后现继续施工。加载预压时间按要求进行，一般为 5 ~7 d。

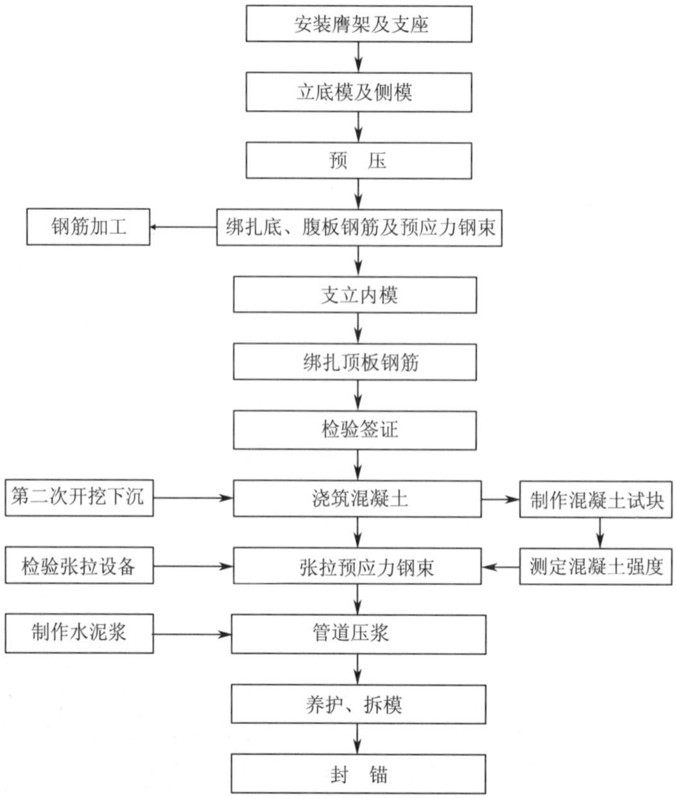

图 4 -5 -13　拱上梁施工工艺流程

图 4 -5 -14　连续梁支架

图 4 -5 -15 所示的是拱上连续梁模板的安装。

3. 钢筋及预应力筋安装

钢筋按设计要求在现场钢筋加工厂集中下料弯制成型后，在梁部底模上绑扎成型。预应力筋按设计图表的下料长度下料。编束后用铁丝绑扎牢固。箱梁预应力孔道采用波纹管定位钢筋控制线形，防止漏浆，定位钢筋的位置严格按设计坐标布置，保证孔道成型符合设计要求，混凝土作业时，波纹管不能被扰动。

图 4－5－15　拱上梁模板施工

4. 混凝土施工

立模、绑扎钢筋完成经监理工程师检查合格后，即可进行混凝土浇筑。混凝土由混凝土拌和站集中供应，混凝土通过施工便道由混凝土运输车运输，混凝土泵车泵送入模。梁体混凝土浇筑顺序：从两端向中间水平分层、斜向分段、两侧腹板对称、顶板混凝土浇筑入模时下料要均匀，混凝土的振捣与下料交替进行。梁体混凝土浇筑时，采用插入式振动器进行振捣；桥面采用悬空式整平机进行整平压实，顶板混凝土浇筑完毕，初凝前人工用抹子进行二次收浆、赶压，防止裂纹，并将表明压光，以保证桥面铺装的铺装质量。

在自然气温较高的情况下，混凝土初凝后，采用洒水养护。梁体为泵送混凝土，胶凝材料用量较大，产生的水化热较大，为防止因干缩、温差等因素出现的裂缝，在混凝土浇筑完成后，12 h 内即以土工布覆盖养护，并在其上覆盖塑料薄膜，梁体洒水次数应能保持混凝土表明充分潮湿。梁体养护用水与拌制梁体混凝土用水相同。

图 4－5－16 所示的是拱上连续梁混凝土浇筑施工。

图 4－5－16　拱上连续梁混凝土浇筑

5. 预应力施工

预应力张拉采用两端整体张拉。预应力张拉时，应按“对称、均衡”原则进行，相同编号的钢束应左右对称进行，张拉采用张拉力为主、伸长量作为校核的原则进行双控。

检查梁体混凝土强度及混凝土弹性模量是否达到设计要求；计算钢束理论伸长值；清除箱梁端部

锚垫板上及喇叭管内的水泥浆，调整箱梁两端钢绞线束的外露长度大致相等；在第一跨箱梁张拉时要对锚头、孔道等引起的摩阻损失进行实际测定，根据实测结果计算张拉控制力，并与设计单位协商进行修正。

锚具和千斤顶在使用前，对其外形外观、硬度、锚固性能及工艺性能进行抽样复检，合格后，方能使用。

箱梁预应力施工采用双控法，以应力控制为主，伸长值作校核，其张拉程序为：0→初应力 σ_1（测伸长值初值）→张拉到控制应力 σ_k（静停 5 min，测伸长值终值，计算并校核伸长值）→回油锚固（测回缩量）。

在张拉过程中，如发现滑丝，断丝，立即停止操作，查明原因，作好记录。如滑丝、断丝的数量超过有关规定时，经监理工程师检查同意后重新换束。

6. 管道压浆

张拉完成后确定预应力筋无断丝、滑丝现象，然后切除多余钢绞线，封堵锚头，封锚水泥浆强度达到 10 MPa 时即可压浆。压浆时间以张拉完毕后不超过 48 h 控制，同一管道压浆作业要一次完成不得中断，且梁体及环境温度不得低于 5 ℃。

压浆采用真空辅助压浆工艺，压浆泵采用连续式，同一管道压浆应连续进行，一次完成，其工作原理为：在孔道的一端采用真空泵对孔道进行抽气，使之产生负压，在孔道的另一端用压浆泵进行灌浆，直至充满整条孔道。压浆前管道真空度应稳定在 -0.09 ~ 0.10 MPa 之间，浆体注满管道后，应在 0.50 ~ 0.60 MPa 下持压 2 min，确认出浆浓度与进浆浓度一致时，方可封闭保压。水泥浆搅拌结束至压入管道的时间间隔不应超高 40 min。冬期压浆时采取保温措施，并掺加防冻剂。

7. 拆模及拆除支架

混凝土养护达到设计强度后，即可拆模卸架，拆模应注意保护梁体混凝土不受碰撞和缺棱掉角。卸架时应从跨中开始，逐步对称拆除相邻节点，使梁体均匀承载。

4.6 边跨现浇段施工

4.6.1 总体施工方案

边跨现浇段为拱梁结合体，箱梁采用单箱单室变腹式截面，梁高按 4.0 m 等高设置，箱梁底宽 8.5 m，桥面宽度 12.6 m，边跨现浇段长度 7.8 m，梁端设置 100 cm 长永久系杆张拉槽孔；边跨合龙段长度 2.0 m，为单箱单室变腹式截面设置，箱梁底宽由 8.5 m 渐变为 7.5 m，梁高由 4.0 m 变化为 4.015 m，桥面宽度均为 12.6 m，底板厚度 100 cm，顶板厚度 160 cm。

边跨现浇段及合龙段采用钢管桩、贝雷梁组合形式膺架法现浇施工，模板采用方木、竹胶板组合形式木模，模板外侧设置整体钢桁架，采用对设拉筋方式加固。连续梁整体一次浇筑完成。钢筋在钢筋加工场集中加工，板车运送至现场人工配合安装；混凝土在拌和站集中拌和，罐车运送到工地采用泵送入模。

4.6.2 边跨现浇段支架施工

1. 膺架设置

跨沪杭高速公路自锚上承式拱桥（88 + 160 + 88）m 边跨现浇段及合龙段采用膺架方式进行施工，膺架采用 ϕ630 × 20 mm 钢管，钢管顶部设置砂箱，砂箱上方设置 4 根 I56 横梁，钢横梁上方架设贝雷梁。

膺架管桩安装在承台和系梁上方，与承台和系梁顶部的预埋钢板连接牢固。系梁基础采用 4 根 ϕ100 cm钻孔桩，桩长 35.0 m，系梁截面为 12.0 m × 1.5 m × 1.5 m。

具体设置方式如图 4 - 6 - 1 所示。

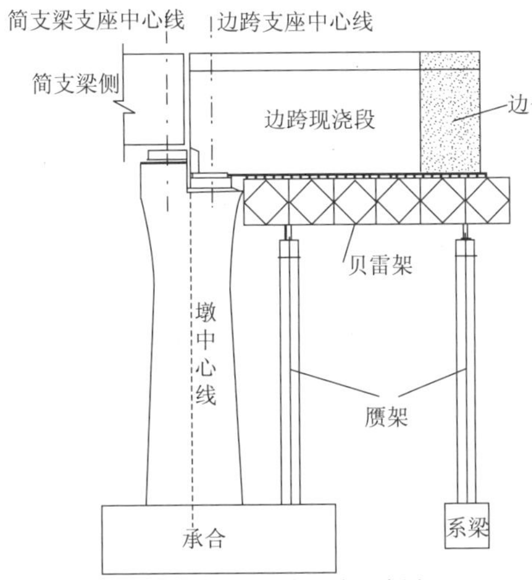

(a)支架纵向示意图

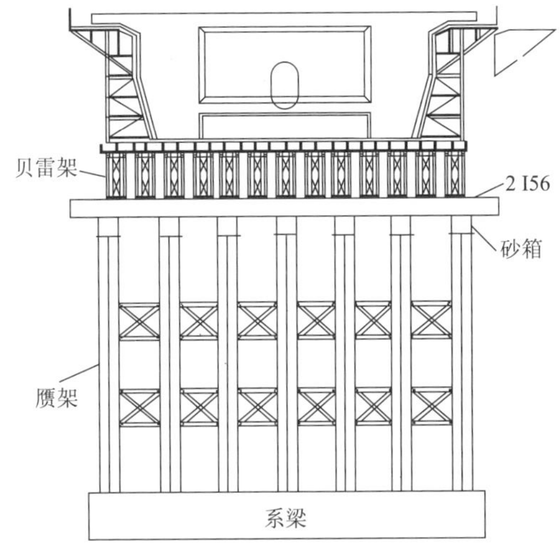

(b)支架横向示意图

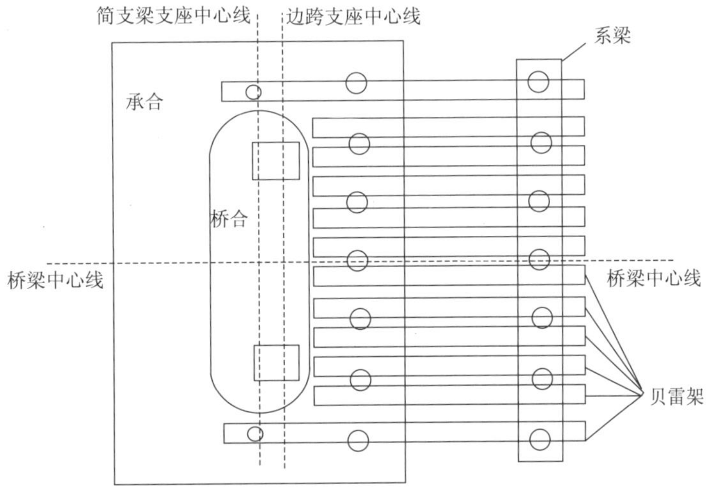

(c)支架平面布置图

(d)边跨现浇段支架实物图

图 4－6－1 边跨现浇段支架搭设

2. 施工工艺及技术要求

(1)施工工艺流程

边跨现浇段施工的主要工艺流程如图 4－6－2 所示。

(2)施工工序及技术要求

①测量放样

安装螺旋管前按螺旋管布置进行测量放样，并调整管桩基础平面，保证管桩基础平面水平。

②构件检查

a. 钢管表面应平直光滑，无裂缝、凹陷、锈蚀、结疤、分层、错位、硬弯、毛刺、压痕和深的划道。

b. 检查法兰盘焊接质量，要求焊缝饱满，没有咬肉、夹渣、裂纹等缺陷。

c. 检查钢管弯曲度，钢管最大弯曲变形失高不超过 $L/500$。

③安装螺旋管

a. 安装时严格按测量放样点位进行对中安装，安装位置偏差不大于 5 mm。

b. 安装螺旋管应从底层开始调整钢管接头位置，要求钢管按不同长度相互交错、参差布置，确保钢管连接接头不得在同一截面。

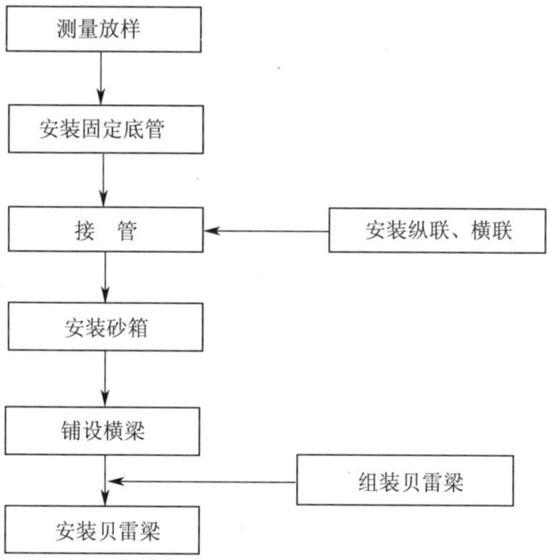

图 4－6－2　边跨现浇段施工工艺流程图

c. 底层钢管一次性安装高度不得大于 5.0 m，安装时钢管底部应与承台顶部及系梁顶部埋置的钢板连接牢固，同时在管身四周至少按 120°设置三根固定钢丝绳进行固定，同时在底管上部进行横向连接，加强整体稳定性。

d. 底管安装过程应严格控制钢管垂直度，垂直度偏差不得大于 5 mm。

e. 钢管安装过程应严格检查螺旋管质量，

④接管

a. 钢管接头均应相互交错、参差布置，避免接头在同一平面。

b. 钢管接高过程中应搭设施工作业平台，便于进行钢管连接安装操作，作业平台按高处作业标准进行搭设，要求搭设牢固、安全，并满铺脚手板，脚手板铺设须严密、牢固。

c. 钢管接高过程同时按要求设置剪刀撑，剪刀撑要求与螺旋钢管连接牢固，保证剪刀撑设置位置及各构件距离尺寸。

d. 钢管接高时，吊装的钢管应在钢管下部设置至少 2 根绳索控制钢管方向，同时下根钢管周围不得有任何人员作业，待上根钢管大致吊装到位并放置牢固后，连接人员开始安装连接。

e. 钢管接高时在钢管四周至少按 120°设置三根固定钢丝绳进行固定。同时在钢管上部进行横向连接，加强整体稳定性。

f. 钢管接高过程应严格控制钢管垂直度，垂直度偏差不得大于 5 mm。

g. 钢管接头处的连接螺栓应旋拧紧固，保证上下钢管连接紧密、牢固。

⑤剪刀撑设置

支架横向每排钢管均设置剪刀撑，顺桥向局部设置剪刀撑，每道剪刀撑竖向间距不大于 6.0 m，剪刀撑均采用[14 槽钢进行连接，要求剪刀撑与钢管之间连接牢固。

⑥安装砂箱

砂箱采用 Q235 材质螺旋管加工，砂箱底外管采用 $\phi630$ 钢管，内管采用 $\phi530$ 钢管，内管内部填充 C40 混凝土，底板和顶板均采用 20 mm 钢板，如图 4－6－3 所示。砂箱底管高度 100 cm，内管高度 95 cm，可调高度 45 cm，计划设置高度 145 cm（考虑支架拆除因素）。

⑦安装横梁

横梁采用每组 4 根 I56，要求横梁在钢管中心对称设置，严禁钢管偏心受力，同时横梁与钢管顶面用法兰盘安装连接牢固。

⑧安装架设贝雷梁

a. 贝雷梁安装前进行组装，要求组装过程中贝雷梁各部位连接紧密牢固，轴销锁紧。

b. 贝雷梁严格按布置图进行定位安装，偏差不大于10 mm，每组之间距离偏差不大于20 mm。

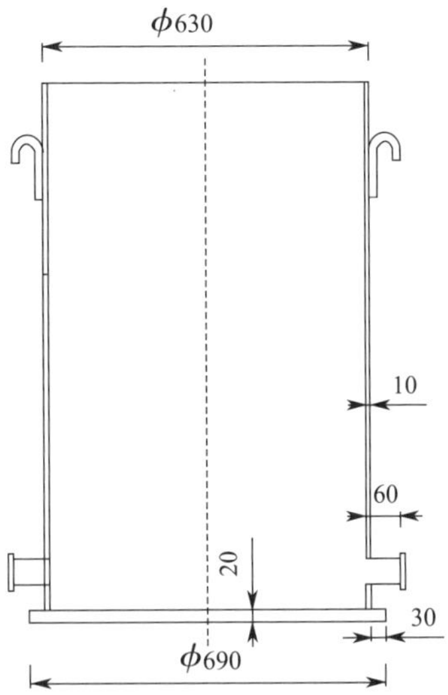

图4－6－3 砂箱示意图(cm)

c. 贝雷梁的垂直度应保证，顶面和底面垂直偏差不大于2 mm。

d. 贝雷梁底部与横梁连接紧密，要求横梁顶面平整、水平，贝雷梁底面与横梁顶面之间无空隙。

e. 贝雷梁架设过程应在钢管两端搭设作业平台，平台搭设按高处作业标准要求进行控制。

f. 贝雷梁安装过程应在贝雷梁两端设置绳索对贝雷梁进行方位控制，摆放牢固后进行位置调整和加固处理。

4.6.3 现浇段施工方法及工艺

1. 梁底高程确定

根据施工图纸设计高程、预拱度和支架预压的弹性形变确定梁底高程，梁底按水平距离0.1 m进行节点设置。

2. 安装模板

梁部底模采用方木、竹胶板组合形式木模。贋架贝雷梁上方铺设15 cm×15 cm，横向方木，方木间距45 cm，横向方木上方铺设纵向方木，纵向方木采用10 cm×10 cm方木，方木间距30 cm×30 cm。方木铺设完成后对方木顶面高程进行测量调整，保证方木顶面高程偏差。纵向方木上方铺设竹胶板，底模总宽度不小于8.5 m，要求竹胶板与方木衔接紧密，用钢钉进行铆钉固定，竹胶板与竹胶板之间衔接紧密、平整，无明显空隙、错台，同时竹胶板铺设线形顺直，无明显扭曲、折线现象。边跨现浇段底模安装如图4－6－4所示。

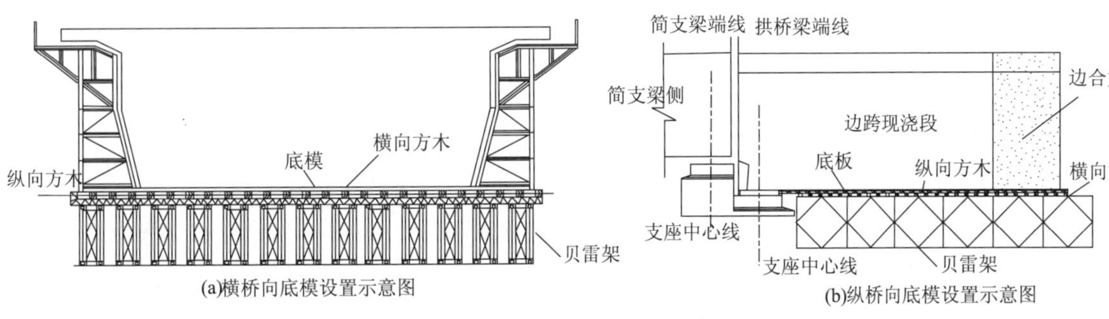

图4－6－4 边跨现浇段底模安装

边跨现浇段腹板和翼板模板加工及安装、桁架安装方法与拱肋施工类似,不再赘述。

3. 钢筋的安装与加工

边跨现浇段钢筋的安装与加工方法及安装要求与拱肋钢筋施工方法类似。

4. 安装预应力

边跨现浇段及合龙段部分设有纵向预应力体系,钢束为 19-7ϕ5 类型及永久系杆,19-7ϕ5 型钢束采用外径 ϕ100 mm 的塑料波纹管成孔,永久系杆采用镀锌 PE 钢绞线。

边跨现浇段预应力施工的具体流程及安装要求参见拱肋预应力安装。

4.7 转体施工

4.7.1 转体施工工艺流程

转体施工工艺流程如图 4－7－1 所示。

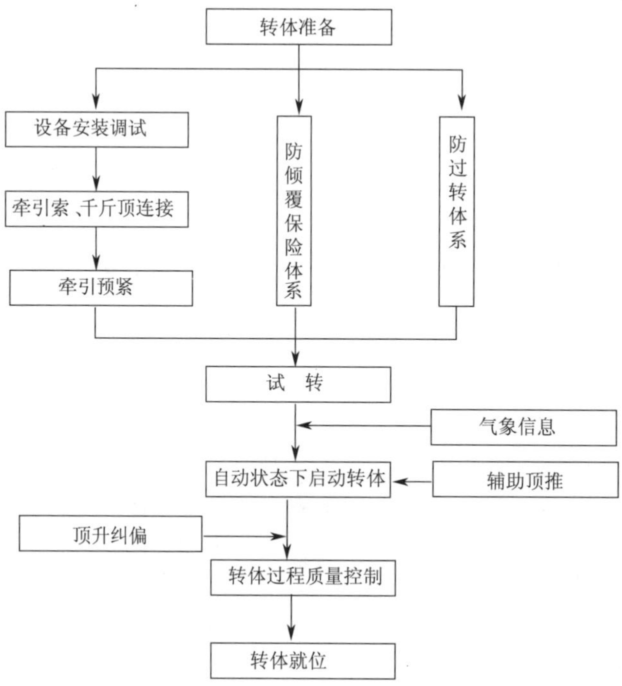

图 4－7－1 转体施工工艺流程

4.7.2 转体各部分的布置

转动系统由牵引及助推系统、防过转及微调系统、测量系统等构成。转体施工设备采用全液压、自动、连续运行系统。转动牵引系统布置如图 4－7－2 所示。

1. 牵引动力系统

每个转体的牵引动力系统由 2 台 400 t 连续型牵引千斤顶(图 4－7－3)、两台液压泵站及一台主控台通过高压油管和电缆连接组成,高速公路两侧转体的牵引设备分别单独成为一套牵引动力系统。两台连续千斤顶分别水平、平行、对称地布置于转盘两侧,千斤顶的中心线与上转盘外圆相切,中心线高度与上转盘预埋钢绞线的中心线水平。千斤顶放置于配套的反力座上,反力座槽口位置及高度精确放样,准确定位,并能承受大于 400 t 的反力作用。将调试好的动力系统设备运到工地进行对位安装后,往泵站油箱内注满专用液压油,正确连接油路和电路,重新进行系统调试,使动力系统运行的同步性和连续性达到最佳状态。

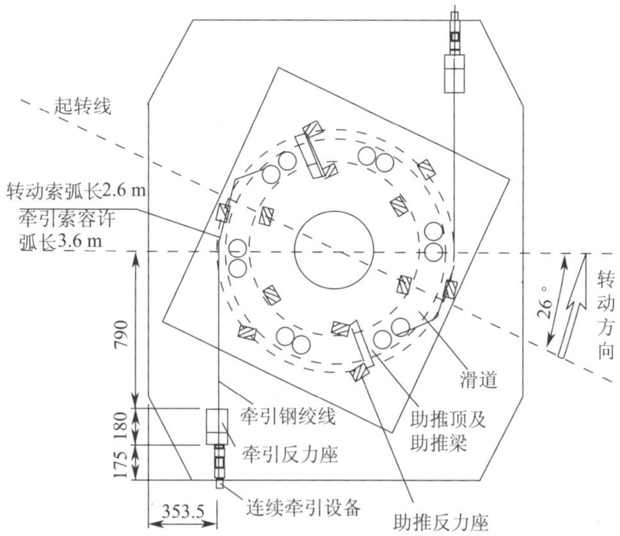

(a) 转动体系布置平面图

(b)转动体系布置实物图

图4-7-2　转动牵引体系各部分布置(cm)

2. 牵引索

上转盘设置两束牵引索,逐根顺次沿着既定索道排列缠绕3/4圈以后穿过千斤顶。牵引索固定端在上转盘预埋件上,如图4-7-4所示,用千斤顶对钢绞线预紧,使同一束牵引索各钢绞线持力基本一致。牵引索安装完到使用期间注意保护,防止电焊打伤或电流通过,防潮防淋避免锈蚀。

图4-7-3　牵引动力系统

图4-7-4　牵引索

3. 微调系统

微调系统在转体过程中发生偏位超标时，用微调系统进行调整，以使转体继续；在转体完成后，利用微调系统将相关技术参数调整到允许范围内。微调系统的立面布置如图 4－7－5 所示。

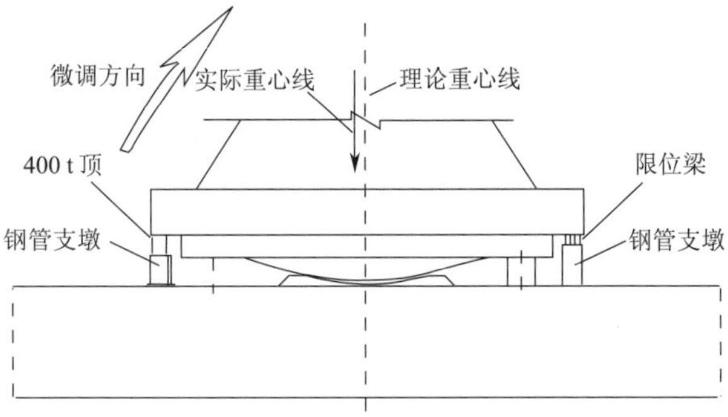

图 4－7－5　转体偏转时的微调系统

4. 测量体系

转体桥，测量内容主要包括球铰有关参数，如球铰启动力矩、摩擦系数、转动体不平衡力矩等；转体过程中，主要测量转动角速度、牵引力等；转体后，主要测量梁体的轴线与高程。测量体系是安全顺利实施转体的重要保证。

4.7.3　转体前施工准备

如图 4－7－6 所示，转体前施工准备的主要流程包括：①解除临时固结措施，确定是否需要进行称重试验；②通过称重试验，确定转动体纵向不平衡力矩、偏心距、球铰摩阻力矩及摩擦系数；③根据称重试验结果，完成配重方案；④球铰试转。

1. 解除临时固结措施

称重前首先将撑脚之间的临时拉杆剪断，拆除顺序为：先 2 号～3 号及 5 号～6 号之间，后 3 号～4 号及1 号～6 号之间，最后 1 号～2 号及 4 号～5 号之间，其中同一批次内 2 组同时拆除，撑脚编号如图 4－7－7 所示。

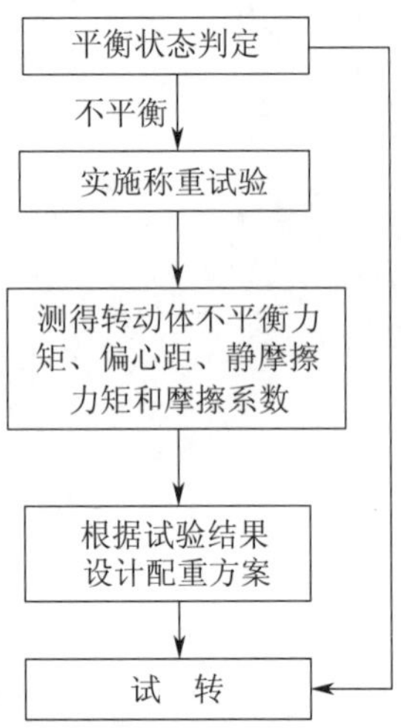

图 4－7－6　转体施工准备流程

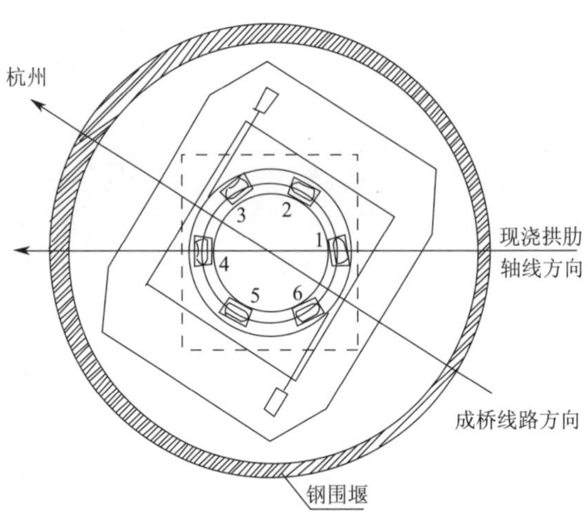

图 4－7－7　临时固接措施拆除顺序

砂箱拆除后钢撑脚与环道之间间隙变化及梁体竖向位移如表 4－7－1 所示。

表 4－7－1　拆除砂箱后钢撑脚位移监测结果

部位	中跨侧桥轴向撑脚	边跨侧桥轴向撑脚	梁体竖向位移
小里程侧转体	－0.50 mm	0.22 mm	－0.10 mm
大里程侧转体	－1.5 mm	1.0 mm	－0.5 mm

2. 称重试验

转体施工的关键部件就是承载整个转动体重量的转动球铰，而转动球铰摩擦系数的大小直接影响着转体时所需牵引力矩的大小。在施工支架完全拆除后以及在转体过程中，转动体的自平衡或配重平衡对施工过程的安全起着至关重要的作用。

转体桥梁在沿梁轴线的竖平面内，由于球铰体系的制作安装误差和梁体质量分布差异以及预应力张拉的程度差异，可能导致桥墩两侧悬臂梁段质量分布不同以及刚度不同，从而产生不平衡力矩。为了保证桥梁转体的顺利进行，及时为大桥转体阶段的指挥和决策提供依据，有必要在转体前进行转动体称重试验，测试转动体部分的不平衡力矩、偏心距、摩阻力矩及摩擦系数，并进行配重。

(1)称重试验内容

本试验在施工支架完全拆除后和转体前进行，测试内容主要包括：

①转动体部分的纵桥向不平衡力矩；

②转动体部分的纵向偏心距；

③转体球铰的摩阻力矩及摩擦系数。

(2)称重试验技术

①测试方法

采用球铰转动测试不平衡力矩，这种方法采用测试刚体位移突变的方法进行测试，受力明确，而且只考虑刚体作用，而不涉及挠度等影响因素较多的参数，结果比较准确。

当脱架完成后，整个梁体的平衡表现为两种形式：

a. 转动体球铰摩阻力矩(M_Z)大于转动体不平衡力矩(M_G)。此时，梁体不发生绕球铰的刚体转动，体系的平衡由球铰摩阻力矩和转动体不平衡力矩所保持。

b. 转动体球铰摩阻力矩(M_Z)小于转动体不平衡力矩(M_G)。此时，梁体发生绕球铰的刚体转动，直到撑脚参与工作，体系的平衡由球铰摩阻力矩、转动体不平衡力矩和撑脚对球心的力矩所保持。

②静摩擦力矩和转动体不平衡力矩计算

a. 转动体球铰摩阻力矩大于转动体不平衡力矩

当转动体球铰摩阻力矩大于转动体不平衡力矩时，意味着支架拆除后，转动体部分在自身的不平衡力矩作用下不能发生转动。此时进行不平衡称重试验，分别从转动体东、西侧支点顶梁，使转动体在沿梁轴线的竖平面内发生逆时针、顺时针方向微小转动(如图 4-7-8 所示)，记录转动过程中荷重传感器示值和百分表读数。

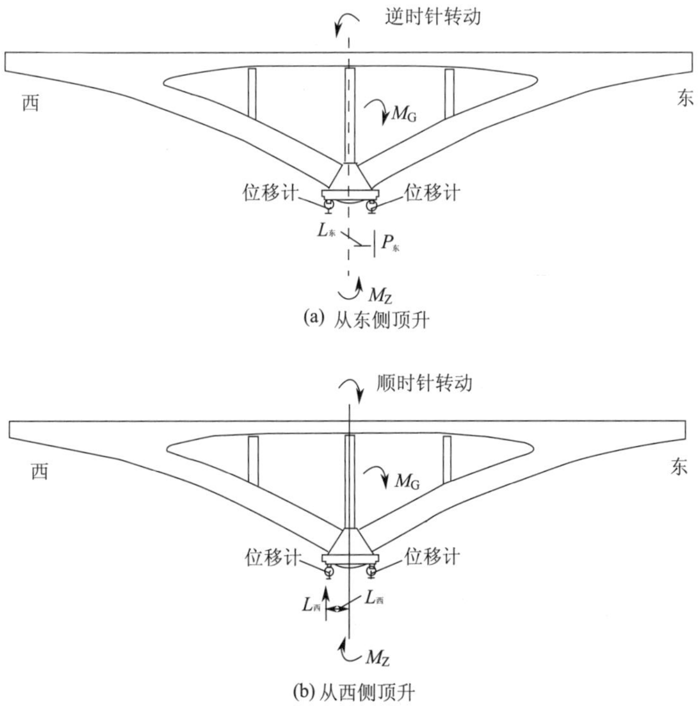

图 4-7-8　转动体球铰摩阻力矩大于转动体不平衡力矩时称重示意图
(不平衡力矩向东偏)

转动体不平衡力矩： $M_G = \dfrac{P_{东} L_{东} - P_{西} L_{西}}{2}$

静摩擦力矩： $M_Z = \dfrac{P_{东} L_{东} + P_{西} L_{西}}{2}$

式中 M_G——转动体不平衡力矩(kN·m)；

M_Z——转动体静摩擦力矩(kN·m)；

$P_{东}$、$P_{西}$——梁体发生微小转动时东侧、西侧的支点反力(kN)；

$L_{东}$、$P_{西}$——东、西侧支点力臂(m)。

b. 转动体球铰摩阻力矩小于转动体不平衡力矩

当转动体球铰摩阻力矩小于转动体不平衡力矩时，意味着支架拆除后，转动体部分在自身的不平衡力矩作用下发生转动。此时进行不平衡称重试验，转动体东侧支点落顶，使转动体在沿梁轴线的竖平面内发生顺时针方向微小转动，同时西侧支反力为零。然后东侧支点升顶，发生逆时针方向微小转动，同时西侧支反力为零(图4－7－9)。记录转动过程中荷重传感器示值和百分表读数。

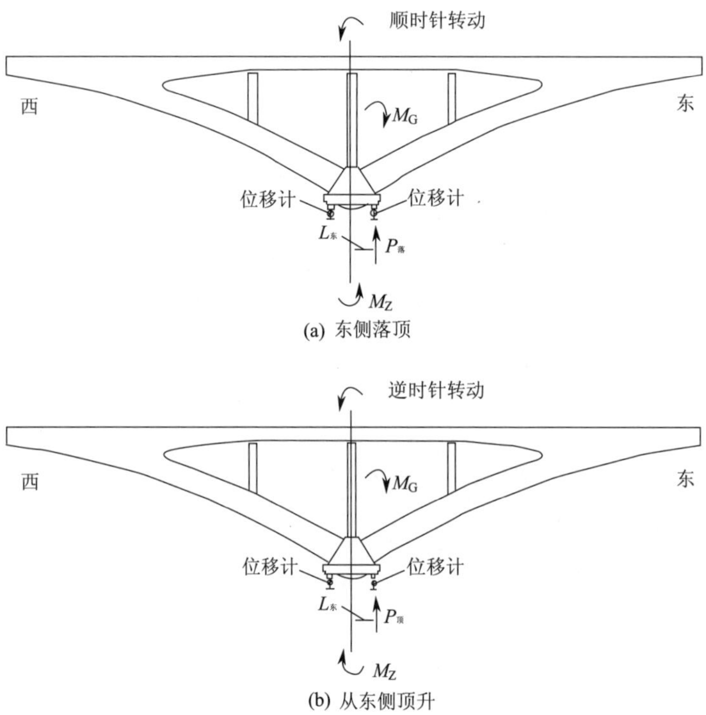

(a) 东侧落顶

(b) 从东侧顶升

图4－7－9 转动体球铰摩阻力矩小于转动体不平衡力矩时称重示意图
(不平衡力矩向东偏)

转动体不平衡力矩： $M_G = \dfrac{P_{升} + P_{落}}{2} L_{东}$

静摩擦力矩： $M_Z = \dfrac{P_{升} - P_{落}}{2} L_{东}$

式中 $P_{落}$、$P_{升}$——梁体东侧落顶、升顶时的支点反力(kN)。

其余各参数含义同前。

③摩擦系数及偏心距计算

称重试验时，转动体球铰在沿梁轴线的竖平面内发生逆时针、顺时针方向微小转动即微小角度的竖转。摩阻力矩为摩擦面每个微面积上的摩擦力对过球铰中心竖转法线的力矩之和(如图4－7－10所示)。

静摩擦力矩：

$$\mu = \frac{M_Z}{FR} \qquad (4-7-1)$$

转动体偏心距：

$$e = \frac{M_G}{F} \qquad (4-7-2)$$

④施力设备及测点布置

根据计算，预估静摩阻力矩为 65 856 kN · m，本试验拟于上盘承台施加顶力。在距转体中心线约 5.5 m 处设置四台千斤顶，分别对转体梁进行顶放，在每台千斤顶上设置压力传感器，用以测试反力值，同时在上转盘底四周布置。

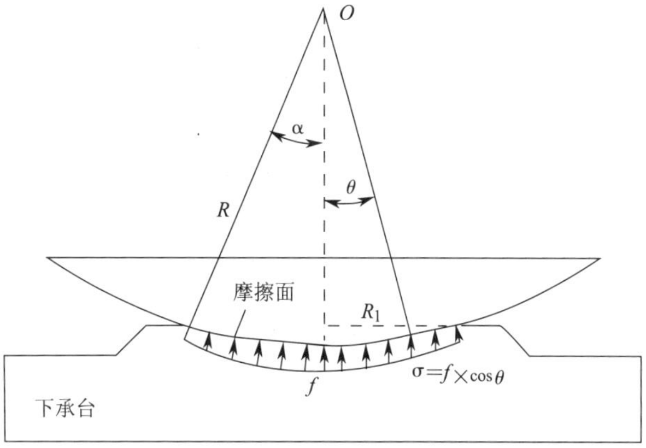

图 4 -7 -10　转动体球铰静摩擦系数计算示意图

每台千斤顶需要的顶力预计：65 856/(4 ×5.5) =2 993 kN。

因此考虑到加载的对称性要求以及安全度，需要 5 000 kN 的千斤顶四台。

⑤试验实施

a. 转体体系平衡状态判定

测试步骤：

(a)两幅转体施工完成后，布置传感器，读取初读数。

(b)清理撑脚及滑道，逐步解除支座处的临时支撑(砂箱)，进行连续测量，并观察撑脚是否随砂箱拆除连续向一侧下沉。判断转体体系的平衡状态。

b. 称重步骤

(a)在选定断面处安装位移传感器和千斤顶及压力传感器；

(b)调整千斤顶，使所有顶升千斤处于设定的初始顶压状态，记录此时压力传感器的反力值；

(c)千斤顶逐级加力，记录位移传感器的微小位移，直到位移出现突变；

(d)绘制出 P-Δ 曲线；

(e)重复以上试验；

(f)对两幅转体共进行 4 次上述顶升试验；

(g)确定不平衡力矩、摩阻系数、偏心距；

(h)确定配重重量、位置及新偏心距。

称重千斤顶布置如图 4 -7 -11 所示。

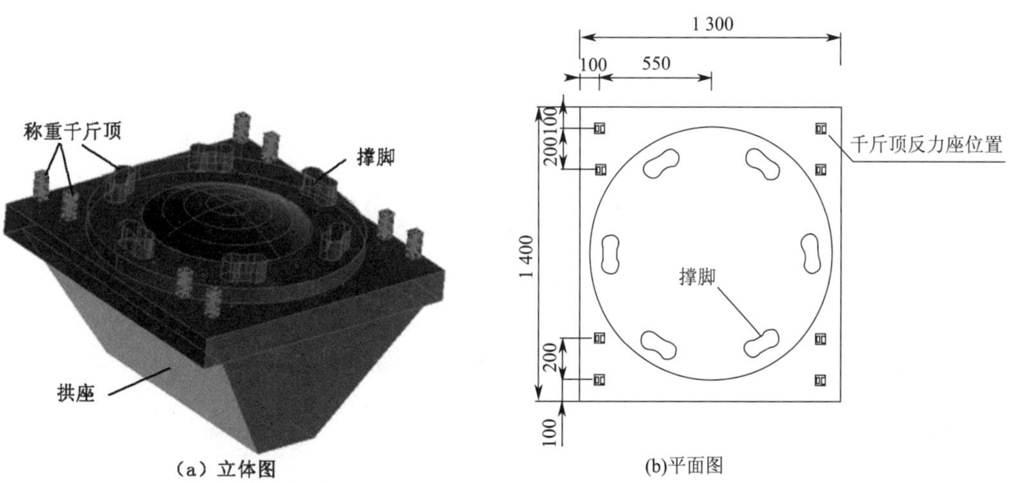

图 4 -7 -11　称重千斤顶布置平面图(cm)

⑥测试仪器和设备

a. 传感器

试验中采用的传感器及其主要技术指标如下:

(a)4 个应变式位移传感器:用于测试撑脚处和重心位置处的位移。

主要技术指标:量程 ±5 mm,精度 1/1 000,线性度大于 0.2%;

使用条件:受周围环境影响不大。

(b)4 个 BLR 型压力传感器:用于测试千斤顶处的反力。

量程:5 000 kN;

精度:±1%;

灵敏系数:2.0。

b. 数据采集系统

本项目采用美国生产的 IOTECH Wave Book 512 数据采集系统。其技术参数如下:

采样率:100 万次/s;

分辨率:12 bit;

通道:40 个电压通道,16 个动态应变通道。

c. 数据分析软件系统

本次试验采用美国 DADiSP 数据分析软件包。该软件包可实现本次测试中相关数据的处理及分析,并能做到实时处理,可满足及时提供主要测试结果的要求。

图 4-7-12 所示的是正在进行称重试验。

图 4-7-12　称重试验

⑦称重结果

不平衡测试结果如表 4-7-2 所示。

表 4-7-2　不平衡测试结果

部位	不平衡力矩(kN·m)	摩阻力矩(kN·m)	静摩阻系数μ	偏心距 e (cm)
小里程侧转体	8 083	46 585	0.037	4.81(偏中跨)
大里程侧转体	8 888	51 017	0.041	5.29(偏中跨)

3. 配重方案

根据称重测试结果,两个转体的不平衡偏心距均小于 15 cm,能够满足转体施工需要,考虑到大里程侧转体实测摩阻系数及偏心距较小里程侧转体略有偏大,在大里程侧中跨方向距离球铰中心 50 m处配重 50 kN,配重材料为现场预制的混凝土预压块。

4. 试转

为保证转体的顺利进行,在正式转体前进行球铰试转施工。

(1)试转需要测试内容

试转时实际测试启动牵引力 T_0、正常牵引状态下的牵引力 T_1、单位时间转动主桥的角度及悬臂端所转动的水平弧线距离、点动操作时受惯性影响大小(每点动一次悬臂端所转动水平弧线距离)、转体过程中姿态变化分析及应力状况分析等内容。

(2)试转角度确定

试转以转体最大悬臂端边缘不侵入既有沪杭高速公路路肩为原则,计算最大试转角度小里程侧为 4°,大里程侧为 3.4°,试转过程中以 3°控制。

(3)试转结果

通过试转,主要确定了启动牵引力 T_0 的大小、自动牵引状态下的牵引力 T_1 大小、自动牵引状态下的转动速度。具体测试结果如表 4-7-3 所示。

表 4－7－3　试转测试成果表

序号	测试项目	测试结果		单位	备注
		小里程侧	大里程侧		
1	启动牵引力	480	520	kN	
2	自动运行阶段线速度(梁端)	0.023	0.026	m/s	第一次
		0.022	0.023	m/s	第二次

4.7.4　正式转体

1. 启动牵引力控制

根据试转前确定的启动牵引力 T_0，分级加载到位，具体如下：

第一步：千斤顶加载到对应牵引力 600 kN 等级；

第二步：千斤顶加载到对应牵引力 1 000 kN 等级；

第三步：千斤顶加载到启动牵引力 T_0。

2. 转体过程控制

转体启动后，将动力系数调整到预计的牵引力并使其在"自动"状态下运行。核对实际转动速度与预计速度的差值，确定"自动"状态下的运行时间。

在桥面中心轴线合龙前 1.5 m，桥面监控人员开始每 10 cm 给主控台报告一次监测数据；在 20 cm内，每 1 cm 报一次；即将到位时准确对梁的中轴线进行贯通测量，加强与控制台操作人员的沟通，确保准确到位。

图 4－7－13　转体角度标识盘

3. 就位控制措施(图 4－7－13)

(1)转体前在转台上设置弧长及角度观测标尺，转体过程中进行观测控制。

(2)根据试转时确定的惯性大小，提前停止自动连续顶推，改为点动操作。

(3)利用助推反力座安装限位装置，防止过转。

4. 轴线控制测量方案

转体施工前，对单个转体上的轴线控制点进行测量放样，转体快到位时用两台全站仪进行轴线位置贯通观测。

5. 转体高程控制测量方案

轴线调整到位后，准确测量各悬臂端实际高程，利用千斤顶在转台位置施力，调整各合龙口之间高程，测量无误后利用钢块将钢撑脚与环道之间间隙塞死并焊接牢固。

4.7.5　转体精确定位及锁定

转体就位后，迅速进行转体结构调整工作，调整先后顺序按照先轴线后高程的原则进行。

首先利用转体牵引设备逐步将转体轴线调整到位，轴线偏差控制在 2 mm 以内。轴线偏差主要采用连续千斤顶点动控制来调整，点动时间为 0.2 s 一次，每次点动千斤顶行程为 1 mm，换算梁端行程。每点动操作一次，测量人员测报轴线行走现状数据一次，反复循环，直至转体轴线精确就位。然后利用永久撑脚安装限位装置，限制结构转动。

高程调整设备及方法与称重、配重施工相同，高程控制兼顾中跨与边跨，误差控制在 5 mm 以内。

在高程和轴线调整符合要求后，立即进行上下转盘的锁定工作；可以利用永久撑脚与滑道和临时砂箱的上半部分与滑道钢板，利用钢板和槽钢迅速进行锁定工作。

上下转盘锁定完成后，清理施工区域，绑扎钢筋，支立模板，浇筑封铰混凝土；封铰混凝土采用强度等级 C55 的微膨胀混凝土；同时将下承台预应力锚头一并浇筑。

图 4－7－14 所示的是转体就位后的状态。

图 4－7－14　转体到位后

4.8　合龙段施工

4.8.1　总体施工方案

跨越沪杭高速公路转体桥中跨合龙段位于沪杭高速公路中间隔离带位置，与沪杭高速公路成 33°交角；中跨合龙段采用单箱单室变腹式截面，梁高按 4.0 m 等高设置，箱梁底宽 6.5 m，桥面宽度 12.6 m，中跨合龙段长度 2.0 m。转体桥与高速公里位置关系如图 4－8－1 所示。

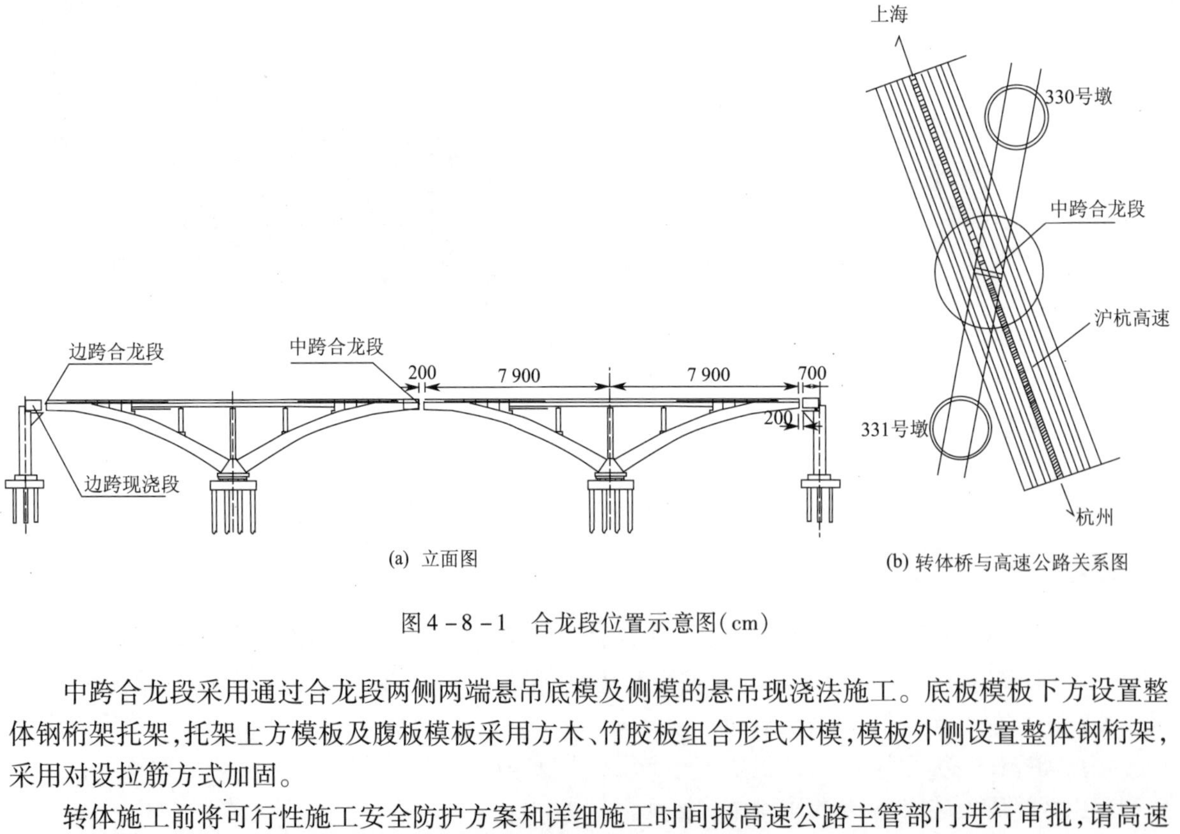

(a) 立面图　　(b) 转体桥与高速公路关系图

图 4－8－1　合龙段位置示意图(cm)

中跨合龙段采用通过合龙段两侧两端悬吊底模及侧模的悬吊现浇法施工。底板模板下方设置整体钢桁架托架，托架上方模板及腹板模板采用方木、竹胶板组合形式木模，模板外侧设置整体钢桁架，采用对设拉筋方式加固。

转体施工前将可行性施工安全防护方案和详细施工时间报高速公路主管部门进行审批，请高速公路相关部门协助进行安装摆放交通警示标志和施工部位现场的交通管制及交通协调指挥。

中跨合龙段施工利用底模钢桁架托架及底模系统对合龙段下方进行底部安全防护，在底模托架和底模系统上方四周安装侧向安全防护装置，侧向安全防护装置与底部安全防护及两侧梁体形成全封闭合体，整体对施工过程中进行安全防护。

4.8.2 封铰施工

转体精确定位测量无误后，利用钢锲块将钢撑脚与环道之间间隙塞死并焊接牢固，临时固结。然后焊接上转盘伸出钢筋与下转盘预埋钢筋及角钢，立模浇筑上下转盘间混凝，将转铰固结。封铰混凝土采用C50微膨胀混凝土，为保证封铰混凝土密实，预留注浆管，混凝土浇筑完成后采用重力灌浆的方法，通过注浆管灌注自流平砂浆。预留注浆管如图4－8－2所示。

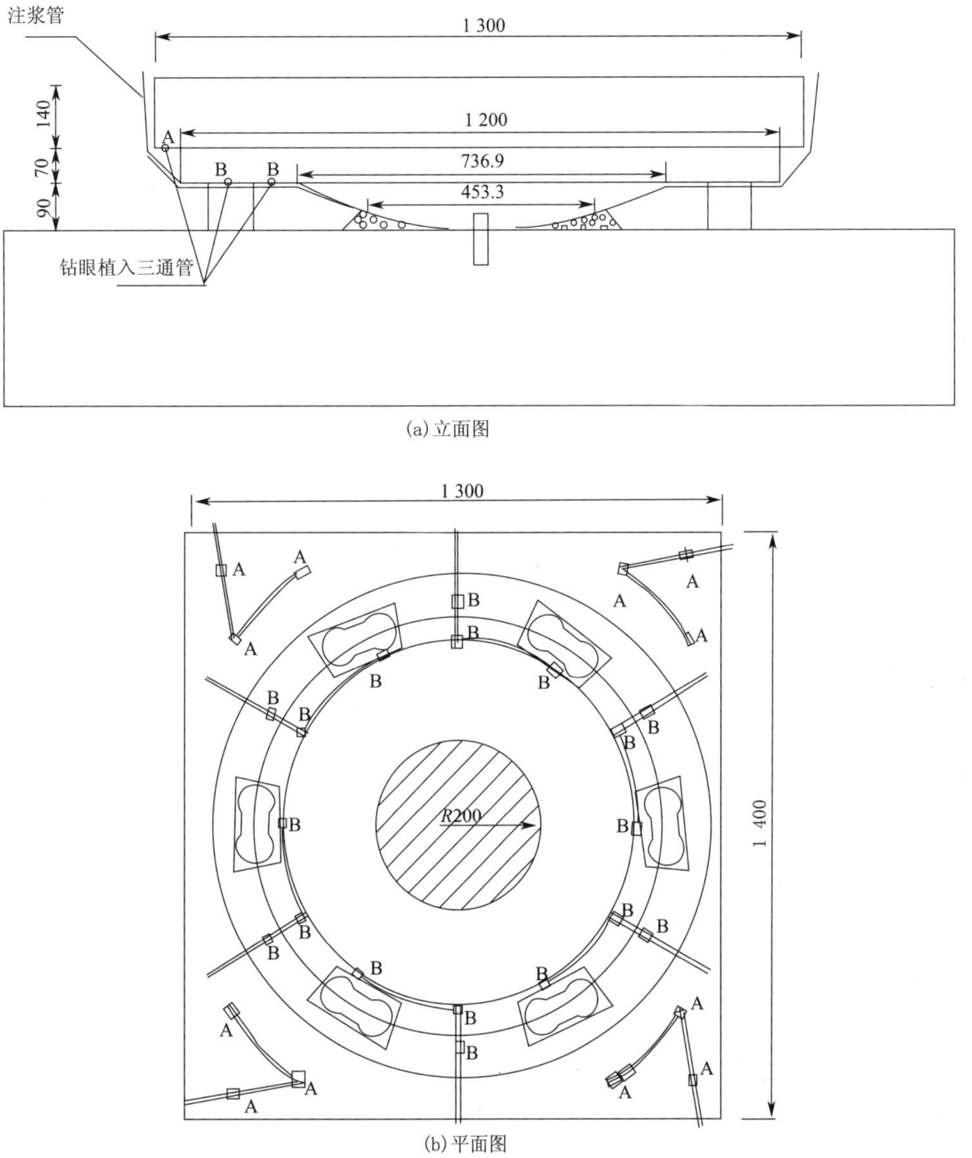

图4－8－2 封铰注浆管布置图(cm)

注：A型三通管须植入上承台，B型三通管须植入转台。

1. 冷却水管安装

封铰混凝土体量较大，因而采取在混凝土中埋设循环冷却水管的措施来降低水化热。经热工计算确定确定采用ϕ48 mm无缝钢管作为循环水管，水管上下层间距、同一层面的间距为1.0 m。冷却水管布置如图4－8－3所示。

2. 测温元件安装

为了检验温控效果，及时调整和改进温控措施，承台施工过程中通过PN结温度传感器进行温度测量。温度传感器的布置具体如图4－8－4所示。

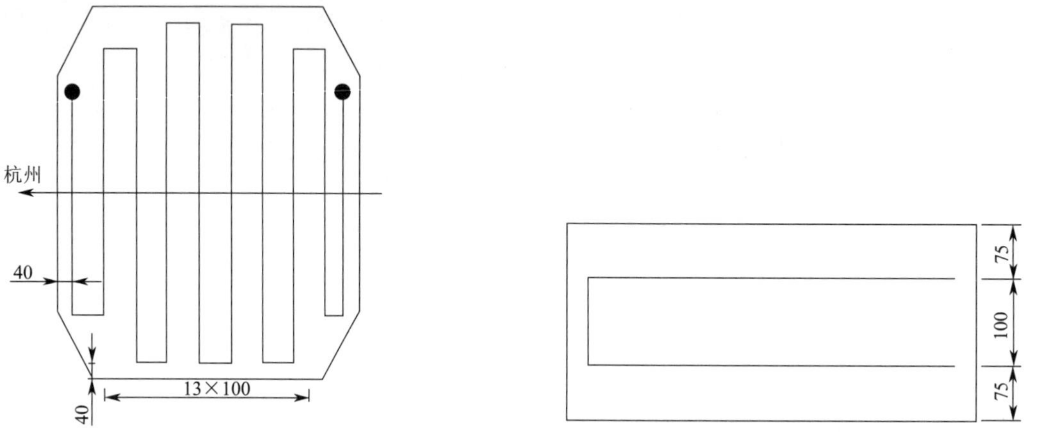

图 4－8－3　冷却水管布置图(cm)

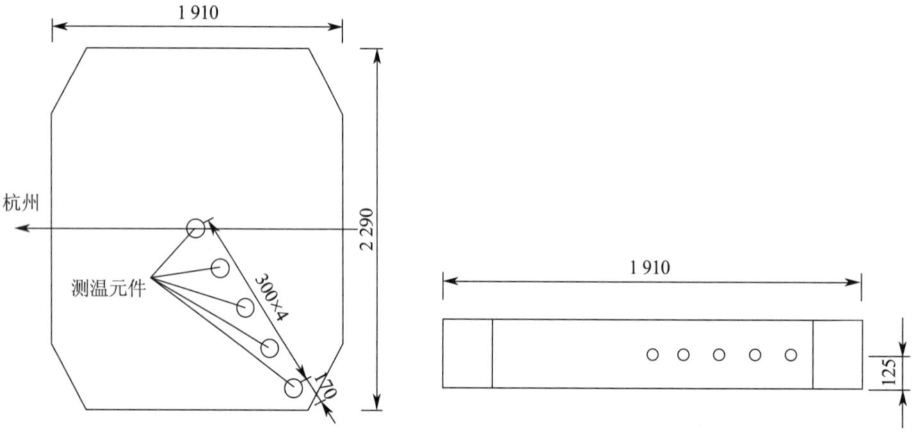

(a) 平面图　　(b) 立面图

图 4－8－4　测温元件布置图(cm)

3. 安装模板

承台模板采用木模,现场组装,整体通过内设拉杆和外部支撑两种方式进行加固。模板面板采用 12 mm 厚竹胶板,设置 10 cm×10 cm 方木竖向背肋,方木背肋间距 50 cm。

模板与钢筋安装工作应配合进行,妨碍绑扎钢筋的模板应待钢筋安装完毕后再进行安装。模板不得与四周的脚手架平台连接,避免引起模板变形。

安装模板时,要逐块检查钢模的平整度,平整度大于 5 mm 的模板杜绝使用;模板表面应干净无杂物,无锈蚀,并涂刷新鲜的脱模剂后方可使用;所有模板的接缝要粘贴双面胶布,确保混凝土灌注中不漏浆。

模板安装过程中必须设置临时支撑,拉杆采用 ϕ16 mm 圆钢,模板外侧横向围带采用 2ϕ48 mm 焊管并排设置,水平间距 50 cm,上下两层模板接缝处必须设一条横向围带。

4. 混凝土浇筑

封铰混凝土浇筑前,下承台底面应予清理,采取措施保证无积水、无泥水、无污物。振捣过程中,应加强检查模板支撑的稳定性和接缝的密合情况,防止在混凝土浇筑过程中产生漏浆。

混凝土浇筑采用分层连续推移方式进行,每层混凝土摊铺厚度为 30 cm,以确保上层混凝土浇筑时下层混凝土未初凝。插入式振捣器的移动间距不大于振捣器作用半径的 1.5 倍,且插入下层混凝土内的深度 5～10 cm,与侧模要保持 5～10 cm 的距离;振捣时不得碰撞模板、钢筋和预埋部件;每一振点的振捣延续时间为 20～30 s,具体以混凝土不再沉落、不出现气泡、表面呈现泛浆为度,防止过振、漏振。为满足混凝土的工作性能要求,坍落度控制在 14～16 cm。

5. 混凝土养护

混凝土养护采取蓄热保温措施、承台内置循环冷却水管温控措施，确保承台构件在任一时间内混凝土内部的最高温度不高于65 ℃、混凝土内部最高温度与表面温度之差以及混凝土表面与周围大气温度之差不超过20 ℃。混凝土初凝后，首先在其顶表面用塑料布覆盖，然后上面铺设土工布；在承台四周模板上也包裹土工布。养护期间要经常检查顶部混凝土塑料布内是否有凝结水，否则要洒水，保持混凝土表面湿润不失水。利用承台内埋设的测温元件进行温度测量，要求每隔2 h测温一次，检查混凝土的内外温差是否在20 ℃以内，否则应采取措施。混凝土养护时间不少于14 d。

4.8.3 合龙段支架施工

1. 托架设置

转体时托架直接悬吊于梁底。底模托架采用整体钢桁架，分底横梁和纵梁。底横梁采用双[30槽钢，长度15.0 m，两组底横梁间距3.0 m，底横梁的双[30槽钢每隔50 cm上下面设置一组2 cm厚联系加强钢板，[30槽钢自身每隔100 cm设置一道加劲钢板；横梁上方设置纵梁，纵梁采用[20槽钢，长度4.0 m，每隔50 cm间距一道，纵梁与底横梁交接部位设置纵梁加劲板，纵梁与横梁采用焊接方式连接。托架布置方式如图4－8－5所示。

托架采用ϕ32 mm精扎螺纹钢筋通过底板、顶板和翼板进行悬吊、锁定，托架吊点设在底横梁底部，吊点处采用20 cm厚钢板加强，采用32 t螺旋千斤顶配合调整吊距；梁体吊点设在距离悬臂段梁端50 cm位置，采用ϕ45 mm吊孔，上下螺母之间加设小型横梁和20 mm厚钢板，螺纹钢筋均采用双螺母锁定。

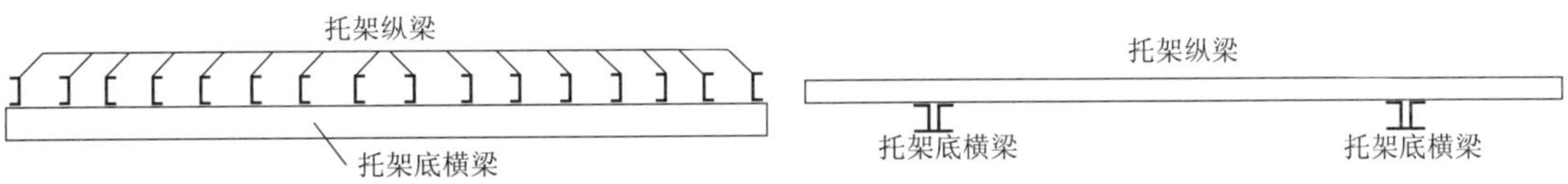

(a)底模托架横截面图　(b)底模托架纵截面图

图4－8－5　底模托架横纵截面图

2. 底部防护

提前将底模托架加工成整体，桥体转体就位后采用ϕ32精扎螺纹钢筋锁定。

首先将合龙段底模模板沿底模托架全截面铺设严密、牢固，与两侧悬臂段梁体底面形成严密整体；底模采用方木、竹胶板组合形式木模。托架纵梁上方铺设15 cm×15 cm，横向方木，方木间距30 cm，横向方木上方铺设竹胶板，要求竹胶板与方木衔接紧密，用钢钉进行铆钉固定，竹胶板与竹胶板之间衔接紧密、平整，无明显空隙、错台，同时竹胶板铺设线形顺直，无明显扭曲、折线现象。

底模托架安装结束后立即进行底模模板安装和后续安全防护施工。中跨合龙段安全防护采取利用底模系统和单独设置侧面挡板的形式进行安全防护。中跨合龙段底部防护布置如图4－8－6所示。

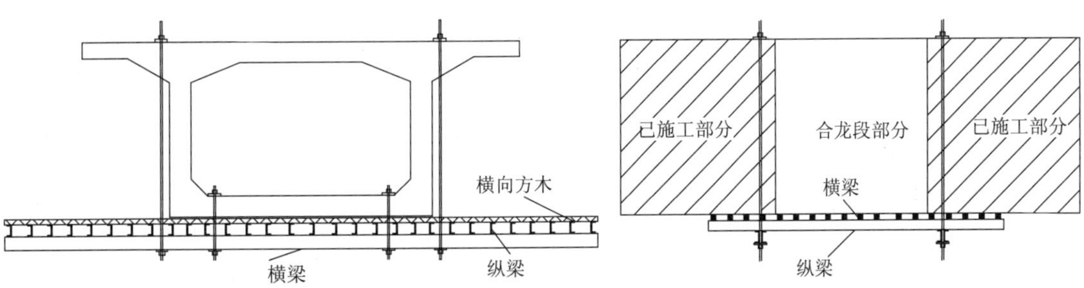

(a) 底板安全防护横截面示意图　(b) 底板安全防护侧面示意图

图4－8－6　合龙段施工底部安全防护

3. 侧向防护

在底模托架四周焊接安装侧向安全防护挡板，挡板高度不小于 1.2 m，采用槽钢和彩钢板组合形式，使底模托架四周与两侧悬臂段梁体形成闭合，防止施工过程中物体坠落至安全防护范围以外。侧向防护具体设置如图 4－8－7 所示。

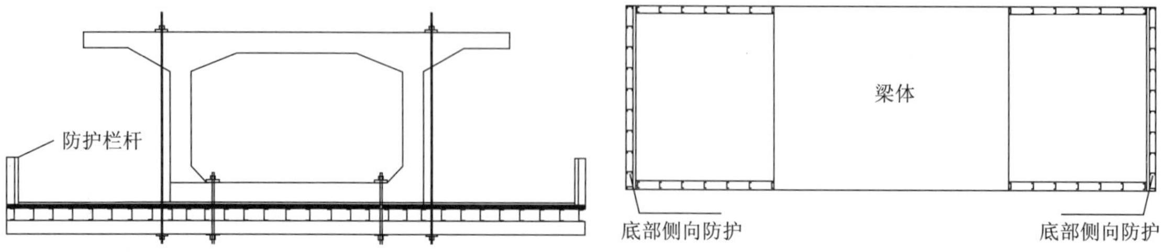

（a）侧向防护横断面示意图　　（b）侧向防护平面示意图

图 4－8－7　合龙段施工侧向防护

4. 顶部防护

底部防护结束后立即安装合龙段侧向腹板外侧钢桁架，桁架外侧设置横向水平背肋，通过设置对拉拉杆与两侧即有梁体固定牢固，同时安装翼缘板处吊杆。合龙段顶部防护利用腹板外侧钢桁架进行防护，即在钢桁架外侧边缘型钢内侧安装防护挡板，防护挡板采用彩钢板或竹胶板，高度不小于 1.2 m，要求挡板衔接严密，与桁架边缘型钢连接牢固。合龙段顶部安全防护与两侧即有梁体的遮板和护栏相互衔接严密，使梁体上方纵向形成整体闭合，防止施工过程发生坠物。

顶部防护具体设置如图 4－8－8 所示。

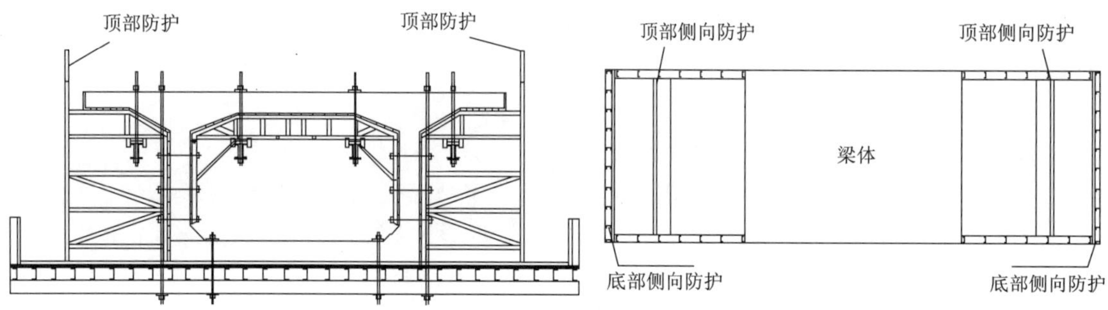

（a）顶部（整体）安全防护横断面图　　（b）顶部（整体）安全防护平面图

图 4－8－8　合龙段施工顶部防护

4.8.4　中合龙段施工

在转体桥梁端及梁体两侧翼缘板、底板设置吊孔，将底模和侧模悬吊于梁体底部和侧面，采取内部对拉方式进行加固。根据设计要求，转体到位封铰后按照先合龙边跨，后合龙中跨的顺序施工。中跨合龙端施加 8 200 kN 水平顶推力；合龙时，需要安装临时锁定设施，并选择当天气温最低或设计要求的温度浇筑合龙段混凝土。合龙段混凝土采用低收缩、低徐变混凝土。

顶推及临时锁定结构如图 4－8－9 所示。

1. 混凝土浇筑

（1）首先仔细检查支撑支架、模板、钢筋、预埋件的紧固程度和保护层垫块的位置、数量，并确保将模内的杂物清除干净后，开始浇筑混凝土。

（2）混凝土浇筑过程中需要严格控制混凝土入模温度。在炎热气候条件下，混凝土入模时的温度不宜超过30 ℃，应避免模板和新浇筑混凝土受阳光直射，控制混凝土入模前模板和钢筋的温度以及附近局部气温不超过40 ℃。

(3)合龙段浇筑过程由底板开始向上分层浇筑，每层厚度不大于40 cm；合龙段混凝土灌注采用从腹板下料，先浇注腹板与底板连接处，然后从内模顶板预留的天窗下料灌注底板剩余的混凝土；底板浇筑完成后，再分层灌注腹板及顶板混凝土。合龙段混凝土灌注顺序如图4-8-10所示。

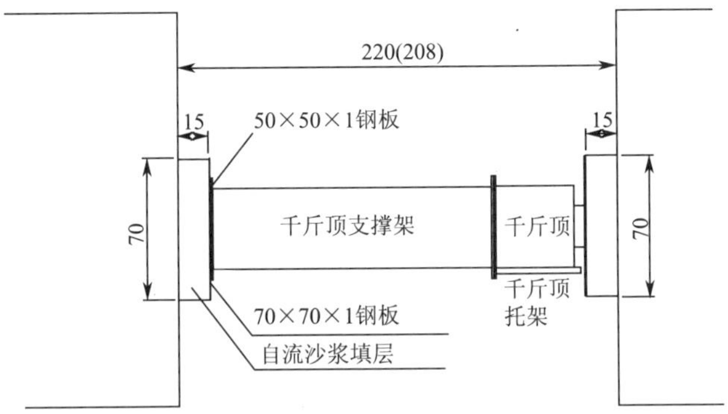

图4-8-9 跨中合龙前顶推锁定装置(cm)

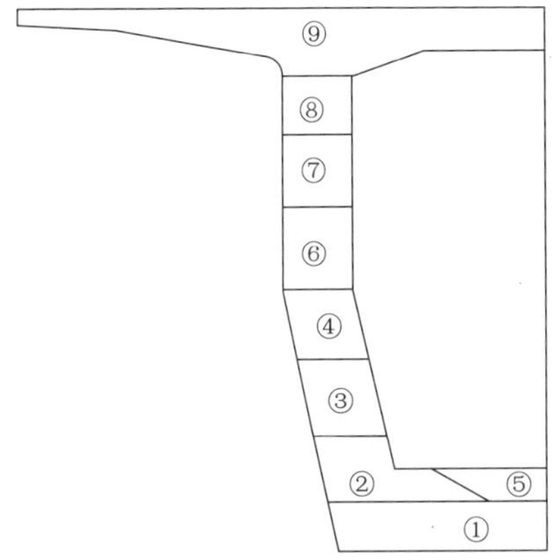

图4-8-10 合龙段浇筑顺序示意图

合龙段浇筑首先从腹板位置下的图中①区域开始，每40 cm一层，振捣主要采用插入式，先浇筑底板80 cm左右；接着浇筑腹板与底板交接处的②区域，该层浇筑厚度不宜超过1 m，并加强振捣使倒角处充分翻浆以保证倒角处密实；然后每30 cm一层浇筑③④区域，待底板停止翻浆后再打开内模顶板上梅花形布置的天窗，通过天窗下混凝土补充底板的⑤区域，直至底板混凝土灌注完成后，关闭天窗。分层对称从腹板位置下混凝土灌注图中⑥⑦⑧⑨区域，最后再分层灌注顶板，分层厚度不超过30 cm。

(4)混凝土浇筑时先从横隔板下料浇筑墩顶部分混凝土，然后由箱梁中间向梁端对称下料浇筑。水平分层厚度不大于40 cm，先后两层混凝土的间隔时间不超过初凝时间。

(5)混凝土振捣采用插入式振捣器振捣。插入式振捣器的移动间距不大于振捣器作用半径的1.5倍，且插入下层混凝土内的深度5~10 cm，与侧模要保持5~10 cm的距离。当振捣完毕需要变换振捣棒在混凝土拌和物中的水平位置时，要边振捣边竖向缓慢提出振捣棒，不得将振捣棒在混凝土中平拖，更不得用振捣棒驱赶混凝土。振捣时不得碰撞模板、钢筋和预埋部件；每一振点的振捣延续时间为20~30 s，具体以混凝土不再沉落、不出现气泡、表面呈现泛浆为度，防止过振、漏振。

(6)混凝土浇筑过程中，要有专人检查支架、模板、钢筋和预埋件等的稳固情况和接缝的密合情况，发现有松动、变形、位移和漏浆时及时处理。

(7)混凝土振捣完毕后，及时用振捣梁修整、整平混凝土裸露面，待定浆后再由人工进行二次赶压收面。

(8)梁面设置多面排水坡和加高台，根据排水坡设置情况在每处变点处设置高程定位钢筋，严格控制各部位高程，一幅排水坡采用振捣梁找平，人工收面成型；加高台部分根据截面形状设置隔板模板，模板两侧各按设计厚度和控制高程进行混凝土浇筑。

图4-8-11所示的是跨中合龙段施工时，汽车在公路上行驶。

2. 混凝土养护

(1)混凝土养护期间，重点加强混凝土的湿度和温度控制。

(2)顶板混凝土进行二次收面后，及时用塑料薄膜和棉被对暴露面进行紧密覆盖，防止表面水分蒸发。侧面、底面采用带模包裹进行保湿、潮湿养护。在包裹、覆盖期间，包裹覆盖物要求完好无损，彼此搭接完整，内表面随时有凝结水珠。保持混凝土表面充分潮湿。梁体养护用水与拌制梁体混凝土用水相同。

图 4－8－11　跨中合龙时汽车在行驶

(3)混凝土持续养护的时间必须满足《铁路混凝土工程施工质量验收补充标准》(铁建设〔2005〕160 号)的要求。

(4)混凝土养护期间,混凝土内部最高温度不宜超过 65 ℃,混凝土内部温度与表面温度之差、表面温度与环境温度之差、养护用水温度与混凝土表面温度之差不得大于 15 ℃。

4.9　系杆施工方案

4.9.1　主要技术标准

沪杭客专跨高速公路特大桥在铁路里程 DK59＋075.555～DK59＋413.555 之间设计为一联(88.8＋160＋88.8)m 自锚上承式拱桥,采用转体施工工艺,转体前通过水平临时系杆平衡主拱推力,转体到位后进行边中跨合龙完成体系转换,最后通过设置永久系杆来平衡主拱的水平推力。

永久系杆设计采用 10 束平行钢绞线系杆体系,每根系杆由 85 根 ϕ15.2 mm 高强度低松弛镀锌涂油 PE 钢绞线组成,钢绞线抗拉强度标准值 f_{pk}＝1 860 MPa,外包 HDPE 防护套,防护套管内含分丝圈,两端采用 VSL SSI 2000 系列单根锚定夹片式锚具。无黏结钢绞线系杆索锚具符合国际 FIB 标准及 GB/T 14370—2007 的有关技术条件要求,除具有可靠的锚固性能和足够的承载能力系外,其与无黏结钢绞线组成的系杆索具有足够的抗疲劳性能,尤其是低应力锚固状态下的疲劳性能。系杆索有效张拉应力为 680 MPa,单根钢绞线张拉索力 95.2 kN。

4.9.2　总体施工方案

按照设计要求,单边转体拱肋施工完成后,张拉部分拱肋内预应力索,拆除拱上悬臂端支架及拱脚 7 m 范围内支架后进行临时系杆索 LS1、LS2、LS3 张拉。临时系杆采用卷扬机整根穿束,单根张拉到位工艺,单根索锚下张拉控制应力 1 038.9 MPa,张拉过程中保持左右腹板对称、同步,张拉完成后转体前逐个锚头安装防松装置,避免在转体过程中因震动引起的夹片脱落。

永久系杆 S1、S2、S3 在全桥合龙完成后进行张拉,系杆索有效张拉应力 680 MPa,采用单根等值张拉、整体调索工艺并辅以电子传感器保证施工过程中股内索力误差≤2%、成桥后股内索力误差≤1%的要求。永久系杆索张拉完成后对锚头及钢索外部进行防腐处理,确保满足设计使用寿命要求。

4.9.3　施工设备、劳力组织及工期安排

1. 施工设备

投入系杆施工的主要机具设备如表4-9-1所示。

表4-9-1　主要机具设备表

序号	设备名称及型号	数量	单位	用途
1	YLDS160-150千斤顶	2	台	单根张拉
2	ZPE1 300 t千斤顶	4	台	整体调索
3	LD10镦头器	2	台	钢绞线镦头
4	夹片预压设备	2	台	夹片压紧
5	HDPE套管焊机	2	台	HDPE套管焊接
6	4*L*油泵	4	台	配套千斤顶
7	数显油表	4	块	配套千斤顶
8	磁通量传感器	20	套	单根索力监测
9	5 t卷扬机	1	台	穿索
10	2 t卷扬机	1	台	穿索
11	2 t手拉葫芦	2	套	临时固定
12	切割机	2	台	钢绞线下料
13	高压注油泵	1	套	防腐油脂灌注

2. 劳力组织

系杆索施工的劳力组织如表4-9-2所示。

表4-9-2　施工劳力安排表

序号	人员	数量	职责
1	现场负责人	2	总体协调
2	技术管理人员	4	施工过程技术指导及监控
3	操作技术工人	22	HDPE套管焊接、张拉、监测
4	普工	30	具体操作
5	合计	58	

3. 工期安排

系杆索施工的工期安排如表4-9-3所示。

表4-9-3　系杆索工期安排表

序号	工序名称	工序时间(d)	备注
1	永久系杆锚具配套组装	10	
2	永久系杆穿束、单根张拉	20	
3	整根调索	5	
4	防护系统组装、防腐处理	2	

4.9.4　永久系杆实施方案

1. 永久系杆索的组成

永久系杆索主要由自由段和锚固段两部分组成，其中自由段由防腐、防机械损伤的钢绞线束外包

HDPE 管组成;锚固段由锚具把系杆自由段和锚固点连接起来,使其成为整体受力构件,并最终对其进行整体防护。

2. 永久系杆索施工的主要内容及流程

永久系杆索施工内容主要包括 HDPE 外套管的预制、安装和焊接;锚具预制、锚具安装;单根钢绞线安装、张拉;索体最终组装等施工内容。其施工工艺流程如图 4－9－1 所示。

3. 永久系杆索安装工艺

(1)HDPE 套管焊接及安装

系杆索 HDPE 外护套管,设计采用双层同步挤压圆形截面高密度聚乙烯管,具有良好的抗老化寿命,外层管壁厚 1.5 mm,外径与壁厚比值为 18。采用现场焊接接长后卷扬机牵引就位的方法施工。

①首根管焊接前进行工艺试验,确定相关焊接参数,确保焊接接头处能够满足管本身横截面的屈服强度。HDPE 套管焊接施工工艺流程如图 4－9－2 所示。

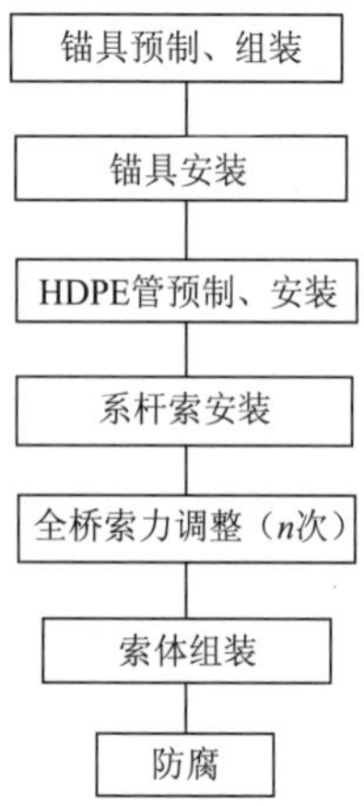

图 4－9－1　永久系杆施工工艺流程

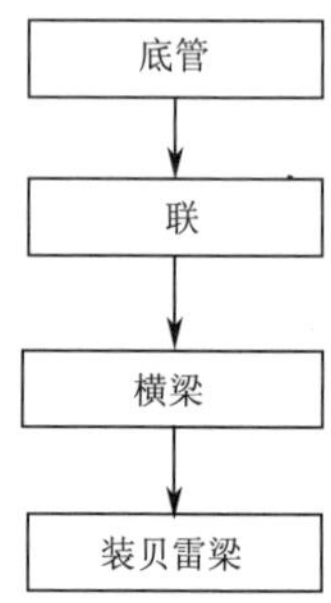

图 4－9－2　HDPE 套管焊接工艺流程

②焊接接头位置能够满足系杆索外套管热胀冷缩的需要。

③使用 5 t 卷扬机将焊接完成的 HDPE 管从一端向另一端牵引,边焊接边牵引直到一根系杆索的 HDPE 管长度满足施工要求。

(2)分丝圈组拼

①分丝圈组拼

分丝圈在已经施工好的桥面上组装,首先在分丝圈的直径两端对称安装定位绳,定位绳采用带尺寸刻度的高强钢丝,准确测量系杆索下方预安装的滚轮脱架位置,按照实际位置对分丝圈的位置进行定位。按照孔位编号进行 85 根引线的穿束定位,利用 1.5 t 卷扬机将组装完成的分丝圈用 HDPE 套管的一端牵引到另一端。分丝圈组拼如图 4－9－3 所示。

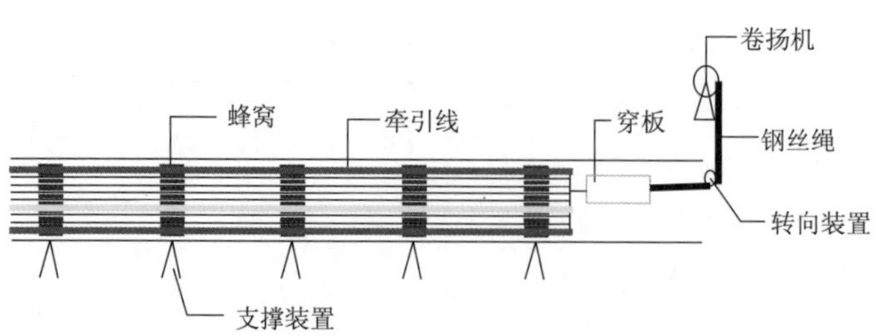

图 4－9－3　分丝圈组拼图

②锚具安装及定位

永久系杆索锚具采用 VSL DR6-85 型锚具,如图 4－9－4 所示。

a. 首先利用 3 t 手拉葫芦将锚具提升到预埋钢管位置,借助一单孔锚具、一根长 6 m 的钢绞线,使导向管端部穿过锚垫板孔进入预埋钢管。

b. 根据锚具上的标记，检查 1 号钢绞线孔洞位，使 1 号钢绞线孔位处于安装的正确位置。

c. 安装半圆垫片上螺栓，使螺栓与锚垫板和半圆垫片上孔洞一一对应，两副半圆垫片应垂直放置在锚垫板上。

图 4－9－4　锚具结构图

d. 锚具平贴在半圆垫片上表面时通过全牙螺栓将锚具固定在锚垫板上。

锚具安装如图 4－9－5 所示。

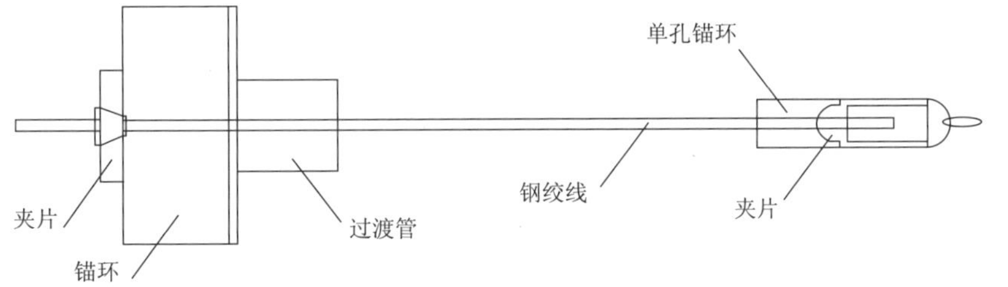

图 4－9－5　锚具安装图

(3)穿束及张拉

①穿束

穿束前首先对盘卷的 PE 钢绞线进行端头去 PE、切除外围钢丝、中心镦头处理。通过空心螺丝和子弹头连接牵引线与待穿钢绞线，利用 1.5 t 卷扬机慢速将钢绞线拖到另外一端锚头处，按照施工要求的长度（在钢绞线另一端计入预埋管长度、锚垫板厚度、半圆垫片厚度和锚环厚度、千斤顶工作长度所需要钢绞线预留长度）切断钢绞线并去除 PE 保护层，安装夹片做好张拉准备。

②张拉及索力控制

总体采用单根等值张拉工艺，首先根据设计索力要求、钢绞线实测截面积、弹性模量、前后锚点坐标计算出每根索的张拉控制力，初张拉完成后对每索进行补偿张拉，确保一束中各股索力误差在 ±2% 范围内，最后进行整体调索，确保整体索力与设计要求的索力误差在 ±2% 范围内。

a. 首先对张拉所采用的 ZPE15 单孔千斤顶、数显油表进行标定，确保有效。

b. 应用 VSL STRAN 计算程序对每根索的理论张拉应力进行计算，确定各索中每根钢绞线的初张拉力，并在初张拉后将单根索力的均衡性控制在 ±5% 误差范围内。

c. 对单根钢绞线进行补偿张拉，确保调整后索力的均衡性控制在 ±2% 误差范围内。

d. 索力检验

对整束索体抽取 20% 钢绞线进行索力检查。通过此种方式，可以追溯整个施工过程中的实际索力，整束的索力为：

$$\frac{\sum(\text{已检查的钢绞线索力})}{\text{检查的钢绞线根数}}\times(\text{钢绞线总根数})$$

用经过精确标定的单孔千斤顶提升钢绞线，观察夹片，观察并记录油压表读数。索力检查必须由具有丰富经验的操作技术人员进行。首先安装限位圈、安装索力检查叉刀、安装索力检查专用千斤顶、开启油泵缓慢供油、通过限位圈观察夹片的松动、油压表数值稳定时的数值即为该根钢绞线的检查索力。

e. 夹片顶紧

为防止低应力锚固夹片的滑动，张拉端的夹片须采用专用千斤顶顶紧。

(4)定位器的安装

首先将热膨胀管移至预埋钢管外 2 m 左右并将其固定，利用专用设备把钢绞线约束成六边形后安装定位器内圈，安装反力套箍并挤压内圈，使其进入定位器一定距离，用内六角扳手使定位器外圈膨胀与预埋管相接触后安装止动环，使 HDPE 热膨胀管就位。定位器安装如图 4－9－6 所示。

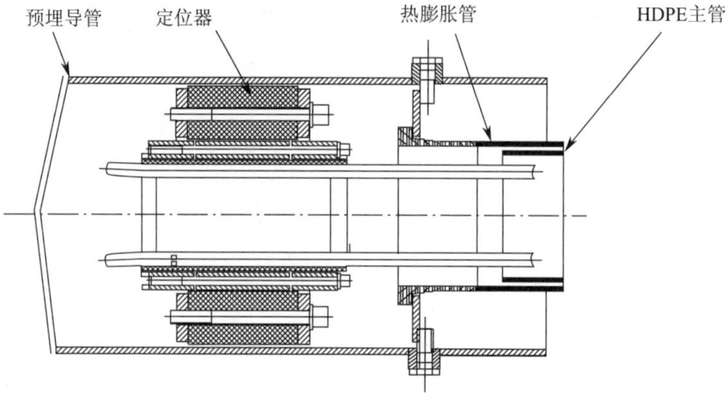

图 4－9－6　定位器安装示意图

(5)防腐施工

相关配套装置安装完成后，对锚环与过渡管内密封圈之间灌注防腐油脂，锚固区钢绞线的密封通过过渡管末端的密封圈作为第一道屏障，而 PE 管内的填充油脂为第二道屏障。最后在锚环上安装永久盖帽并由防腐油脂将盖帽填充密实，完成防腐施工。防腐油脂灌注如图 4－9－7 所示。

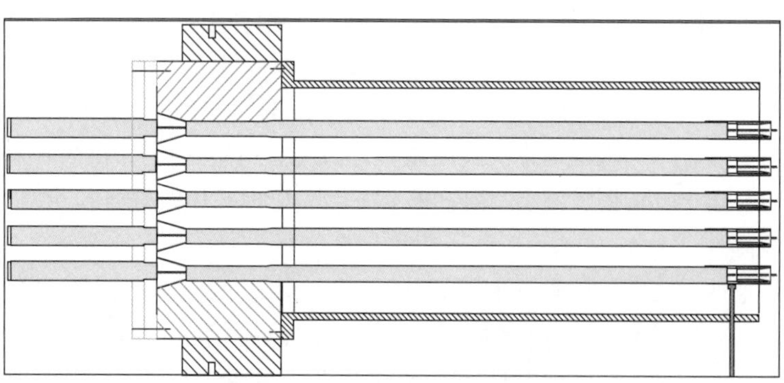

图 4－9－7　防腐油脂灌注示意图

4.9.5　小　　结

沪杭高速公路(88＋160＋88) m 自锚式拱桥，桥长 337.6 m，采用基础拱梁固结的结构形式，采用支架现浇，转体就位的施工方案。该桥于 2010 年 6 月 11 日开始穿索，7 月 7 日完成 10 束永久系杆索张拉及临时系杆拆除，通车运营。系杆索采用十束 VSL SSI2000 型无黏结预应力钢绞线，每束钢绞线由 85 根 ϕ15.24 mm 镀锌钢铰线组成，索体为四层防护下无黏结 PE 钢绞线，具有优良的防腐性能，可以避免单根钢绞线表面 PE 与 PE 之间的摩擦损伤。锚固端采用 SSI2000 型锚具，具有良好的锚固性能、密水性、抗疲劳性和耐久性,可以实现单根钢绞线的更换、检查,并有效地过滤弯曲应力。采用单根张拉、整体调索工艺,可实现单根换索,保证了钢绞线系杆索索力的精度,实现了同一束中每根索索力的离散性在 ±1% 范围内,整体索力与设计误差在 ±2% 之内,确保了拱结构核心受力构件的施工质量。采用本方法施工,有效地缩短了施工工期,减少了施工成本。索力测试表明,系杆索索力变化及张拉力符合设计要求。

4.10　桥面系施工

桥面系施工工艺流程如图 4－10－1 所示。

在梁体浇筑时,按图纸要求预埋接触网锚固螺栓、预留泄水孔等。防撞墙及电缆槽所有钢筋、混凝土等施工按设计和现行规范要求施工;构件安装前逐块检查,安装时采用挂线控制,保证构件安装位置正确、外轮廓清晰、线条优美。

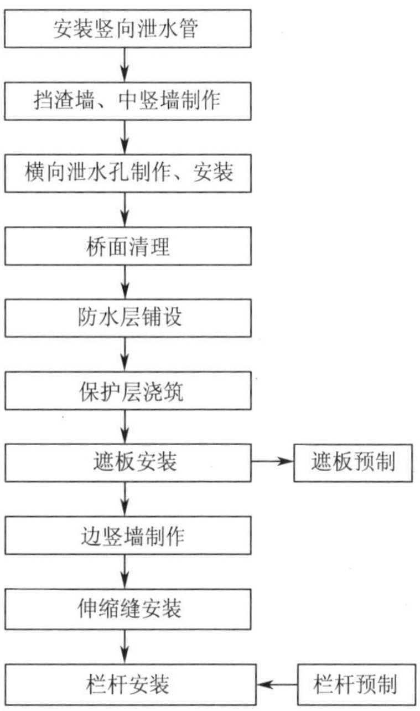

图 4－10－1　桥面系施工工艺流程图

铺设桥面防水层和现浇保护层,当保护层混凝土养护时间超过 7 d 后可进行防撞墙、电缆槽竖墙共定型模板分段组织流水作业。

1. 竖向泄水管

安装泄水管时须保证泄水管垂直,控制泄水管上缘高程,确保排水通畅。

2. 伸缩缝

桥梁伸缩缝选择合格厂家定型制作并邀请厂家技术人员到现场指导安装施工,按施工温度设置缝值。伸缩缝在保护层施工后铺设无砟轨道基础底座前进行安装。

3. 桥面防水层、保护层

首先对桥面基层进行处理,并保证其干燥平整,然后将防水涂料按配合比拌和并搅拌均匀,涂刷涂料并用刮板刮平,随即粘贴防水卷材并用木板推压平整使其密贴不空鼓、不翘边。

卷材粘贴完毕涂料凝固后,即可进行混凝土保护层施工。将搅拌好的混凝土摊铺在防水层上,平板震动器振捣密实,并用木抹刮平,初凝后二次抹平压光,然后覆盖薄膜洒水养护。

4. 防撞墙

防撞墙采用整体定型钢模全跨一次浇筑成形。

5. 电缆槽盖板

电缆槽盖板在小型预制厂集中预制,由汽车吊吊至桥面,配合人工安装。

6. 电缆槽竖墙和电化立柱基础

在防撞墙的外侧分别设置信号槽、通信槽、电力电缆槽,电缆槽由竖墙和盖板组成,竖墙采用现浇施工,预制梁体时在相应部位预埋钢筋,保证梁体与竖墙连成整体。接触网支柱基础及下锚拉线基础同电缆槽竖墙一同灌注。

7. 附属工程

沉降缝、泄水孔同步布设,保证泄水孔畅通,沉降稳定后勾缝。

第5章　工程监控

5.1　概　　述

转体施工桥梁与普通桥梁相比，最大的特点在于转体这一环节。转体桥梁的施工控制须结合转体的特殊要求，务必实现"转得动、转得稳、转得准"的目标。围绕这一目标，施工监控方案的确定应紧密结合转体施工工艺的具体操作流程。同时，普通桥梁常规的施工控制内容，也是本工程所需的。因此，可将整座转体桥的施工监控分为两大项内容：一是为了实现"转得动、转得稳、转得准"的目标，专门针对转体进行的转体体系施工监控；一是与普通桥梁类似，对结构应力、线形监控，保证结构的安全和使用性能。其中针对转体进行的施工监控又以时间节点不同，分为转体前施工监控和转体过程中施工监控。

1. 转体前的施工监控

转体前对转体体系的监控，目的是实现"转得动、转得稳、转得准"的目标。为此，对转动体混凝土的浇筑质量、球铰和环道安装质量与精度、转动体系布置、称重试验过程等都要进行严格的监控。

2. 转体过程中的施工监控

转体过程中进行的施工监控主要有两方面：一是转动过程中，判断转动体的偏心程度是否影响到结构安全，杜绝可能发生的倾覆；一是转体接近理论线形时的精确定位与锁定，保证结构的轴线与高程误差在允许范围内。

3. 常规监控项目

与普通桥梁一样，转体桥梁也需要进行常规的监控措施，比如关键截面应力，主梁线形，桥墩、支架沉降等。

5.2　转体前的施工监控

转体前转体体系的监控工作主要存在于以下几项施工工序：①球铰安装；②环道安装；③撑脚安装；④称重试验；⑤球铰试转。

5.2.1　球铰安装

1. 安装定位底座

用吊车将下球铰骨架吊入，并进行粗调，然后采用千斤顶、撬棍进行人工精确调整，调整时先用线绳拉出骨架准确位置和高程。待骨架调整完成后将下承台架立角钢与骨架预留钢筋焊接牢固。

2. 球铰骨架安装

下层混凝土强度达到25%后，先利用预埋件安装滑道骨架和下球铰骨架，要求骨架顶面的相对高差不大于5 mm。骨架中心和球铰重合，与理论中心偏差不大于1 mm；骨架与埋件焊接牢固，经多次进行复查无误后，安装下球铰。

3. 安装下球铰

下球铰安装前先进行检查，主要对下转盘球铰表面椭圆度及结构检查是否满足设计加工要求。

下转盘球铰的现场组装，主要是下转盘球铰的锚固钢筋及调整螺栓的安装；此部分为螺栓连接，其他构件均在厂内进行焊接组装完成。

4. 下球铰精确定位

将下球铰吊放在预埋支架上，利用千斤顶将球铰在水平面上移动，使球铰中心处于理论中心位置，然后将球铰在水平位置限位，防止调整球铰高差时使球铰位置偏移。水平位置调整完毕，进行球铰的高程调整，以确保下球铰周边高程处于同一水平面内，误差≤0.5 mm，中心套管轴线为一铅直线。先用 S3 级水准仪对下球铰周边平面十字线的四点进行粗调，然后，用水准仪进行精确调整。

下盘顶面高程采用现场测量、现场调整的方法进行。采用精度达 0.01 mm 的数字水准仪和配套塔尺进行高程测量、4 台 5 t 油压千斤顶进行高程调整。

(1)测量点位布置

为保证下盘安装精度高差满足设计要求，沿下盘面 4.0 m 圆周方向等间距布置 16 个观测点，其中 A 点 ~ H 点为测量控制点，其位置与骨架上的调节螺栓一一对应，A'点 ~ H'点为测量高程复核点，控制点与复核点分别用不同颜色的油漆作好标志。具体点位布置如图 5－2－1 所示。

(2)精调

将控制点高程逐一测量后，利用油压千斤顶同步调整盘面高程，旋紧调节螺栓的调位螺母，松顶后再次测量，相对高差在 2 mm 范围内时，利用螺母紧固扳手进行微调，微调按照逐点测量、逐点调整的原则进行。由于调节螺栓为 0.5 mm/丝的细牙螺栓，所以每次调整高度确定为 0.5 mm，A 点 ~ H 点相对高差满足要求后，对 A'点 ~ H'点高程进行复核，同步对中心销轴套管的竖直度进行复核，全部满足要求后旋紧紧固螺母完成精调并固定。

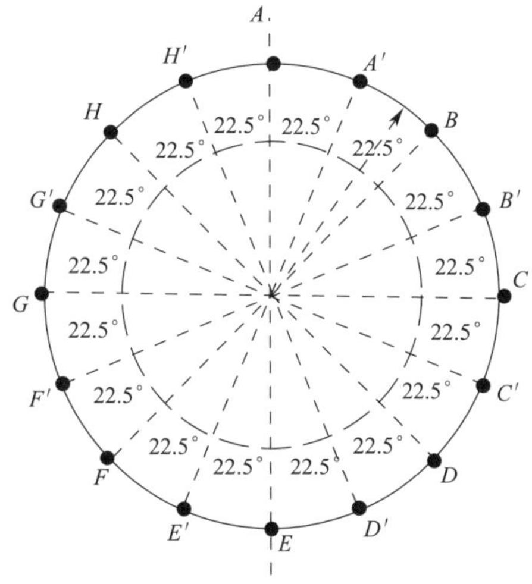

图 5－2－1　测量点位布置

5. 下球铰固定

精确定位及调整完成后，对下转盘球铰的中心、高程、平整度进行复查；中心位置利用全站仪检查，高程采用精度 0.01 mm 的精密水准仪及钢卷尺多点复测，经检查合格后对其进行固定；竖向利用调整螺栓与横梁拧紧固定，横向采用在承台上预埋型钢固定。

6. 上球铰安装

(1)清理上下球铰球面。

(2)在中心销轴套管中放入黄油四氟粉，将中心销轴放到套管中，调整好垂直度与周边间隙。

(3)在下球铰凹球面上按照顺序由内到外安装聚四氟乙烯滑板，用黄油四氟粉填满聚四氟乙烯滑板之间的间隙，使黄油与四氟滑板相平。

为减小转体过程中上下盘之间摩擦阻力并防止杂物进入上下转动摩擦面，球铰上下盘之间采用润滑油脂与聚四氟乙烯粉均匀拌和后进行填充。润滑油脂尽量选用润滑性能好且品质稳定的特殊油脂，一般采用锂基脂或硅脂。安装过程中实际采用3号锂基脂与聚四氟乙烯粉按120∶1的重量比进行配制，配制好的润滑脂人工均匀涂抹在聚四氟乙烯滑块之间的间隙及滑块顶面，涂抹厚度为10 mm，确保能够填满上下盘之间的间隙。整个安装过程要保持球面清洁，不得将杂物带至球面上。

（4）将上球铰吊装到位，套进中心销轴内。用倒链微调上球铰位置，使之水平并与下球铰外圈间隙一致。球铰安装顶口务必水平，其顶面任意2点误差不大于1 mm。

球铰转动中心务必位于设计位置，误差：顺桥向 ±1 mm，横桥向 ±1.5 mm。

（5）上球铰安装结束后，进行球铰试转，采用杠杆原理在球铰四周对称施力，缓慢转动球铰，使球铰内四氟粉黄油均匀布于球铰上下盘之间，同时使上下球铰同心，保证下球铰均匀受力。

（6）球铰安装完毕对周边进行防护，上下球铰之间用胶带缠绕包裹严密，确保杂质不进入到摩擦面内。

5.2.2 环道安装

1. 环道初步定位

在钢撑脚的下方设有环形滑道，环道分块加工，现场采取分节段拼装，在盘下利用调整螺栓调整固定。安装时通过滑道定位架定位滑道钢板，先把下滑道块放入定位架上，利用定位架上的微调装置进行调整。

2. 环道精确定位

环道精确定位后，务必满足以下要求：每块板高程误差≤0.5 mm，高差≤0.2 mm。滑道板接缝高差要求≤0.5 mm，两块之间的高差≤0.2 mm；装完后将整个滑道检测1遍，确保滑道任何位置高差≤2 mm。达到设计要求后，螺栓栓紧。

3. 滑道面板安装

（1）安装前进行位置和高程复核，保证滑道位置准确及顶面在同一水平面。

（2）不锈钢板安装时以滑道面板边缘线作为控制基线，要求不锈钢板底面与滑道面板顶面衔接紧密，且不锈钢板边缘须与滑道面板作断焊固定处理。

（3）要求不锈钢板接缝衔接严密，宜采用饱满、连续焊缝连接。

（4）焊缝须打磨平整、光滑，表面高差不大于0.5 mm。

5.2.3 撑脚安装

上转盘共设有6组撑脚，钢管内灌注C50微膨胀混凝土。撑脚中心位于直径为10 m的圆环上。撑脚在工厂整体制造后运进现场，在下转盘混凝土浇筑完成，上球铰安装就位时即安装撑脚，安装撑脚时确保撑脚与下滑道的间隙为14 mm。转体前在滑道面内铺装3 mm厚不锈钢板及9 mm厚的聚四氟乙烯板。转体前用砂箱作为临时支撑。与此同时，进行反力座混凝土的浇筑。

5.2.4 称重试验

1. 转体体系平衡状态的判定

（1）两幅转体施工完成后，布置传感器，读取初读数。

（2）清理撑脚及滑道，逐步解除支座处的临时支撑（砂箱），进行连续测量，并观察撑脚是否随砂箱拆除连续向一侧下沉。判断转体体系的平衡状态。

2. 称重步骤

（1）在选定断面处安装位移传感器和千斤顶及压力传感器；

（2）调整千斤顶，使所有顶升千斤处于设定的初始顶压状态，记录此时压力传感器的反力值；

（3）千斤顶逐级加力，纪录位移传感器的微小位移，直到位移出现突变；

（4）绘制出 $P\text{-}\Delta$ 曲线；

(5)重复以上试验;
(6)对两幅转体共进行4次上述顶升试验;
(7)确定不平衡力矩、摩阻系数、偏心距;
(8)确定配重重量、位置及新偏心距。

5.2.5 球铰试转

为保证正式转体的顺利进行,在正式转体前进行试转。试转时实际测试启动牵引力 T_0、正常牵引状态下的牵引力 T_1、单位时间转动主桥的角度及悬臂端所转动的水平弧线距离、点动操作时受惯性影响大小(每点动一次悬臂端所转动水平弧线距离)、转体过程中姿态变化分析及应力状况分析等内容。

5.3 转体过程中的施工监控

5.3.1 转动过程中的监控

转动过程中的监控主要包括两项内容:一是转动力学与物理参数(启动力矩、转动力矩、转动速度等)的控制;二是转动体偏心的控制。

1. 转体力学与物理参数的控制

启动力矩与转动力矩测试:通过在牵引索上设置应变计,从而算得总的牵引索力。当牵引索力出现异常,应当停止转动。待查得原因,比如结构偏心较大,则因立即通过微调系统将结构调到合理状态再继续转动。

转动速度测试:转动速度为单位时间内转过的角度。时间测量可用计时器。角度测量的方法为转体前在转台上设置弧长及角度观测标尺,转体过程中进行观测控制。

2. 转动体偏心测试

转动体偏心测试时通过位移来判定的。在撑脚底部安装位移计,转体过程中实时测量位移计的读数。根据经验控制位移计的最大变化量,即当实际读数超过这个值时,说明结构已严重偏心,必须立即采用微调系统将转动体调至平衡。

5.3.2 转体精确定位与锁定

1. 轴线定位

在桥面中心轴线合龙前1.5 s,桥面监控人员开始每10 cm给主控台报告一次监测数据;在20 cm内,每1 cm报一次;即将到位时准确对梁的中轴线进行贯通测量,加强与控制台操作人员的沟通,确保准确到位。

首先利用转体牵引设备逐步将转体轴线调整到位,轴线偏差控制在2 mm以内。轴线偏差主要采用连续千斤顶点动控制来调整,点动时间为0.2 s一次,每次点动千斤顶行程为1 mm,换算梁端行程。每点动操作一次,测量人员测报轴线行走现状数据一次,反复循环,直至转体轴线精确就位。然后利用永久撑脚安装限位装置,限制结构转动。

2. 高程定位

通过转体结构微调系统进行高程调整,高程调整设备及方法与称重、配重施工相同,高程控制兼顾中跨与边跨,误差控制在5 mm以内。

3. 锁定

在高程和轴线调整符合要求后,立即进行上下转盘的锁定工作;可以利用永久撑脚与滑道和临时砂箱的上半部分与滑道钢板,利用钢板和槽钢迅速进行锁定工作。

上下转盘锁定完成后,清理施工区域,绑扎钢筋,支立模板,浇筑封铰混凝土;封铰混凝土采用强度等级C55的微膨胀混凝土;同时将下承台预应力锚头一并浇筑。

5.4　施工期常规项目监控

5.4.1　施工仿真分析

采用空间有限元软件 Midas/Civil 2006 对全桥进行施工阶段仿真分析。全桥模型采用梁单元建立，拱圈采用线性变截面单元拟合曲线线形和截面变化，系杆梁同样采用变截面连续梁单元模拟。全桥共计 292 个节点和 332 个单元，如图 5－4－1 所示。此上承式系杆拱桥由系杆和主拱圈两大主要部分组成，其传力途径是系杆梁直接承受荷载，通过拱上立柱传递给拱圈。

图 5－4－1　Midas 模型

结构仿真施工阶段划分如表 5－4－1 所示。

表 5－4－1　仿真分析施工阶段划分

施工阶段	施工内容	施工时间(d)	说明及模型简图
1	满堂支架法施工拱圈	140	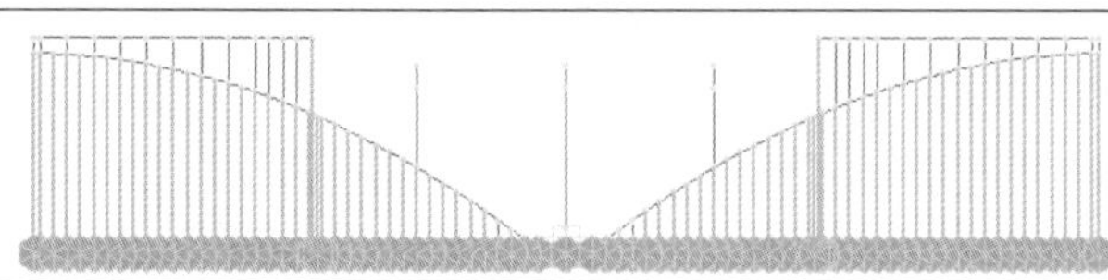
2	张拉预应力 T5/T6/B9	2	
3	拆除悬臂支架，并张拉 G1、G2	1	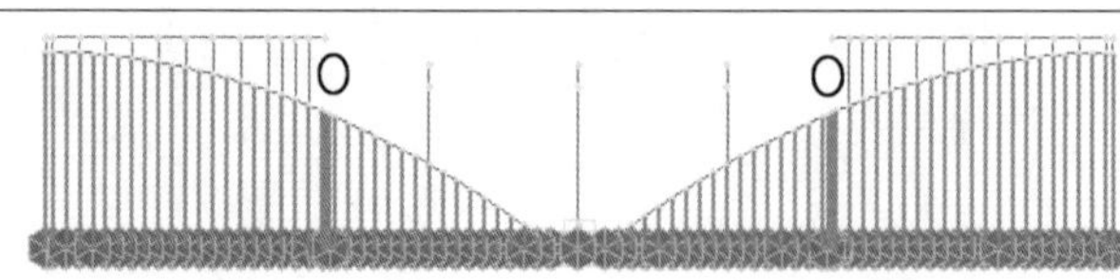
4	拆除拱脚 7 m 范围内的满堂支架	1	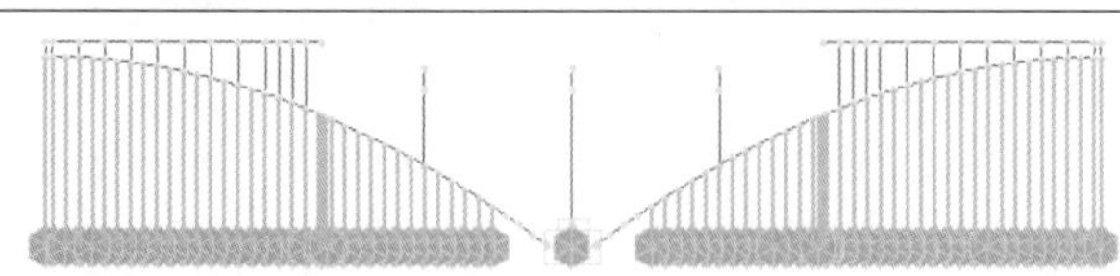
5	张拉临时预应力索 LS	1	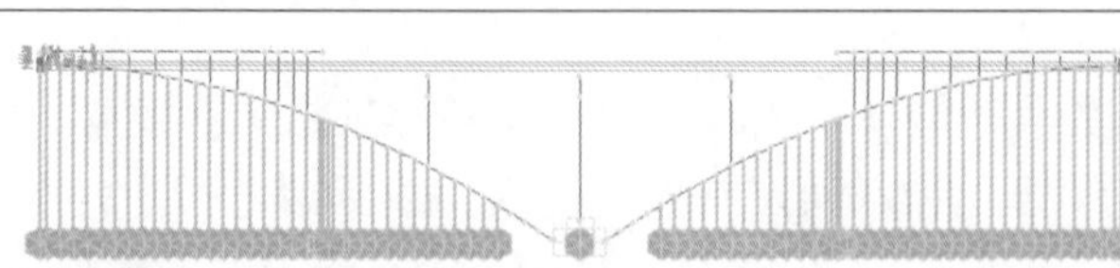
6	拱上简支梁施工	27	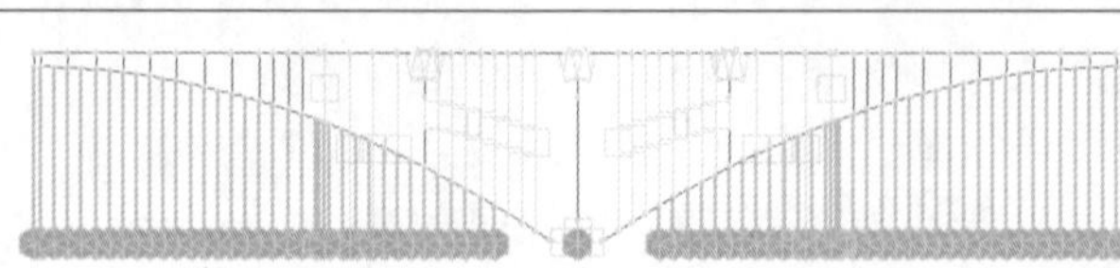
7	体内预应力 F 索张拉	7	
8	主拱和边拱跨中满堂支架撤除	0	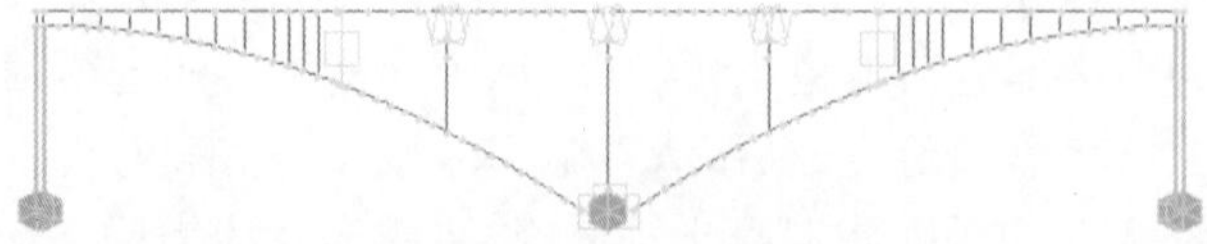

续上表

施工阶段	施工内容	施工时间(d)	说明及模型简图
9	浇筑湿接缝	7	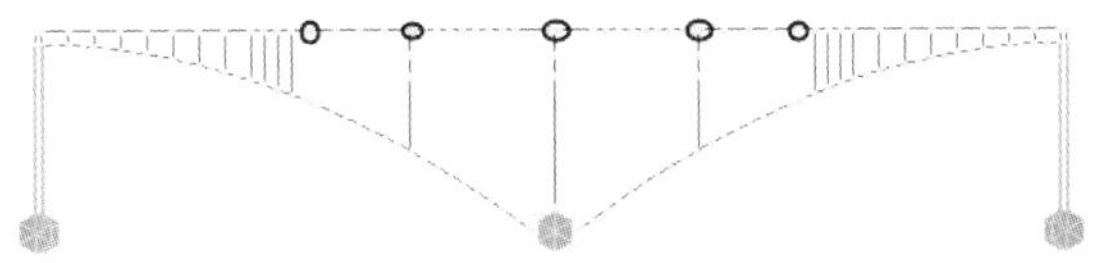
10	张拉预应力 T1/T2、B7/B8、T3/T4	6	
11	F 索压浆	0	
12	转体前	0	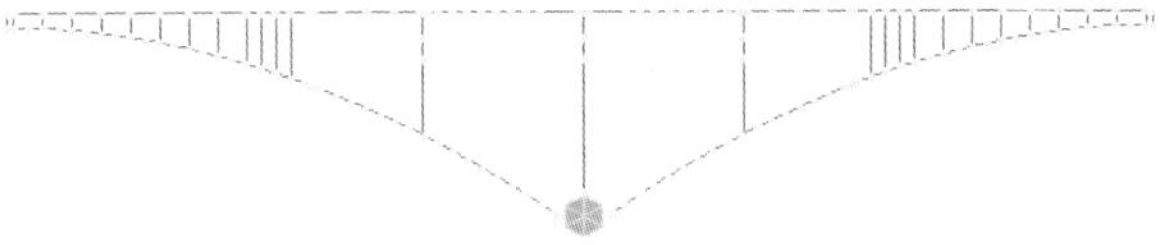
13	边跨合龙	7	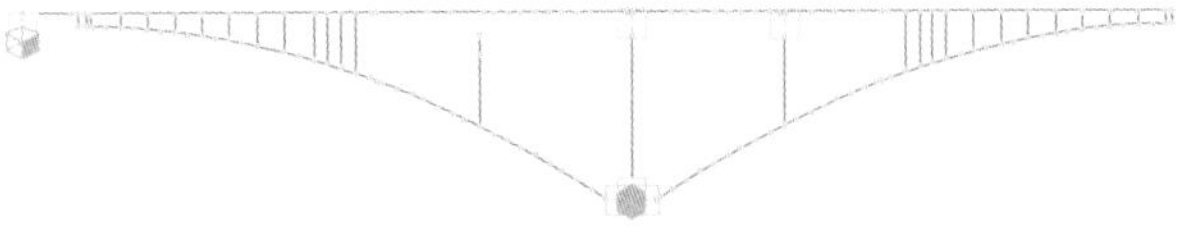
14	中跨合龙前顶推	1	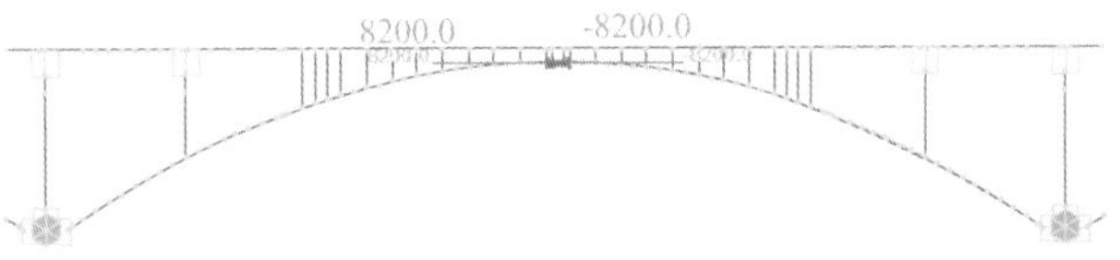
15	中跨合龙	11	
16	永久索更换	20	
17	铺装二期恒载前放置 3 个月	90	收缩徐变
18	铺装二期恒载	30	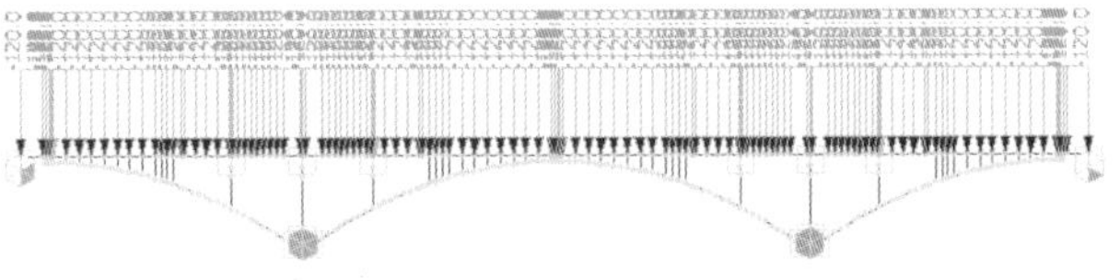

5.4.2　应力变形监控内容

上部结构的应力、变形监控包括以下几个方面:①拱肋、连续梁应力;②支架沉降;③连续梁变形。

1. 拱肋、连续梁应力监控

应力监测是判断结构安全状况较直接的手段,也比较可靠。该项监测在每一个施工阶段都要进行。

(1)测试仪器

混凝土应力的测量一般通过应变来间接反映应力的大小。目前,用来测量混凝土应变的应变计有电阻式应变计、差动式应变计、弦振式应变计以及光线应变传感器等。由于弦振式应变计具有良好的稳定性、抗干扰能力、采集数据方便及测试量为应变累计等优点,较广泛地运用于大跨度桥梁的施工监控和运营期长期监测。结合工程实际,本工程采用 JMZX－215AT 温度型智能弦式钢筋应力计。

(2)测点布置

①拱上连续梁顺桥向布置①-①,②-②共两个断面,拱肋顺桥向布置Ⅰ-Ⅰ~Ⅵ-Ⅵ共6个断面。

②拱上连续梁断面应力测点共布置12个;拱肋断面应力测点共布置36个。

③传感器安装前,对测试设备、应变传感器等进行了室内试验,保证各项性能均能达到测试的要求。

2. 支架沉降监控

(1)监控内容

现浇支架监控内容主要包括支架本身各杆件的变形情况;整体或局部的水平位移、竖向沉降;地基板的沉降三个方面。采用目测结合仪器测量进行观测检查。目测检查主要检查支架节点连接是否紧密、牢靠,顶托支撑是否紧密、有无空隙,顶托立杆是否垂直无倾斜,剪刀撑扣件是否牢固、无松动脱落;测量检查。主要检查各工况下支架的水平位移、沉降量;地基板的沉降量以及碗扣支架立杆的应力。采用分别布置观测点、分工况观测的原则进行支架体系观测监控,确保施工过程安全。下面主要介绍测量检查的实施情况。

(2)测点布置

①支架以下体系沉降观测点布置

现浇支架一侧共布置地面观测点12个,其中上承台顶面2个(1号、2号)、钢围堰顶面2个(3号、4号)、地基板8个(5号~12号)。

②支架及模板系统沉降观测点布置

支架顶面共布置观测点12个,其中钢桁架中部2个、钢围堰对应钢桁架顶面2个、各节段横隔板处(前后2 m范围内)6个、梁悬臂端头拱肋位置2个。支架观测点在拱肋底板浇筑前后布设在拱肋底板上,在浇筑拱肋腹板之前将其转移到拱肋顶板上。

③支架水平位移观测点布置

测量点布置一处支架布置8个点,主要布置在钢桁架中部(13号、14号)、横隔板前后2 m范围内(17号~22号),水平位移观测点在拱肋底板浇筑前后布设在拱肋底板上,在浇筑拱肋腹板之前将其转移到拱肋顶板上。

具体测点布置如图5-4-2所示。

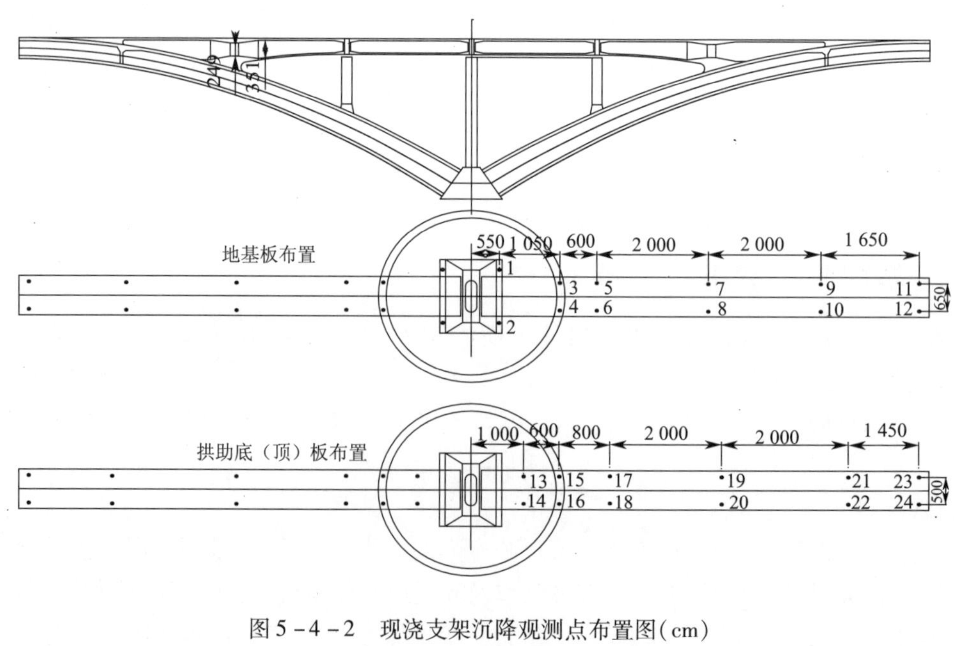

图5-4-2　现浇支架沉降观测点布置图(cm)

3. 连续梁变形监控

位移监测分为竖直平面内和水平面内的线形位移监测。高程的观测资料是施工控制中控制成桥线形的主要依据。本桥拱上连续梁每隔 8 m 布置高程测点，顺桥向布置 43 个断面，横桥向布置 2 个测点。拱上连续梁高程测点共计 86 个，采用 ϕ16 钢筋，垂直方向与顶板的上下层钢筋点焊牢固并要求竖直。测点露出箱梁混凝土表面 2 cm，测点磨平并用红油漆作标记。在施工过程中，对每一个测点都需要进行立模时、混凝土浇筑后、预应力张拉前、预应力钢筋张拉后，永久、临时系杆张拉前后、二期恒载铺装后的高程观测，获得各测点的高程变化历程，确保桥面的成桥线形。

拱肋高程观测点共设置 20 个，分别布置于拱脚、$\frac{1}{8}L$、$\frac{1}{4}L$、$\frac{3}{8}L$、梁端。

5.5 运营期沉降监测

5.5.1 全测段的监测断面及点位布置

选取起止里程为(K57 +600—K57 +760)，属浙江嘉善转体桥主跨部分。

本测段共设置线上监测断面 13 个；设置线下沉降监测点位 2 个，线下沉降监测点为桥墩，点位依次设置在桥墩两侧。

线下沉降监测点命名规则：点名共 2 位，第一位为沪杭高铁特大桥桥号，第二、三、四位为该桥墩身号，第五、六位为该墩左右测监测点点号，其中线路大里程方向左侧 01、右侧 02。

线上每个断面设置断面监测点 6 个，依次设置在上下行轨道板中心、底座板外侧及外侧梁体，轨道板上监测点位以红油漆仔细画框标示，其余为埋设标志。所做标志具体代表："G1"代表下行外侧梁体、"G2"代表下行外侧底座、"G3"代表下行轨道板中、"G4"代表上行轨道板中、"G5"代表上行外侧底座、"G6"代表上行外侧梁体。

5.5.2 立面观测示意图

本测段共设置线上监测断面 13 个，起用邻近桥墩固定支座端上 CPⅢ点作为断面监测后视点，共 3 个，如表5 –5 –1和图 5 –5 –1 所示。

表 5 –5 –1　桥梁断面里程表、后视点位置表

序号	里程	点位描述	后视点
1	K57 +572	边跨中	57 320
2	K57 +588	边跨上	
3	K57 +600	330 号	
4	K57 +620	主跨上	
5	K57 +640	主跨上	
6	K57 +659	主跨上	
7	K57 +680	主跨中	57 324
8	K57 +700	主跨上	
9	K57 +720	主跨上	
10	K57 +740	主跨上	57 326
11	K57 +760	331 号	
12	K57 +780	边跨上	
13	K57 +800	边跨上	

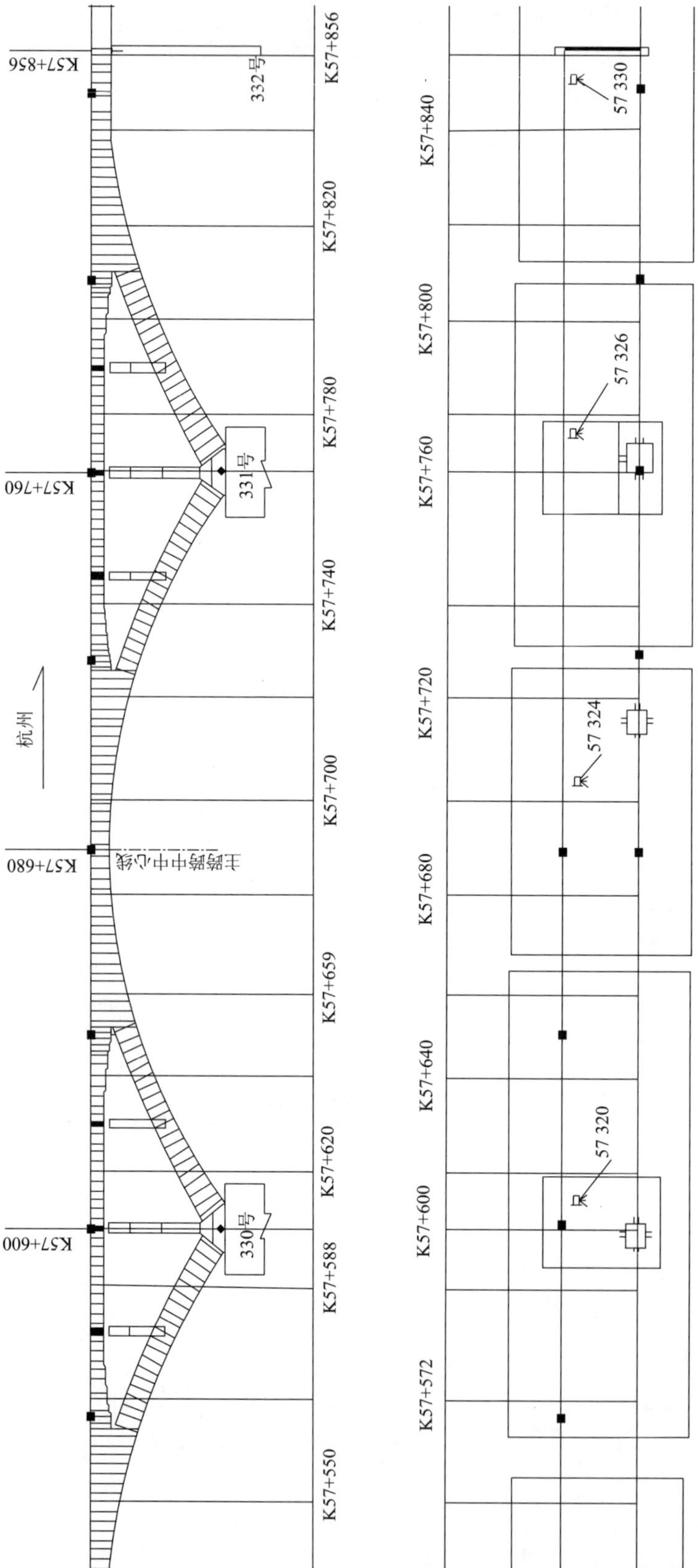

图5-5-1 桥梁断面监测点位置、后视点位置

5.6 施工监测结果

5.6.1 转体体系监测结果

砂箱拆除后钢撑脚与环道之间间隙变化及梁体竖向位移如表 5－6－1 所示。

表 5－6－1 拆除砂箱后钢撑脚位移监测结果

部位	中跨侧桥轴向撑脚(mm)	边跨侧桥轴向撑脚(mm)	梁体竖向位移(mm)
小里程侧转体	－0.50	0.22	－0.10
大里程侧转体	－1.5	1.0	－0.5

不平衡测试结果如表 5－6－2 所示。

表 5－6－2 不平衡测试结果

部位	不平衡力矩(kN·m)	摩阻力矩(kN·m)	静摩阻系数 μ	偏心距 e (cm)
小里程侧转体	8 083	46 585	0.037	4.81(偏中跨)
大里程侧转体	8 888	51 017	0.041	5.29(偏中跨)

1. 试转需要测试内容

试转时实际测试启动牵引力 T_0、正常牵引状态下的牵引力 T_1、单位时间转动主桥的角度及悬臂端所转动的水平弧线距离、点动操作时受惯性影响大小(每点动一次悬臂端所转动水平弧线距离)、转体过程中姿态变化分析及应力状况分析等内容。

2. 试转角度确定

试转以转体最大悬臂端边缘不侵入既有沪杭高速公路路肩为原则，计算最大试转角度小里程侧为 4°，大里程侧为 3.4°，试转过程中以 3°控制。

3. 试转结果

通过试转，主要确定了启动牵引力 T_0 的大小、自动牵引状态下的牵引力 T_1 大小、自动牵引状态下的转动速度。具体测试结果如表 5－6－3 所示。

表 5－6－3 试转测试成果表

序号	测试项目	测试结果		单位	备注
		小里程侧	大里程侧		
1	启动牵引力	480	520	kN	
2	自动运行阶段线速度(梁端)	0.023	0.026	m/s	第一次
		0.022	0.023	m/s	第二次

5.6.2 运营期沉降监测结果

桥梁主体结构完成后，截至目前共进行 4 次位移测量。

1. 线上监测断面观测成果及其沉降量

本测段线上监测断面观测成果统计如表 5－6－4 所示。

2. 线下桥墩沉降监测点观测成果及其沉降量

本测段线下桥墩沉降监测点观测成果及其沉降量统计如表 5－6－5 所示。

3. 观测结论

本次线下桥墩沉降监测点观测沉降量在[－0.7,0.0] mm 之间，累积量在[－0.6,0.2] mm 之间，沉降速率为[－0.08,0.01] mm/d，单次沉降量、累计沉降量都很小，认定为测量误差影响造成的，判定线下点无沉降。

桥上沉降量在[-3.2,5.4] mm之间,累积沉降量在[-0.7,1.8] mm之间,沉降速率为[-0.32,0.54] mm/d,其中,转体桥160 m主跨K57+640~K57+740段较第三次(7月31日)测量沉降,最大处位于跨中K57+680处,达到5.4 mm,而边跨即K57+550~K57+588、K57+800~K57+840处都上升,最大处分别是:K57+572为3.2 mm、K57+820为2.7 mm,基本位于边跨的中部。

结合第三次线上的观测情况,转体桥160 m主跨K57+640~K57+740段较第二次(7月15日)测量上升,最大处位于跨中K57+680处,达到5.0 mm,而边跨即K57+550~K57+588,K57+800~K57+840都沉降,最大处分别是:K57+572为3.9 mm,K57+820为3.1 mm。

本测段桥上四次外业观测桥上空气温度第一次(7月2日)30 ℃(白天晴天,晚上闷热)、第二次(7月15日)28 ℃(白天晴、晚上零星小雨)、第三次(7月31日)31 ℃(晴天)、第四次(8月9日)29 ℃(晴天),转体梁的变化主要受到箱体温度、工后沉降等因素影响,主跨升高则边跨下沉,主跨下沉则边跨上升。

测量时只是测量了桥上夜间空气温度,无法测量箱体温度,但夜间空气温度第三次高于第二次,主跨跨中表现出升高,空气温度第四次低于第三次,主跨跨中表现出下沉,而边跨沉降与主跨正好相反。以上情况基本和转体桥的变化规律一致,应当继续观测,观测频率可降低至一月一次。

5.7 结　　论

转体施工桥梁的施工监控始终要围绕“转得动、转得稳、转得准”的要求进行方案部署。为此,本章依据转体工艺的进程将施工监控分为三大部分:转体前、转体中和转体后来描述施工监控的内容与要点。尤其是对转体前的施工监控作了详细介绍,比如球铰、环道、撑脚、砂箱的安装,称重试验的实施等。

由于本工程处于软土地区,需关注其运营期的沉降变形。从目前来看,运营期沉降变形较小,完全满足客运专线的线形要求。为得到进一步的结论,还须继续观测。

表5-6-4 线上监测断面成果统计表

序号	断面里程	上/下行	点号	设备特征	第一次(7月2日)	第二次(7月14日)			第三次(7月31日)			第四次(8月9日)		
					高程(m)	高程(m)	沉降量(mm)	累积沉降量(mm)	高程(m)	沉降量(mm)	累积沉降量(mm)	高程(m)	沉降量(mm)	累积沉降量(mm)
1	K57+572横断面	下行	G1	梁体	29.535 9	29.536	-0.1	-0.1	29.5325	3.5	3.4	29.535 2	-2.7	0.6
2			G2	底座	29.747 7	29.747 9	-0.2	-0.2	29.744 6	3.3	3.1	29.746 9	-2.3	0.8
3			G3	轨道板	30.005	30.005 2	-0.1	-0.1	30.001 8	3.3	3.2	30.004 4	-2.6	0.6
4		上行	G4	轨道板	30.004 6	30.004 7	-0.1	-0.1	30.001 2	3.5	3.4	30.004 2	-3.0	0.4
5			G5	底座	29.753 2	29.753 2	0.0	0.0	29.749 6	3.5	3.5	29.752 3	-2.6	0.9
6			G6	梁体	29.527 5	29.527 6	-0.1	-0.1	29.523 7	3.9	3.8	29.526 8	-3.2	0.6
7	K57+588横断面	下行	G1	梁体	29.520 4	29.520 2	0.2	0.2	29.518	2.2	2.4	29.519 9	-1.9	0.5
8			G2	底座	29.752 1	29.752	0.1	0.1	29.749 5	2.5	2.6	29.751 5	-2.0	0.6
9			G3	轨道板	30.005 9	30.005 7	0.2	0.2	30.003 6	2.1	2.3	30.005 3	-1.7	0.7
10		上行	G4	轨道板	30.006 3	30.006 1	0.2	0.2	30.003 8	2.3	2.5	30.005 8	-2.1	0.4
11			G5	底座	29.771 5	29.771 3	0.3	0.3	29.768 9	2.4	2.7	29.770 8	-1.9	0.8
12			G6	梁体	29.551	29.550 5	0.5	0.5	29.548 1	2.4	2.9	29.550 1	-2.0	0.9
13	K57+600横断面	下行	G1	梁体	29.516 2	29.515 9	0.3	0.3	29.514 9	1.0	1.4	29.515 8	-0.9	0.4
14			G2	底座	29.763 5	29.763 3	0.3	0.3	29.762 2	1.1	1.3	29.763 1	-0.9	0.4
15			G3	轨道板	30.006 8	30.006 6	0.2	0.2	30.005 7	0.9	1.2	30.006 4	-0.7	0.4
16		上行	G4	轨道板	30.008 1	30.007 7	0.5	0.5	30.006 7	1.0	1.4	30.007 7	-1.0	0.4
17			G5	底座	29.758 9	29.758 4	0.4	0.4	29.757 3	1.2	1.6	29.758 3	-1.0	0.6
18			G6	梁体	29.518 7	29.518 3	0.5	0.5	29.517 1	1.2	1.6	29.518	-0.9	0.8
19	K57+620横断面	下行	G1	梁体	29.514 7	29.514 5	0.1	0.1	29.514 7	-0.1	0.0	29.514 5	0.1	0.1
20			G2	底座	29.766 6	29.766 6	0.0	0.0	29.766 8	-0.2	-0.2	29.766 6	0.2	0.0
21			G3	轨道板	30.011 4	30.011 5	-0.1	-0.1	30.011 3	0.2	0.1	30.011 2	0.1	0.2
22		上行	G4	轨道板	30.012 3	30.011 9	0.4	0.4	30.012 1	-0.2	0.2	30.012 2	0.0	0.2
23			G5	底座	29.769 6	29.769 3	0.3	0.3	29.769 5	-0.2	0.2	29.769 2	0.3	0.4
24			G6	梁体	29.515 9	29.515 6	0.3	0.3	29.515 6	-0.1	0.3	29.515 5	0.2	0.5

续上表

序号	断面里程	上/下行	点号	设备特征	第一次(7月2日)	第二次(7月14日)			第三次(7月31日)			第四次(8月9日)		
					高程(m)	高程(m)	沉降量(mm)	累积沉降量(mm)	高程(m)	沉降量(mm)	累积沉降量(mm)	高程(m)	沉降量(mm)	累积沉降量(mm)
25	K57+640横断面	下行	G1	梁体	29.568 5	29.568 7	-0.2	-0.2	29.569 6	-0.9	-1.1	29.568 5	1.1	-0.1
26			G2	底座	29.773 5	29.773 9	-0.4	-0.4	29.774 7	-0.8	-1.2	29.773 5	1.3	0.0
27			G3	轨道板	30.015 3	30.015 5	-0.2	-0.2	30.016 7	-1.2	-1.4	30.015 4	1.3	-0.1
28		上行	G4	轨道板	30.017	30.017	0.0	0.0	30.018 3	-1.3	-1.3	30.0173	1.0	-0.3
29			G5	底座	29.769 5	29.769 3	0.2	0.2	29.770 6	-1.3	-1.1	29.769	1.6	0.5
30			G6	梁体	29.541 3	29.541 2	0.1	0.1	29.541 8	-0.6	-0.5	29.540 9	0.9	0.4
31	K57+659横断面	下行	G1	梁体	29.604 8	29.605 6	-0.7	-0.7	29.606 4	-0.8	-1.5	29.605 1	1.3	-0.2
32			G2	底座	29.793 5	29.794 1	-0.7	-0.7	29.796 2	-2.1	-2.7	29.793 6	2.6	-0.1
33			G3	轨道板	30.024 8	30.025 1	-0.3	-0.3	30.027 1	-2.0	-2.3	30.024 7	2.4	0.1
34		上行	G4	轨道板	30.024 2	30.024 6	-0.4	-0.4	30.026 4	-1.8	-2.2	30.024 5	1.9	-0.3
35			G5	底座	29.749 5	29.750 2	-0.8	-0.8	29.752 6	-2.3	-3.1	29.749 7	2.9	-0.2
36			G6	梁体	29.622 1	29.622 6	-0.5	-0.5	29.623 4	-0.8	-1.3	29.621 6	1.7	0.5
37	K57+680横断面	下行	G1	梁体	29.640 2	29.640 8	-0.6	-0.6	29.645 6	-4.8	-5.4	29.640 3	5.3	-0.1
38			G2	底座	29.764 9	29.765 8	-0.9	-0.9	29.770 3	-4.6	-5.4	29.765 3	5.0	-0.4
39			G3	轨道板	30.029 4	30.030 4	-1.0	-1.0	30.034 8	-4.4	-5.4	30.029 9	4.9	-0.5
40		上行	G4	轨道板	30.030 1	30.030 9	-0.8	-0.8	30.035 9	-5.0	-5.8	30.030 5	5.4	-0.4
41			G5	底座	29.782 8	29.783 4	-0.6	-0.6	29.788	-4.6	-5.2	29.783	5.0	-0.2
42			G6	梁体	29.645 5	29.646 1	-0.6	-0.6	29.650 6	-4.5	-5.1	29.645 6	5.0	-0.1
43	K57+700横断面	下行	G1	梁体	29.584 7	29.585 3	-0.7	-0.7	29.590 2	-4.8	-5.5	29.585 1	5.1	-0.4
44			G2	底座	29.769 8	29.770 5	-0.7	-0.7	29.775 2	-4.8	-5.5	29.770 2	5.1	-0.4
45			G3	轨道板	30.027 7	30.028 8	-1.0	-1.0	30.033 3	-4.5	-5.6	30.028 2	5.1	-0.5
46	K57+720横断面	上行	G4	轨道板	30.030 4	30.031 1	-0.7	-0.7	30.036 1	-5.0	-5.7	30.030 7	5.4	-0.3
47			G5	底座	29.761 5	29.761 8	-0.3	-0.3	29.766 6	-4.8	-5.0	29.761 6	5.0	-0.1
48			G6	梁体	29.588 8	29.589 2	-0.4	-0.4	29.594	-4.8	-5.2	29.588 9	5.1	-0.1

续上表

序号	断面里程	上/下行	点号	设备特征	第一次（7月2日）	第二次（7月14日）			第三次（7月31日）			第四次（8月9日）		
					高程（m）	高程（m）	沉降量（mm）	累积沉降量（mm）	高程（m）	沉降量（mm）	累积沉降量（mm）	高程（m）	沉降量（mm）	累积沉降量（mm）
49	K57+720 横断面	下行	G1	梁体	29.577 5	29.577 7	-0.2	-0.2	29.581 2	-3.5	-3.7	29.577 5	3.7	0.0
50			G2	底座	29.761 5	29.761 6	-0.1	-0.1	29.765 3	-3.7	-3.8	29.761 4	3.9	0.1
51			G3	轨道板	30.017 8	30.018	-0.1	-0.1	30.021 7	-3.7	-3.8	30.017 7	3.9	0.1
52		上行	G4	轨道板	30.019 7	30.019 8	-0.1	-0.1	30.023 5	-3.7	-3.9	30.019 4	4.1	0.3
53			G5	底座	29.769 2	29.769	0.2	0.2	29.772 4	-3.4	-3.2	29.768 7	3.7	0.5
54			G6	梁体	29.591 4	29.591 5	-0.1	-0.1	29.595 3	-3.7	-3.8	29.591 3	4.0	0.2
55	K57+740 横断面	下行	G1	梁体	29.574 3	29.574 3	0.1	0.1	29.575 6	-1.3	-1.3	29.573 5	2.1	0.8
56			G2	底座	29.757	29.757 1	-0.1	-0.1	29.758 4	-1.3	-1.4	29.756 4	2.0	0.6
57			G3	轨道板	30.013 5	30.013 7	-0.2	-0.2	30.015 3	-1.5	-1.7	30.013	2.3	0.5
58		上行	G4	轨道板	30.0169	30.0174	-0.5	-0.5	30.018 4	-1.0	-1.5	30.016 3	2.1	0.6
59			G5	底座	29.763 4	29.763 5	-0.1	-0.1	29.764 7	-1.3	-1.3	29.762 6	2.1	0.8
60			G6	梁体	29.564 1	29.564 1	0.0	0.0	29.565 3	-1.3	-1.3	29.563 2	2.1	0.9
61	K57+760 横断面	下行	G1	梁体	29.519 7	29.519 3	0.4	0.4	29.519 9	-0.6	-0.2	29.519	0.9	0.7
62			G2	底座	29.773 2	29.772 9	0.3	0.3	29.773 4	-0.5	-0.2	29.772 6	0.8	0.6
63			G3	轨道板	30.009 8	30.009 1	0.6	0.6	30.009 7	-0.6	0.0	30.009	0.7	0.8
64		上行	G4	轨道板	30.010 9	30.010 8	0.1	0.1	30.011 3	-0.5	-0.4	30.010 3	0.9	0.5
65			G5	底座	29.765 9	29.765 7	0.2	0.2	29.766 1	-0.4	-0.2	29.765 3	0.8	0.7
66			G6	梁体	29.531 6	29.531 3	0.3	0.3	29.531 8	-0.5	-0.2	29.530 8	1.0	0.8
67	K57+780 横断面	下行	G1	梁体	29.502 3	29.501 7	0.6	0.6	29.501 2	0.5	1.1	29.501 3	-0.1	1.0
68			G2	底座	29.764 5	29.764 3	0.2	0.2	29.762 7	1.6	1.8	29.763 2	-0.6	1.3
69			G3	轨道板	30.005 5	30.004 9	0.6	0.6	30.004 4	0.5	1.1	30.004 5	0.0	1.0
70		上行	G4	轨道板	30.006 9	30.006 4	0.5	0.5	30.005 9	0.5	1.0	30.005 9	0.0	1.1
71			G5	底座	29.769 6	29.768 8	0.8	0.8	29.768 5	0.3	1.1	29.768 4	0.1	1.2
72			G6	梁体	29.520 8	29.520 1	0.8	0.8	29.519 6	0.4	1.2	29.519 7	0.0	1.2

续上表

序号	断面里程	上/下行	点号	设备特征	第一次(7月2日)	第二次(7月14日)			第三次(7月31日)			第四次(8月9日)		
					高程(m)	高程(m)	沉降量(mm)	累积沉降量(mm)	高程(m)	沉降量(mm)	累积沉降量(mm)	高程(m)	沉降量(mm)	累积沉降量(mm)
73	K57+800横断面	下行	G1	梁体	29.509 3	29.508 1	1.1	1.1	29.506 3	1.8	3.0	29.508	-1.7	1.2
74			G2	底座	29.748 7	29.747 7	1.0	1.0	29.745 7	2.0	3.0	29.747 5	-1.8	1.2
75			G3	轨道板	30.004 5	30.003 4	1.1	1.1	30.001 7	1.7	2.8	30.003 3	-1.6	1.2
76		上行	G4	轨道板	30.006 1	30.005 1	1.0	1.0	30.003 5	1.6	2.5	30.005	-1.5	1.1
77			G5	底座	29.743 8	29.743 1	0.7	0.7	29.740 9	2.2	2.9	29.742	-1.1	1.8
78			G6	梁体	29.527 3	29.525 7	1.6	1.6	29.524 3	1.4	3.0	29.525 8	-1.5	1.5

表 5-6-5 线下桥墩沉降监测点沉降量统计表

点号	里程	第一次(7月2日)	第二次(7月14日)			第三次(7月31日)			第四次(8月9日)		
		高程(m)	高程(m)	沉降量(mm)	累积沉降量(mm)	高程(m)	沉降量(mm)	累积沉降量(mm)	高程(m)	沉降量(mm)	累积沉降量(mm)
433 001	K57+600	2.1246	2.124 6	0.0	0.0	2.124 3	0.3	0.3	2.124 4	-0.2	0.1
433 002		2.190 3	2.190 2	0.0	0.0	2.189 9	0.3	0.3	2.190 1	-0.2	0.1
433 101	K57+760	2.467 7	2.467 7	0.0	0.0	2.467 5	0.2	0.2	2.467 5	0.0	0.2
433 102		2.398 0	2.397 9	0.1	0.1	2.397 8	0.1	0.3	2.397 8	-0.1	0.2

第6章　工 程 科 研

桥梁转体施工的顺利进行,设计是根本,施工是关键。由于施工方法的创新而带来了设计理论的深刻变化,转体施工形成了一类全新的桥梁形式,亟须与其相配套的设计理论指导转体施工桥梁的设计。

在软基地区进行转体施工高速铁路桥梁的建设,融合了“软基地区”“转体施工”“高速铁路”等几项技术难题,设计难度非常大。软基地区桥梁建设的技术难点主要体现在桩基设计与沉降控制上,其中沉降控制与高速铁路的线形控制息息相关;为了实现桥梁转体施工“转的动、转的稳”的目标,球铰、桩基下承台、抗倾覆性、拱肋屈曲稳定性是设计需重点关注的内容;同时,为了提高桥梁结构的使用性能,需研究顶推力与系杆力、收缩徐变效应、预应力张拉顺序等对结构使用性能的影响。

鉴于以上分析,本课题组建立了成套设计理论,如图 6－0－1 所示,主要内容有:转体施工桥梁下承台的设计方法;软基地区转体施工桥梁群桩基础承载机理与沉降控制;万吨级球铰的设计方法;大悬臂转体施工桥梁抗倾覆设计;拱肋屈曲稳定性控制;转体施工自锚上承式拱桥的顶推力与系杆力计算;基于桥梁使用性能的收缩徐变效应与预应力张拉顺序研究。

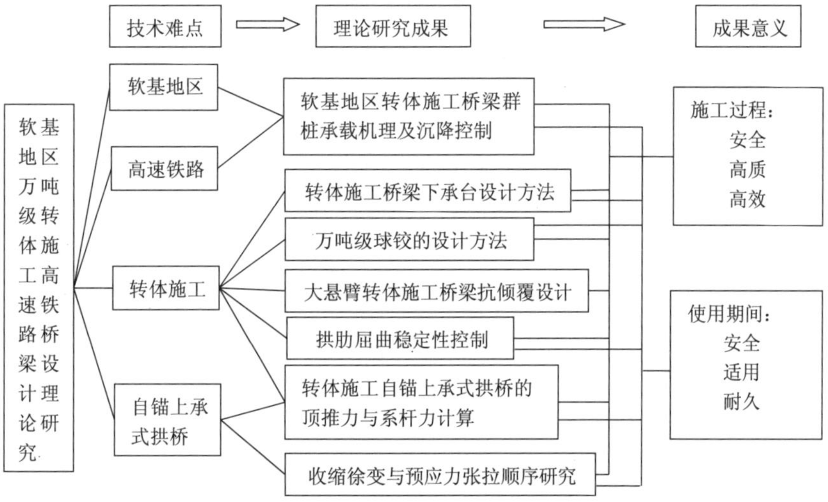

图 6－0－1　软基地区万吨级转体施工高速铁路桥梁设计理论研究框架图

6.1　转体施工桥梁下承台计算的新方法

承台是混凝土结构计算中的难点,主要计算方法有控制截面法和拉压杆模型法,其中拉压杆模型计算方法较为复杂,实际工程中较难应用。课题组在拉压杆模型基本理论的基础上,提出了锥形面拉压杆模型,使得计算大大简化,便于被工程界采用。

6.1.1　概　　述

1. 国内外研究现状综述

承台是连接上部结构与桩基础的一个过渡区,它以受压为主,但也存在弯曲效应,底缘受拉易开裂,因此通常会在承台底缘纵横向都配置数量较多的钢筋。承台配筋设计多根据经验布置钢筋,然后利用控制截面法作抗弯、抗剪、抗冲切验算。然而承台是混凝土结构中的典型 D 区,经典梁理论不再适用,平截面假定不再很好地符合,因此将控制截面法应用于承台计算是欠合理的。

拉压杆模型从结构内部力流的传递机理出发，从连续体中抽象出离散的桁架模型，由拉杆、压杆和节点组成。一般情况下，压杆由混凝土来承担，拉杆则由普通钢筋或预应力钢筋来承担。通过选定合理的拉压杆尺寸及倾角，建立符合力流传递的拉压杆模型，这样就能对结构进行承载力和配筋计算。

国内外学者的最新研究表明，桩基厚承台的受力机理符合空间桁架模型的受力规律。目前，运用拉压杆模型进行承载计算的研究成果主要有：对少桩承台构建简易的平面拉压杆模型，利用试验数据给出相关尺寸规定，比如压杆的倾角和截面积、拉杆有效范围等，从而进行承载力及配筋计算；对桩数较多的情况，通常以一排桩为整体，形成斜压面，其构建的拉压杆模型本质上还是平面的。而事实上，对于桩数较多的情况，一排桩内桩与桩之间的受力区别较大，最符合实际受力机理的拉压杆模型应该是空间的，简单地将单排桩作为一个整体，难以得到较准确的结果。

《公预规》是我国第一部引入拉压杆模型理论的规范，其所涉及的也只有平面拉压杆模型。要将空间拉压杆模型理论应用于规范，还有很多工作要做。

2. 国内外规范对桩基承台设计的规定

本节将主要介绍各国规范对桩基承台的设计规定，由于各国规范对这一块所采用的理论差别较大，因此最后呈现出来的计算公式也有较大差别，涉及讨论的规范有：我国《混凝土结构设计规范》、我国《公路钢筋混凝土及预应力混凝土桥涵设计通用规范》、美国《混凝土规范》（ACI318-02）、美国交通部混凝土规范 AASHOTO-LFRD、前苏联规范、欧洲规范（Eurocode）、加拿大规范（CSA）。

我国《混凝土结构设计规范》：桩基承台要进行受弯、受剪切、受冲切以及局部承载力计算，确保承台具有足够的承载力。承台受弯计算采用一般受弯构建计算方法，不设抗剪钢筋，受弯计算所确定的纵向受拉钢筋沿承台底部均匀布置。受剪切受冲切承载力计算考虑了承台柱或桩的剪跨比和冲垮比的影响，但未反应纵向受拉钢筋对受剪切、受冲切承载力的贡献。

我国《公预规》：参照美国 AASHOTO 规范，对承台的正截面受弯强度计算采用梁理论和拉压杆模型计算方法。规范规定当外排桩中心距墩台边缘大于承台高度时，按梁理论计算；当外排桩中心距墩台边缘等于或小于承台高度时，按拉压杆模型计算。拉压杆模型适用于不符合平截面假定的结构（即混凝土 D 区），但是整部公预规计算的理论基础并不是朝拉压杆模型方向走的，只有桩基承台的规定运用了这方面的理论。

美国混凝土规范（ACI318-02）：没有针对厚桩基承台设计的具体条款，设计时主要参考浅基础相关设计方法，将承台设计分为三个方面：(1)受弯承载力；(2)受剪承载力计算；(3)柱底局部受压承载力计算。

前苏联规范：当剪跨比大于 1 时，仍按 45°角锥体验算；当剪跨比小于等于 1 时，直接取柱边至柱边为角锥体破坏斜面。其计算公式仍建立在受弯构件基础上，取内力臂系数为 0.9；抗剪强度计算中，分别以无量纲系数 m、α、β 值来反映不同剪跨比对承台抗剪、角桩对承台的冲切及柱对承台冲却强度的影响。

欧洲规范（Eurocode）：允许桩基承台既可用梁理论进行计算，也可用桁架模型进行计算，并规定桁架模型适用于桩数不超过 5 根的桩基承台。

加拿大规范（CSA）：规定类似于牛腿、深梁之类的混凝土 D 区，应当采用拉压杆模型进行计算。

总之，对于桩基承台的设计方法，目前尚没有统一的理论基础，各国规范差异较大。美国、前苏联和我国建设部规范均采用控制截面的方法，在抗弯计算时，采用受弯构件的计算公式，在抗剪或抗冲切计算时，考虑剪跨比的影响。但忽略了纵向钢筋对抗剪或抗冲切强度的影响。欧洲规范和加拿大规范均以拉压杆模型为理论基础进行受力分析。拉压杆模型的确立主要依据力流传递，及构件尺寸，认为混凝土内部存在压杆（一般为混凝土承担）和拉杆（主要由钢筋承担，也要考虑混凝土的抗拉贡献）。在此基础上，再考虑带裂缝混凝土的应力软化效应，计算结果与实验结果及实测值比较接近。

3. 目前理论研究的缺陷与不足

承台是桥梁结构的重要组成部分，其作用为将上部结构荷载传递给地基，承台的成败直接关系到整个结构的安全,而且一旦出现问题,后果不堪设想。承台通常是一块体积较大的实体区域,属于典型的实体单元,不同于梁单元可用平截面假定或板单元用板壳理论进行求解,而且由于群桩承台桩数众多,边界复杂,因此承台受力总体上比较复杂,通常其分析方法有:弹性力学求解析解、有限元数值模拟、基于“梁式体系“的控制截面法、拉压杆模型等。但是在运用上述方法求解时均存在不足:弹性力学求解过程极其复杂,甚至有的问题找不到解析解答;有限元数值模拟缺乏对承台受力机理的认识,不同的情况需要建立不同的模型,不易被工程人员掌握;采用控制截面法来,实际上这违背了承台的实体单元受力特性;而且如何将实体单元等效成梁单元也是个难题;拉压杆模型是公认的进行承台受力分析的有效手段,在少桩情况下,运用拉压杆模型可以很好地对承台进行受力分析,但是针对群桩承台时,由于桩数众多,导致拉压杆构形十分复杂,计算繁琐,不易被工程人员掌握。

在总结以往经验理论的基础上,笔者意识到运用拉压杆模型是进行承台受力分析具有良好前景,但是必须克服两个问题:一是针对群桩承台这种情况,应当避免复杂的构形及计算,必须提出更简洁、合理,易于工程界采纳的计算方法;二是克服拉压杆模型应用范围的局限性,将其应用到所谓的“薄”承台中。针对以上问题,本章采取的研究思路为:首先,将群桩按一定的规则分组,分别建立少桩的拉压杆模型,并建立其力的平衡关系;其次,计算出模型间的荷载分配比例,对“厚”承台与“薄”承台作不同考虑;最后,通过荷载分配比例将单个模型的受力与整体模型联系起来。

6.1.2　群桩承台计算的拉压杆模型

1. 拉压杆模型的基本概念及核心问题

(1)拉压杆模型的基本概念

STM 是混凝土结构应力复杂区域(D 区)设计的一种简单而实用的方法,是应力复杂区域尺寸拟定和配筋设计的有力工具。它是从连续体内抽象出的离散桁架模型,由压杆、拉杆和节点组成,用以反映内部力流的传递。

STM 满足塑性下限定理,即只需要满足平衡条件和屈服准则,而没有变形协调的限制,因此在模型构建时可有多种选择。拉压杆模型法首先需确定拉压杆构形,可通过有限元分析或荷载路径方法构建拉压杆模型;然后利用节点力的平衡条件,计算杆件内力;按照拉压杆模型法的设计规则进行压杆与结点区混凝土的强度验算,并对拉杆进行配筋设计。

(2)拉压杆模型需解决的核心问题

美国学者 Neil P. Bahen 通过对全美 11 家工程设计机构关于 AASHTO 规范中拉压杆模型条款的应用情况进行调查,发现拉压杆模型面临的核心问题有:合理拉压杆模型的构建较难;超静定模型内力求解困难;压杆及节点验算繁琐;考虑材料弹塑性的拉压杆模型有待研究;对正常使用阶段的受力考虑不够等。

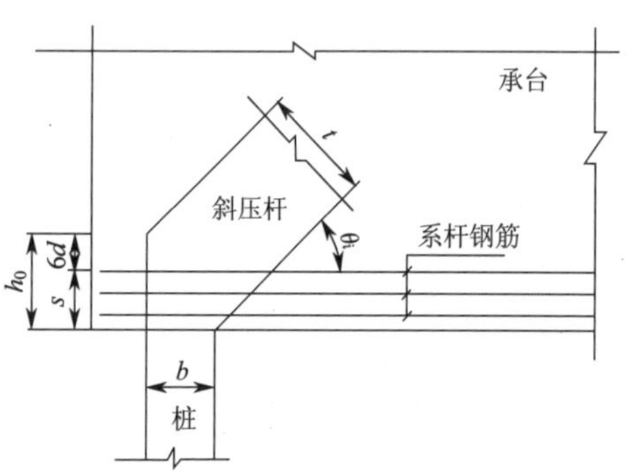

图 6－1－1　承台计算的拉压杆模型

2.“撑杆-系杆体系”计算方法(参考我国《公预规》)

承台是典型的实体结构,对其用拉压杆模型求解得到了广泛的研究,并已经被多国规范所采用。

承台是典型的实体结构,对其用拉压杆模型求解得到了广泛的研究,并已经被多国规范所采用。《公预规》是我国首部引入拉压杆模型理论的规范,它规定:柱底与桩顶通过斜压杆进行连接,分布在桩顶一定范围内的承台底部钢筋作为拉杆,如图 6－1－1 所示。其压杆承载力可按下式计算:

$$N_i = A_{ci} f_{cd,s} \tag{6-1-1}$$

其中

$$A_{ci} = \pi b_s (b\sin\theta_i + h_a\cos\theta_i) \tag{6-1-2}$$

$$f_{cd,s} = f_{cu,k}/(1.43 + 304\varepsilon_1) \leqslant 0.48 f_{cu,k} \tag{6-1-3}$$

$$\varepsilon_1 = (T_{id}/A_s E_s + 0.002)\cot\theta_i^2 \tag{6-1-4}$$

式中　N_i——混凝土斜压杆承载力;

A_{ci}——混凝土斜压杆截面积。

其余各参数含义参见《公预规》。

《公预规》对于少桩承台计算便捷，但对于桩数较多的情况，拉压杆构形复杂，尺寸确定困难，构建的拉压杆模型属多次超静定，荷载分配比例的计算繁琐，种种因素导致群桩承台在应用拉压杆模型计算时困难重重。

6.1.3 锥形面空间拉压杆模型计算理论

1. 构形思想

大吨位的转体施工桥梁，其下承台具有面积大、桩数多的特点，同时下承台承受的力相对集中。结合转体桥梁下承台的受力特点，可预测其拉压杆构形基本方法如图 6－1－2(a)所示：首先，在荷载作用区域与桩顶间形成带有单向主压应力的混凝土压杆；其次，分布在桩顶一定范围内的承台底部钢筋作为拉杆；再者，在桩顶上方形成斜压杆、钢筋拉杆、桩反力的平衡节点，在荷载作用区域下方形成三向受压的核心区混凝土节点。

受图 6－1－2(a)基本构形启发，假定所有斜压杆轴线汇聚于一点 O，分布荷载 q 可静力等效为作用于 O 点的集中力 F。O 点位置由参数 Δh 确定，如图 6－1－2(b)所示，Δh 存在以下关系：

$$\frac{\Delta h}{\Delta h + h_0} = \frac{R - a}{D_{\max}} \tag{6-1-5}$$

经化简可得

$$\Delta h = (R - a)h_0/(D_{\max} - R + a) \tag{6-1-6}$$

式中 Δh——等效荷载作用点距承台顶面的高度；

R——球铰作用半径；

a——最外侧斜压杆轴线在承台顶面作用点至球铰作用边缘的距离，参考《公预规》可取 $a = 0.15h_0$；h_0 为承台有效高度；$D_{\max}$ 为最外侧桩至承台中心的水平距离。

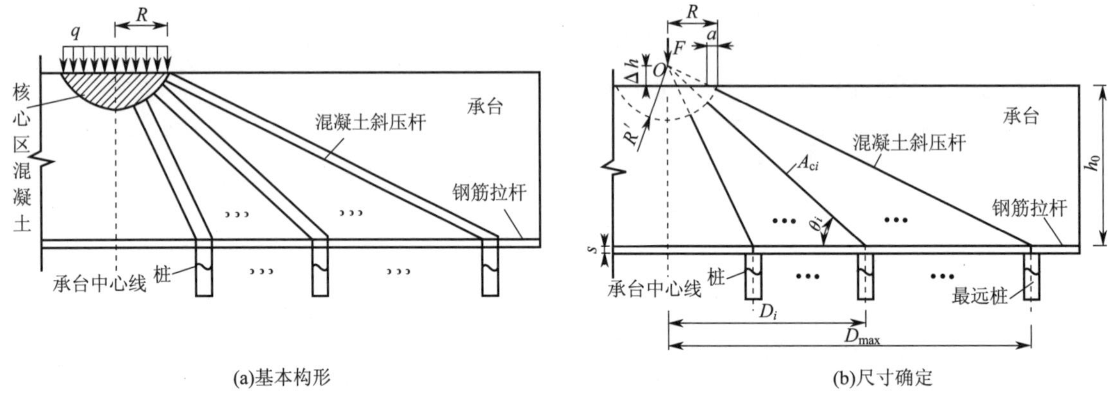

图 6－1－2 转体施工桥梁下承台拉压杆构形

斜压杆截面参考《公预规》，其中单根斜压杆倾角 θ_i 由下式计算：

$$\theta_i = \arctan[(\Delta h + h_0)/D_i] \tag{6-1-7}$$

式中 D_i——第 i 号桩中心距承台中心的水平距离。

其余参数意义同前。

通过以上分析，已能对转体施工桥梁下承台进行拉压杆构形，但是由于桩数众多，构形相当复杂，不便于计算。为简化计算，本章提出将群桩“化整为零”，具体做法为：将群桩分组，分别建立构形较简单的拉压杆模型；计算不同模型间的荷载分配比例；通过荷载分配比例，由单组拉压杆模型的承载力得到整个结构的承载力。

图 6－1－3 是某承台在顶部中央作用圆形分布荷载下的主压应力分布，可见主压应力等值线以荷载作用点为中心，呈多个同心圆分布规律，同时查看结果发现同一圆环上的桩反力也较接近。

故可将桩以不同半径分组，每组桩形成的拉压杆模型中，斜压杆截面和内力、桩反力均相等，便于计算。对于同一分组内的桩基，斜压杆会形成一个表观形式上较为简单的拉压杆模型——空间锥形面拉压杆模型（Cone-shaped Spatial STM，CS-STM）。

根据上述构形思想，可将图6－1－4所示的群桩分成10组（如图6－1－4(a)所示）。图6－1－4(b)、(c)所示的是图6－1－4(a)中第4组桩所形成的CS-STM。

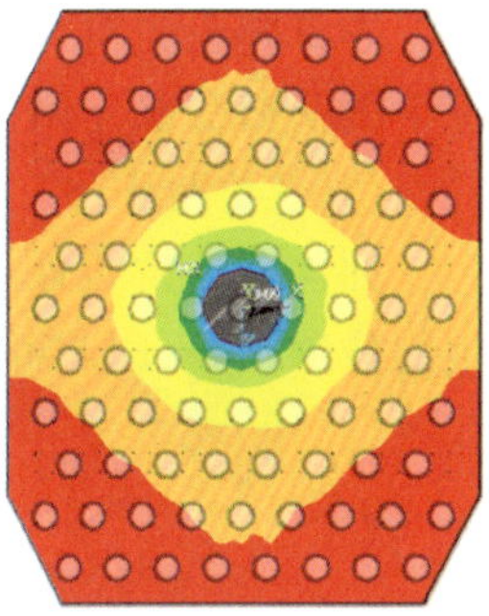

图6－1－3 承台平面及主压应力分布

2. 荷载分配比例计算

通过将群桩分组得到的锥形面拉压杆模型，其内力计算较为简便。但锥面间的荷载分配比例计算是个难点。单个锥面拉压杆模型承担的竖向荷载为该模型中所有桩的反力之和，因此计算锥面间的荷载分配比例须从桩基反力分布上着手。

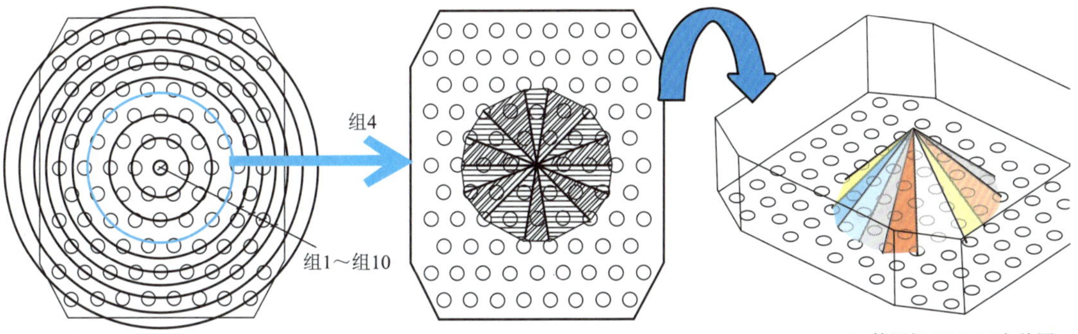

图6－1－4 锥面拉压杆模型构形的演化过程

桩基反力分布与荷载形式、桩位布置及承台与桩的相对刚度等有关。有学者通过引入承台与桩的相对刚度系数β来研究桩基反力分布，对于相对刚度系数β采用下式计算：

$$\beta=(\sqrt{B/L}E_R HaD_P)/(\sqrt[3]{K_P}Ds_a) \tag{6-1-8}$$

式中 L、B——承台的长和宽；

E_R——承台混凝土弹性模量（kN/mm^2）；

H——承台厚度；

a——在桥涵设计中取2.5；

D_P——桩径；

K_P——桩的竖向支撑刚度（kN/mm^2）；

D——荷载作用的计算周边至最远桩中心的最近距离；

s_a——桩中心距s_a的取值为：若布桩规则，取桩的中心距，若布桩不规则，则$s_a=\sqrt{A_R/n}$；

A_R——承台底面积；

n——承台下的总桩数。

有学者通过对不同相对刚度系数β的群桩承台进行试验分析，得出桩反力的分布情况如图6－1－5所示。由图可见，随着承台相对刚度的增加，中间桩所承担荷载比例呈逐渐下降趋势，而角桩则刚好相反。究其原因，当$\beta\leqslant 1$时，对应于承台较薄或桩支承刚度较大的情况，此时承台协调工作能力较弱，中间桩反力大于边缘桩反力，本书将这种承台称为“柔性承台”。随着β增加，承台的协调工作能力增强，桩的反力趋于均匀；当$\beta=4$左右时，承台协调工作能力较强，桩反力分布总体上较均匀；当承台刚度进一步增加，协调工作能力进一步加强，出现中间桩反力小于边缘桩反力。产生这种现象的原因是，在绝对刚性承台中，承台对荷载传递起着“架越作用”，导致角桩反力加大。本书将$1<\beta<4$的承台称为“半刚性承台”；将$\beta\geqslant 4$的承台称为“刚性承台”。

6

本章将首先对“柔性承台”和“刚性承台”这两种特例进行荷载分配比例计算，以此来推导一般情况下的荷载分配比例计算公式。

(1)“柔性承台”($\beta \leqslant 1$)

如前所述，“柔性承台”对应于桩支承刚度较大承台较薄的情况，此时承台弯曲变形明显而桩发生的位移很小，因此可认为桩顶不发生位移。承台受力后的变形如图 6-1-6 所示。

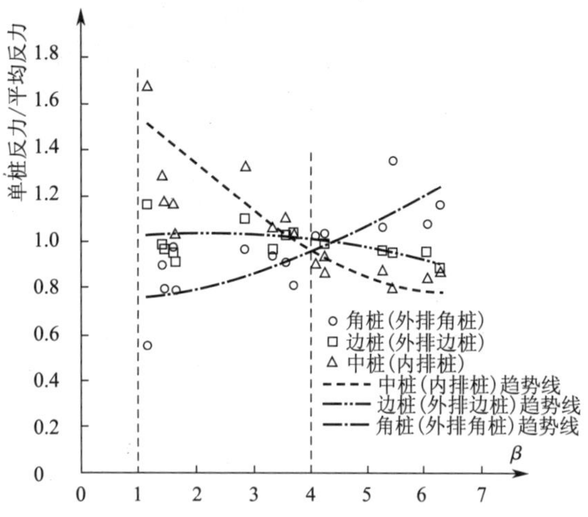

图 6-1-5 参数 β 对单桩反力影响的试验结果

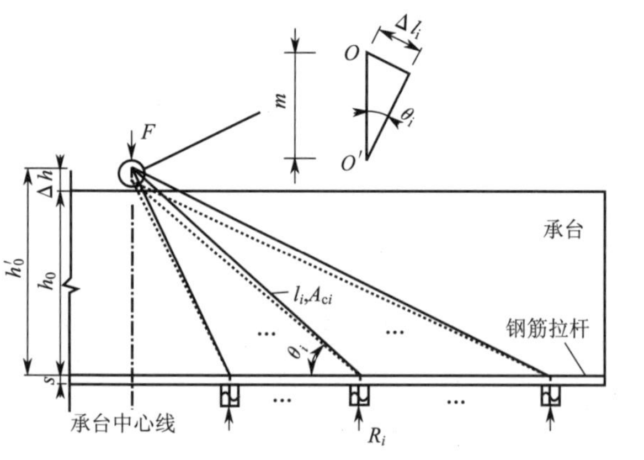

图 6-1-6 锥形拉压杆模型的荷载分配

对于桩位布置对称的情况，等效集中力 F 作用后，斜压杆交点由 O 点移位到 O' 点，只有竖向变位 m。此时每根斜压杆承担的竖向分力可由下式计算：

$$R_i = N_i \sin\theta_i \tag{6-1-9}$$

其中 $N_i = A_{ci}\sigma_i$；$\sigma_i = \varepsilon_i E_c$；$\varepsilon_i = \Delta l_i / l_i E_c$；$\Delta l_i = m\sin\theta_i$；$l_i = h_0/\sin\theta_i$

$$A_{ci} = \pi b_s(b\sin\theta_i + h_a\cos\theta_i)$$

式中 N_i、σ_i、A_{ci}、ε_i、Δl_i、l_i、θ_i——第 i 组斜压杆的轴力、应力、面积、应变、变形、长度和倾角；

E_c——混凝土弹性模量；

h_0——承台有效高度。

其余参数意义同前。

经简化计算，式(6-1-9)变为：

$$R_i = \pi b_s(b\sin\theta_i + h_a\cos\theta_i) m E_c \sin^3\theta_i/(4h_0) \tag{6-1-10}$$

令 $\rho = \sqrt{(b^2 + h_a^2)}$，同时将 $(b\sin\theta_i + h_a\cos\theta_i)$ 进行三角函数转换，可得

$$R_i = \pi b_s \rho m E_c \sin^3\theta_i \sin(\theta_i + \beta)/(4h_0) \tag{6-1-11}$$

$$\alpha = \arccos(b/\rho) \tag{6-1-12}$$

单个锥面拉压杆模型的荷载分配比例计算公式如下：

$$P_i = \sum_1^{k_i} R_{ij} \Big/ \sum_1^{m}\sum_1^{k_i} R_{ij} \tag{6-1-13}$$

将式(6-1-11)代入式(6-2-13)，得：

$$P_i = \frac{\sum_1^{k_i}[\pi b_s \rho m E_c \sin^3\theta_i \sin(\theta_i + \alpha)/(4h_0)]}{\sum_1^{m}\sum_1^{k_i}[\pi b_s \rho m E_c \sin^3\theta_i \sin(\theta_i + \alpha)/(4h_0)]} \tag{6-1-14}$$

经简化，式(6-1-14)变为：

$$P_i = \frac{k_i \sin^3\theta_i \sin(\theta_i + \alpha)}{\sum_1^{m} k_i \sin^3\theta \sin(\theta_i + \alpha)} \tag{6-1-15}$$

式中 P_i、k_i——分别为第 i 组锥面拉压杆模型的荷载分配比例和桩数；

m——桩的分组数。

(2)“刚性承台”($\beta \geqslant 4$)

本节将“刚性承台”作 $\beta = 4$ 考虑，即认为承台下桩的反力都相等，则单个锥面拉压杆模型的荷载分配比例可由下式计算：

$$P_i = k_i / \sum k_i \tag{6-1-16}$$

式中各参数意义同前。

(3)一般情况

如前所述，当 $\beta \leqslant 1$ 时，锥面间荷载分配比例的计算公式采用式(6－1－15)；当 $\beta = 4$ 时，采用式(6－1－16)。考察两式发现，可通过引入承台与桩的相对刚度系数 β，将“柔性承台”与“刚性承台”的计算公式统一起来，并由此形成一般情况下的荷载分配比例计算公式如下：

$$P_i = \frac{k_i[\sin^3\theta_i \sin(\theta_i + \alpha)]^{(-\beta/3+4/3)}}{\sum_1^m k_i[\sin^3\theta_i \sin(\theta_i + \alpha)]^{(-\beta/3+4/3)}} \tag{6-1-17}$$

式中各参数意义同前，当 $\beta \leqslant 1$ 时，取 $\beta = 1$；当 $\beta \geqslant 4$ 时，取 $\beta = 4$。式(6－1－17)即为一般情况下，锥面间荷载分配比例的计算公式。

3. 单个锥面拉压杆模型的承载力计算

前已算得锥面间的荷载分配比例，再计算单个锥面空间拉压杆模型的承载力即可得到整个结构的承载力。

单个锥面拉压杆模型的计算中，规定拉杆方向总是沿桥梁纵、横向，这与实际的钢筋布置也是一致的。图6－1－7 所示的是第 i 组第 j 节点的桩、斜压杆和拉杆的力的平衡关系，可见存在如下关系：

$$R_i = S_i \sin\theta_i \tag{6-1-18}$$

$$R_i = T_{hij}(h_0/h_{ij}) = T_{zij}(h_0/z_{ij}) \tag{6-1-19}$$

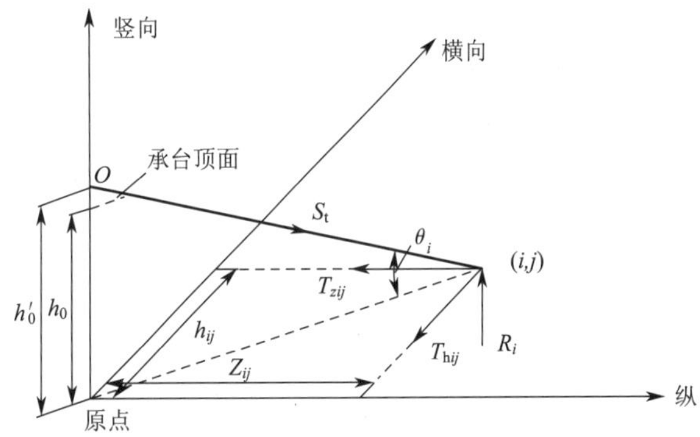

图6－1－7　锥面拉压杆模型中的节点平衡

式中　R_i、θ_i、S_i——第 i 组拉压杆模型的单桩反力、斜压杆倾角、斜压杆内力；

T_{zij}、T_{hij}——第 i 组第 j 节点的纵、横向拉杆内力；

h_{ij}、z_{ij}——第 i 组第 j 根桩中心距承台中央的横向距离和纵向距离；

h_0——承台有效高度。

利用式(6－1－18)、式(6－1－19)可分别得到由混凝土斜压杆和钢筋拉杆控制的承载力如下：

$$C_{is} = k_i N_i = k_i N_i \sin\theta_i \tag{6-1-20}$$

$$C_{it} = \min\left[\sum_{j=1}^{k_i}(h_0/h_{ij})T_{hij}, \sum_{j=1}^{k_i}(h_0/z_{ij})T_{zij}\right] \tag{6-1-21}$$

式中　C_{is}、C_{it}、N_i——第 i 组拉压杆模型由混凝土斜压杆和钢筋拉杆控制的竖向承载力及斜压杆的承载力，N_i 可由式(6－1－1)算得。

其余参数意义同前。

式(6－1－21)适用于拉杆位置互不影响，内力计算简便的情况，而对于大多数群桩承台，由于桩数众多，拉杆分布密集，导致拉杆共用钢筋。这种情况下，可认为钢筋全部起作用，并按一定的比例分配给不同的拉杆后，计算得到的各组拉压杆模型的承载力符合由桩反力得到的荷载分配比例模式。

4. 锥形面空间拉压杆模型的破坏模式分析

前面系统分析了锥形面拉压杆模型的构形思想、锥面间荷载分配比例及单个锥面拉压杆模型的承载力计算，下面介绍锥形面空间拉压杆模型在承台破坏模式和承载力预测方面的应用。

不同的承台相对刚度，其发生破坏也表现出不同的形态。对于“柔性承台”，弯曲破坏特征明显，易发生由钢筋屈服导致的破坏；对于“刚性承台”，承台中斜压杆传力作用明显，易发生冲切破坏。

"半刚性承台"的破坏特征介于两者之间。

同样的承台平面尺寸、厚度及配筋，在不同的桩基条件下，其破坏模式和承载力也不同。本节方法不仅能预测承台在不考虑桩基影响的承载力——将不同锥面拉压杆模型的承载力简单叠加；也能预测考虑桩基影响的承载力——利用锥面间的荷载分配比例，得到某个锥面拉压杆模型达到其承载力时剩余模型承担的荷载，从而算出总的承载力。

5. 试验验证

(1)试验概况

某学者为了研究柱下九桩厚承台的承载性能，制作了4个缩尺比例为1∶10的九桩钢筋混凝土承台模型进行破坏性加载试验，其加载形式、配筋及混凝土钢筋力学指标如图6－1－8及表6－1－1、表6－1－2所示。4个试件——CTA、CTB、CTC、CTD通过承台上方的方柱进行加载，与球铰圆形作用区域有一定区别，但总体上作用范围较集中，仍可采用锥形面拉压杆模型对其进行受力分析。

表6－1－1　承台混凝土力学性能指标

编号	立方体强度(MPa)	轴心抗压强度(MPa)	抗拉强度(MPa)
CTA	31.75	21.27	2.08
CTB	29.15	19.53	1.97
CTC	29.15	19.53	1.97
CTD	31.35	21.00	2.06

表6－1－2　钢筋力学性能指标

规格	屈服强度(MPa)	极限抗拉强度(MPa)	屈服应变(με)
12	372	548	1 851
14	369	558	1 818
16	374	548	1 842

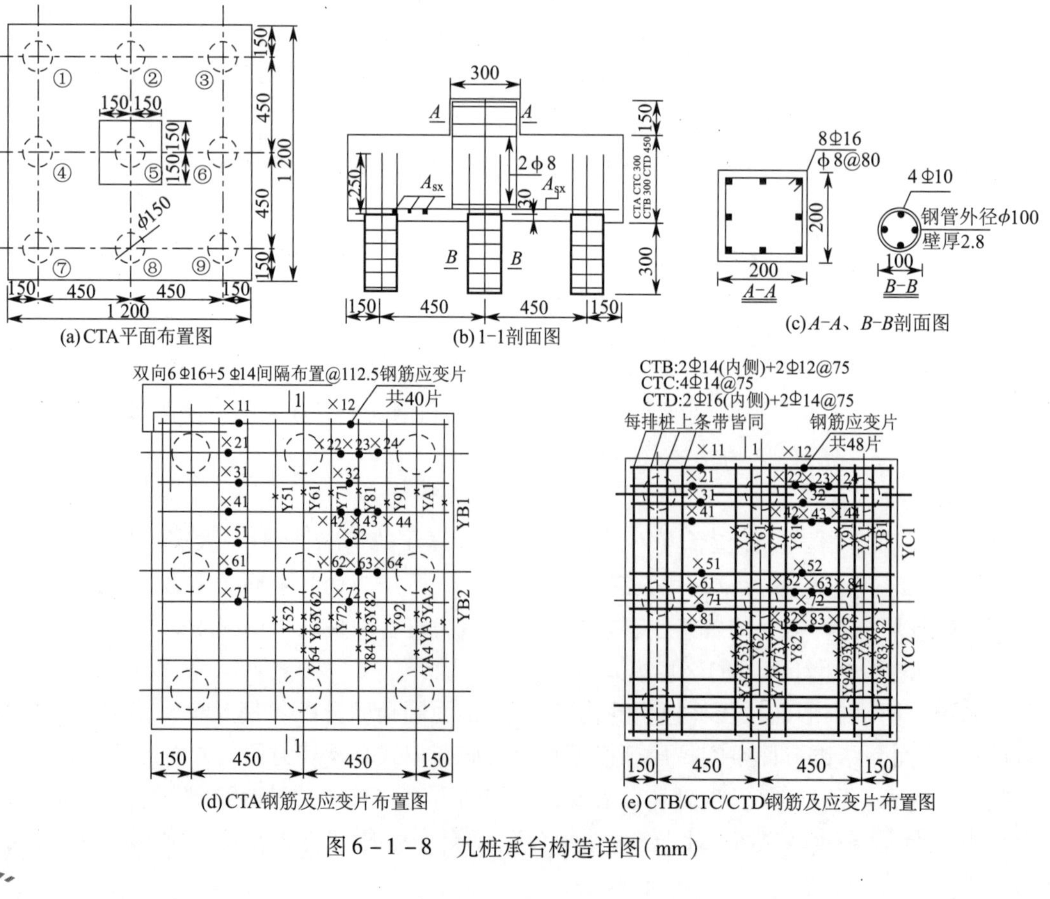

图6－1－8　九桩承台构造详图(mm)

①锥形面拉压杆构形

如图 6－1－9 所示，可将该模型的 9 根桩分为组 1、组 2 和组 3，各组参数如表 6－1－3 所示。

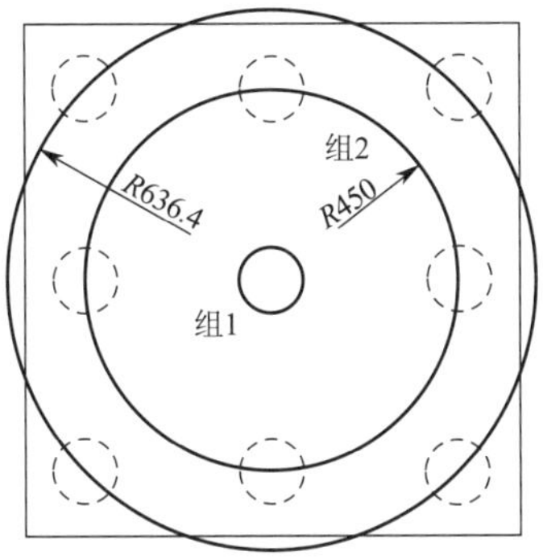

图6－1－9　CTA-CTD 承台桩的分组

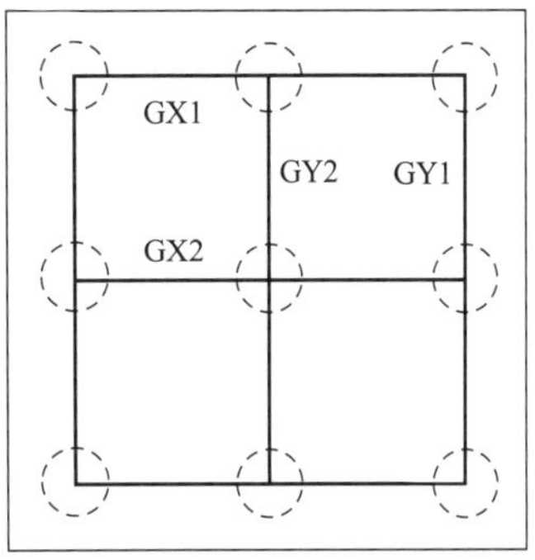

图 6－1－10　拉杆编号

表 6－1－3　试件 CTA-CTD 各组桩关键参数

<table>
<tr><th>试件号</th><th>组别</th><th>圈径 D(m)</th><th>桩数 n</th><th>承台有效高度 h_0</th><th>a(m)</th><th>R(m)</th><th>D_{max}(m)</th><th>Δh(m)</th><th>θ(m)</th><th>A_c(m^2)</th></tr>
<tr><td rowspan="3">CTA</td><td>组 1</td><td>0</td><td>1</td><td rowspan="3">0.33</td><td rowspan="3">0.049 5</td><td rowspan="12">0.15</td><td rowspan="12">0.636</td><td rowspan="3">0.062</td><td>1.571</td><td>0.024</td></tr>
<tr><td>组 2</td><td>0.45</td><td>4</td><td>0.716</td><td>0.033</td></tr>
<tr><td>组 3</td><td>0.636 4</td><td>4</td><td>0.552</td><td>0.032</td></tr>
<tr><td rowspan="3">CTB</td><td>组 1</td><td>0</td><td>1</td><td rowspan="3">0.27</td><td rowspan="3">0.040 5</td><td rowspan="3">0.056</td><td>1.571</td><td>0.024</td></tr>
<tr><td>组 2</td><td>0.45</td><td>4</td><td>0.627</td><td>0.033</td></tr>
<tr><td>组 3</td><td>0.636 4</td><td>4</td><td>0.474</td><td>0.031</td></tr>
<tr><td rowspan="3">CTC</td><td>组 1</td><td>0</td><td>1</td><td rowspan="3">0.33</td><td rowspan="3">0.049 5</td><td rowspan="3">0.062</td><td>1.571</td><td>0.024</td></tr>
<tr><td>组 2</td><td>0.45</td><td>4</td><td>0.716</td><td>0.033</td></tr>
<tr><td>组 3</td><td>0.636 4</td><td>4</td><td>0.552</td><td>0.032</td></tr>
<tr><td rowspan="3">CTD</td><td>组 1</td><td>0</td><td>1</td><td rowspan="3">0.36</td><td rowspan="3">0.054</td><td rowspan="3">0.064</td><td>1.571</td><td>0.024</td></tr>
<tr><td>组 2</td><td>0.45</td><td>4</td><td>0.791</td><td>0.035</td></tr>
<tr><td>组 3</td><td>0.636 4</td><td>4</td><td>0.621</td><td>0.034</td></tr>
</table>

②锥面拉压杆模型的荷载比例分配计算

经计算，四个试件的相对刚度系数 β 分别为 3.1、2.5、3.0、3.6，因此根据式(6－1－17)可以得到各试件的荷载分配比例，如表 6－1－4 所示。

表 6－1－4　各锥面拉压杆模型的荷载分配比例

试件	相对刚度系数 β	组 1	组 2	组 3	总和
CTA	3.1	0.163	0.464	0.373	1
CTB	2.5	0.206	0.441	0.318	1
CTC	3.0	0.155	0.451	0.373	1
CTD	3.6	0.124	0.449	0.420	1

(2)承载力计算

考虑到本模型中钢筋集中布置，因此将拉杆详细分成四种类型，如图 6－1－10 所示，GX1 为 X 向外侧拉杆，GX2 为 X 向内侧拉杆，GY1 为 Y 向外侧拉杆，GY2 为 Y 向内侧拉杆。各拉杆承载力如表 6－1－5所示。

表 6-1-5　拉杆及压杆承载力(kN)

模型	拉杆承载力				压杆承载力		
	GX1	GX2	GY1	GY2	组 1	组 2	组 3
CTA	202.8	202.8	202.8	202.8	274.3	247.4	191.8
CTB	197.8	197.8	197.8	197.8	251.9	200.4	149.5
CTC	227.2	227.2	227.2	227.2	251.9	227.1	176.1
CTD	264	264	264	264	270.9	269.3	214.5

各试件的承载力计算结果如表 6-1-6 所示。

表 6-1-6　各试件的承载力计算(kN)

试件	分组情况	桩数	倾角 θ	①荷载分配比例	承载力计算(kN)		④承载力计算值(kN)
					②压杆控制值	③拉杆控制值	
CTA	组 A	1	1.57	0.163	375.9	∞	2 306.7
	组 B	4	0.77	0.461	1 295.9	782.8	1 687.9
	组 C	4	0.60	0.268	1 009.6	782.8	2 098.5
CTB	组 A	1	1.57	0.206	375.9	∞	1 821.6
	组 B	4	0.77	0.441	1 138.3	628.6	1 425.6
	组 C	4	0.60	0.318	848.6	628.6	1 979.6
CTC	组 A	1	1.57	0.155	375.9	∞	2 425.3
	组 B	4	0.77	0.451	1 295.9	877.0	1 942.4
	组 C	4	0.60	0.373	1 009.6	877.0	2 351.8
CTD	组 A	1	1.57	0.124	375.9	∞	3 035.6
	组 B	4	0.77	0.449	1 412.2	1 196.8	2 667.2
	组 C	4	0.60	0.420	1 145.6	1 196.8	2 850.6

注:④ = min[②,③]/①,整个试件的承载力取最后一列中的最小值。

将由本章提出方法的计算结果与实测值作对比,结果如表 6-1-7 所示。计算中,混凝土强度、钢筋的屈服强度均按试验实际情况取值。经计算,预测值与试验值比值 N_0/N_u 均值为 0.88,标准差为 0.060。说明预测值与试验值吻合较好,且总体偏于安全。预测值偏小的主要原因是低估了钢筋的应力水平。计算中采用的是钢筋的屈服应力,而试验中经测试发现,有些试件中钢筋的实际应变超过了屈服应变。

表 6-1-7　承台试件破坏荷载与预测值

试件编号	承台高度 H(m)	承台有效高度 h_0(m)	柱截面(mm×mm)	等效半径 R(m)	桩数	Δh(m)	相对刚度系数 β	本章方法的预测值 N_0(kN)	试验结果 N_u(kN)	N_0/N_u
CTA	0.36	0.33	300×300	0.17	9	0.10	3.1	1 687.9	1 900	0.889
CTB	0.30	0.27	300×300	0.17	9	0.09	2.5	1 414.3	1 800	0.786
CTC	0.36	0.33	300×300	0.17	9	0.10	3.0	1 973.1	2 100	0.940
CTD	0.42	0.39	300×300	0.17	9	0.12	3.6	2 692.9	3 300	0.816

6.1.4　基于锥面空间拉压杆模型的承台受力分析

1. 工程背景

沪杭高速铁路跨沪杭高速转体桥下承台及桩位布置如图 6-1-11 所示,下承台厚度 3.5 m,采用《公预规》中的强度等级 C40 混凝土,桩的竖向支撑刚度 $K_P=20$ kN/mm。

$\beta=(\sqrt{B/L}E_RHaD_P)/(\sqrt[3]{K_P}Ds_a)=(\sqrt{19.1/22.9}\times32.5\times3.5\times2.5\times2)/\sqrt[3]{20}/10.57/5.3=3.41<4$

因此属于“半刚性承台”。运用锥面拉压杆模型方法对其进行计算分析。

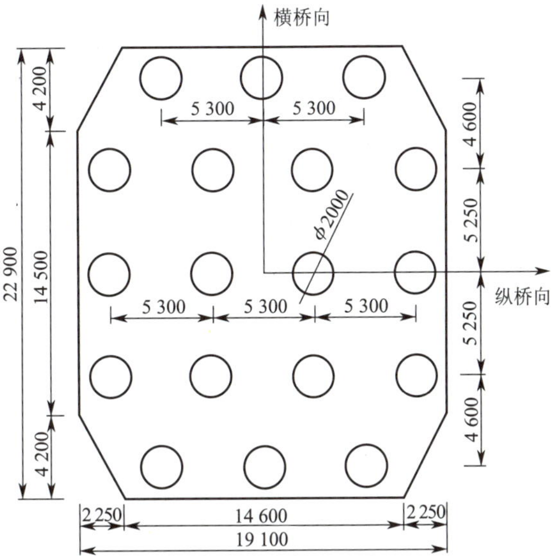

图 6-1-11　沪杭高铁转体桥承台桩基布置(mm)

2. 锥形面拉压杆构形

将16根桩按其与承台中心距离的不同分成如图6-1-12所示的A、B、C、D、E 5组，其中D组的6根桩与承台中心距离不完全相等，但是差别很小，将其看成是同一半径的桩组成一组。将每圈桩顶与荷载作用点连线形成的压杆相结合，形成3个空间锥形体(A、B、D组)，2个平面桁架(C、E组)。经简化后，只需计算5个拉压杆模型即可，计算较为简便。

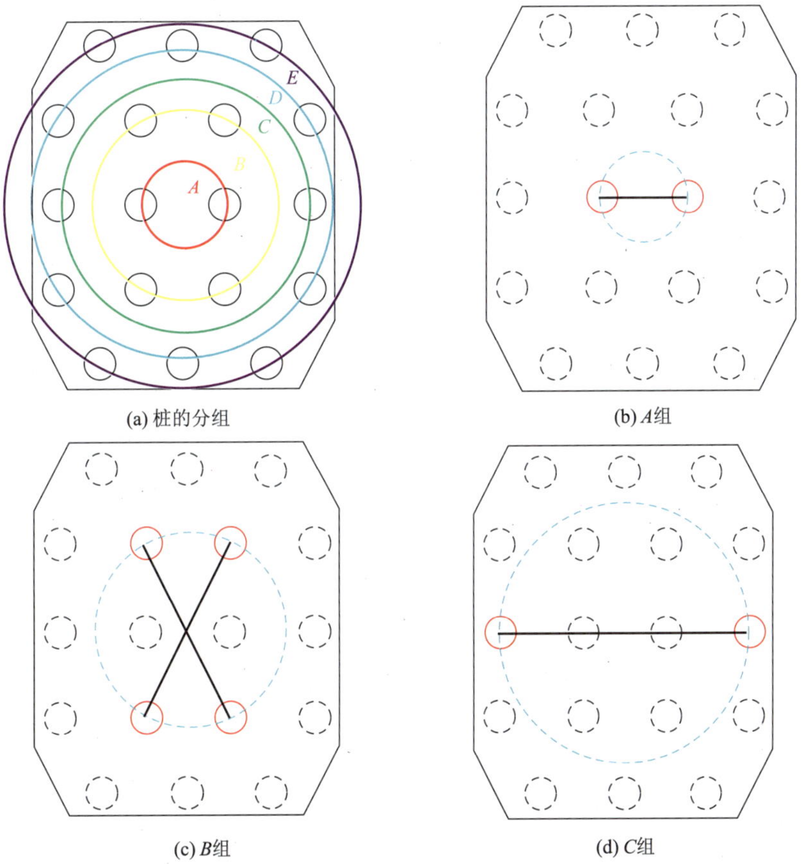

(a) 桩的分组　(b) A组

(c) B组　(d) C组

图 6-1-12

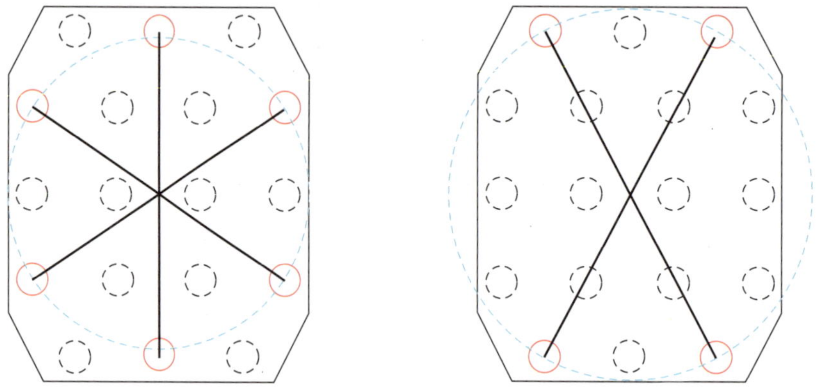

(e) D组　　　　(f) E组

图 6－1－12　承台锥形空间拉压杆模型

每组桩的各项参数如表 6－1－8 所示。

表 6－1－8　下承台锥形空间拉压杆模型各组桩参数

组别	圈径 D(m)	桩数	承台有效高度 h_0(m)	a(m)	R(m)	D_{max}(m)	Δh(m)	θ(m)	A_c(m^2)
A 组	2.65	2	3.35	0.502 5	2	10.9	0.53	0.972	1.53
B 组	5.881	4	3.35	0.502 5	2	10.9	0.53	0.584	1.19
C 组	7.95	2	3.35	0.502 5	2	10.9	0.53	0.454	1.03
D 组	9.527	6	3.35	0.502 5	2	10.9	0.53	0.387	0.95
E 组	10.9	4	3.35	0.502 5	2	10.9	0.53	0.342	0.89

3. 锥形拉压杆模型的比例分配

根据式(6－1－17)可以得到各组的荷载分配比例，具体结果如表 6－1－9 所示。

表 6－1－9　各组的荷载分配比例

各项参数	桩数	θ	α	β	$n[\sin^3\theta\sin(\theta+\alpha)]^{-\beta/3+4/3}$	P
A 组	2	0.972	0.354	2.2	1.39	0.33
B 组	4	0.584	0.354	2.2	1.20	0.29
C 组	2	0.454	0.354	2.2	0.37	0.09
D 组	6	0.387	0.354	2.2	0.82	0.19
E 组	4	0.342	0.354	2.2	0.43	0.10

4. 单个锥面拉压杆模型的承载力计算

根据式(6－1－20)和式(6－1－21)可得到单个锥面拉压杆模型由压杆控制的承载力及平衡压杆所需的拉杆内力，具体结果如表 6－1－10 所示。

表 6－1－10　各锥面拉压杆模型由压杆控制的承载力及拉杆内力计算(kN)

组别		组 1	组 2	组 3	组 4	组 5	总和
由压杆控制的竖向承载力(是否考虑桩基条件)	否	93 027	96 561	33 427	78 896	43 749	345 659
	是	93 027	80 350	24 994	54 845	28 697	281 912
拉杆内力与竖向承载力之比	横向	0	0.676	0	0.871	1.268	0.488
	纵向	0.342	0.342	1.023	0.682	0.682	0.502

5. 整体结构的承载力计算

如表 6－1－10 所示，由压杆控制的整体结构承载力，不考虑桩基条件时为 345 659 kN，考虑桩基条件后由荷载分配比例得到的总承载力为 281 912 kN。本工程按考虑桩基条件影响的承载力进行配筋。经计算，实际最不利荷载组合下的总竖向荷载不到250 000 kN，按下承台竖向承载力250 000 kN的要求计算，所需的纵向拉杆承载力125 500 kN为，横向拉杆承载力122 000 kN。以此要求进行配筋，实际工程应用效果良好，目前该工程已投入使用。

6. 配筋验算

本工程下承台的布筋如图3－2－5～图3－2－8所示。

横向普通钢筋的面积为：$A_{sh}=254\times\pi\times100=79\ 796.45\ mm^2$；

纵向普通钢筋的面积为：$A_{sv}=300\times\pi\times100=94\ 247.78\ mm^2$。

普通钢筋可提供的横向拉杆拉力为：$T_h=79\ 796.45\times300/1\ 000=23\ 938.94$ kN；

普通钢筋可提供的纵向拉杆拉力为：$T_v=94\ 247.78\times300/1\ 000=28\ 274.33$ kN。

横向预应力钢筋的面积为：$A_{psh}=51\times19\times140=135\ 660\ mm^2$；

纵向预应力钢筋的面积为：$A_{psv}=49\times19\times140=130\ 340\ mm^2$。

预应力钢筋可提供的横向拉杆拉力为：$T_{ph}=135\ 660\times1\ 260/1\ 000=170\ 931.6$ kN；

预应力钢筋可提供的纵向拉杆拉力为：$T_{pv}=130\ 340\times1\ 260/1\ 000=164\ 228.4$ kN。

因此，普通钢筋和预应力钢筋总共可以提供的拉杆拉力为：

横向拉杆：$T_h=170\ 931.6+23\ 938.94=194\ 870.54\ kN>122\ 832$ kN；

纵向拉杆：$T_v=164\ 228.4+28\ 274.33=192\ 502.7\ kN>125\ 746$ kN。

因此，本工程的设计是安全的。

6.1.5 结论与建议

本节在原有拉压杆模型的基本理论基础上，提出了一种新模型——空间锥形面拉压杆模型，并详细介绍了该模型的概念来源、构形思想、计算理论，最后通过实例计算验证该模型的可行性。本节提出的用于承台计算分析的锥形面空间拉压杆模型具有如下特点：

(1)针对平转施工桥梁下承台的受力特点，以拉压杆模型理论为基础，提出了下承台拉压杆模型的构形及尺寸确定方法；

(2)提出了锥形面空间拉压杆模型的概念，将原本复杂的空间拉压杆模型分解为多个简单的锥形面拉压杆模型，使得构形简便，计算量大大减小；

(3)超静定拉压杆模型的荷载分配比例是计算难点，本节巧妙地利用桩基反力分布的一般规律，提出了适用于各类承台(相对刚度系数不同)的荷载分配比例计算公式；

(4)试验验证与工程应用均表明本节方法计算的承载力具有较高的准确性，同时充分证明该方法具有思路清晰、计算简便的优势。

6.2 软基地区转体施工桥梁群桩承载机理与沉降控制

桩基础是最常用的一种深基础形式，能较好适应各种荷载情况及各种地质条件，具有稳定性好、承载力大、沉降可控等特点。桩基的承载力及沉降计算是难点，对其开展的承载机理研究很多，但较难直接应用于实际工程。

6.2.1 概 述

1. 桩基础应用研究现状及其关键问题

桩基础是最常用的一种深基础形式，能较好适应各种荷载情况及各种地质条件，具有稳定性好、承载力大、沉降可控等特点。桩基础有两个主要作用：一是提高地基承载力；二是有效控制地基和基础的沉降。设计中桩起控制沉降作用的不在少数，特别是在深厚软土层中通常采用长桩来控制沉降。

桩基础的根据受力方式的不同可分为端承桩、摩擦桩和端承摩擦桩。对于端承桩，由于桩端地层沉降量很小，桩本身的压缩量也很小，因此，其工作机理相对比较简单，其主要研究的是桩身强度和桩端岩、土极限承载力的问题。而摩擦桩和端承摩擦桩的问题比较复杂，存在较多的共同作用和不均匀沉降、沉降计算困难等问题。对桩基础的研究也多针对摩擦桩和端承摩擦桩进行。

软土地区由于坚硬土层或岩石层埋藏很深，如果设计成端承桩，造价很高，通常设计成摩擦桩。同是摩擦桩，又可分为低承台桩基和高承台桩基，其区分的主要依据是桩基受力时，承台底面与承台底下土是否接触受力，若接触受力则为低承台群桩。高承台桩基主要研究的是，在单桩承载性能的基础上，考虑群桩效应后的桩基荷载位移曲线。相对而言，低承台群桩的承载机理更为复杂。低承台群桩不仅存在高承台群桩的群桩效应问题，还有承台底下土和桩基的荷载分配问题。实际工程中，往往会出现实测值与预期的荷载分配比例不符的情况，因此如何准确计算该分配比例，是桩基设计亟需解决的关键问题。同时，目前的研究表明，低承台桩基了基桩承载力与高承台群桩有较大区别，考虑群桩效应后的高承台群桩的基桩承载力较单桩承载力偏小，而低承台群桩中，由于承台作用增加了桩间土的竖向压力，增大了桩间土的极限侧摩阻力，从而提高了基桩承载力，甚至超过单桩承载力。但是，目前研究只限于定性预测，随着参数的变化，差异较大，较难得到一种考虑诸多因素后的低承台桩基承载力计算公式及桩基与承台底下土的荷载分配比例。

由于桩的成型工艺或材质不同，桩呈现出不同的刚度特性。常用的灌注桩、预制桩为刚性桩，碎石桩、砂桩为柔性桩，搅拌桩、旋喷桩等介于刚性桩与柔性桩之间。对于柔性桩，桩的压缩使顶部产生的沉降量很大，桩土不滑动的情况下形成应力集中，因而桩侧剪应力很大；对于刚性桩，桩本身的压缩量很小，沿整个桩长上桩、土位移较均匀，因而剪应力沿桩侧分布也较均匀，剪应力只是在桩端处由于桩端阻力的影响而有所增加，这些规律已得到有关学者的论证。大型桩基础普遍采用灌注桩施工工艺，属刚性桩，本节也主要就刚性桩进行研究。

2. 工程概况

沪杭高速铁路转体桥位于典型的长江流域软土地基，采用超长大直径钻孔灌注桩基础，桩长达129 m，桩径为2 m，设计为摩擦型桩，且属于低承台群桩，因此其计算难度较大。本工程桩位布置如图6－2－1所示。

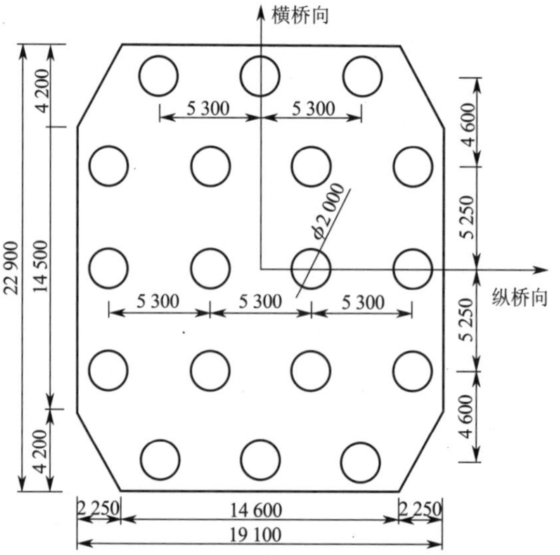

图6－2－1　主墩基础桩位布置图(mm)

本工程具有三大技术特点：软基、转体施工与高速铁路，下面分别从这三方面分析本工程可能存在的问题，如表6－2－1 所示。

软基地区的坚硬土层埋深较大，设计成端承桩代价太大，通常设计为摩擦桩，但摩擦桩的荷载-沉降曲线变异性较大，很难准确把握；同时软土易受荷发生蠕变，因此运营期内还会持续沉降。

转体施工与一般施工工艺的区别主要体现的荷载作用方式上：首先，下承台承受球铰传来的近似集中力作用，而一般施工方法的荷载作用在整个平面上分布较均匀；其次，在转体过程中，由于撑脚作用，下承台还面临偏心荷载作用。

高速铁路带来的问题是，荷载作用频率较高，冲击效应明显，且荷载较大。

表6－2－1　软土地基高速铁路转体施工桥梁群桩基础的特点

工程特点	工程特点带来的结构性问题
特点一：软基	摩擦桩的荷载-沉降曲线确定复杂
	土体易受荷发生蠕变，运营期持续沉降
特点二：转体施工	下承台承受近似集中力作用
	转体过程中，下承台偏心受力
特点三：高速铁路	循环高频荷载作用

为解决上述问题,本节拟从以下几个方面进行研究:

(1)低承台群桩的一般承载特性

①低承台群桩的荷载-沉降特征,并与单桩、带台单桩、高承台群桩的荷载-沉降特征进行对比。

②承台较桩土相对刚度对桩基反力分布的影响。

(2)集中力、偏心荷载与均布荷载下的承载性能对比

①荷载-沉降特征对比;

②桩基反力分布规律对比。

(3)运营期沉降预测分析

①运营期土体固结、蠕变产生的沉降预测;

②运营期循环高频荷载下结构性软土变形预测。

(4)承载力及沉降计算实用方法研究。

6.2.2　桩基承载特性理论分析

荷载-沉降曲线不仅可以反映桩基的沉降规律,同时也能反映其承载力,因此群桩-承台的承载特性可从荷载-沉降曲线的研究着手。为深入掌握低承台群桩的共工作效应,将其与单桩、带台单桩、高承台桩基的承载特性作对比分析,力求从受力机理上寻求突破。

1. 理论分析的参数取值

桩基模型的相关参数取值如表 6-2-2 所示。

表 6-2-2　桩基模型参数取值

桩(承台)	土
弹性模量:3.4×10^4 MPa; 泊松比:0.2; 密度:2 650 kg/m^3	杨氏模量:20 MPa;泊松比:0.35; 内摩擦角:25;黏聚力:50 kPa; 密度:2 000 kg/m^3

2. 单桩的荷载-沉降特征

在 Abaqus 中建立桩长为 20 m,桩径分别为 0.4 m、0.6 m、0.8 m 的桩土模型,其中 0.8 m 桩径的模型如图 6-2-2 所示。三个模型的荷载-沉降曲线如图 6-2-3 所示。

由图 6-2-3 可知,不同桩径的单桩荷载-沉降曲线均呈“直线段”与“曲线段”,存在明显的拐点,拐点前后的斜率明显增大,即单位荷载引起的沉降变大。

从桩径变化对单桩的承载性能影响看,桩径增加,同样的荷载引起的沉降变小;临塑荷载与极限荷载均增加,同时对应的沉降也增大。

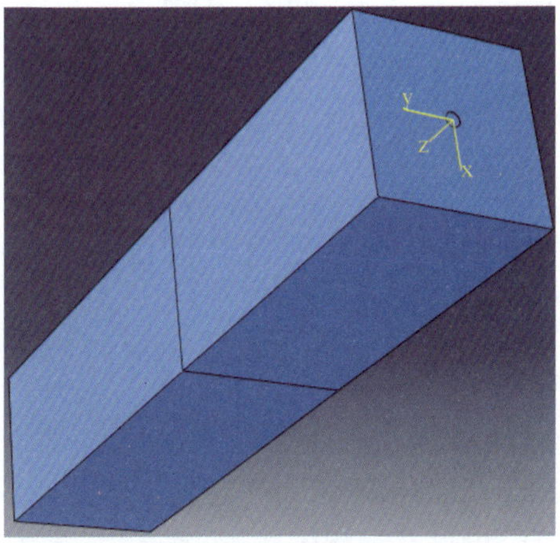

图 6-2-2　单桩 Abaqus 模型
(桩长 20 m,桩径 0.8 m)

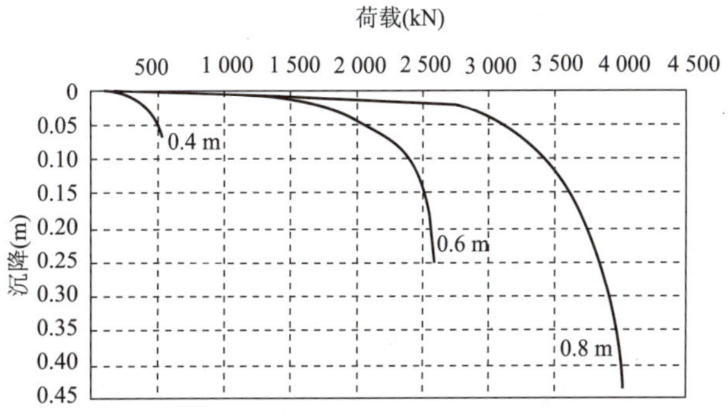

图 6-2-3　不同桩径的单桩荷载-沉降曲线

桩的承载力由两部分组成，一是桩侧摩阻力，二是桩端阻力，下面分别分析两者的变化规律。桩侧摩阻力与桩端阻力的变化规律如图 6－2－4 所示。

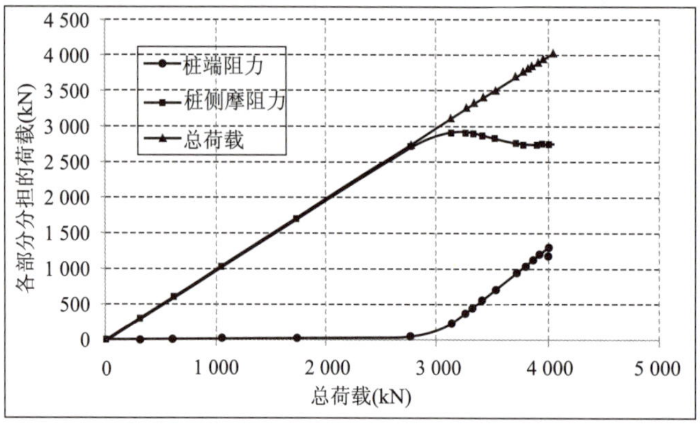

图 6－2－4　桩侧摩阻力、桩端阻力随总荷载变化曲线

由图 6－2－4 可知，开始阶段，桩的沉降较小时，桩侧摩阻力逐步发挥出来，而桩端阻力发挥很小；当桩侧摩阻力发挥完全后，基本保持不变，有些许降低，桩端阻力迅速发挥，同时沉降大幅增加。桩端阻力发生突变的拐点与荷载-沉降曲线的拐点相对应。可见，单位桩端荷载引起的沉降较单位桩侧摩阻力引起的沉降大许多。

实际工程，单桩承载力应用到荷载-沉降曲线拐点对应的荷载（临塑荷载）比较合理。若应用至极限值，承载力比临塑荷载稍大，但沉降却大得多，对于某些由沉降控制设计的工程，显然不合理。

3. 带台单桩的荷载-沉降特征

当带台单桩的承台与地基有效接触时，按照前人研究成果，承台台底压力与承台沉降近似为线性关系，借用 Winkler 地基模型的概念，将该曲线的斜率称为基床系数，基床系数与土的弹性模量有关。

为进行对比，建立带台单桩模型，如图 6－2－5 所示。参数取值如下：桩径 0.8 m、承台面积2 m×2 m，桩长 20 m。无承台单桩的荷载-沉降曲线、带台时桩本身的荷载-沉降曲线、以及桩台整体的荷载-沉降曲线对比情况如图 6－2－6 所示。

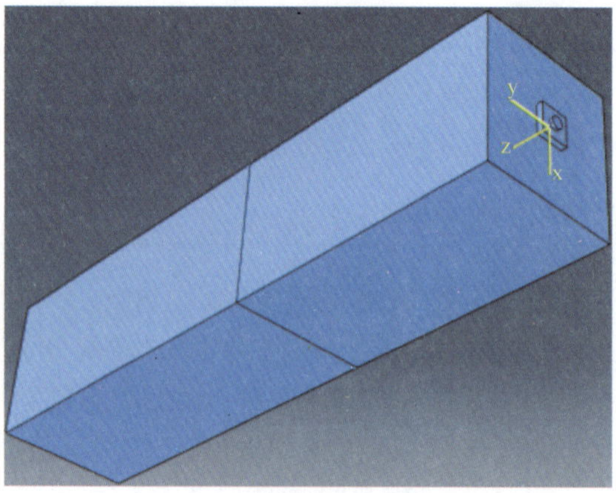

图 6－2－5　带台单桩模型（桩径 0.8 m、承台面积 2 m×2 m，桩长 20 m）

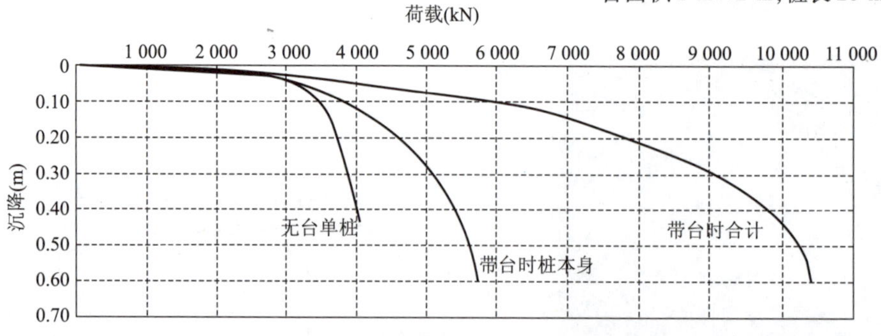

图 6－2－6　带台单桩与无台单桩的荷载-沉降曲线比较

由图 6－2－6 可知，带台单桩的荷载-沉降曲线与无台单桩的荷载-沉降曲线在开始段几乎重合，即承台作用尚未发挥；当两曲线发生偏离，说明承台底压力增大的极限侧摩阻力开始起作用，单桩承载力提高。总的说来，带台单桩的临塑荷载和极限承载力较无台单桩都有所提高，临塑荷载、极限承载力对应的沉降增大。同时，带台单桩的荷载-沉降曲线呈现“缓变”特征，即斜率变化较小。

不同承台面积时桩本身对应的总荷载-沉降曲线如图6－2－7所示。由图可知,承台面积增加,桩本身的临塑荷载几乎不变,略有减小,且沉降变大;“缓变”特征更加明显,极限荷载增大,但其对应的沉降量也相应增大。

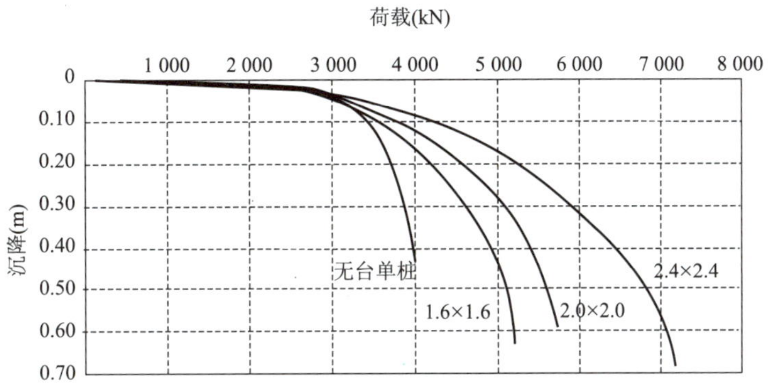

图6－2－7　不同承台面积下桩本身的荷载-沉降曲线比较

可见,承台面积增大可使单桩的极限承载力增加,但要以更大的沉降作为代价;对单桩临塑承载力几乎没有影响。

4. 高承台桩基的荷载-沉降特征

为研究高承台群桩的承载性能,建立高承台群桩的Abaqus模型(如图6－2－8所示),参数取值如下:桩数9,正方形布置,桩径0.8 m,桩距2.4 m,承台面积6.5 m×6.5 m。

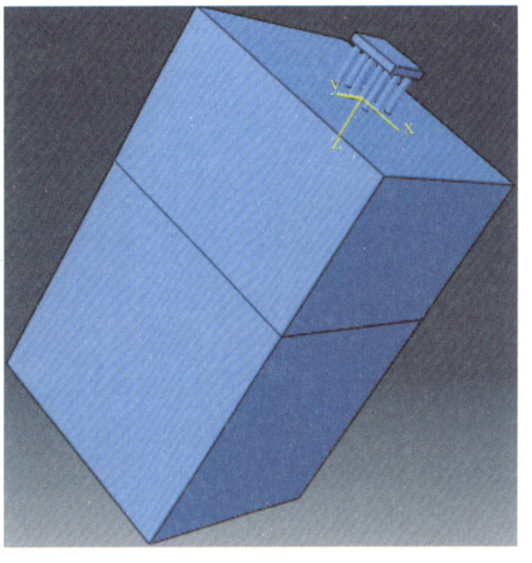
图6－2－8　高承台群桩的Abaqus模型

(1)高承台基桩与单桩的荷载-沉降特征对比

高承台群桩中基桩的荷载-沉降曲线与单桩的荷载沉降曲线对比如图6－2－9所示。由图可以发现以下规律:

①单桩荷载-沉降曲线在开始段的斜率较高承台基桩小很多,即高承台基桩在单位荷载下的沉降远远大于单桩在单位荷载下的沉降;

②单桩荷载-沉降曲线存在明显的拐点,而高承台基桩的荷载-沉降曲线呈缓变形态;

③高承台基桩的临塑荷载比单桩要小,极限荷载与单桩接近,且沉降也接近,但实际设计中不可能应用到此处。

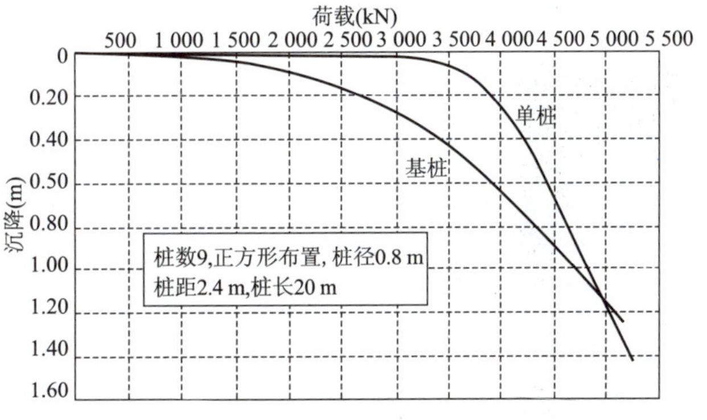

图6－2－9　基桩与单桩荷载-沉降曲线比较

(2)不同桩距下高承台基桩的荷载-沉降特征对比

为研究不同桩距对高承台基桩荷载-沉降曲线的影响,取四个模型进行对比,参数取值如表6－2－3所示。

表 6－2－3　不同桩距下高承台几何参数

桩距	桩径	桩长	桩数	承台尺寸(长×宽×高)	土体尺寸(长×宽×深)
2d	0.8 m	25 m(土中 20 m,出土 5 m)	9	5 m×5 m×0.8 m	30 m×30 m×50 m
3d				6.5 m×6.5 m×1 m	30 m×30 m×50 m
4d				8 m×8 m×1.2 m	40 m×40 m×50 m
5d				9.5 m×9.5 m×1.4 m	40 m×40 m×50 m

不同桩距的高承台基桩荷载-沉降曲线如图 6－2－10 所示。由图可知,桩距由 2 倍桩径变化到 6 倍桩径,相同荷载下的基桩沉降量减小,承载力提高,且在前部直线段内,单位荷载下的基桩沉降始终小于单桩。

当桩径小于 3d 时,基桩的沉降量远远大于单桩时的沉降量,且临塑荷载也都较单桩小;当桩径大于等于 4d 时,基桩的前部直线段延长,临塑荷载大幅增加,超过单桩临塑荷载。可见,高承台群桩的桩距不应小于 3d。

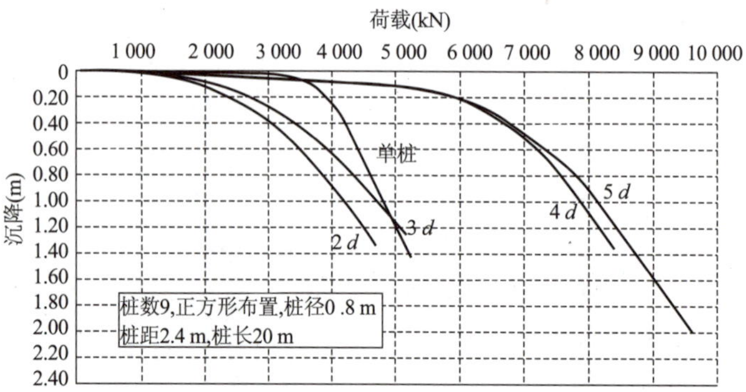

图 6－2－10　不同桩距下基桩与单桩荷载-沉降曲线对比

5. 低承台桩基的荷载-沉降特征

低承台情况下,承台与地面有效接触,除了桩间土分担一定的荷载之外,承台压力会增加铅直向应力,进而增加极限桩侧摩阻力和极限桩端阻力,即所谓“增强效应”;由于承台限制了浅层桩、土相对位移,从而减小了该部分的极限桩侧摩阻力,即存在“削弱效应”。

(1)不同桩距对荷载-沉降曲线的影响

取桩长 20 m、桩径取 0.8 m,桩距取 2d～5d,分别建立 Abaqus 模型,其中桩距 3d 的模型如图 6－2－11 所示。不同桩距下的荷载-沉降曲线对比如图 6－2－12 所示。图 6－2－12 中同时绘制了高承台、桩距 3 倍桩径时的基桩荷载-沉降曲线和单桩的荷载-沉降曲线,以便比较。

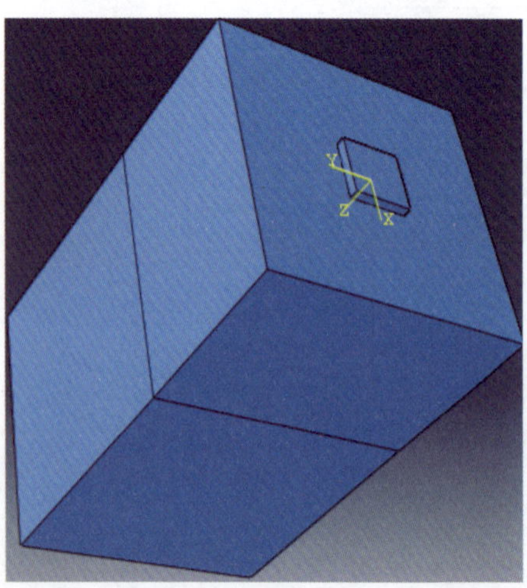

图 6－2－11　低承台群桩的 Abaqus 模型

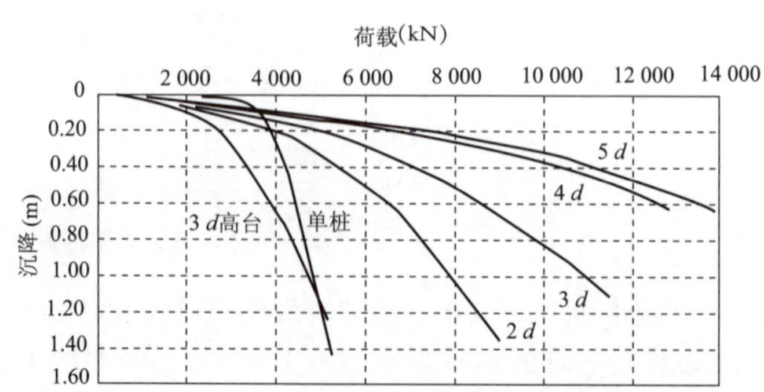

图 6－2－12　不同桩距基桩荷载-沉降曲线比较

由图 6－2－12 可知，低承台小群桩（基桩）的荷载-沉降曲线与单桩的荷载-沉降曲线及高承台群桩（基桩）的荷载-沉降曲线均有较大差别。

①低承台群桩中基桩的承载特征

由图 6－2－12 可知，低承台群桩中，随着桩距增加，相同荷载下的基桩的沉降越小，同时基桩的极限承载力也相应提高。与单桩、高承台群桩相比，高承台小群桩中桩距为 $3d$ 时，基桩平均临塑承载力较单桩小，而低承台桩基在桩距为 $2d$ 时，基桩的临塑承载力已超过单桩的极限承载力。随着桩距的增加，在桩距为 $3d$ 时，基桩的承载力达到单桩极限承载力的 2 倍以上；当桩距为 $5d$ 时，对应的基桩承载力甚至达到单桩极限承载力的 3 倍。

综上分析，得出以下结论：由于台底压力的作用，承台不仅分担了部分荷载，桩本身所能承担的荷载也大大提高。

②低承台群桩的沉降特征

与高承台小群桩的荷载-沉降曲线相比，由图 6－2－12 可知，低承台小群桩荷载-沉降曲线前部直线段沉降较小，不过差别不大，可能与承台分担荷载有关；荷载作用后期，当高承台桩基的沉降量急剧增大时荷载接近并超过临塑荷载，低承台桩基的荷载-沉降曲线刚刚开始缓变阶段，此时承台底压力增大的桩侧摩阻力和桩端阻力开始起作用，沉降远小于高承台群桩；其后，低承台群桩的承载能力还有较大发展空间，而高承台群桩已进入破坏阶段。

与单桩的荷载-沉降曲线相比，由图 6－2－12 可知，低承台群桩中基桩承载力远远大于单桩承载力，但其对应的群桩桩台沉降却比单桩的临塑荷载对应的沉降要更大，即使在 $5d$ 桩距的情况下，同样荷载对应的沉降量已比小桩距时小了很多，但还是比单桩临塑荷载作用下的沉降量大许多。因此要发挥桩-土-台共同作用增大的承载力是有前提条件的，即上部结构要允许有较大的沉降量。

（2）集中力、偏心荷载与均布荷载下的承载性能对比

以上所作分析，都建立在承台承受均布荷载，而对于转体施工桥梁的桩基承台，在施工阶段下承台承受球铰传来的近似集中力，同时转动过程中，还可能存在偏心受力。为研究集中力与均布力、偏心力之间的作用区别，分别建立相应的计算模型。

取桩长 20 m，桩径 0.8 m，桩距 2.4 m，荷载作用方式为：①荷载沿整个承台平面均布；②集中力作用于承台中心；③集中力作用于距承台中心 3.25 m 的位置。三种情况的荷载-沉降曲线对比如图 6－2－13 所示，图中字母表示荷载作用点或沉降计算点位置，具体位置如图 6－2－14 所示。

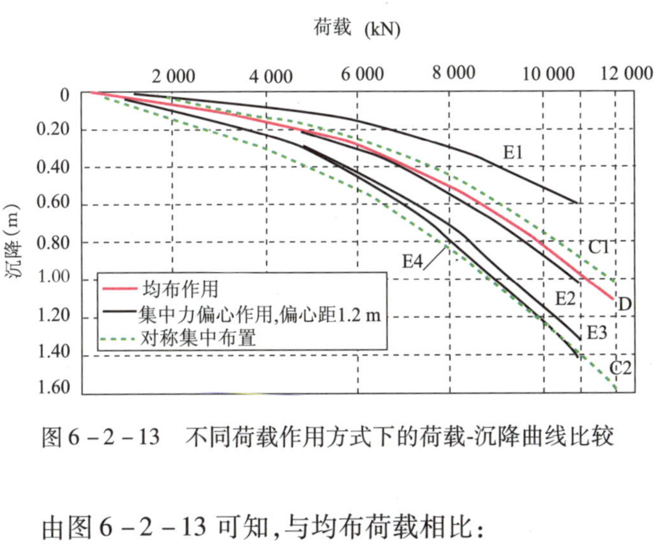

图 6－2－13　不同荷载作用方式下的荷载-沉降曲线比较

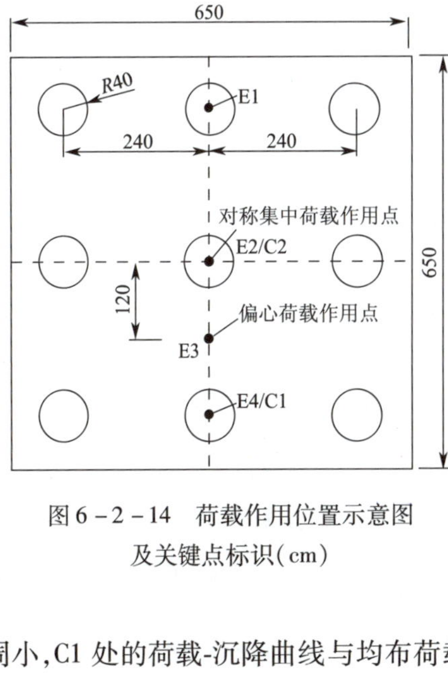

图 6－2－14　荷载作用位置示意图及关键点标识（cm）

由图 6－2－13 可知，与均布荷载相比：

①集中力作用下的承台变形明显呈“盆形”，即中间大四周小，C1 处的荷载-沉降曲线与均布荷载作用较接近，但中心处，即曲线 C2 与 C1 偏离较大。在极限承载力方面，两者的极限承载力接近，但

是在集中力作用下,承台中心处的沉降明显偏大。

②偏心作用下承台发生明显倾斜。承台中央即 E2 处的荷载-沉降曲线与均布荷载作用较接近,但 E4 处曲线则明显低于曲线 D,说明单位荷载下的沉降偏大。

6. 小结

通过有限元软件 Abaqus 对桩-土-承台共同作用进行数值模拟分析,得出主要结论如下:

(1)单桩、带台单桩、高桩承台与低桩承台的荷载-沉降特征不同,且差异较大。

(2)单桩的荷载-沉降关系呈明显折线形转折点对应桩侧摩阻力完全发挥的荷载。单桩的承载力随桩径的增加而增加,增大的承载力对应较大的沉降,但总体上讲,单桩的临塑荷载对应较小的沉降量。

(3)带承台单桩的荷载-沉降关系与单桩相似,也是明显的折线型,但转折有所减缓;其承载力比单桩有所增加,部分是由于承台分担了荷载,另一部分则是由于承台底压力增大了桩的侧摩阻力;增大承台面积可使单桩的极限承载力增加,但要以更大的沉降作为代价,同时这对单桩临塑承载力几乎没有影响。

(4)高承台群桩的桩距增加,相同荷载下的基桩沉降量减小,承载力提高,且在前部直线段内,单位荷载下的基桩沉降始终小于单桩;高承台群桩的力学性能受桩距影响较大,一般情况下,桩距不应小于 $3d$。

(5)低承台群桩的荷载-沉降关系呈缓变特征,基桩承载力比单桩大,承载力对应的沉降量比单桩大,比高承台群桩小;因承台的沉降增加承台底压力,进而还增大桩侧摩阻力与桩端阻力。

从以上规律,可以总结出以下观点:

(1)低承台群桩中,承台-桩-土共同作用可以提高单桩承载力,但是却要付出较大的沉降代价;

(2)单位摩阻力产生的沉降最小,效率最高;承台作用提高的承载力产生的沉降较大;单位桩端阻力产生的沉降最大,效率最低。

6.2.3 承载力计算的实用方法研究

1. 群桩承载力计算方法分析

在确定群桩承载力之前,首先要确定破坏模式。群桩的破坏模式可分为:整体破坏和非整体破坏,整体破坏表现为桩端土与桩共同变形,非整体破坏表现为桩端土与桩发生相对滑移,各桩发生刺入破坏。

对于整体破坏和非整体破坏的划分,一般认为:当桩距大于 5 ~6 倍桩径时,发生非整体破坏;当桩径小于等于 5 ~6 倍桩径时发生整体破坏。对于整体破坏,应当用等代墩基法或群桩效应系数法来计算其承载力;对于非整体破坏,则可由各单桩承载力相加得到。目前,我国《公预规》采用等代墩基法,而《混凝土结构设计规范》则采用群桩效应系数法,美欧等国按两者的较小者取值。

群桩效应系数法的基本计算公式为:

$$\text{群桩效应系数}\ \eta = \text{群桩承载力}/(n \times \text{单桩承载力}) \qquad (6-2-1)$$

一般情况下,$\eta < 1$。目前美国规范规定 $\eta = 0.65 \sim 1$,η 随“桩距/桩径”比增大而增加,欧洲规范则取 $\eta = 0.75$,我国《混凝土结构设计规范》则取 $\eta = 1$。

本工程中的最大桩距为 5.3 m,“桩距/桩径”比为 2.65,小于 5,因此属于整体破坏。因此,本节主要对属于整体破坏的群桩承载力计算方法——群桩系数法和等代墩基法进行理论分析。

目前,确定群桩效应系数的方法主要有:(1)考虑群桩实体基础周边长的方法;(2)Converse-Labrre 群桩效应系数公式;(3)Seiler-Keeney 群桩效应系数公式;(4)考虑应力叠加的群桩效应系数公式;(5)考虑承台、桩、土相互作用分项群桩效应系数计算法。

本节结合第 6.1 节关于桩基反力分布规律的介绍,提出了群桩承载力计算的新方法——基于桩基反力分布的群桩效应经验系数法。下面分别介绍基于应力叠加原理和基于桩基反力分布的群桩系数法计算原理。

(1)基于应力叠加的群桩系数法

①单桩受力分析

理论和试验均表明,对于深厚土层中的超长大直径群桩,由承台传递给桩顶的荷载主要通过桩侧摩阻力传给桩周土和桩端土,小部分由桩端传递。本工程处于软土地基,属于摩擦桩,认为承载力全部由桩侧摩阻力提供。

运用应力叠加原理时,需要做以下假定:(a)忽略桩端阻力,以纯摩擦桩考虑;(b)桩侧摩阻力沿桩身全长均匀分布;(c)应力以 φ 角向下扩散(对于成层土,取桩身入土深度范围内各分层土 φ 的加权平均值);(d)在桩端平面处地基应力按抛物线分布,中心处最大应力为 $d\sigma_{max}$。各参数含义如图 6-2-15 所示。

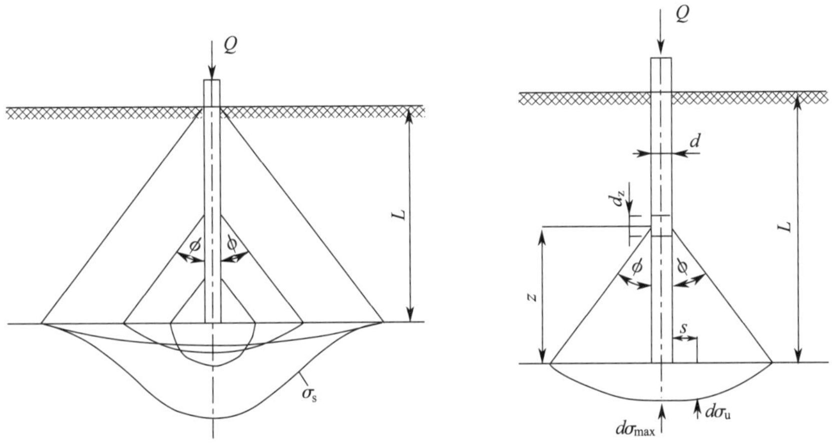

图 6-2-15　摩擦桩桩侧阻力的应力扩散

可求得桩端平面中心轴出的最大应力 σ_{max}:

$$\sigma_{max}=\frac{4Q}{\pi d(\frac{d}{2}l\tan\varphi)} \tag{6-2-2}$$

②邻桩的应力叠加系数

两根完全相同的桩,桩距为 s,在其中一根桩桩顶施加荷载,在本桩中心轴处产生的最大应力为 σ_{max},此时在邻桩中心轴处产生的应力为 σ_s,则邻桩叠加应力系数 A_s:

$$A_s=\frac{\sigma_s}{\sigma_{max}} \tag{6-2-3}$$

可通过积分求得 σ_s,进而求得邻桩的应力叠加系数 A_s:

$$A_s\approx(\frac{1}{3s}-\frac{1}{2l\tan\varphi})d \tag{6-2-4}$$

③双桩的群桩效应系数

如图 6-2-16 所示,桩 A 与桩 B 的间距为 s,设想在极限状态下,桩 A、B 中心轴处的应力都达到 σ_{max},下面来研究双桩效应系数。

当桩 A 地基最大应力达到 σ_{max} 时,对桩 B 产生大小 $A_s\sigma_{max}$ 的叠加应力,因此由桩 B 自身荷载产生最大地基应力为 $(1-A_s)\sigma_{max}$,因此此时桩 B 的效应系数为 $1-A_s$;同样的,当桩 B 荷载在桩 B 中心轴处产生 $(1-A_s)\sigma_{max}$ 的应力时,在桩 A 会产生 $(1-A_s)A_s\sigma_{max}$ 的叠加应力,此时由桩 A 自身荷载产生的应力为 $[1-(1-A_s)A_s]\sigma_{max}$,也就是效应系数为 $1-(1-A_s)A_s$;如此往复,可得双桩的效应系数:

$$\eta_2=1-A_s+A_s^2-A_s^3+\cdots+(-1)^nA_s^n=\frac{1+(-1)^nA_s^{n+1}}{1+A_s} \tag{6-2-5}$$

当 $A_s<1$,$n\to\infty$ 时:

$$\eta_2=\frac{1}{1+A_s}\approx1-A_s \tag{6-2-6}$$

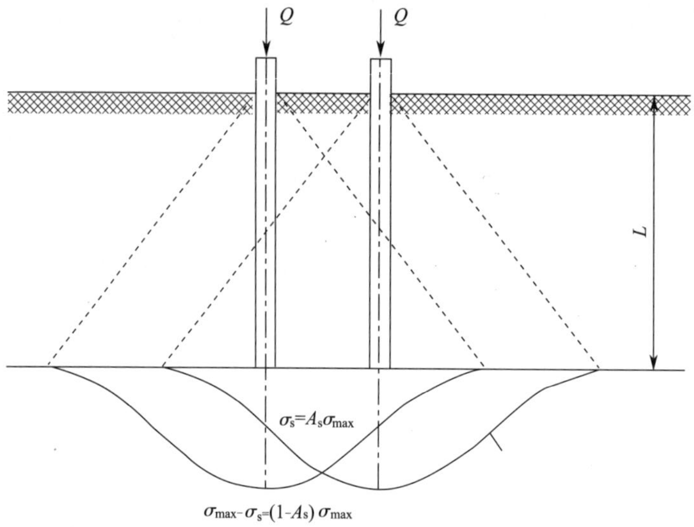

图 6-2-16 双桩的应力叠加

④单排桩的效应系数

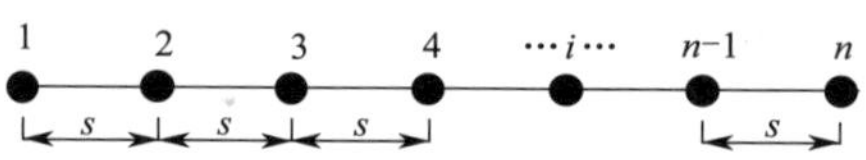

图 6-2-17 单排桩的群桩效应(n 根)

如图 6-2-17 所示的单排桩，间距为 s，假定桩间距大于等于 $5d$ 时，邻桩应力传递影响已经很小，因此除了头尾两根桩受单侧邻近一根桩的影响，其余中间桩都受两侧邻桩的影响，那么

单排 n 根桩的平均应力叠加系数$\overline{A}_{sn}$：

$$\overline{A}_{sn}=\frac{(n-2)2A_s+2A_s}{n}=2A_s\frac{n-1}{n} \quad (6-2-7)$$

则单排桩的平均效应系数：

$$\eta=\frac{1}{1+\overline{A}_{sn}}=\frac{n}{n+2A_s(n-1)} \quad (6-2-8)$$

⑤m 行 n 列($m\times n$)群桩效应系数：

对于矩形布置的群桩，如图 6-2-18 所示，其平均应力叠加系数$\overline{A}_{sn}$：

$$\overline{A}_{sn}=2A_{s1}\frac{m-1}{m}+2A_{s2}\frac{n-1}{n}+4A_{s3}\frac{(m-1)(n-1)}{mn} \quad (6-2-9)$$

其中 $A_{s1}=(\frac{1}{3s_1}-\frac{1}{2l\tan\varphi})d$；$A_{s2}=(\frac{1}{3s_2}-\frac{1}{2l\tan\varphi})d$；$A_{s3}=(\frac{1}{3\sqrt{s_1^2+s_2^2}}-\frac{1}{2l\tan\varphi})d$

式中 A_{s1}——横向单排桩应力叠加系数；

A_{s2}——纵向单排桩应力叠加系数；

A_{s3}——考虑斜对角线的应力叠加系数。

如图 6-2-19 所示，如果纵、横排桩的间距都保持不变，但是桩数发生变化，那么式(6-2-9)变为：

$$\overline{A}_{sn}=2A_{s1}\sum_{k=1}^{n}\frac{m_k-1}{nm_k}+2A_{s2}\sum_{i=1}^{m}\frac{n_i-1}{mn_i}+2(A_3+A_4)\frac{(m-1)(n-1)}{mn} \quad (6-2-10)$$

其中 $A_{s3}=(\frac{1}{3s_3}-\frac{1}{2l\tan\varphi})d$；$A_{s4}=(\frac{1}{3s_4}-\frac{1}{2l\tan\varphi})d$

式中 m_k——第 k 横排桩的桩数；

n_i——第 i 竖排桩的桩数；

A_{s3}、A_{s4}——斜对角线的应力叠加系数。

其他符号意义同前。

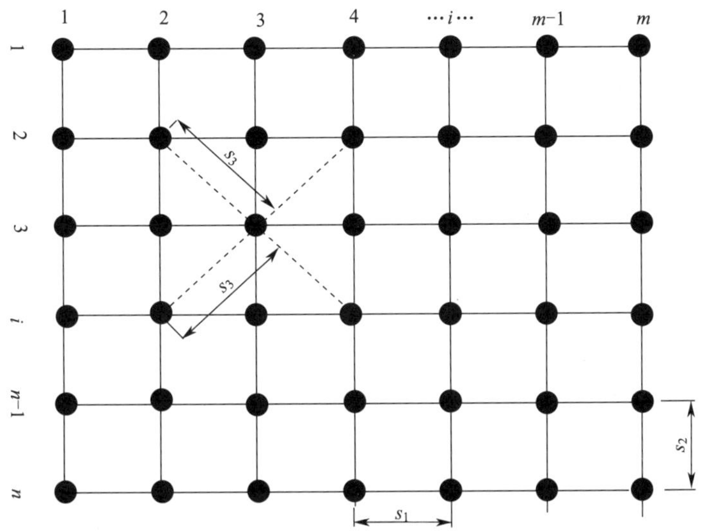

图 6－2－18　矩形分布的（$m \times n$）群桩

则（$m \times n$）群桩效应系数：

$$\eta_{mn} = \frac{1}{1 + \bar{A}_{smn}} \tag{6-2-11}$$

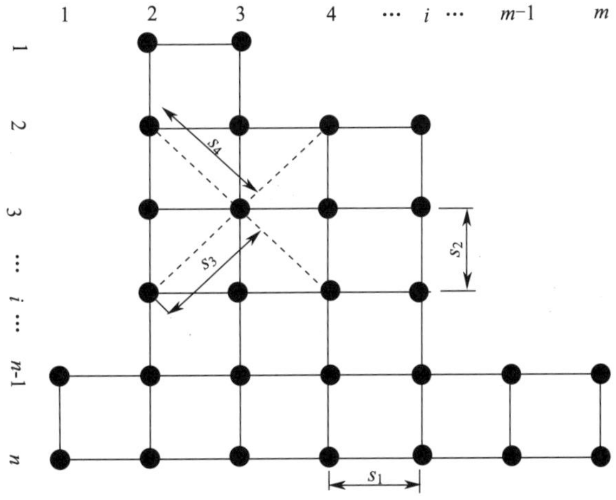

图 6－2－19　每排桩数不等的（$m \times n$）群桩

（2）等代墩基法

根据《公路桥涵地基基础设计规范》R. 0. 1，群桩作为整体基础时，桩基可视为如图 6－2－20 中 acde 范围内的实体基础，按下式计算：

$$p_{\max} = \bar{\gamma} l + \gamma h - \frac{BL\gamma h}{A} + \frac{N}{A}\left(1 + \frac{eA}{W}\right) \leqslant [f_{\mathrm{a}}] \tag{6-2-12}$$

其中

$$A = a \times b$$

$$a = L_0 + d + 2l\tan\frac{\bar{\varphi}}{4}$$

$$b = B_0 + d + 2l\tan\frac{\bar{\varphi}}{4}$$

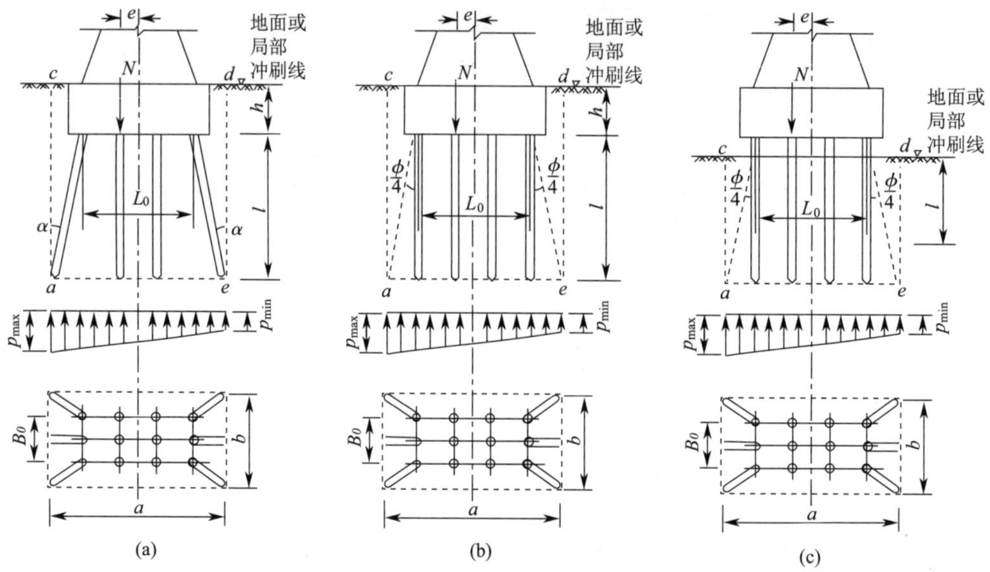

图 6-2-20　群桩作为整体基础计算示意图

$$\overline{\varphi}=\frac{\varphi_1 l_1+\varphi_2 l_2+\cdots+\varphi_n l_n}{l}$$

式中　$p_{\max}$——桩端平面处的最大压力(kPa)；

$\overline{\gamma}$——承台底面包括桩的重力在内至桩顶平面土的平均重度(kN/m^3)；

l——桩的入土深度(m)；

γ——承台底面以上土的重度(kN/m^3)；

L——承台长度(m)；

B——承台宽度(m)；

N——作用于承台底面合力的竖向分力(kN)；

A——假想的实体基础在桩端平面处的计算面积；

a,b——假想的实体基础在桩端平面处的计算宽度和长度(m)，如图所示，当 $\alpha>\overline{\varphi}/4$ 时，取 $a=L_0+d+2l\tan\alpha$，$b=B_0+d+2l\tan\alpha$；

L_0——外围桩中心围成矩形轮廓的长度(m)；

B_0——外围桩中心围成矩形轮廓的宽度(m)；

W——假想实体基础在桩端平面处的截面抵抗矩(m^3)；

e——作用于承台底面合力的竖向分力对桩端平面处计算面积重心轴的偏心距(m)；

$\overline{\varphi}$——基桩所穿过土层的平均土内摩擦角；

$\varphi_1 l_1,\varphi_2 l_2,\cdots,\varphi_n l_n$——各层土的内摩擦角与相应土层厚度的乘积；

$[f_a]$——修正后桩端平面处土的承载力容许值(kPa)。

(3)基于桩基反力分布依承台刚度变化的群桩效应经验系数法

根据桩基反力的分布规律，在不同的承台相对刚度系数下，桩基反力呈现不同的分布模式。假定群桩承载能力极限状态为只要有一根桩达到其承载力，则群桩效应系数 η 可由式(6-1-17)转换得到，即 η 可由下式计算：

$$\eta=\frac{\sum_1^m k_i[\sin^3\theta_i\sin(\theta_i+\alpha)]^{-\beta/3+4/3}}{\sum_1^m k_i\times\varphi_{\max}} \tag{6-2-13}$$

$$\varphi_i=[\sin^3\theta_i\sin(\theta_i+\alpha)]^{-\beta/3+4/3} \tag{6-2-14}$$

式中　η——群桩效应系数；

$\varphi_{\max}$——φ_i 中的最大值。

其余各参数意义参见第 6.1.3 节。

2. 群桩承载力计算结果对比及验算

本报告主要应用群桩系数法和等代墩基法进行桩基承载力计算与复核。

(1)竖向荷载设计值

通过有限元软件 Midas 建模计算，在最不利基本组合下，单侧桥墩的竖向荷载设计值按 250 000 kN 验算。

(2)基于应力叠加的群桩系数法计算桩基承载力

①群桩效应系数

本工程中群桩的布置方式及相关尺寸如图 6-2-21 所示。

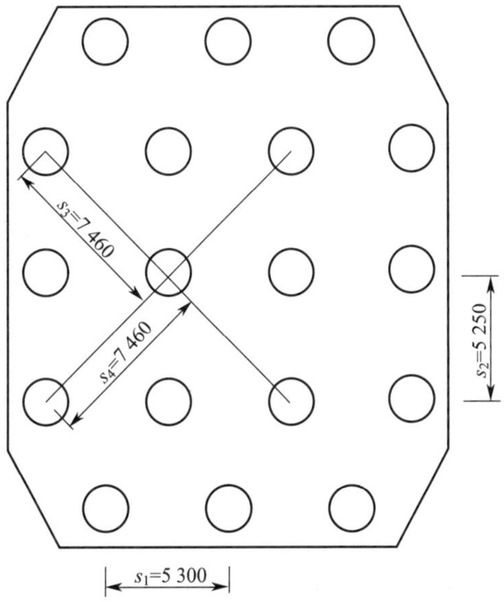

图 6-2-21　主墩群桩布置图(mm)

根据本工程的实际情况，取 $\varphi=17.5°$，则 $\tan\varphi=0.3153$。

$$A_{s1}=\left(\frac{1}{3s_1}-\frac{1}{2l\tan\varphi}\right)d=\left(\frac{1}{3\times5.3}-\frac{1}{2\times129\times0.3153}\right)\times2=0.101;$$

$$A_{s2}=\left(\frac{1}{3\times5.25}-\frac{1}{2\times129\times0.3153}\right)\times2=0.102;$$

$$A_{s3}=A_{s4}=\left(\frac{1}{3\times7.46}-\frac{1}{2\times129\times0.3153}\right)\times2=0.064;$$

$$\begin{aligned}\bar{A}_{smn}&=2A_{s1}\sum_{k=1}^{n}\frac{m_k-1}{nm_k}+2A_{s2}\sum_{i=1}^{m}\frac{n_i-1}{mn_i}+2(A_3+A_4)\frac{(m-1)(n-1)}{mn}\\&=2\times0.101\times\frac{1}{5}\times\left(\frac{2}{3}\times2+\frac{3}{4}\times3\right)+2\times0.102\times\frac{1}{4}\times\left(\frac{2}{3}+3\times\frac{4}{5}\right)+2\times0.128\times\frac{3\times4}{4\times5}\\&=0.145+0.156+0.151=0.452。\end{aligned}$$

群桩效应系数为：$\eta_{mn}=\dfrac{1}{1+\bar{A}_{smn}}=0.689$。

②单桩承载力

根据《桥涵地基基础设计规范》，钻孔灌注桩的承载力容许值可按下式计算：

$$R_a=\frac{1}{2}u\sum_{i=1}^{n}q_{ik}l_i+A_pq_r\tag{6-2-15}$$

根据本工程的地质条件及桩基尺寸，得到单桩轴向受压承载力容许值为：

$$R_a = \frac{1}{2}u\sum_{i=1}^{n}q_{ik}l_i + A_p q = 22\ 609\ \text{kN}$$

③群桩承载力

考虑低桩承台的基桩承载力较单桩高许多，此处取为1.5倍，因此考虑群桩效应系数的桩基承载力：

$$R = \eta n R_a = 0.689 \times 18 \times 22\ 609 \times 1.5 = 420\ 595\ \text{kN} > 231\ 412.8\ \text{kN}$$

满足要求。

(3)等代墩基法

根据《公路桥涵地基基础设计规范》，群桩作为整体基础时，桩基可视为如图6-2-20中acde范围内的实体基础，按下式计算：

$$p_{\max} = \bar{\gamma} l + \gamma h - \frac{BL\gamma h}{A} + \frac{N}{A}\left(1 + \frac{eA}{W}\right) \leqslant [f_a] \tag{6-2-16}$$

其中

$$A = a \times b$$

$$a = L_0 + d + 2l\tan\frac{\bar{\varphi}}{4}$$

$$b = B_0 + d + 2l\tan\frac{\bar{\varphi}}{4}$$

$$\bar{\varphi} = \frac{\varphi_1 l_1 + \varphi_2 l_2 + \cdots + \varphi_n l_n}{l}$$

取$\bar{\varphi} = 30°$，$B_0 = 15.9$ m，$L_0 = 19.7$ m，$d = 2$ m，$l = 50$ m，因此：

$$a = L_0 + d + 2l\tan\frac{\bar{\varphi}}{4} = 19.7 + 2 + 2 \times 50 \times \tan\frac{30°}{4} = 34.86\ \text{m}$$

$$b = B_0 + d + 2l\tan\frac{\bar{\varphi}}{4} = 15.9 + 2 + 2 \times 50 \times \tan\frac{30°}{4} = 31.06\ \text{m}$$

$$A = a \times b = 34.86 \times 31.06 = 1\ 082.75\ \text{m}^2$$

经深度和宽度修正后，其地基承载力取$[f_a] = 2\ 800$ kPa，则

$$\begin{aligned} N &= \left[f_a - \left(\bar{\gamma} l + \gamma h - \frac{BL\gamma h}{A}\right)\right] \times A \\ &= \left[2\ 800 - \left(20 \times 129 + 20 \times 6.5 - \frac{22.4 \times 19.1 \times 129 \times 6.5}{1\ 082.75}\right)\right] \times 1\ 082.75 \\ &= 456\ 191.34\ \text{kN} > 250\ 000\ \text{kN} \end{aligned}$$

满足要求。

(4)基于桩基反力分布的群桩系数法计算桩基承载力

封铰前后承台的尺寸及刚度有较大变化，因此封铰前后桩基的群桩效应系数也不同。

封铰前，经计算，各组桩的φ_i值如表6-2-4所示。

表6-2-4　封铰前各组桩的φ_i计算

各项参数 / 分组名	桩数	θ	α	β	φ_i
A组	2	0.972	0.354	2.2	0.886
B组	4	0.584	0.354	2.2	0.670
C组	2	0.454	0.354	2.2	0.572
D组	6	0.387	0.354	2.2	0.515
E组	4	0.342	0.354	2.2	0.475

由表6－2－4中数据可算得 $\eta_{max}=0.640$。

封铰后，经计算，各组桩的 φ_i 值如表6－2－5所示。

表6－2－5 封铰后各组桩的 φ_i 计算

各项参数 / 分组名	桩数	θ	α	β	φ_i
A组	2	0.972	0.354	4.1	1.02
B组	4	0.584	0.354	4.1	1.07
C组	2	0.454	0.354	4.1	1.10
D组	6	0.387	0.354	4.1	1.12
E组	4	0.342	0.354	4.1	1.13

由表6－2－5中数据可算得 $\eta_{max}=0.97$。

封铰前，最大桩反力为168 000/18/0.64＝14 583 kN＜33 913 kN，满足要求。

封铰后，后续增加的竖向荷载设计值为250 000－168 000＝82 000 kN；桩基的后续承载力为（33 913－14 583）×18＝347 949 kN＞82 000 kN，因此满足要求。

3. 小结

本节详细介绍了桩基承载力计算的两种方法——群桩效应系数法和等代墩基法，其中群桩效应系数法有分别采用传统的基于应力叠加的群桩效应系数法和本书提出的基于桩基反力分布的群桩效应经验系数法。

表6－2－6 群桩承载力计算结果对比

计算方法	基于应力叠加的群桩系数法	基于桩基反力分布的群桩系数法	等代墩基法
群桩承载力（kN）	420 595	390 678	456 191.3

运用以上三种方法对沪杭高铁转体桥群桩基础的承载力进行验算，计算结果如表6－2－6所示，可以发现：三种方法计算的承载力都表明本工程的桩基承台满足要求。其中，等代墩基法的计算结果明显偏大，究其原因，可能因为对于超长桩的实际发生破坏的等代墩基较计算取值偏小，导致计算结果偏大。基于应力叠加和基于桩基反力分布的群桩效应系数法计算结果较接近，但从转体桥梁承台的实际施工历程来看，基于桩基反力的群桩效应系数法更合理。前者认为桩基承载力与承台厚度、刚度无关，这与实际情况不符，种种现象表明承台与桩相互影响，单独分析师欠科学的。特别是对于转体施工桥梁的承台，由于分次成型，承台刚度发生变化，导致桩基承载力也是发生变化的，桩基设计时须考虑这一因素。

6.2.4 沉降计算的实用方法研究

1. 运营期沉降预测分析

软土中的桩基础，因软土具有长期蠕变性质，运营期沉降是一个漫长的过程。软土地基沉降的机理分析如下：在施工过程中，随着上覆荷载的施加，土颗粒孔隙中的水慢慢排出，沉降变形开始发生，当荷载增加到一定程度时，孔隙水排出速度加快，从而沉降速率也在增大。随着时间推移，土体中渗流路径加长以及附加应力向下扩散，沉降速率逐渐趋于稳定。总沉降可分为瞬时沉降、固结沉降和蠕变沉降，不同阶段占主导的沉降机理不同。在施工期，以土体引起的固结沉降为主，通常不计蠕变沉降；运营期则需在前期固结沉降的基础上考虑由蠕变引起的沉降。

另外，在软土地区，由于循环交通荷载作用而产生的累积沉降也是不可忽视的一部分。因此，运营期沉降可分为三部分：一是，由于土体固结而持续沉降；二是由于蠕变而导致的沉降；三是由于后期循环列车荷载产生的沉降。事实上，三种沉降相互联系同时存在，但从机理上来说，其沉降原理不同，因此可将其单独考虑，并将三者之和作为总沉降量。

(1)运营期的固结沉降预测

基于以上软土地基的沉降机理,有学者通过对荷载作用下的地基沉降情形进行研究,并加以实例论证,提出了 Logistic 增长曲线模型的经验公式,形式如下:

$$S_t = \frac{c_1}{1 + c_2 \cdot \exp(-c_3 t)} \tag{6-2-17}$$

式中 t——沉降的时间;

S_t——时间为 t 时的沉降;

c_1、c_2、c_3——待定参数。

(2)运营期的蠕变沉降预测

对于软土中的桩基础,由土体蠕变引起的沉降不容忽视。许多室内试验和现场观测结果均表明,土体蠕变与时间对数呈线性关系,常见的公式为:

$$S_s = \sum_{i=1}^{n} \frac{h_i}{1 + e_{0i}} C_d \lg \frac{t}{t_1} \tag{6-2-18}$$

式中 n——划分土层数;

C_d——e-lg$t$ 曲线后段的斜率,称次压缩系数;

e_{0i}——第 i 层土的初始孔隙比;

S_s——时间为 t 时的蠕变沉降;

t_1——主固结度为 100% 的时间,如图 6-2-22所示。

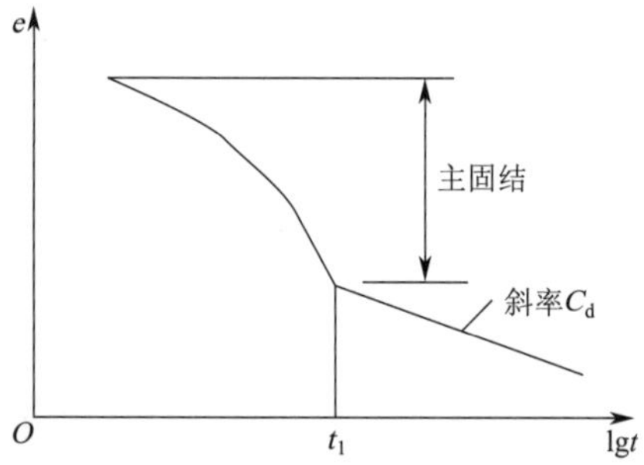

图 6-2-22 e-lg$t$ 曲线

目前,关于固结、蠕变的划分争论颇多。由于土体中存在某种结构黏性,蠕变自始至终存在,不可能等到固结完成后压缩才开始。事实上,瞬时沉降、固结沉降和蠕变沉降都是在土体受力后同时发生的,只是某一阶段以一种沉降变形为主。有学者基于 Bjerrum 的二维等时 e-lg$t$ 曲线,提出了软土蠕变计算的修正式,其中近似取 $t_1 = 1$ d。

(3)运营期循环荷载下的沉降预测

研究循环荷载作用下土体残余变形的预测方法具有十分重要的意义。当软土地基受循环荷载作用时,土中将产生孔隙水压力;随着时间的推移,这部分孔隙水压力将消散并产生沉降。目前,对于残余变形的预测常用的方法为,首先建立残余变形与土体初始特性、循环应力以及循环次数之间的关系,再应用有限元或其他方法进行计算,即半经验法。

最常用的经典模型是 C. L. Monismith 提出的指数模型,得出软土的塑性应变与循环次数的关系:

$$\varepsilon_p = A_0 N^b \tag{6-2-19}$$

式中 ε_p——累积塑性应变;

N——循环次数;

A_0,b——参数。

式(6-2-19)主要说明了循环加载次数的影响,对于其他各种参数的描述包含在 A_0 和 b 中,物理意义模糊。

D. Q. Li 等考虑土体类型和物理状态的影响,引进土体静强度参数,通过室内试验的结果对指数模型进行改进。J. C. Chai 和 N. Miura 又在其模型基础上,考虑了土体的初始剪应力,提出了一种新的指数经验公式模型,用来预测软黏土上低路堤在交通荷载作用下的沉降,即:

$$\varepsilon_p = a_0 \left(\frac{\sigma_d}{\sigma_f}\right)^{m_0} \left(1 + \frac{\sigma_s}{\sigma_f}\right) N^{b_0} \tag{6-2-20}$$

式中 σ_f——静破坏应力;

a_0,m_0,b_0——试验参数。

式(6-2-20)考虑了初始静剪应力的影响,但不能反映振动频率对残余变形的影响。G. B. Parr 通过对伦敦土循环三轴试验，考虑了累积塑性应变速率和循环加载次数的关系，得到了如下参数应变模型：

$$\lg\left(\frac{\bar{\varepsilon}_N}{\bar{\varepsilon}_1}\right)=\lg C_0+\xi\lg N \tag{6-2-21}$$

式中　$\bar{\varepsilon}_N,\bar{\varepsilon}_1$——第 N 次和第 1 次循环加载的塑性应变率；

C_0,ξ——试验常数，当 $N=1$ 时，可以得出 $C_0=1$。

王军在试验基础上，通过引入综合影响参数对试验数据进行归一化，建立饱和软黏土累积塑性应变模型：

$$\varepsilon_p=\frac{OCR^{0.488}\tau_c^2-\delta}{(2.82\,422K^{-4.847})(1-1.150\lg f)\delta} \tag{6-2-22}$$

$$\delta=1-(\alpha_1-\alpha_2)\alpha_3\alpha_4\lg N-(\beta_1-\beta_2)\beta_3\beta_4(\lg N)^2 \tag{6-2-23}$$

式中　OCR——超固结比；

τ_c——循环应力比；

δ——软化指数；

K——固结比；

f——振动频率；

α_1,β_1——反映循环应力比影响的参数；

α_2,β_2——反映固结比影响的参数；

α_3,β_3——反映振动频率影响的参数；

α_4,β_4——反映超固结比影响的参数。

2. 国内外规范对群桩沉降计算的规定

目前，国内规范常采用基于等代墩基法的分层总和计算方法。这些方法的形式各异，但是计算原理是相同的，都是考虑一定深度范围内土层的压缩，将计算范围内土层压缩量累加起来就是结构的沉降总量。区别仅在于具体规定时略有差别，比如对于计算深度的规定、某层土的压缩量计算方法等。

(1)《公路桥涵地基与基础设计规范》(JTG D63—2007)(简称《公路规范》)

《公路规范》规定，对于摩擦群桩，当桩距小于 6 倍桩径时，群桩应作为实体深基础采用单向分层综合法计算基础沉降量。地基压缩层总沉降量可按下式计算：

$$s=m_s\sum_{i=1}^{n}\frac{\sigma_{zi}}{E_{si}}h_i \tag{6-2-24}$$

或

$$s=m_s\sum_{i=1}^{n}\frac{e_{1i}-e_{2i}}{1+e_{1i}}h_i \tag{6-2-25}$$

式中　s——地基总沉降量(cm)；

σ_{zi}——第 i 层顶面与底面附加应力的平均值(MPa)；

h_i——第 i 层土的厚度(cm)，$E_{si}=\frac{1+e_{1i}}{a_i}$，其中 a_i 为第 i 层土受到平均自重应力(q_{zi})和平均最终应力($q_{zi}+\sigma_{zi}$)压缩系数；

e_{1i}、e_{2i}——分别为第 i 层土受到平均自重应力(q_{zi})和平均最终应力($q_{zi}+\sigma_{zi}$)压缩稳定时土的孔隙比；

n——地基压缩范围内所划分的土层数；

m_s——沉降计算经验系数，按地区建筑经验确定，如缺乏资料时，可参照《公路规范》表 3.3.4 选用。

地基土压缩层计算深度 z_n 的确定，一般取地基附加应力与自重应力之比等于 20% 处，若地基为淤泥或淤泥质土，则取至 10% 处，然后检验是否合理。

$$\Delta s_n'\leqslant 0.025\sum_{i=1}^{n}\Delta s_i' \tag{6-2-26}$$

6

式中 $\Delta s'_n$——在计算深度 z_n 处，向上取厚度为 1 m 范围内土层的计算压缩量(cm)；

$\Delta s'_i$——计算深度 z_n 范围内，第 i 层土的计算压缩量(cm)。

如已确定的计算深度下面有较软土层时，尚应继续计算。

《公路规范》对群桩沉降计算不考虑群桩外围侧面剪应力的扩散作用。

(2)铁路桥涵地基和基础设计规范(TB 10002.5—2005)(简称《铁路规范》)

《铁路规范》规定，当桩基础为柱桩或桩尖平面处的中心距大于 6 倍桩径摩擦群桩时，桩基的总沉降量可采用单桩径在试验的沉降量。否则，摩擦群桩基础的总沉降量应将桩基视为实体深基础。基础底面受压土层的总沉降量 s 按下式计算：

$$s = m_s \sum_{i=1}^{n} s_i = m_s \sum_{i=1}^{n} \frac{\sigma_{z(0)}}{E_{si}} (z_i C_i - z_{i-1} C_{i-1}) \qquad (6-2-27)$$

式中 s——地基最终沉降量(m)；

n——基地以下地基沉降计算深度范围内按压缩模量划分的土层分层数目；

$\sigma_{z(0)}$——基础底面处的附加应力(kPa)；

$$\sigma_{z(0)} = \sigma_h - \gamma h \qquad (6-2-28)$$

σ_h——基底压应力(kPa)，当 $z/b>1$ 时，σ_h 采用基底平均压应力；当 $z/b\leq 1$ 时，σ_h 采用基底压应力图形中距离最大应力点 $b/3\sim b/4$ 处的压应力；

b——基础宽度(m)；

γ——土的重度(kN/m^3)；

h——基础埋置深度(m)，当基础受水流冲刷时，由一般冲刷线算起；当基础不受水流冲刷时，由天然地面算起，如位于挖方内，则由开挖后的地面算起；

z——基底至计算土层顶面的距离(m)；

z_i、z_{i-1}——自基底至第 i 和第 $i-1$ 薄层底面的距离(m)；

地基沉降计算总深度 z_n 的确定应符合下列要求：

$$\Delta s_n \leq 0.025 \sum_{i=1}^{n} \Delta s_i \qquad (6-2-29)$$

式中 Δs_i——计算深度范围内，第 i 薄层土的沉降量；

Δs_n——在计算深度 z_n 处，向上取厚度 Δz 土层的沉降量，Δz 按表 6-2-7 取值；

C_i、C_{i-1}——分别表示基础底面第 i 层底面范围内和至第 $i-1$ 薄层底面范围内的平均附加应力系数，可按《铁路规范》中的附录 B 查得；

m_s——沉降经验修正系数，对于软土地基 $m_s=1.3$。

表 6-2-7 《铁路规范》的 Δz 取值

基础宽度 b(m)	$b\leq 2$	$2<b\leq 4$	$4<b\leq 8$	$8<b\leq 15$	$15<b\leq 30$	$b>30$
Δz(m)	0.3	0.6	0.8	1.0	1.2	1.5

在式(6-2-27)中，基础底面以下受压土层内第 i 薄层的压缩模量 E_{si} 的取值是根据压缩曲线按实际应力范围来确定的。

(3)《建筑桩基技术规范》(JGJ 94—2008)(简称《桩基规范》)

《桩基规范》对于桩中心距不大于 6 倍桩径的群桩基础，其最终沉降量采用等效作用分层总和法。等效作用荷载面位于桩端平面，等效作用面积为桩承台投影面积。该规范基于群桩自重所产生的附加应力较小(对于非挤土和部分挤土桩而言，其附加应力只相当于混凝土与土的重度差)，这部分附加应力引起的变形在桩基施工过程中也有部分已完成，为简化计算，可忽略不计。因此，该规范等效作用面的附加应力近似取天然地基时承台底面平均附加应力。等效作用面以下的应力分布采用各向同性均质直线变形体理论。桩基内任意点的最终沉降量可用角点法按下式计算：

$$s = \psi\psi_e \sum_{j=1}^{m} P_{0j} \sum_{i=1}^{n} \frac{z_{ij}a_{ij} - z_{(i-1)j}a_{(i-1)j}}{E_{si}} \qquad (6-2-30)$$

式中　s——桩基最终沉降量(mm)；

s'——按分层总和法计算出的桩基沉降量(mm)；

ψ——桩基沉降计算经验系数，在无恰当可靠的经验时可按《桩基规范》第 5.3.10 条确定；

ψ_e——桩基等效沉降系数，按《桩基规范》第 5.3.8 条确定；

m——角点法计算点对应的矩形荷载分块数；

P_{0j}——角点法计算点对应的第 j 块矩形底面长期效应组合的附加应力(kPa)；

n——桩基沉降计算深度范围内所划分的土层数；

z_{ij}、$z_{(i-1)j}$——分别表示桩端平面第 j 块荷载至第 i 层土、第 $i-1$ 层土底面的距离(m)；

a_{ij}、$a_{(i-1)j}$——分别表示桩端平面第 j 块荷载计算点至第 i 层土、第 $i-1$ 层土底面深度范围内的平均附加应力系数，可按《桩基规范》附录 G 采用；

E_{si}——等效荷载作用底面以下第 i 层土的压缩模量(MPa)，采用地基土在自重压力至自重压力加附加压力作用时的压缩模量。

《桩基规范》对群桩沉降计算也没有考虑群桩外围侧面剪应力的扩散作用。

(4)《建筑地基基础设计规范》(GB 50007—2002)(简称《建筑规范》)

《建筑规范》规定，计算桩基础沉降时，最终沉降量宜按土层单向压缩分层总和法计算。地基内的应力分布宜采用各向同性均质线性变形体理论，按实体深基础(桩距不大于 6 倍桩径时)和包括 Mindlin 应力公式方法在内的其他方法进行计算。采用实体深基础计算桩基础最终沉降量时，采用单向分层总和法的计算公式为：

$$s = \psi_e s' = \psi_s \sum_{i=1}^{n} \frac{P_0}{E_{si}} (z_i \bar{a}_i - z_{i-1} \bar{a}_{i-1}) \tag{6-2-31}$$

式中　s——地基最终变形量(mm)；

s'——按分层总和法计算出的地基变形量(mm)；

ψ_s——沉降计算经验系数，根据地区沉降观测资料集经验统计确定，如无地区经验时可采用《建筑规范》表 5.3.5 的数值；

n——桩基沉降计算深度范围内所划分的土层数；

P_0——对应于荷载效应准永久组合的基础底面处的附加应力(kPa)；

z_i、z_{i-1}——分别表示基础底面至第 i 层土、第 $i-1$ 层土底面的距离(m)；

$\bar{a}_i$、$\bar{a}_{i-1}$——分别表示基础底面计算点至第 i 层土、第 $i-1$ 层土底面深度范围内平均附加应力系数，可按《建筑规范》附录 K 采用；

E_{si}——基础底面以下第 i 层土的压缩模量(MPa)，应取土的自重应力至土的自重应力与附加应力之和压力段计算。

(5)《美国公路桥梁设计规范——荷载与抗力系数设计法》(SI 单位，1994 年)(简称《美国规范》

《美国规范》计算群桩沉降时，压缩土层的计算深度通常计算到地基土的附加应力等于基础底面附加应力的 1/10 处，或者计算到不可压缩层的顶面。按照 1∶2的斜线确定荷载扩散面积的方法使用起来相当方便，通常将桩基承台底面高程处的总附加荷载 N_g 直接作用在假想实体基础底面，即可按下式求出假想实体深基础底面以下 z_i 的附加应力 σ_{zi}。

$$\sigma_{zi} = \frac{N_g}{(B + z_i)(A + z_i)} \tag{6-2-32}$$

式中　σ_{zi}——基础底面传递给第 i 土层中心处的附加应力(kPa)；

N_g——承台底面高程处的上部结构总荷载减去该处的上覆土重力，对于高承台即为上部结构总荷载(kN)；

A、B——假想实体深基础底面的长度和宽度(m)；

z_i——假想实体深基础底面至第 i 层土中心的距离(m)。

由式(6-2-32)求得 σ_{zi}后，即可按下式来计算群桩基础的沉降量：

$$s_G = \sum_{i=1}^{n} \frac{\sigma_{zi}}{E_{ci}} H_i \tag{6-2-33}$$

式中 s_G——桩基最终变形沉降量(mm)；

n——地基变形计算深度范围内所划分的土层数；

E_{ci}——基础底面以下第 i 层土的压缩模量(MPa)，应取土的自重应力到土的自重应力与该层土中心处的附加应力之和的压力段计算。

3. 考虑土体蠕变及循环荷载的运营期沉降时效计算公式

规范中对沉降的计算均采用分层总和法，只是在具体的计算方法和参数取值上稍有区别。规范中的公式没有区分固结沉降、蠕变沉降等，计算出的数值相当于沉降总量。对土质较好的情况，利用规范公式计算的沉降与实际符合较好，但是对于软土地区的沉降，其时效性较明显，只给出一个最终沉降量难以满足工程需求。

如前所述，桥梁结构运营期的沉降包括三部分：前期固结沉降、土体蠕变沉降及交通荷载作用下的累积沉降。认为三种沉降形式互不影响，因此，可得到桥梁结构运营期沉降的计算公式：

$$S_w = \begin{cases} S_t & t \leqslant t_1 \\ S_{t_1} + S_s & t_1 < t < t_2 \\ S_{t_1} + S_s + S_1 & t \geqslant t_2 \end{cases} \tag{6-2-34}$$

$$S_t = \frac{c_1}{1 + c_2 \exp(-c_3 t)}$$

$$S_s = \sum_{i=1}^{n} \frac{h_i}{1 + e_{0i}} C_d \lg \frac{t}{t_1}$$

$$S_1 = \sum_{i=1}^{n} \varepsilon_{pi} h_i$$

式中 S_w——结构从开始发生沉降变形到运营期内随时间变化的沉降总量；

S_t——土体固结沉降，可用规范公式计算，但不考虑沉降经验系数；

S_1——循环荷载作用下的累积沉降；

t_2——结构从开始发生变形到通车运营的时间；

ε_{pi}——第 i 层图的平均累积塑性应变，按式(6-2-22)计算。

其余参数含义同前。

6.2.5 结　论

为掌握软土地区低承台群桩的受力机理，对单桩、带台单桩、高承台群桩及低承台群桩的受力机理进行对比发现：单桩的荷载-沉降曲线存在明显的拐点；带台单桩的荷载沉降曲线变缓，且桩本身的临塑荷载几乎不变，极限承载力有所提高，但对应的沉降增大；高承台群桩的荷载沉降曲线呈“缓变”特征，同时在桩距较小时，相同荷载下的沉降较单桩增大许多，也即承载力降低了，但在桩距大于 $4d$ 时，其临塑荷载接近单桩，且后续承载性能较单桩更好；低承台群桩的荷载-沉降关系呈缓变特征，基桩承载力比单桩大，相同承载力对应的沉降量比单桩大，比高承台群桩小，因承台的沉降增加承台底压力，进而还增大桩侧摩阻力与桩端阻力。

介绍了目前群桩承载力计算最常用的两种方法：群桩系数法和等待墩基法，其中群桩系数法，详细介绍了基于应力扩散的群桩系数计算原理，同时本节提出了基于桩基反力分布的群桩系数计算方法，可以考虑承台刚度的影响，总体上两者的计算结果较接近，等待墩基法的计算结果最大。

目前规范对沉降的计算均采用分层总和法，计算出的数值相当于沉降总量，没有区分固结沉降、蠕变沉降等，且没有考虑随时间的变化过程。对土质较好的情况，利用规范公式能取得较好的结果，但是对于软土地区的沉降，其时效性较明显，只给出一个最终沉降量难以满足工程需求。本节提出了一种可以考虑固结沉降、蠕变沉降及循环荷载沉降的综合计算方法，解决了预测结构运营期长期沉降困难的问题。

6.3 转体施工桥梁下承台的设计方法研究

转体施工桥梁的下承台与普通承台的设计的主要区别在于,转体施工桥梁下承台只在施工过程中存在,转体到位封铰后便于上承台形成一体,共同受力。因此,针对转体施工桥梁下承台的设计方法也与普通承台有较大区别。

6.3.1 概 述

承台的作用是将上部荷载传递至地基基础,对于普通群桩基础的承台须满足两个条件:一是承台自身的承载力满足承载要求,一般依据经验或拉压杆模型方法计算;一是满足一定的刚度要求,使各桩总体上受力均匀,一般通过相对刚度系数进行控制。

转体施工桥梁的群桩承台与普通群桩承台有较大区别,体现在:转体施工桥梁群桩承台分次成型,转体过程中上部结构荷载(转体吨位)全部由下承台传递至桩基基础,通常情况下此时的上部结构荷载较后期运营状态的上部荷载小的多;转体到位封铰后,后期增加的上部结构荷载由整个承台共同受力。目前,对转体桥梁下承台的设计多依据经验,没有可靠的设计理论指导,导致设计出来的承台多偏于保守。本节针对下承台受力方式的特殊性,结合已有普通群桩承台的设计理论,提出了转体施工桥梁群桩下承台的设计思想、计算方法,最后结合沪杭高铁转体桥进行设计实例计算。

6.3.2 转体施工桥梁下承台设计思想

总的说来,下承台设计须满足两类极限状态:承载能力极限状态和正常使用极限状态。承载能力极限状态包括,承台的承载能力极限状态和桩的承载能力极限状态;正常使用极限状态指承台正常施工极限状态。下面详细阐述这三种状态的含义及计算方法。

1. 承台的承载能力极限状态

承台的承载能力极限状态是指,转体施工过程中的恒载及可能出现的活载的所有基本组合下的最不利荷载须小于承台的承载力。承台的承载力可利用本书提出的锥形面空间拉压杆模型进行计算。

2. 桩的承载能力极限状态

如果下承台的刚度已经满足完全刚性的要求,那么转体过程中无须验算此项。但是,由于转体重量只占后期运营的总重量的一部分,下承台的刚度要求无须控制到后期运营的水平,也就是下承台不必是完全刚性的。而一旦下承台非完全刚性,转体过程中的桩基反力分布不均。本书认为,转体过程中桩基反力分布可以一定程度的不均匀,但是必须满足在考虑封铰后上部结构荷载增加产生的桩反力后,所有桩的承载力满足要求。桩的承载能力极限状态是通过下承台的刚度来控制的,因此,下承台的刚度要求与桩的承载力、上部结构总荷载及转体重量占总荷载的比例有关。

3. 正常施工极限状态

正常施工极限状态是针对转体施工而提出的。众所周知,转体施工中对球铰的制作、安装精度要求非常高,目的是保证结构对称,球铰接触面应力分布均匀,有利于启转及转体过程中的稳定性控制。因此,下承台必须满足一定的刚度要求,在转体重量作用下,变形不宜过大,否则易导致结构偏心、应力分布不均、启转困难、稳定性差等。

6.3.3 转体施工桥梁下承台设计方法

如前所述,下承台无须按照刚性承台的要求设计。事实上,尽管在转体过程中桩反力分布不均,但是只要封铰后的承台是刚性的,在后期荷载的作用下,桩反力会趋于均匀。参考普通群桩承台中通过引入承台-桩的相对刚度系数β来确定承台厚度,本节也通过相对刚度系数β来确定下承台的刚度。

$$\beta = (\sqrt{B/L}E_R HaD_P)/(\sqrt[3]{K_P}Ds_a) \qquad (6-3-1)$$

式中 L、B——承台的长和宽;

E_R——承台混凝土弹性模量（kN/mm²）；

H——承台厚度；

a——在桥涵设计中取 2.5；

D_P——桩径；

K_P——桩的竖向支撑刚度（kN/mm）；

D——荷载作用的计算周边至最远桩中心的最近距离；

s_a——桩中心距 s_a 的取值为：若布桩规则，取桩的中心距，若布桩不规则，则 $s_a=\sqrt{A_R/n}$；

A_R——承台底面积；

n——承台下的总桩数。

普通群桩承台设计中，当$\beta\geqslant4$时，即可认为桩反力均匀分布。转体施工桥梁的下承台的相对刚度系数取值与转体吨位占结构总重的比例有关，比例越大，下承台相对刚度系数越大（最小相对刚度系数越接近4）。假定转体吨位（一期荷载）占结构总重（后一期荷载、二期荷载、活载）的比例为η，则下承台的最小刚度系数由下式确定：

$$\beta_{下}\geqslant1+3\eta \qquad (6-3-2)$$

联立式（6－3－1）和式（6－3－2），可得：

$$H\geqslant\frac{(\sqrt[3]{K_P}Ds_a)(1+3\eta)}{(\sqrt{B/L}E_RaD_P)} \qquad (6-3-3)$$

利用该式就可初定下承台厚度。

本书提出转体施工桥梁下承台设计的一般步骤为：根据桩基布置、拱座的尺寸确定承台的平面尺寸；利用式（6－3－3）初步确定承台厚度；运用本书提出的锥形面空间拉压杆模型配筋设计和承台承载力验算；对承台进行变形分析。如果承载力和变形均满足要求，则设计可行；反之重新假定承台厚度。整个设计流程可用图 6－3－1 来表示。

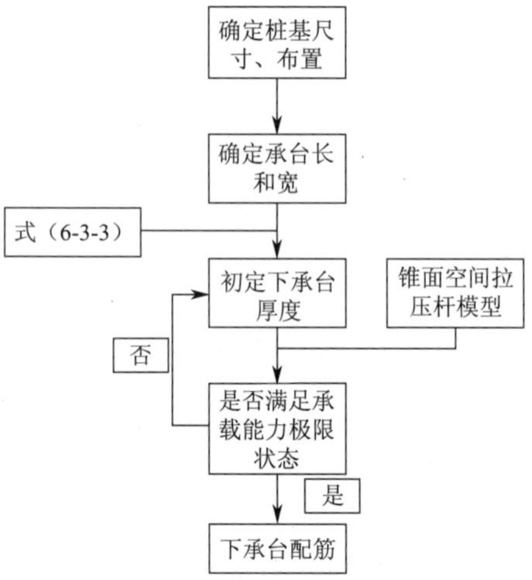

图 6－3－1　球铰下承台设计流程

6.3.4　设计实例

以沪杭高铁转体桥为工程背景进行下承台设计。

经计算，转体吨位占结构总重的比例 $\eta=0.72$，据式（6－3－2），下承台相对刚度系数需满足$\beta_{下}\geqslant3.16$。即：

$$\beta=(\sqrt{B/L}E_RHaD_P)/(\sqrt[3]{K_P}Ds_a)\geqslant3.16$$

其中，$B=19.1$ m，$L=22.9$ m，$E_R=32.5$ kN/mm²，$a=2.5$，$D_P=2$ m，$K_P=20$ kN/mm，$D=10.57$ m，$s_a=5.3$ m。

计算得，$H>3.2$，取 $H=3.5$ m。

初步确定下承台厚度后，须对下承台进行承载能力极限状态验算及配筋设计。下承台承载力满足要求。同时对其进行正常施工极限状态的验算，即验算转体过程中下承台的变形，结果须在容许范围内。

6.3.5　小　结

本节提出了下承台的设计思想及设计方法，其中运用了本书提出的锥形面拉压杆模型及有关承台相对刚度系数的知识。下承台的刚度系数确定与转体重量占结构总重的比例有关，比例越大，相对刚度系数也越大。同时，提出了确定相对刚度系数的计算公式，为设计人员提供参考。

6.4　大吨位球铰的设计与计算研究

球铰是关系到转体施工成败的关键部件,目前其设计多依据经验,缺乏可靠的理论支撑。为做到球铰设计的合理可靠,不仅需要丰富的现场经验,更须从揭示球铰的受力规律出发,提出相应的计算方法。

6.4.1　概　　述

球铰的设计多根据经验,理论层面的认识和研究远远落后于工程实践。球铰设计的一般思路:确定球铰材料,目前只有钢制球铰和混凝土球铰可供选择;确定球铰支承半径,由转体吨位和球铰材料确定;确定球铰半径和矢高,由力学分析确定。

目前,大多数转体施工桥梁采用钢制球铰,混凝土球铰只在较小吨位的转体施工中采用。出现这种情况的原因主要是设计人员出于材料强度和摩擦系数的考虑,但是钢制球铰制作费用高且较难加工。

球铰尺寸的设计以受力为依据。目前设计人员广泛采用简化计算法,即把球铰接触面当作平面的方法,来进行球铰接触面的正应力计算,同时通过面域内的积分求得球铰启动力矩和转动力矩。但是,实际上球铰接触面为曲面,应力分布较复杂。本节从球铰的真实受力条件出发,求得球铰接触面正应力分布及球铰启动力矩的解析计算公式,并将之与目前普遍采用的简化方法作比较,评价简化方法的计算精度。根据已有的工程经验及理论计算分析,本节给出了不同转体吨位下钢制球铰支承半径、球铰半径的合理取值范围。

6.4.2　初选材料

1. 钢制球铰与混凝土球铰受力对比

目前,钢制球铰的应用要远远多于混凝土球铰,大吨位桥梁的转体几乎全是钢制球铰,混凝土球铰的转体吨位多在 5 000 t 以下。究其原因,钢材的强度、刚度都高于混凝土,更重要的是摩擦系数较混凝土低许多。然而,钢制球铰制作困难,目前国内钢的制球铰生产商并不多,而且费用昂贵。混凝土具有价格低廉,易浇筑成型的优点,具有较大的推广应用价值。下面将通过对混凝土球铰与钢制球铰的受力对比分析,对混凝土球铰的应用提出建议。

(1)模型建立

运用有限元软件 Ansys,建立如图 6 -4 -1 所示的有限元模型。

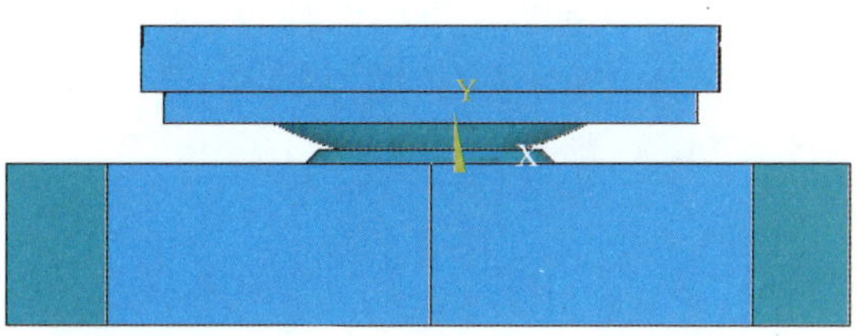

(a) 球铰立面图

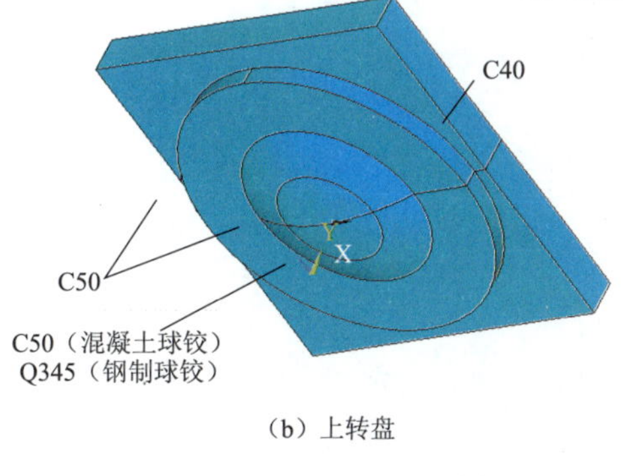

(b) 上转盘

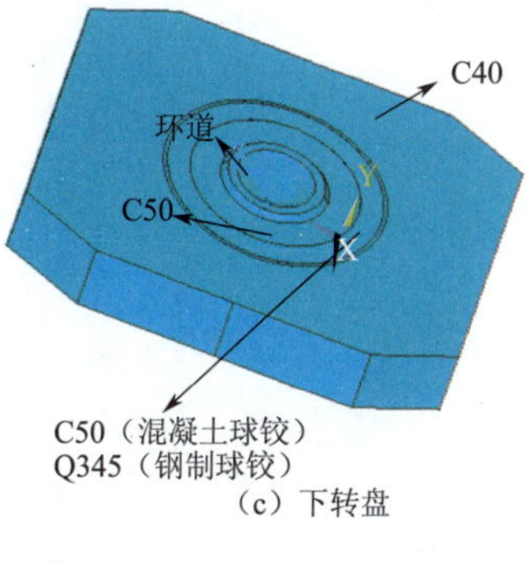

(c) 下转盘

图 6 -4 -1　球铰模型

单元类型:混凝土采用 Solid45 单元;接触单元采用 Conta174 和 Targe170。

材料参数取值如表6－4－1所示。

表6－4－1 球铰体系材料参数

C50	C40	Q345	Conta174、Targe170
弹性模量：3.55e＋4 MPa 泊松比：0.2 密度：2 600 kN/m^3 线膨胀系数：1e－5	弹性模量：3.5e＋4 MPa 泊松比：0.2 密度：2 600 kN/m^3 线膨胀系数：1e－5	弹性模量：2.1e＋5 MPa 泊松比：0.3 密度：7 850 kN/m^3 线膨胀系数：1.2e－5	摩擦系数：0.1或0.06

实常数：接触单元的罚刚度4、剪切刚度0.4，及摩擦系数根据不同工况取值，静摩擦系数0.1，动摩擦系数0.06。

边界：在下转盘底部约束所有平动方向。对球铰面的处理采用两种方法：一是用接触对模拟球铰面之间的受力；一是将上下球铰看成一个整体。

加载方式：以沪杭高铁转体桥为工程背景，在球铰上转盘顶面的拱座作用范围内施加面荷载，总竖向力为168 000 kN。

（2）混凝土球铰受力分析

从图6－4－2的主压应力矢量图可以看出，不管是用接触模拟还是作整体考虑，上转盘的传力路径为：上部结构荷载总体上由上至下传递，同时由于上截面大下截面小，导致沿径向产生由外向内的径向力，因此上转盘凸块处于三向受压状态，其抗压强度会得到一定提高。

从图6－4－3可以看出，上球铰的应力分布在不同的边界条件下差别很大。如果采用接触对模拟球铰面，上球铰正应力分布较不均匀，局部应力偏大。如果采用整体模拟，则应力分布比较有层次，且也很不均匀，靠近中心处的主压应力较小，临近边缘处应力偏大。从数值上看，采用接触分析时，上球铰的最大主压应力为－35.6 MPa，上转盘底面处最大主压应力为－15.7 MPa，如图6－4－4(a)所示；采用整体分析时，上球铰最大主压应力为－51.2 MPa，上转盘底面的最大主压应力为－18.5 MPa，如图6－4－4(b)所示。两种分析方法在球铰接触范围内均为出现拉应力。

按简化方法计算的平均正应力为13.1 MPa，而C50混凝土的允许抗压强度为22.68 MPa，可见两种计算方法下，混凝土主压应力已经超限，比较危险。

从图6－4－5可以看出，主压应力方向与球面垂直，在中心处，主压应力成竖直方向，半径越大主压应力方向越倾斜。采用接触分析时，球铰凹面上的最大主压应力为－26.8 MPa，如图6－4－6(a)所示，同样远大于简化计算的－13.1 MPa；采用整体分析时，球铰凹面上的最大主压应力为－29.8 MPa，如图6－4－6(b)所示；同样两种方法下凹面均为出现拉应力。两种计算方法下的下承台剖面应力分布接近，最大主压应力在10 MPa左右，如图6－4－7所示，在安全范围之内。

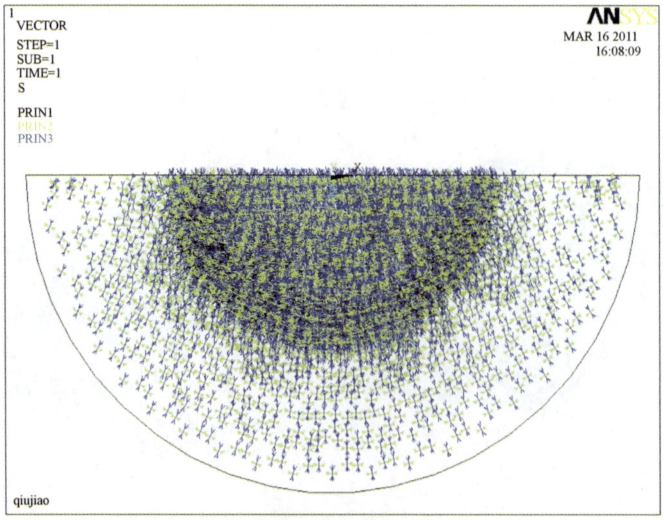

(a)接触模拟俯视图

图 6－4－2

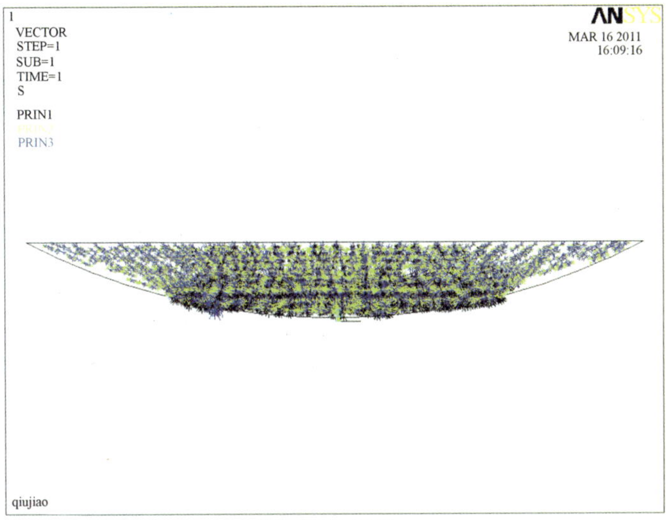

(b)接触模拟侧视图

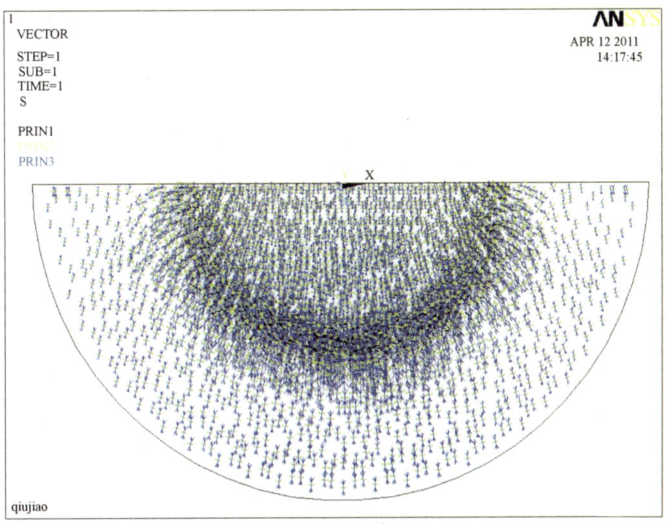

(c)整体模拟俯视图

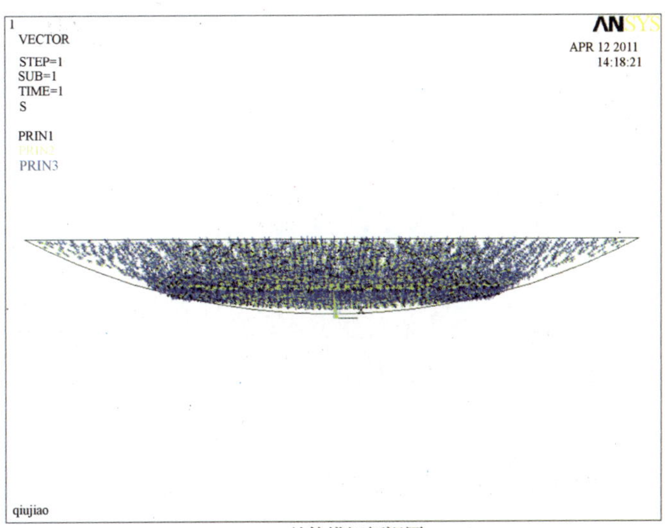

(d)整体模拟侧视图

图 6－4－2　上转盘凸面应力矢量图

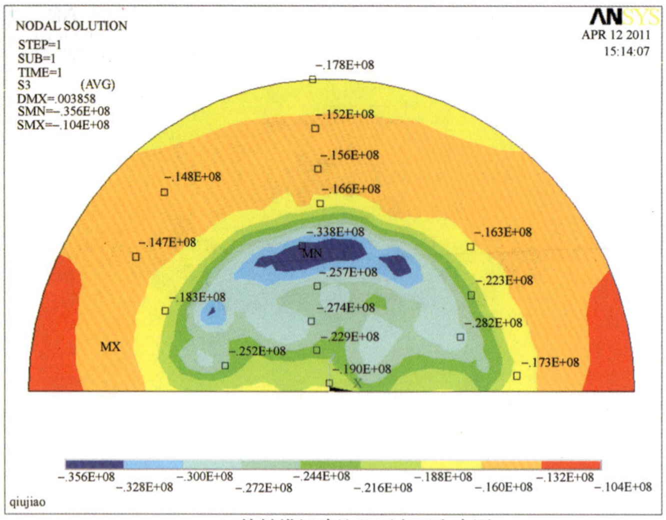

(a)接触模拟球铰凸面主压应力图

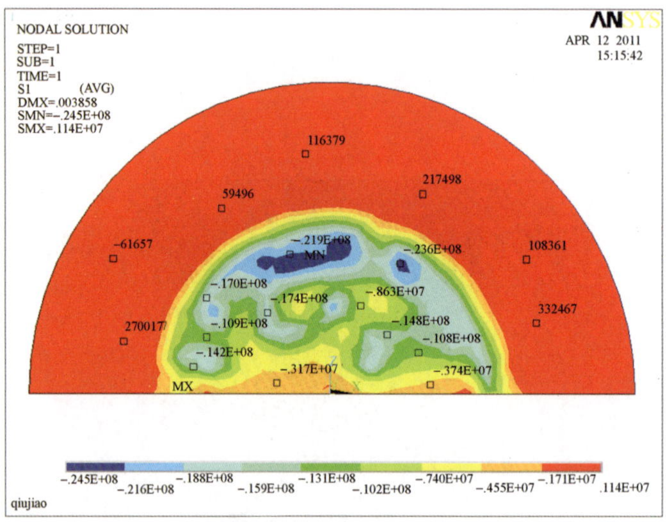

(b)接触模拟球铰凸面主拉应力图

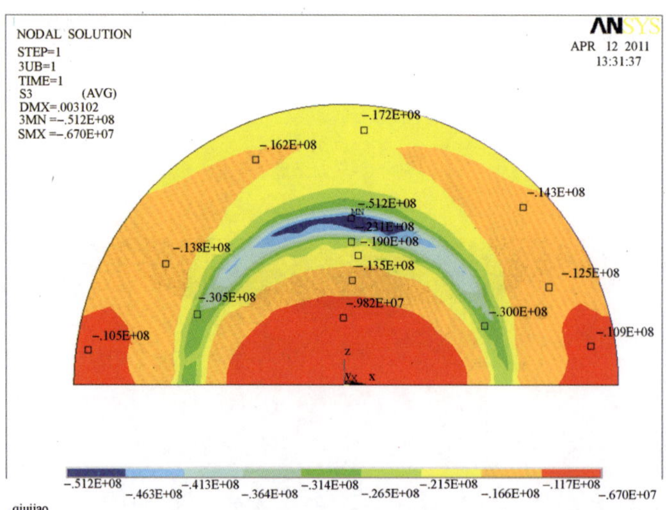

(c)整体模拟球铰凸面主压应力图

图 6-4-3

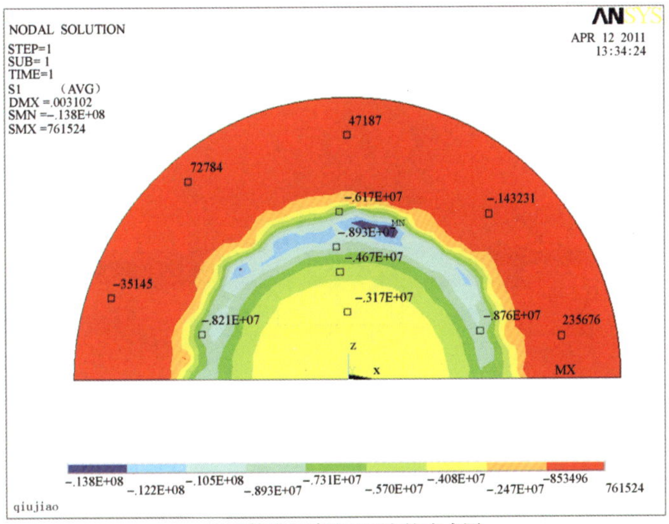

(d)整体模拟球铰凸面主拉应力图

图 6－4－3　球铰凸面应力图(N/m^2)

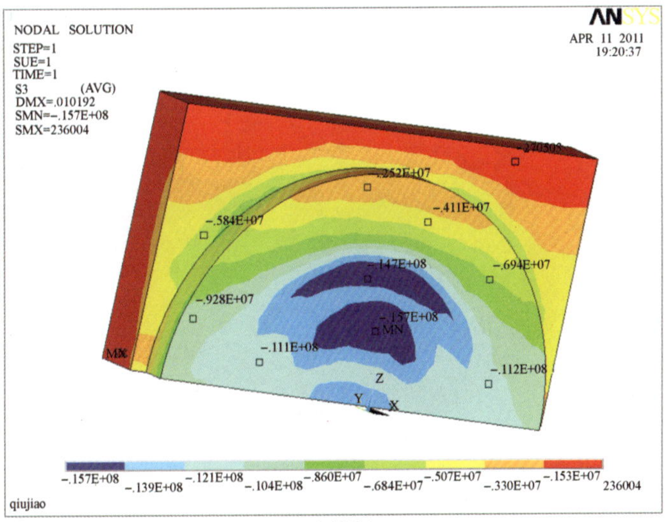

(a)接触模拟

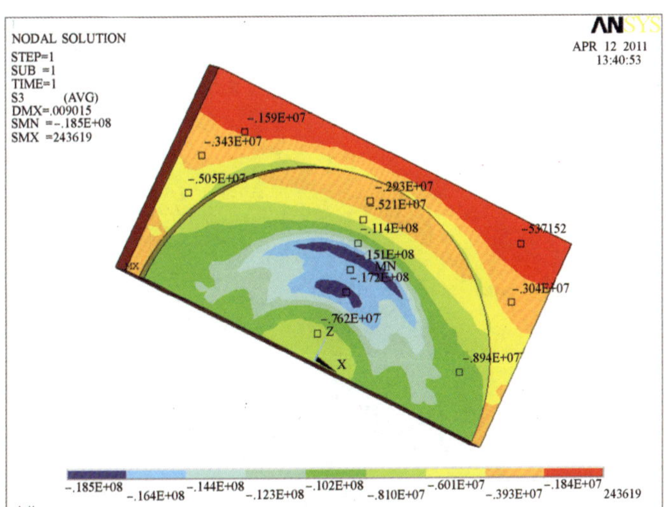

(b)整体模拟

图 6－4－4　上转盘主压应力图(N/m^2)

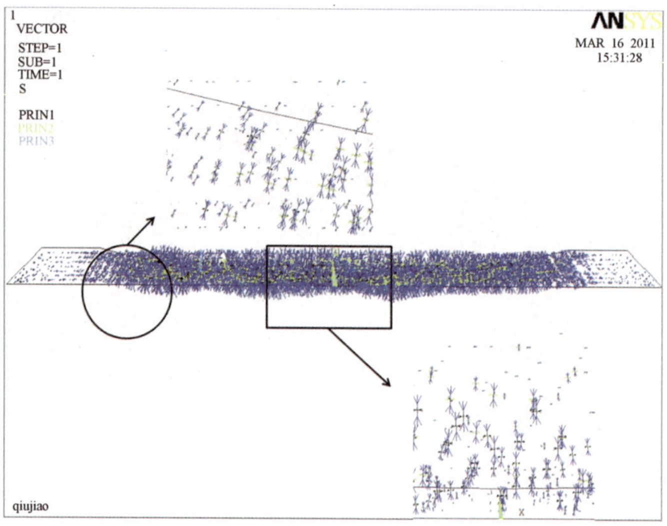

图 6－4－5　采用接触分析时球铰凹面主应力矢量图

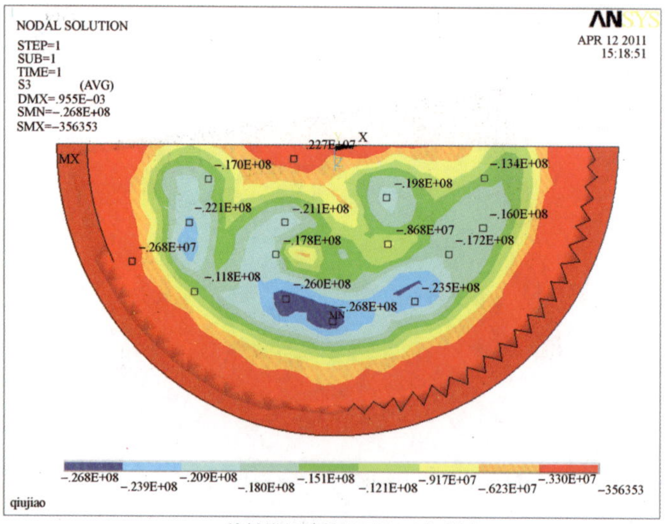

(a)接触模拟球铰凹面主压应力图

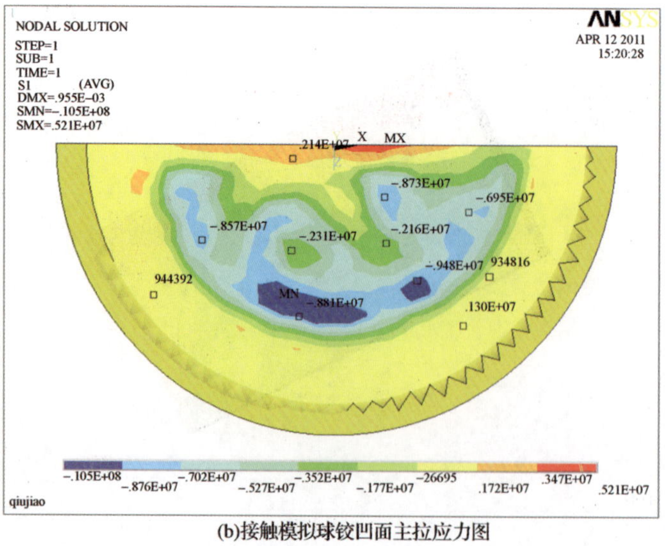

(b)接触模拟球铰凹面主拉应力图

图　6－4－6

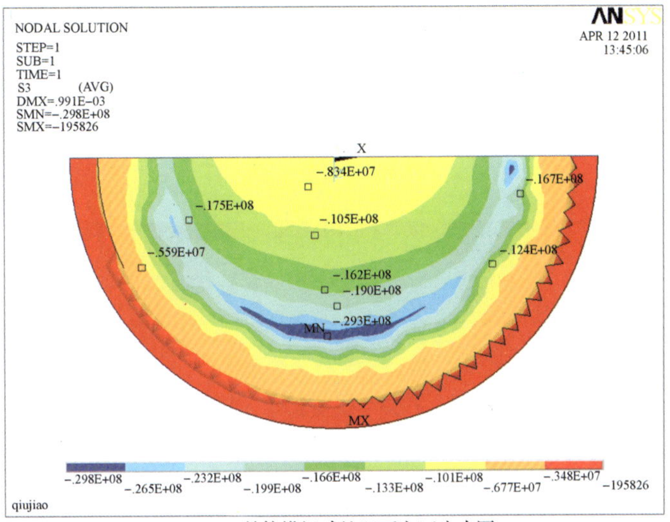

(c)整体模拟球铰凹面主压应力图

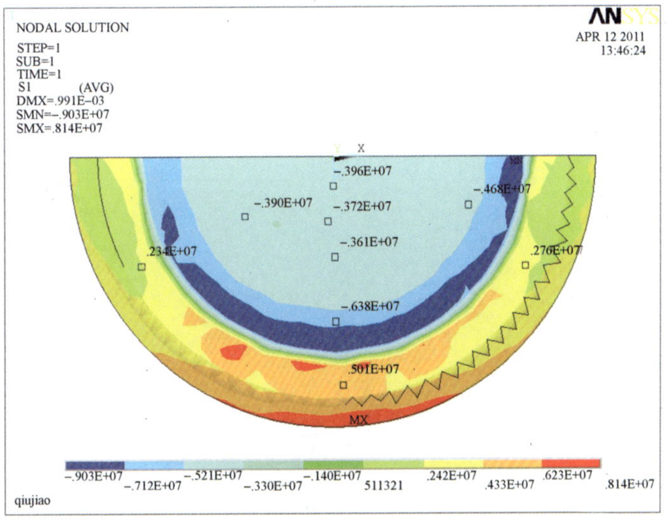

(d)整体模拟球铰凹面主拉应力图

图6-4-6 球铰凹面应力图(N/mm²)

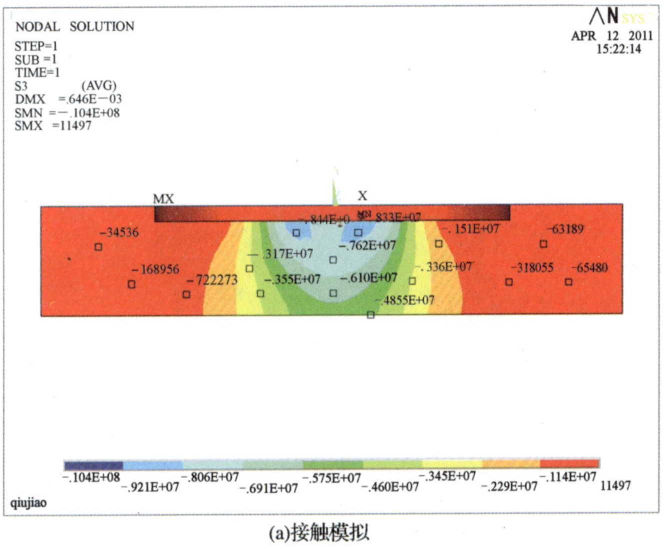

(a)接触模拟

图 6-4-7

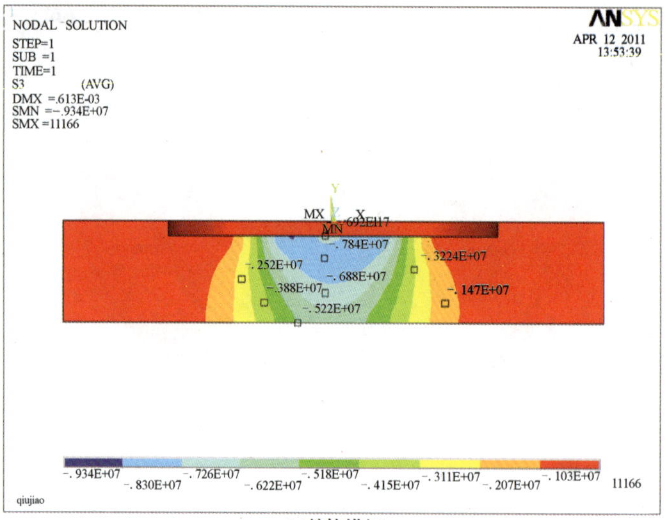

(b)整体模拟

图 6-4-7　下转盘剖面主压应力图(N/mm²)

(3)钢制球铰受力分析

从图 6-4-8 的主压应力矢量图可以看出,钢制球铰与混凝土球铰的上转盘传力路径类似,即上部结构荷载总体上由上至下传递,同时沿径向由外向内传递,上转盘凸块处于三向受压状态。

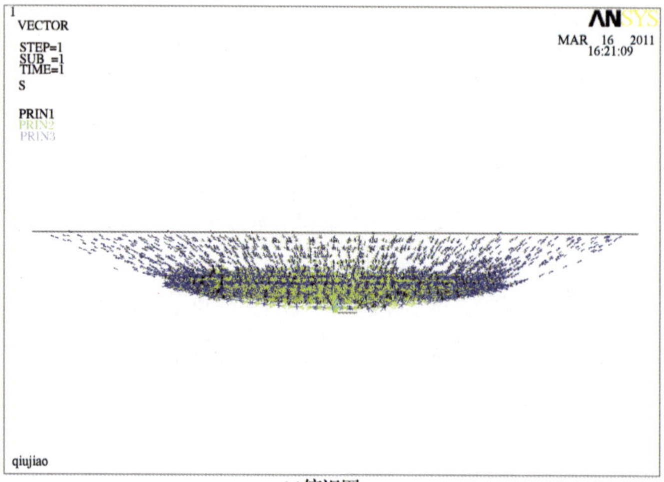

(a)俯视图

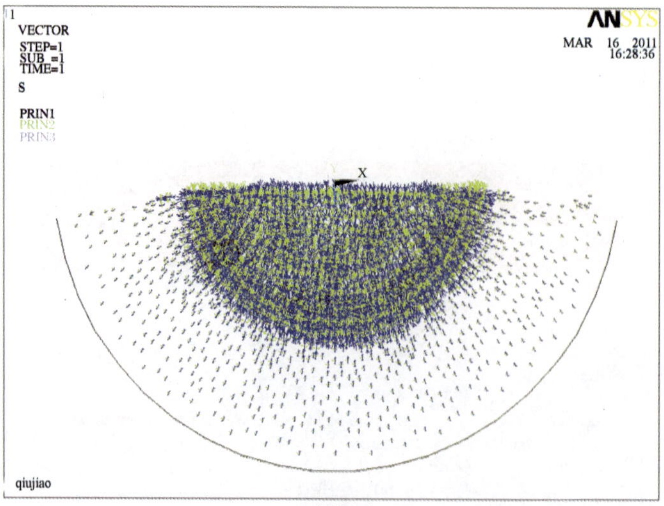

(b)侧视图

图 6-4-8　采用接触分析时的上转盘凸面应力矢量图

如图6-4-9、图6-4-10所示，采用接触对模拟球铰面时，上球铰的最大主压应力为-150.9 MPa，出现在靠近钢制球铰与后填充混凝土界面处的钢制球铰内，上转盘底面处最大主压应力为-16.3 MPa；采用整体分析时，上球铰最大主压应力为-83.9 MPa，上转盘底面的最大主应力为-19.0 MPa。同样，两种分析方法在球铰接触范围内均为出现拉应力。

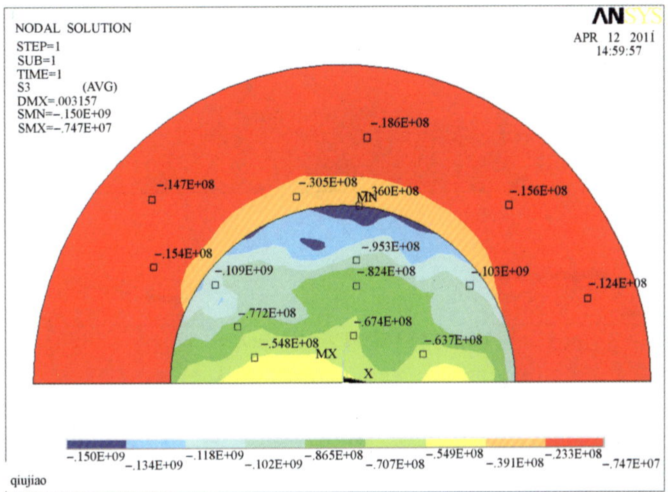

(a)接触模拟球铰凹面主压应力图

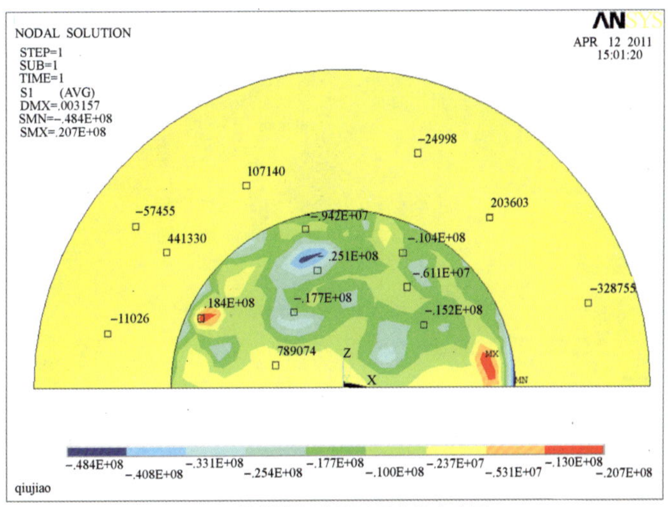

(b)接触模拟球铰凹面主拉应力图

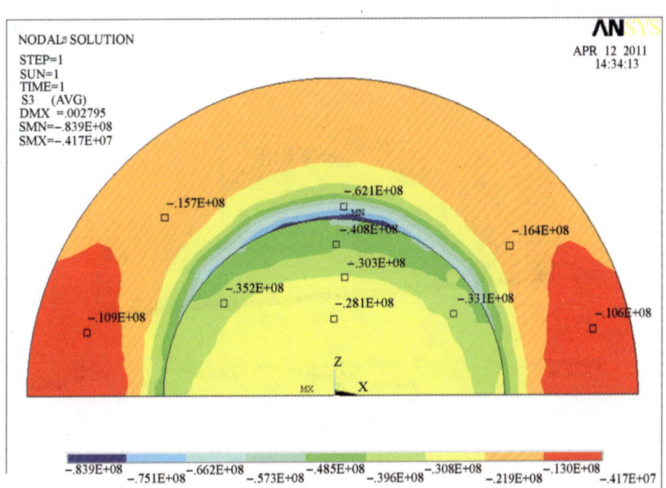

(c)整体模拟球铰凹面主压应力图

图 6-4-9

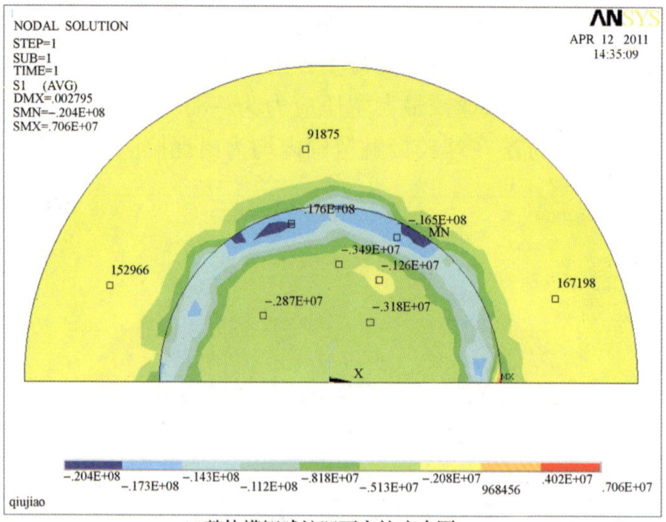

(d)整体模拟球铰凹面主拉应力图

图 6－4－9　球铰凸面应力图(N/mm²)

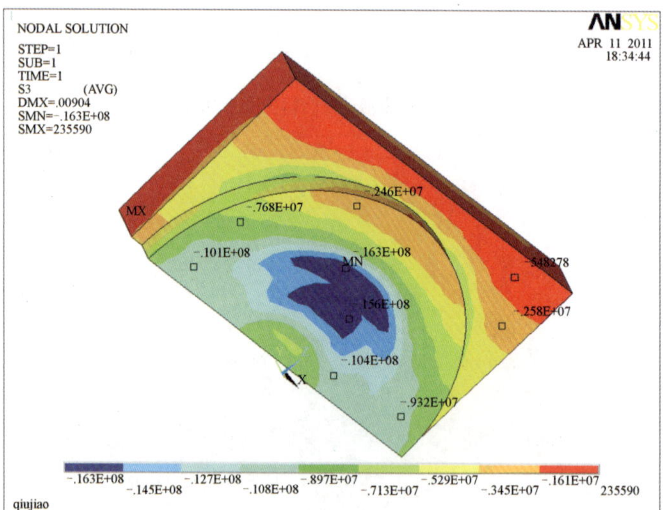

(a)接触模拟

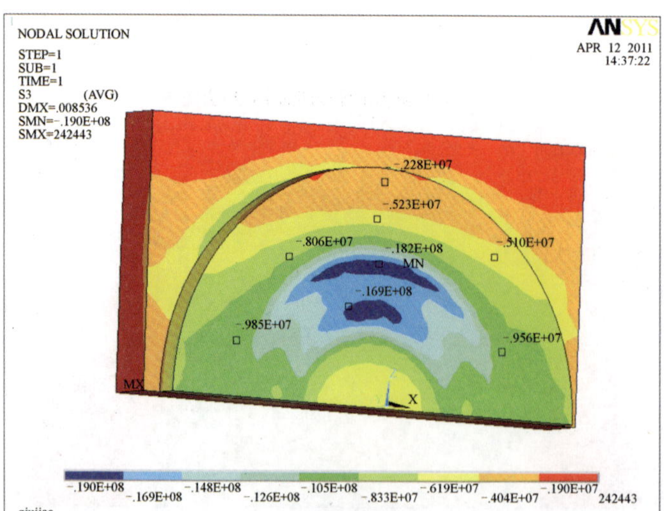

(b)整体模拟

图 6－4－10　上转盘主压应力图(N/mm²)

可见,钢制球铰计算下来的上球铰主压应力远大于混凝土,但是对于钢材来说,应力值仍在其容许范围内(210 MPa),而混凝土球铰虽然应力较小,却已超出混凝土的抗压容许值。

如图6-4-11所示,钢制球铰凹面上的正应力分布与混凝土球铰类似,即主压应力方向与球面垂直。采用接触分析时,球铰凹面上的最大主压应力为-57.0 MPa,同时出现了较小的主拉应力,如图6-4-12(a)所示;采用整体分析时,球铰凹面上的最大主压应力为-53.7 MPa,如图6-4-12(b)所示,未出现主拉应力。两种计算方法下的下承台剖面应力分布接近,同时与混凝土球铰的计算结果接近,最大主压应力在10 MPa左右,如图6-4-7所示,在安全范围之内。图6-4-13为下转盘剖面主压应力图。

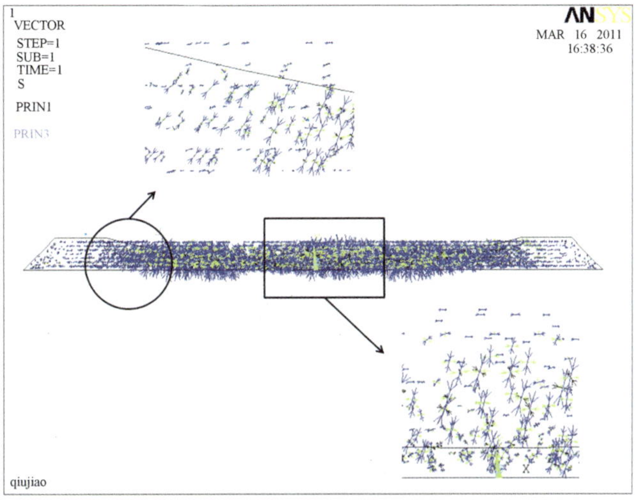

图6-4-11 采用接触分析时球铰凹面主应力矢量图

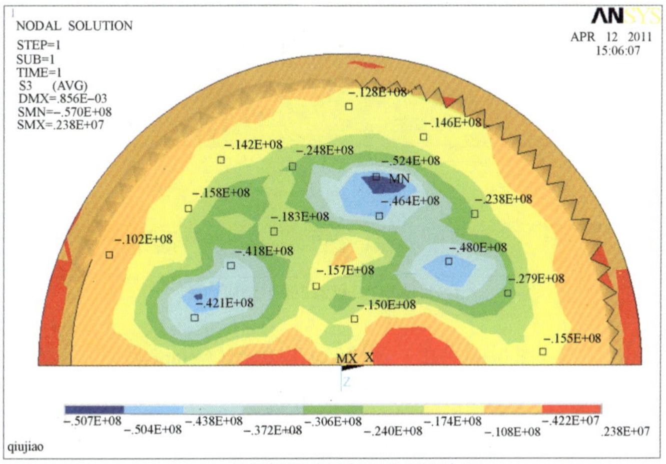

(a)接触模拟球铰凹面主压应力图

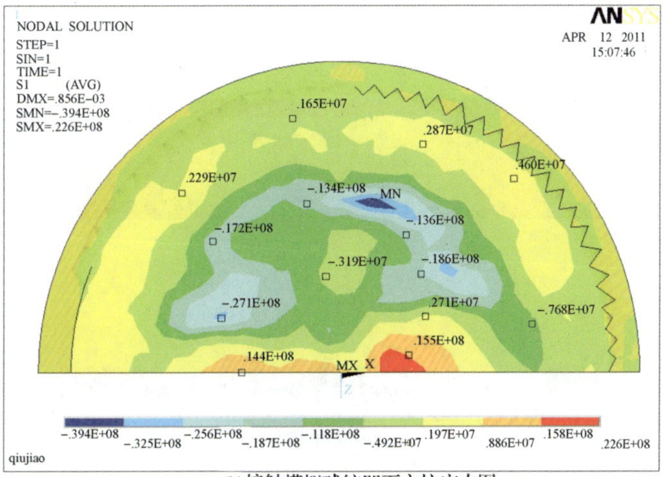

(b)接触模拟球铰凹面主拉应力图

图 6-4-12

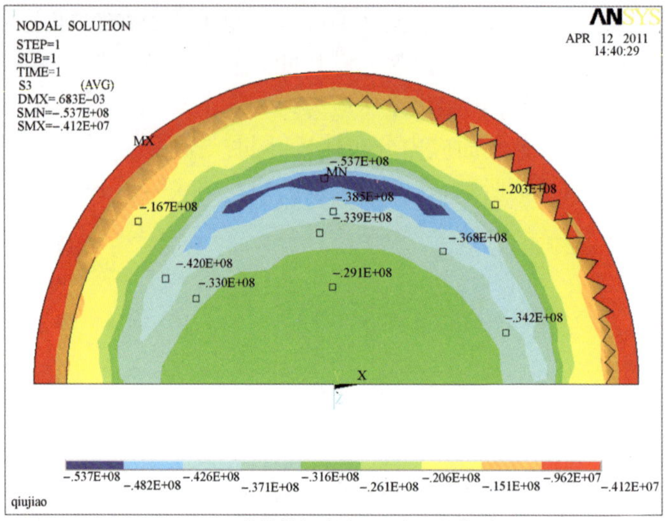

(c)整体模拟球铰凹面主压应力图

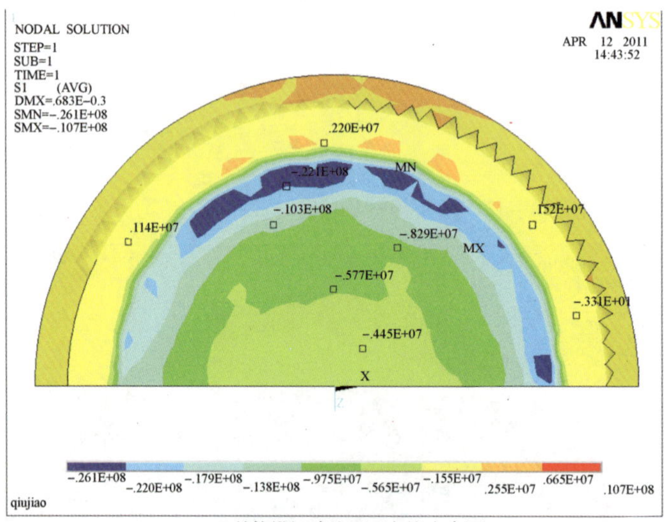

(d)整体模拟球铰凹面主拉应力图

图 6-4-12 球铰凹面应力图(N/mm²)

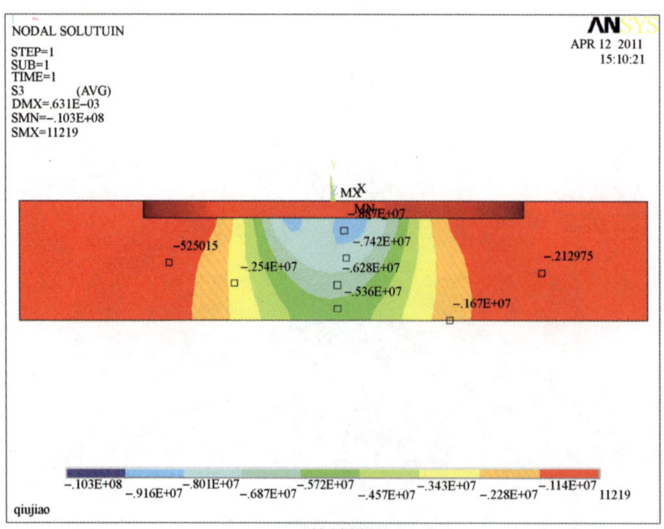

(a)接触模拟

图 6-4-13

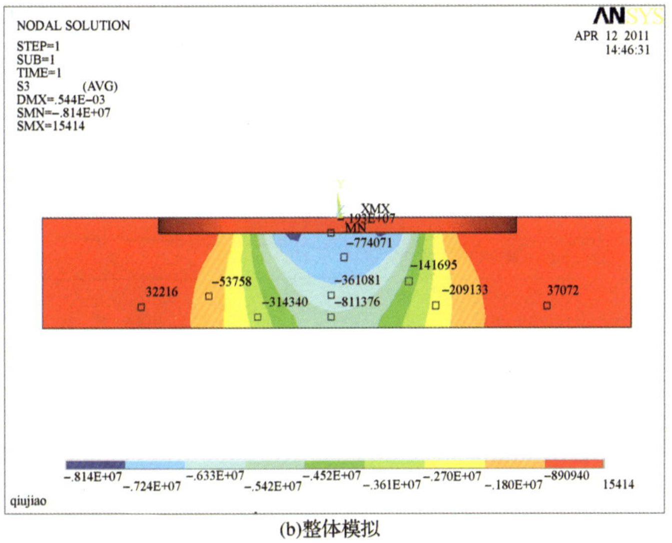

(b)整体模拟

图6－4－13 下转盘剖面主压应力图(N/m²)

(4)混凝土球铰与钢制球铰对比

将以上计算结果汇总如表6－4－2所示。

表6－4－2 钢制球铰与混凝土球铰各项参数对比(括号内数值为容许值)

球铰类型及球铰面模拟		容许值(MPa)	凸面主压应力(MPa)	凹面主压应力(MPa)	上转盘底面主压应力(MPa)	下转盘内部主压应力(MPa)
钢制球铰	接触模拟	210	－150.9	－57	－16.3	－10.3
	整体模拟		－83.9	－53.7	－19.0	－8.1
混凝土球铰	接触模拟	22.7	－35.6	－26.8	－15.7	－10.4
	整体模拟		－51.2	－29.8	－18.2	－9.3

从表6－4－2数据可以得出以下结论：首先，接触模拟与整体模拟的结果差别较大。接触模拟由于软件计算采用迭代，导致应力分布较不均匀，局部应力偏大，而整体模拟时，应力呈现明显的成层分布，且也很不均匀，远离球铰面中心的外缘受力偏大，导致转体启动力矩的增加，对转体不利。实际设计中，上下球铰的半径有微小差别（下球铰直径8 m，上球铰直径7.992 m），这就是为了防止球铰面外缘受力过大，使得上部结构荷载的传递由球铰中心向四周扩散，这样对转动更有利。其次，钢制球铰的接触面应力远大于混凝土球铰，但是这种球铰材质的影响，只对球铰接触面处的应力分布影响比较大，对于上转盘和下转盘的混凝土应力影响很小。尽管钢制球铰的应力较大，但是由于钢材的强度也远大于混凝土，使得钢制球铰能满足要求，而混凝土球铰则难以满足要求。同时，出于转体考虑，钢材的摩擦系数要低于混凝土，因此本工程采用钢制球铰。

同时，出于转体考虑，钢材的摩擦系数要小于混凝土，因此本工程采用钢制球铰。

以上研究表明，混凝土球铰在大吨位的转体施工应用中面临巨大难题，应力难以满足要求。但是，这并不能说明混凝土球铰不能成为大吨位转体的球铰材料，而是以目前的研究及应用水平，混凝土球铰技术还不成熟，只能在一些转体吨位较小的工程中应用，在大吨位转体施工中尚需进一步研究加以论证实施。

2. 钢制球铰与混凝土球铰应用情况调研及设计建议

经过调研，目前采用混凝土球铰的部分转体施工桥梁如表6－4－3所示。

表6-4-3　部分采用混凝土球铰的转体施工桥梁

年份	桥梁名称	转体吨位(t)
1990	四川绵阳桥	2 350
1997	山东大里营大桥	3 040
2000	吴江市江陵大桥	5 200
2003	无锡市跨沪宁高速公路桥	4 500
2008	跨苏嘉杭高速公路特大桥	6 320

从国内外已建转体施工的桥梁来看,转动体系大多为钢制转动体系,钢制转动系统目前转动最大吨位为比利时 Ben-Ahin 桥 19 500 t。而混凝土转动体系在国内的研制和应用才刚刚起步,转动吨位也比较小,目前最大吨位是跨苏嘉杭高速公路特大桥 6 320 t。由于混凝土强度比较低,混凝土球铰的制作精度直接影响着上下铰盘的密贴性,同时混凝土之间的摩阻系数较大,势必增加转动的摩阻力矩,使桥梁转体变的困难。混凝土球铰也有其价格低廉,易成型的优点。混凝土球铰与钢制球铰的优缺点对比如表6-4-4所示。

表6-4-4　混凝土球铰与钢制球铰性能对比

球铰类型	价格	成型	施工工序	强度	摩擦系数
钢制球铰	高	难	较易	高	小
混凝土球铰	低	较易	较繁	低	大

根据混凝土球铰与钢制球铰的性能对比及实际应用情况,推荐各自的适用范围如表6-4-5、表6-4-6所示。

表6-4-5　混凝土球铰的适用范围

适用程度	适用	可选	不宜用	禁用
吨位(t)	0~4 000	4 000~6 500	6 500~10 000	>10 000

表6-4-6　钢制球铰的适用范围

适用程度	不必用	可选	适用	须用
吨位(t)	0~4 000	4 000~6 500	6 500~10 000	>10 000

6.4.3　尺寸拟定

球铰尺寸参数示意如图6-4-14所示。

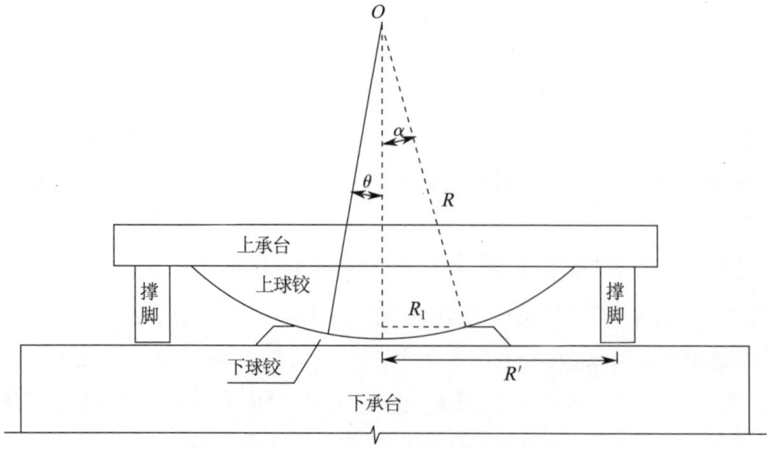

图6-4-14　球铰尺寸参数示意图

R—球铰半径;R_1—球铰支承半径;R'—环道半径;α—球铰支承圆心角;θ—径向角度

1. 理论分析

(1)弹性力学的半空间在边界上受集中力作用的解析方法

在求解接触面正应力之前,先来分析球铰接触面的受力状态。对于如图6-4-15(a)所示球铰结构接触面上任意一点所受的力都可以分解为三项:径向力 N_r、经过球心的竖平面内与球面相切方向的力 N_v、经过球心的水平面内与球面相切方向的力 N_h,如图6-4-15所示。其中,N_v、N_h 为接触面的摩擦力,只有在接触面间有相对错动的趋势时才会产生,其值与径向力 N_r 及摩擦系数有关,而在对称的恒载作用下上下球铰保持相对静止,因此不存在摩擦力。

然而即使知道在恒载作用下,仍然无法得到接触面的正应力,为了求得接触面上的正应力,假定球铰接触面完全密合,可采用弹性力学关于在半空间体边界上施加荷载问题的解析解答。弹性力学对于该类问题的一般解法为先得到集中力作用下的解析解,对于分布力的解析解则需要通过积分求得。此时遇到的问题有两个,一是作用在下承台的荷载分布难以确定,二是就算荷载分布已知,要通过积分把解析解求出来仍然非常困难,甚至在理论上不存在解析解。

尽管可以明确球铰接触面只有径向力作用,但是如何确定径向力的大小非常困难。鉴于求得弹性力学的解答不现实,只可利用弹性力学已有解答的一般规律。由弹性力学知识可知,半平面体在边界上作用集中力时,径向应力的表示式为:

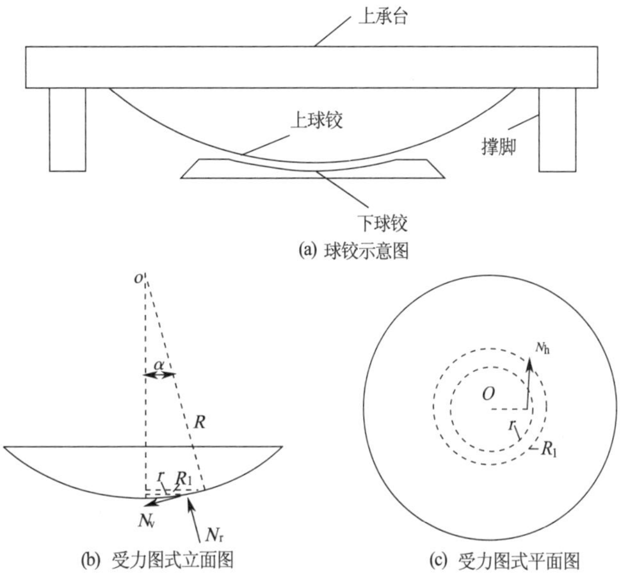

图6-4-15　球铰接触面受力图式

$$\sigma_\rho = -\frac{2F}{\pi}\cdot\frac{\cos\theta}{\rho} \tag{6-4-1}$$

式中　σ_ρ——径向应力;

F——集中力大小;

θ——球面上某点的径向角度;

ρ——球的半径。

由上式可见,半平面体在边界上作用集中力时,径向应力与 $\cos\varphi$ 成正比,那么对于本工程中球铰的受力模式,也可参考此解答,认为球铰接触面上的正应力与 $\cos\varphi$ 成正比,如图6-4-16所示,那么该径向应力可写成:

$$\sigma = f(R,F,\alpha)\times\cos\theta \tag{6-4-2}$$

式中　σ——球铰径向应力。

其余参数意义同前。

由 $F=\int_0^{2\pi}\int_0^{\alpha}R^2\sin\theta(f\cos^2\theta)\mathrm{d}\theta\mathrm{d}\varphi=\int_0^{2\pi}\frac{fR^2}{3}(1-\cos^3\alpha)\mathrm{d}\varphi=\frac{2f\pi R^2}{3}(1-\cos^3\alpha)$,可得

$$f=\frac{3F}{2\pi R^2(1-\cos^3\alpha)} \tag{6-4-3}$$

将式(6-4-3)代入式(6-4-2),得

$$\sigma=\frac{3F\cos\theta}{2\pi R^2(1-\cos^3\alpha)} \tag{6-4-4}$$

将 α 由 R_1、R 表示,则式(6-4-4)变为

$$\sigma = \frac{3F\cos\theta}{2\pi R^2[1-(R^2-R_1^2)^{3/2}/R^3]} \tag{6-4-5}$$

(2)将球铰接触面近似成平面的简化方法［《公路桥涵施工技术规范》(JTJ 041—2000)］

简化计算方法将上下球铰接触面看成平面，因此，竖向正应力：

$$\sigma' = \frac{F}{\pi R_1^2} \tag{6-4-6}$$

(3)弹性力学解析解与简化方法对比

取 $F=164\ 640$ kN，$R=8$ m，$R_1=2$ m，分别计算两种方法——弹性力学解析解与简化方法下的应力分布，得到不同位置处的应力对比如图 6-4-17 所示。从图中可见，两种方法计算的应力解答总体上比较接近，在中心支承处，弹性力学解析解较简化方法大 0.2 MPa。距中心支承处越远，弹性力学解析解越小，而简化方法的解答保持不变。在距中心支承处 2 m 处，弹性力学解析解较简化方法小 0.2 MPa。因此，简化方法具有较高的计算精度，可以满足工程精度的要求。

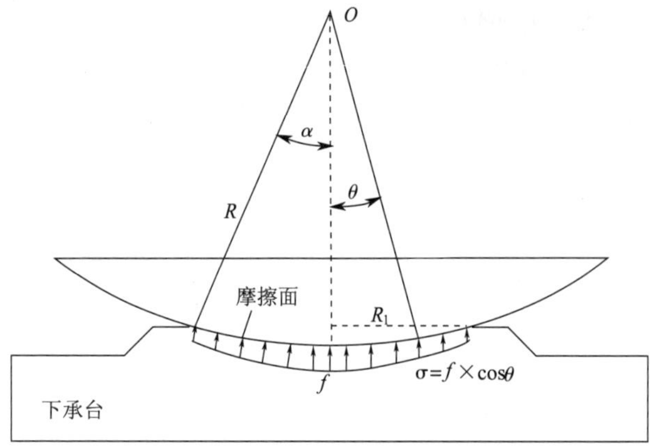

图 6-4-16　球铰摩擦面径向应力分布

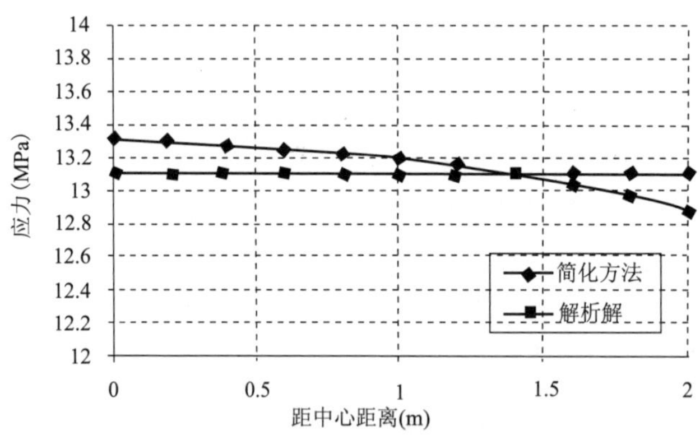

图 6-4-17　两种方法的应力解答对比

弹性力学解析解是较接近真实的理论解答，求解稍显繁琐，不便工程人员采用。简化方法是将球铰受力体系高度简化的结果，计算简便，易被采纳，同时其计算精度可以满足工程需求，因此在实际操作中，简化方法可以作为球铰体系的近似计算方法。

2. 球铰设计的一般步骤

上一节的计算表明，球铰半径、转体重量、球铰接触面正应力水平、球铰支承半径和转体启动力这几个参数密切相关。根据已有的工程经验，转体启动力是一个相对不重要的参数，因为在现有的技术设备条件下，一般转体力矩的提供不是问题，而球铰接触面的正应力水平是一个相对较重要的衡量标准。既然简化计算方法已经能够满足工程精度要求，那么在进行具体的球铰设计时，步骤可以是：

首先，根据式(6-4-6)，通过控制压应力水平 σ 来初步确定球铰支承半径 R_1；

然后，根据 R_1 来确定球铰半径 R，原则是把 $\alpha[\alpha=\arcsin(R_1/R)]$ 控制在一定范围内，使得球铰接触面的应力分布较均匀，或理论方法与简化方法误差较小。

因此，球铰的支承半径是在设计中需要首先确定的量。为此，以正应力水平为控制标准，将式(6-4-6)表示成球铰半径 R_1 的函数。

$$R_1 = \sqrt{\frac{F}{\pi\sigma}} \tag{6-4-7}$$

根据本工程中的球铰尺寸，算得 $\sigma=13.4$ MPa。根据已有的设计工程经验及现有的材料强度水平，参考如表 6-4-7 所示的转体桥梁的球铰支承面正应力水平，可取 σ 的取值范围为 10～15 MPa，分别取

$\sigma = 8$ MPa 至 $\sigma = 16$ MPa 来计算不用转体重量下的球铰支承半径取值，具体结果如图6-4-18所示。

表6-4-7 工程实例中的正应力水平

桥名	吨位(t)	支承半径(m)	球铰名义应力(MPa)
松江沪松公路跨线桥	2 700	1.9	2.33
南广铁路独屋特大桥	4 530	3	1.57
兴郭路跨苏嘉杭高速公路大桥	4 988	3	1.73
G312 跨沪宁高速公路跨线桥	5 400	1.25	10.78
跨苏嘉杭高速公路特大桥	6 320	3	2.19
贵州省北盘江大桥	10 400	3	3.60
北京石景山斜拉桥	14 000	1.9	12.10
绥芬河斜拉桥	14 000	2	10.92
广东佛山东平大桥	14 800	1.5	20.52
刘房子大桥	4 700	1.15	11.09
丰沙铁路立交桥	15 000	1.9	12.96
沪杭客运专线	16 800	2	13.10

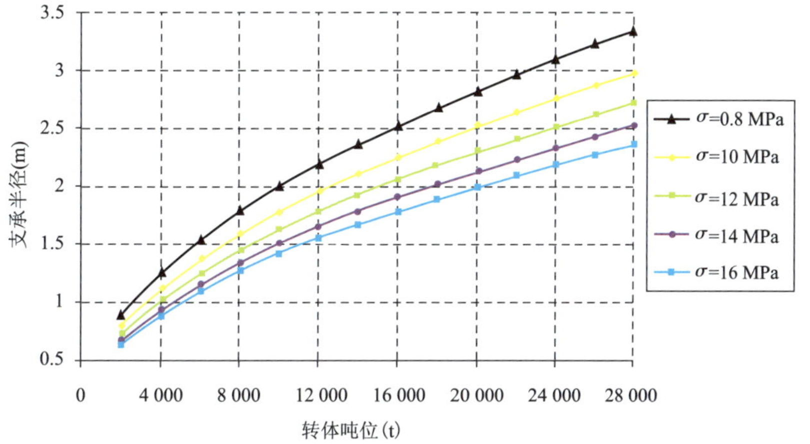

图6-4-18 不同正应力水平下球铰支承半径与转体吨位之间的关系

根据以上计算，为方便工程应用，对不同转体重量的球铰半径给出合理范围，如表6-4-8所示。

表6-4-8 不同转体重量下的球铰支承半径合理取值

转体吨位(万t)	0.2~0.4	0.4~0.6	0.6~0.8	0.8~1.0	1.0~1.2
承重半径(m)	0.8~1.2	1.0~1.4	1.2~1.6	1.4~1.8	1.5-2.0
转体吨位(万t)	1.2~1.4	1.4~1.7	1.7~2.0	2.0~2.4	2.4~2.8
承重半径(m)	1.7~2.2	1.8~2.4	2.0~2.6	2.2~2.8	2.4~3.0

确定球铰承重半径后，就要确定球铰半径。而确定球铰半径的基本要求就是要保证承重区域的圆心角 α 不能过大，否则之前由简化计算方法得到的压应力水平与实际情况会有较大出入。根据本工程的球铰尺寸，算得 $\alpha = 14.7°$。事实上，根据此前的计算以及工程经验，可以认为当圆心角 α 小于18°时简化计算方法可以满足工程精度要求，同时如果圆心角过小，则代表球铰半径很大，承台尺寸也要相应增大，会增加工程量和费用。一般情况下，承重圆心角不宜小于10°。因此，R 必须满足：

$$\frac{R_1}{\sin 18°} \leqslant R \leqslant \frac{R_1}{\sin 10°} \tag{6-4-8}$$

即

$$3.24R_1 \leqslant R \leqslant 5.76R_1 \tag{6-4-9}$$

据式(6－4－9),可得不同支承半径下的球铰半径,如图6－4－19所示。

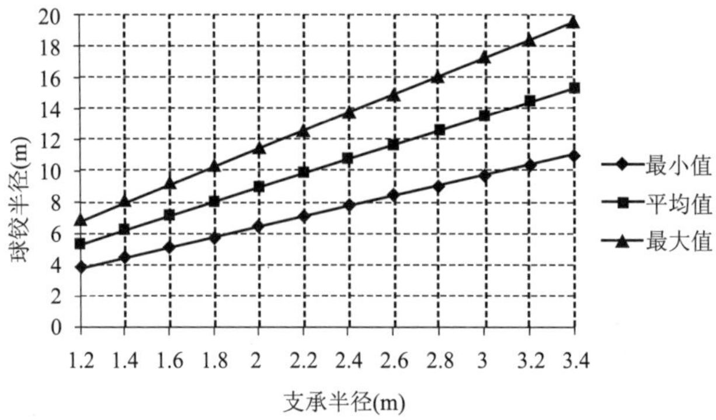

图6－4－19　不同球铰支承半径下的球铰半径取值

为方便工程人员采用,提出不同球铰支承半径下的球铰半径合理取值范围,如表6－4－9所示。

表6－4－9　不同球铰支承半径下球铰半径的合理取值范围

支承半径(m)	1.0～1.2	1.2～1.4	1.4～1.6	1.6～1.8	1.8～2.0	2.0～2.2
球铰半径(m)	4.0～6.0	5.0～6.8	6.0～7.6	6.8～8.5	7.6～9.4	8.6～10.4
支承半径(m)	2.2～2.4	2.4～2.6	2.6～2.8	2.8～3.0	3.0～3.2	3.2～3.4
球铰半径(m)	9.5～11.2	10.4～12.0	11.2～13.0	12.0～14.0	13.0～15.0	14.0～16.0

根据以上分析及计算成果,即可以在给定转体吨位的情况下,得到合理的球铰支承半径及球铰半径。

6.4.4　确定球铰启动力矩

1. 解析解法

据式(6－4－2)的正应力分布公式,可得到球铰启动力矩的计算公式如下:

$$T = \int_0^{2\pi}\int_0^{\alpha} R^2\sin\theta(\sigma\mu Rsis\theta)\,\mathrm{d}\theta\mathrm{d}\varphi = \int_0^{2\pi}\int_0^{\alpha} f\mu R^3\sin^2\theta\cos\theta\,\mathrm{d}\theta\mathrm{d}\varphi = 2\pi f\mu R^3\,\frac{1}{3}\sin^3\alpha \tag{6-4-10}$$

将式(6－4－3)代入式(6－4－10),得

$$T = \frac{F\mu R\sin^3\alpha}{(1-\cos^3\alpha)} \tag{6-4-11}$$

$$T = \frac{F\mu R_1^3}{R^2[1-(R^2-R_1^2)^{3/2}/R^3]} \tag{6-4-12}$$

式(6－4－12)为启动扭矩计算公式。

2. 简化方法[《公路桥涵施工技术规范》(JTJ 041—2000)采用的计算方法]

简化方法将球铰接触面看作一个平面,根据正应力分布公式,其启动力矩计算公式:

$$T' = \int_0^{2\pi}\int_0^{R_1} r(\sigma'\mu r)\,\mathrm{d}r\mathrm{d}\theta = \frac{F\mu}{\pi R_1^2}\times\frac{2\pi R_1^3}{3} = \frac{2F\mu R_1}{3} \tag{6-4-13}$$

3. 两者对比

下面分别采用理论计算公式和简化计算方法,对本工程的球铰的启动力矩进行计算,并作对比,参数取值如下:

竖向力:$F=168\ 000$ kN;摩擦系数$\mu=0.1$;球铰半径$R=8$ m。

计算结果如图6－4－20、图6－4－21所示。

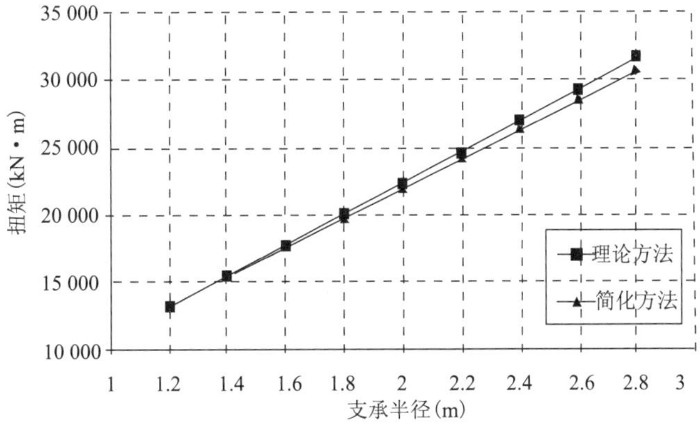

图 6－4－20　不同球铰支承半径下的球铰启动力计算

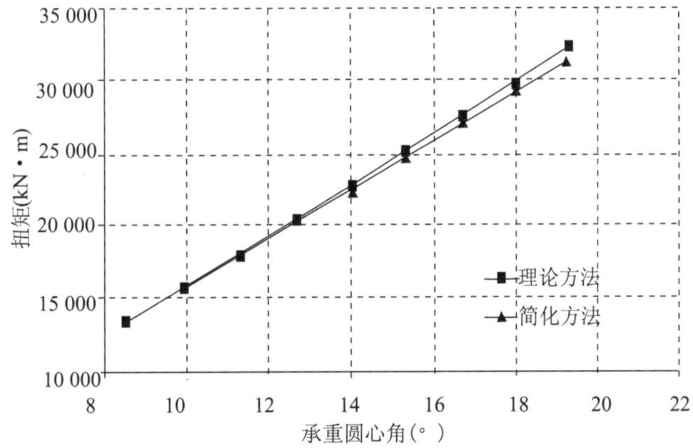

图 6－4－21　不同支承圆心角下的球铰启动力计算

从上图可以看出,理论方法与简化方法之间存在一定差异,理论方法得到的启动力矩大于简化方法。同时,在球铰半径一定的情况下,随着支承半径的增大,理论方法与简化方法之间的差别逐步增加,但是总体上来看,两者的区别非常小。综上所述,在实际工程运用时,简化方法完全可以满足工程精度要求,且与数值模拟结果接近。

将解析公式和简化公式与本工程实际转动过程中测得的数据进行对比,结果如表 6－4－10 所示。

表 6－4－10　解析公式、简化公式与实测值对比

部位	摩擦系数	启转力矩(kN·m)		
		解析公式	简化公式(规范公式)	实测值
小里程侧转体	0.037	8 252	8 122	5 376
大里程侧转体	0.041	9 145	9 000	5 824

从表 6－4－10 中数据可知,解析公式与简化公式较实测值都偏大,究其原因,与球铰的制作精度有关。无论是解析公式还是简化公式,都认为球铰面正应力的在整个面上分布较均匀,而实际上,由于制作、安装等因素,使得球铰中心附近的应力严重偏大,四周的应力偏小,从而启动力矩也大幅减小。从设计角度来说,采用式(6－4－13)进行球铰转动力矩的预估是可行的。

6.4.5　球铰设计一般流程

如前所述,球铰尺寸设计的一般流程为:确定球铰材料──→确定球铰支承半径──→确定球铰半径──→计算相关力学参数(启动力矩、转动力矩、静摩阻力矩等)。同时,引入本节提出的设计建议及公式，整个设计流程及设计方法如图6－4－22所示。

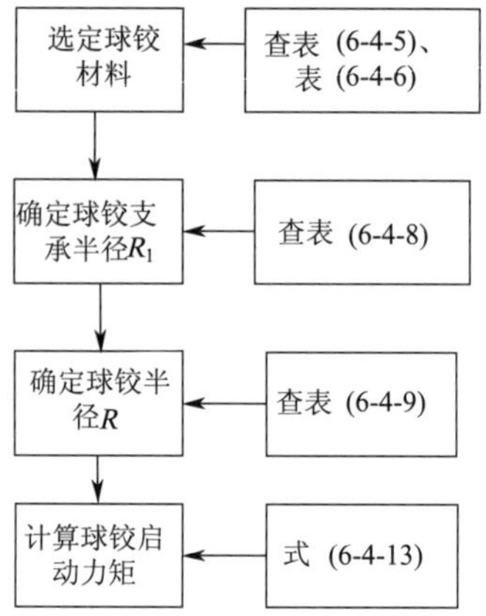

图6－4－22　球铰设计一般流程及设计依据

6.4.6　设计实例

以沪杭高铁跨沪杭高速转体桥为工程背景，进行球铰设计。

根据上部结构设计，转体重量达16 800 t，查表6－4－5、表6－4－6可知必定选用钢制球铰。查表6－4－8得，转体重量为16 800 t对应的球铰支承半径取值范围1.8～2.4 m，可取2.0 m。查表6－4－9得，支承半径为2 m对应的球铰半径取值范围为7.6～9.4 m，因此可取球铰半径8 m。

球铰相关力学参数的计算前已提及，这里不再赘述。

本工程已于2010年6月顺利实现转体，从现场的施工控制来看，球铰结构各方面性能良好，转体工作实施较顺利。

6.4.7　结论与设计建议

本节论证了目前普遍采用的简化计算方法——将球铰接触面看作平面的计算精度可以满足工程精度的要求，可利用其进行工程设计。同时，提出了球铰的一般设计步骤及相应的设计建议和公式。本章的工作可归纳为以下几点：

(1)运用弹性力学知识得到了接近球铰实际受力情况的解析解，进而求得启动力矩和转动力矩的解析计算式，并将解析解与简化方法的计算结果作对比，论证了简化计算方法的计算精度可以满足工程精度要求，可利用其进行实际工程设计。

(2)对混凝土球铰和钢制球铰进行受力分析，结合工程经验，提出了混凝土球铰与钢制球铰各自的适用范围。

(3)结合弹性力学解析解和简化计算方法，以及工程经验，给出了不同吨位下钢制球铰支承半径、球铰半径的合理取值范围。

(4)通过将解析公式和简化公式计算的球铰启动力矩与实测值作对比，发现两种计算方法的计算值都偏大。实际工程中，应当预先考虑这种情况，在设计阶段可适当减小启动力矩的取值。

(5)提出了详细的球铰设计一般流程，并给出了相应的取值方法和计算公式。

目前，针对球铰设计还没有相应的规范，为了使转体施工桥梁的球铰设计有据可依，相关规范的制定是必须的，希望本节的研究成果可供相关规范的制定提供参考。

6.5　转体过程中桥梁抗倾覆设计方法研究

转体施工桥梁的抗倾覆性是转体设计的关键内容，转体过程中，一旦发生倾覆，后果不堪设想。结构发生倾覆是绝不允许的，同时转动体的微小转动也应受到严格控制。

6.5.1　概　　述

大吨位转体结构的抗倾覆系统主要由环形滑道、上承台撑脚、中心定位轴组成。对于这些构件的设计必须进行准确的受力分析，保证结构的平衡，防止倾覆；同时保证受力在容许值内，以防结构破坏；最后要保证锚固的可靠性。转体过程历时较短，所以主要考虑施工荷载，通常不考虑地震荷载、台风等影响。此外，转体结构的变形控制、合龙构造与体系转换也是转体施工应考虑的重要问题，通常需进行以下计算分析：

(1)抗倾覆稳定计算：环道与撑脚设计参数确定；

(2)球铰初始偏心与水平力作用下中心轴的受力分析。

6.5.2　撑脚与环道设计计算

1. 失稳形式分析

经过分析，发现球铰发生倾覆失稳的形式主要有以下三种：转动失稳、第一道倾覆防线失稳、第二道倾覆防线失稳，如图 6－5－1 所示。

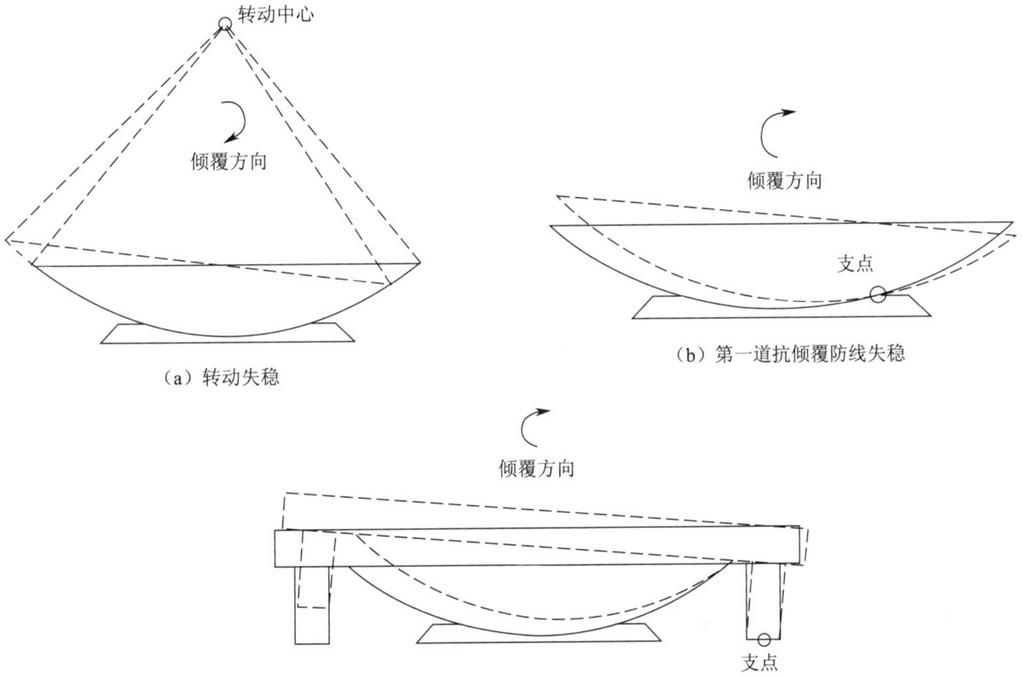

（a）转动失稳

（b）第一道抗倾覆防线失稳

（c）第二道抗倾覆防线失稳

图 6－5－1　球铰的三种失稳模式

下面分别计算三种失稳模式的临界力矩，将荷载转换成一个作用于球铰中心的集中力 F 和力矩 T_s。

(1)转动失稳

与启转力矩的计算类似，则转动失稳的临界力矩(静摩擦力矩)计算公式如下：

$$T_s \leqslant T_R = \int_0^{\alpha}\int_0^{2\pi} R^2\sin\theta\left(\sigma\mu\sqrt{(R\cos\theta)^2+(R\sin\theta\cos\varphi)^2}\right)\mathrm{d}\varphi\mathrm{d}\theta \tag{6-5-1}$$

式中各参数意义同前。

经计算，式(6－5－1)积分较复杂，无法得到精确解。但是仔细观察发现，静摩擦力矩的计算公式存在以下关系：

$$\int_0^{\alpha}\int_0^{2\pi} R^2\sin\theta(\sigma\mu R\cos\theta)\mathrm{d}\varphi\mathrm{d}\theta \leqslant T_R \leqslant \int_0^{\alpha}\int_0^{2\pi} R^2\sin\theta(\sigma\mu R)\mathrm{d}\varphi\mathrm{d}\theta \tag{6-5-2}$$

经计算，T_R 满足下式：

$$F\mu R \leqslant T_R = aF\mu R \leqslant \frac{3F\mu R\sin^2\alpha}{2(1-\cos^3\alpha)} \tag{6-5-3}$$

考察 α 取 8°～18°，a 的上下限值如图 6－5－2 所示。可见，在 15°左右，上限为下限的 1.02 倍。α 越大，差别越大；α 越小，差别也越小。总体上，两者区别较小，可近似取 $a=1$。

因此，球铰竖向转动失稳须克服的静摩擦力矩可按下式计算。

$$M_Z = FR\mu \tag{6-5-4}$$

式中　M_Z——球铰竖转静摩阻力矩；

R——球铰半径。

其余参数意义同前。

(2)第一道抗倾覆防线失稳

抗倾覆力矩：

$$T = R_1 \times F \qquad (6-5-5)$$

式中各参数意义同前。

(3)第二道抗倾覆防线失稳

抗倾覆力矩：

$$T = R' \times F \qquad (6-5-6)$$

式中　R'——球铰体系的环道半径。

其余各参数意义同前。

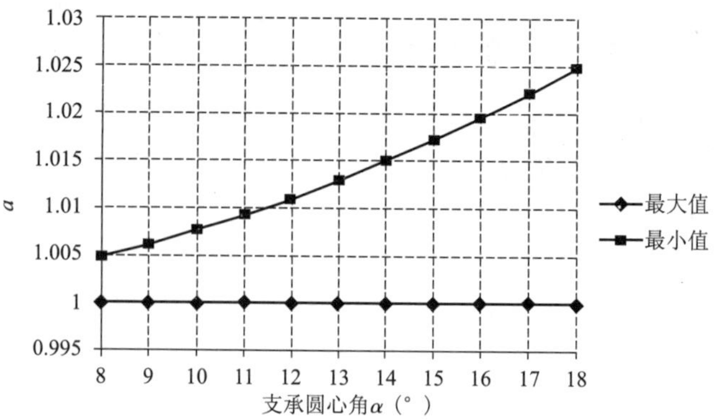

图 6-5-2　静摩擦力矩上下限对比

如上述分析，球铰最容易发生的是转动失稳，不过这种失稳并不会导致结构破坏；发生转动失稳后，将直接进入第二道抗倾覆防线，抗倾覆能力大大提高；实际情况中，较难出现由第一道抗倾覆防线控制的失稳，如果发生该类失稳，也将进入由第二道抗倾覆防线保护的状态。

2. 工程实例计算

以沪杭高铁跨沪杭高速转体桥为工程背景，进行结构抗倾覆计算。

(1)横向稳定验算

在平转过程中，影响横向稳定的主要因素是风力，风载计算可以按照《公路桥涵设计通用规范》(JTG D06—2004)中的有关公式计算。

$$F_{wh} = K_0 K_1 K_3 W_d A_{wh}$$

$$W_d = \gamma V_d^2/(2g)$$

$$W_0 = \gamma V_{10}^2/(2g)$$

$$V_d = K_2 K_5 V_{10}$$

$$\gamma = 0.012\,017 e^{-0.000\,1z}$$

式中　F_{wh}——横桥向风荷载标准值；

W_0——基本风压(kN/m²)，按 100 年重现期安徽安庆地区取 0.45 kN/ m²；

W_d——设计基本风压(kN/m²)；

A_{wh}——横向迎风面积(m²)；

V_{10}——桥梁所在地区设计基本风速，按 100 年重现期嘉善地区取 28.6 m/s；

V_d——高度 210 m 处的设计基准风速；

γ——空气重力密度(kN/m²)，$\gamma = 0.012\,017 \times e^{-0.000\,1 \times 30} = 0.011\,98$(kN/m³)；

K_0——设计风速重现期换算系数，施工期间取 $K_0 = 0.75$；

K_3——地形、地理条件系数，一般地区取 $K_3 = 1.0$；

K_5——阵风风速系数，对于 A，B 类地表取 $K_5 = 1.38$；

K_2——考虑地面粗糙度类别和梯度风的风速高度变化修正系数，查《公路桥涵设计通用规范》(JTG D06—2004)附录 A，高度取 30 m，B 类地表，$K_2 = 1.19$；

K_1——风载阻力系数，根据《公路桥涵设计通用规范》(JTG D06—2004)式(4.3.7-6)计算；

g——重力加速度，$g = 9.81$ m/s²。

风荷载在本工程结构上作用的位置可以分成三部分：拱上梁、拱上立柱和拱肋。计算时，偏保守考虑，因此高度都取拱上梁的高度 30 m 作为设计基准风速的参考值。

设计基准风速：$V_d = K_2 K_5 V_{10} = 1.19 \times 1.38 \times 28.6 = 49.97$ m/s。

拱上梁设计基本风压：$W_d = \gamma V_d^2/(2g) = 0.011\,98 \times 49.97 \times 49.97/(2 \times 9.8) = 1.53$ kN/m²。

风载阻力系数 K_1：

$$K_{1梁}=2.1-0.1(\frac{B}{H})=2.1-0.1(\frac{12.6}{3})=1.68;$$

$$K_{1柱}=1;$$

$$K_{1拱}=2.1-0.1(\frac{7.5}{5})=1.95。$$

拱上梁风荷载对球铰中心的倾覆力矩：

$$M=F_{wh}H=0.75\times1.68\times1\times1.53\times3\times158\times(27.5+6)=30\ 611\ \text{kN}\cdot\text{m}。$$

拱上立柱风荷载对球铰中心的倾覆力矩：

$$M=F_{wh}H=0.75\times1\times1\times1.53\times(10\times1.8\times2+21\times2)\times(18+6)=2\ 148.1\ \text{kN}\cdot\text{m}。$$

拱肋风荷载对球铰中心的倾覆力矩：

$$M=F_{wh}H=0.75\times1.95\times1\times1.53\times200\times5.3\times(18+6)=56\ 925\ \text{kN}\cdot\text{m}。$$

风荷载产生的总倾覆力矩：

$$M_{总}=56\ 925+30\ 611+2\ 148.1=89\ 684.1\ \text{kN}\cdot\text{m}。$$

在风荷载作用下，临界转动失稳力矩：

$$T=1.02\times F\times0.1\times8=134\ 346.2\ \text{kN}\cdot\text{m}>89\ 684.1\ \text{kN}\cdot\text{m}。$$

第一道抗倾覆防线失稳的临界力矩：

$$T=2F=336\ 000\ \text{kN}\cdot\text{m}>89\ 684.1\ \text{kN}\cdot\text{m}。$$

第二道抗倾覆防线失稳的临界力矩：

$$T=5F=840\ 000\ \text{kN}\cdot\text{m}>89\ 684.1\ \text{kN}\cdot\text{m}。$$

可见，在横向风荷载作用下，球铰不会发生失稳。

发生转动失稳的安全系数：$n=136\ 584/89\ 684.1=1.52$。

发生第一道抗倾覆防线失稳的安全系数：$n=336\ 000/89\ 684.1=3.75$。

发生第二道抗倾覆防线失稳的安全系数：$n=840\ 000/89\ 684.1=9.37$。

(2)纵向稳定验算

主要考虑两种不利工况对结构纵向稳定的影响：一是桥面系半跨受风荷载作用；二是转盘纵向倾斜 2 mm。

①工况一

半跨桥面的受风面积：$A=12.6\times79=995.4\ \text{m}^2$。

半跨风荷载产生的风力：

$$F_{wh}=K_0K_1K_3W_dA_{wh}=0.75\times2.1\times1\times1.53\times995.4=2\ 398.7\ \text{kN};$$

其中，$K_1=2.1-0.1\left(\frac{3}{12.6}\right)=2.1$。

半跨风荷载产生的倾覆力矩：

$$M=F_{wh}h=2\ 398.7\times40=95\ 948\ \text{kN}\cdot\text{m}。$$

在工况一下，临界转动失稳力矩：

$$T=0.816F=0.816\times(168\ 000+2\ 398.7)\text{kN}\cdot\text{m}=1\ 386\ 303.6\ \text{kN}\cdot\text{m}>95\ 948\ \text{kN}\cdot\text{m}。$$

第一道抗倾覆防线失稳的临界力矩：

$$T=2F=340\ 797.4\ \text{kN}\cdot\text{m}>95\ 948\ \text{kN}\cdot\text{m}。$$

第二道抗倾覆防线失稳的临界力矩：

$$T=5F=851\ 993.5\ \text{kN}\cdot\text{m}>95\ 948\ \text{kN}\cdot\text{m}。$$

可见，在工况一下，球铰不会发生失稳。

发生转动失稳的安全系数：$n=138\ 534.1\ /95\ 948=1.44$。

发生第一道抗倾覆防线失稳的安全系数：$n=340\ 797.4/95\ 948=3.55$。

发生第二道抗倾覆防线失稳的安全系数：$n=851\ 993.5/95\ 948=8.88$。

②工况二

转盘纵向倾斜 2 mm 时，可以近似求得结构重心的纵向偏位：

$$\Delta x=\frac{20}{0.9}\times 0.002=0.044\ \text{m};$$

偏保守考虑，取 $\Delta x=0.05$ m。

此时，由于转盘纵向倾斜引起的纵向倾覆力矩：

$$M=F\Delta x=168\ 000\times 0.05=8\ 400\ \text{kN}\cdot\text{m}。$$

在工况二作用下，临界转动失稳力矩：

$$T=0.816F=134\ 346.2\ \text{kN}\cdot\text{m}>8\ 400\ \text{kN}\cdot\text{m}。$$

第一道抗倾覆防线失稳的临界力矩：

$$T=2F=336\ 000\ \text{kN}\cdot\text{m}>8\ 400\ \text{kN}\cdot\text{m}。$$

第二道抗倾覆防线失稳的临界力矩：

$$T=5F=840\ 000\ \text{kN}\cdot\text{m}>8\ 400\ \text{kN}\cdot\text{m}。$$

可见，在横向风荷载作用下，球铰不会发生失稳。

发生转动失稳的安全系数：$n=136\ 584/8\ 400=16.3$。

发生第一道抗倾覆防线失稳的安全系数：$n=336\ 000/8\ 400=40$。

发生第二道抗倾覆防线失稳的安全系数：$n=840\ 000/8\ 400=100$。

③工况一、二共同作用

在工况一、二共同作用下，在转盘中心产生的总倾覆力矩：

$$M_{总}=8\ 400+95\ 948=104\ 348\ \text{kN}\cdot\text{m}。$$

在工况一、二共同作用下，临界转动失稳力矩、第一道抗倾覆防线失稳的临界力矩、第二道抗倾覆防线失稳的临界力矩同工况一，分别为 134 346.2 kN·m、340 797.4 kN·m、851 993.5 kN·m。

可见，在工况一、二共同作用下，球铰不会发生失稳。

发生转动失稳的安全系数：$n=134\ 346.2/104\ 348=1.28$。

发生第一道抗倾覆防线失稳的安全系数：$n=340\ 797.4/104\ 348=3.26$。

发生第二道抗倾覆防线失稳的安全系数：$n=851\ 993.5/104\ 348=8.16$。

3. 撑脚强度计算

撑脚是转体结构的最后一道抗倾覆防线，因此必须保证撑脚的承载力满足要求，并有相当大的储备。

由于实际情况中，撑脚及球铰都属于面支承，上部结构荷载属于分布荷载，因此较难计算撑脚所受的力。经过分析，可作如下简化：将撑脚受力等效成撑脚中心处承受集中力 N_C，将球铰面支承等效成在偏离中心线 e_1 处承受集中支承力 N，将上部结构荷载等效成偏心 e 的集中力 G。撑脚受力图式如图 6-5-3 所示，可得撑脚受力的计算公式为：

$$N_C=G\times(e+e_1)/(R'+e_1) \tag{6-5-7}$$

式中 N_C——撑脚所受的等效集中力；

G——上部结构荷载等效集中力；

e——上部结构荷载偏心距；

e_1——球铰面支承等效支承集中力偏心距；

R'——环道中心线半径。

根据以上计算，取 $e=0.05$ m，$e_1=0.005$ m，$G=168\ 000\times 1.4=235\ 200$ kN，$R'=5$ m，可得，

$$N_C=235\ 200\times(0.05+0.005)/(5+0.005)=2\ 119\ \text{kN}。$$

本工程中的撑脚采用钢管内浇筑混凝土，截面为圆形，直径为 90 cm。计算时，忽略钢管的作用，只考虑混凝土的承载力，同时考虑撑脚受力的不均匀性，可得单个撑脚的承载力：

$$N_1=0.4\times\pi\times 0.45^2\times 18.4\times 1\ 000=4\ 682.1\ \text{kN}>2\ 119\ \text{kN}。$$

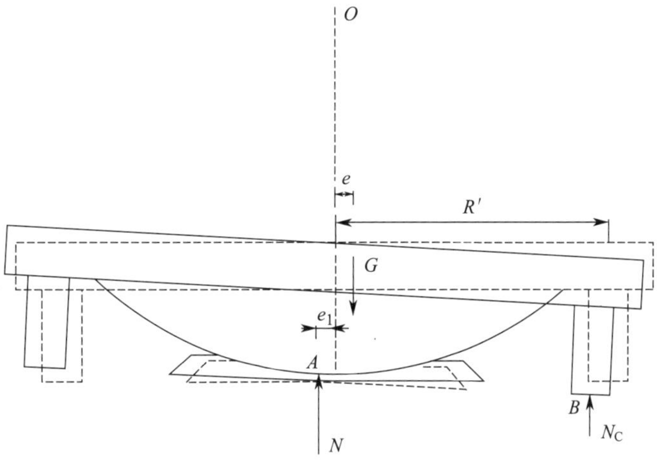

图 6－5－3　撑脚受力图式

可见，撑脚承载力满足要求。

4. 撑脚与环道间隙取值

撑脚与环道之间间隙的大小决定了转动体可以发生偏转的范围，其值若太大，则转动体晃动厉害，对稳定性控制不力；若间隙非常小，则易导致撑脚与环道相互卡死，导致牵引力增加，甚至转不动。以往撑脚与环道之间的间隙多依据经验，取值一般在 10～20 mm 之间。撑脚与环道的几何相对位置如图 6－5－4 所示，可见存在以下关系：

$$\sin\frac{\theta_{内}}{2}=\sqrt{\left[R'-b/2-\sqrt{R_{内}^2-(R+h)^2}\right]^2+\delta^2}/(2R_{内}) \tag{6-5-8}$$

$$\sin\frac{\theta_{外}}{2}=\sqrt{\left[R'+b/2-\sqrt{R_{外}^2-(R+h)^2}\right]^2+\delta^2}/(2R_{外}) \tag{6-5-9}$$

式中　$R_{内}$、$R_{外}$——撑脚内外边缘的旋转半径，分别由以下两式计算：

$$R_{内}=\sqrt{(R+h-\delta)^2+(R'-b/2)^2}$$

$$R_{外}=\sqrt{(R+h-\delta)^2+(R'+b/2)^2}$$

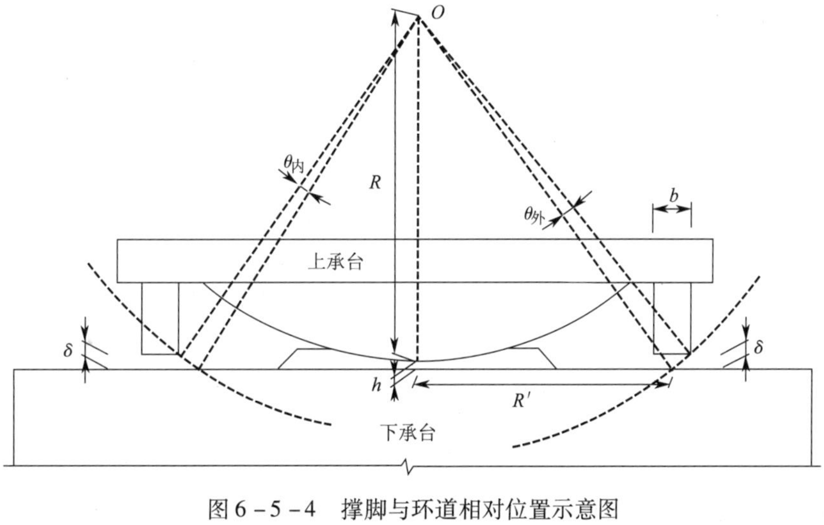

图 6－5－4　撑脚与环道相对位置示意图

由图中数据可知，$R_{内}<R_{外}$，式(6－5－8)右边的分子比式(6－5－9)的大，而分母较之小，可得 $\theta_{内}>\theta_{外}$，也就是说，当转动体发生转动时，撑脚外边缘首先接触环道表面。因此，实际工程中可通过控制外边缘的允许转动角来控制撑脚与环道之间的间隙。由于式(6－5－9)形式复杂，较难表示成间隙 δ 的表达式，因此只能先假定 δ 值，再计算 θ 值，考察 θ 是否满足要求，不满足则重新假定 δ，直至 θ 满足要求。可编制小程序，输入几何变量及允许转动角 θ，通过迭代法来求解 δ。

6.5.3 中心转轴受力计算

转轴是桥梁转体的定位装置，位于上下盘之间，沪杭高铁转体桥的转轴直径为 270 mm，高度为 1 140 mm，如图 6－5－5 所示。

由转轴的作用可知，对转轴的验算主要是抗剪强度验算。由刚体惯性运动理论知识可知，当刚体绕固定轴作匀角速度旋转时，可根据刚体是否作惯性运动来判断它是否存在转轴反力。也就是说，以匀角速度绕转轴转动的刚体，若做惯性运动，转轴没有反力。否则，若结构“偏心”，尽管刚体以匀角速度绕固定轴旋转，但由于它并非惯性云顶，转轴处仍存在反力。下面考虑结构“偏心”、风荷载及不平衡牵引力的影响，验算转轴的抗剪强度。

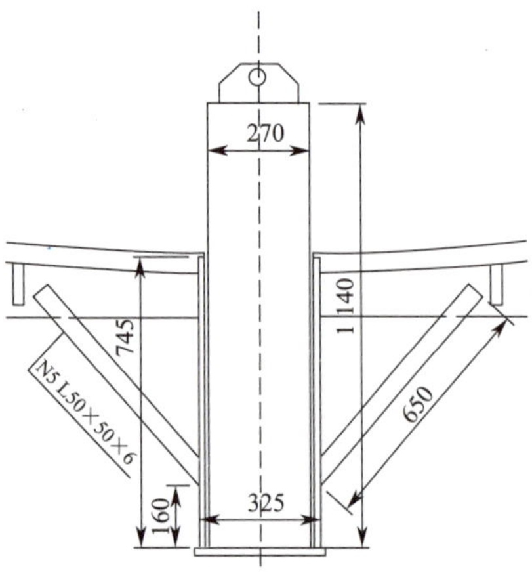

（a）转轴剖面图

（b）转轴实体图

图 6－5－5 球铰中心轴(mm)

1. 风荷载

由前文计算的风荷载取值，可得：

拱上梁风荷载产生的水平剪力：

$$Q_B = 0.75 \times 1.68 \times 1 \times 1.53 \times 3 \times 158 = 913.8\ \text{kN};$$

拱上立柱风荷载产生的水平剪力：

$$Q_Z = 0.75 \times 1 \times 1 \times 1.53 \times (10 \times 1.8 \times 2 + 21 \times 2) = 89.5\ \text{kN};$$

拱肋风荷载产生的水平剪力：

$$Q_L = 0.75 \times 1.95 \times 1 \times 1.53 \times 200 \times 5.3 = 2\,371.9\ \text{kN};$$

风荷载产生的总水平剪力：

$$Q_{总} = 913.8 + 89.5 + 2\,371.9 = 3\,375.2\ \text{kN}。$$

2. 不平衡牵引力

此处考虑反向水平牵引力的最不利影响：$T = 1\,950$ kN。

3. 非惯性运动影响力

沪杭高铁转体桥的转体重量为 16 800 t，偏心距取 3 cm（偏保守考虑），设转体角速度为 ω，转轴钢材的容许强度为 125 MPa，根据离心力公式可得转体结构非惯性运动对转轴剪力：

$$F = m\omega^2 R = 504\omega^2\ \text{kN}。$$

综合考虑以上三种因素，转体结构对水平转轴的最大水平剪力：

$$Q = 3\,375.2 + 1\,950 + 504\omega^2 = (5\,325.2 + 504\omega^2)\ \text{kN}。$$

剪应力应满足 $\tau = \frac{Q}{A} = 5\,325.2 \times \frac{5\,325.2 + 504\omega^2}{\pi \times 0.135^2} < 125 \times 10^3$，因此 $\omega \leqslant 3.634$ rad/s。一般转体转速远达不到这个数值，因此转轴很安全。

6.5.4 结论与建议

以往对转体桥梁在转体过程中的稳定性验算总是以撑脚作为倾覆支点进行验算的，事实上在发生此种倾覆前，有可能发生其他倾覆失稳。通过对转动体系进行系统分析，得到了转体过程中桥梁倾覆失稳的三种形式：转动失稳；第一道抗倾覆防线失稳；第二道抗倾覆防线失稳，以往的撑脚验算即为第三类失稳模式。当撑脚与环道的间隙足够小时，可以认为一旦发生前两种倾覆形式，就会迅速进入第三种倾覆形式，因此此前只验算第三种倾覆形式的做法也是合理的。

通过对转动体发生转动的几何关系，对提出了撑脚承载力计算方法及撑脚与环道间隙的控制方法。同时对转轴的分析表明转轴的抗剪强度满足要求。

6.6 拱肋屈曲稳定性研究

拱肋的屈曲稳定性是拱结构计算的重要内容，特别在转体施工拱桥中，施工过程中拱肋的边界条件较弱，且受到的意外风险较大。

6.6.1 概 述

目前世界上最大跨径的钢筋混凝土拱桥为重庆万县长江大桥，跨度为420 m；世界上最大跨径的钢管混凝土拱桥为巫山长江大桥，跨度为460 m；世界上最大跨径的钢拱桥为重庆朝天门长江大桥，跨度为552 m。为什么拱桥的适宜跨径最多只能到500多米，这与拱肋的稳定性有重大关系。跨径增大，拱肋的矢高必然随之增大，那么在施工阶段，处于高处的拱肋的稳定性难以保证，这就是拱桥跨度难以做大的重要原因之一。沪杭高铁转体桥为预应力钢筋混凝土拱桥，应该说混凝土结构的稳定性较钢材没有那么突出，但本工程拱肋的矢跨比为1/6，较平坦，给拱肋稳定性提出了更高的要求。本报告对拱肋做稳定性的研究思路为：首先进行理论分析，对转体桥的拱肋进行屈曲稳定性分析；然后运用有限元软件 Ansys 进行 Buckling 分析，并将之与理论计算结果作对比，从而对稳定性给出总体评价。

沪杭高铁转体桥的屈曲稳定性验算包括两个工况：一是转体就位之前处于悬臂状态；一是成桥状态。

6.6.2 理论计算

1. 理论分析

桥梁结构中使用的拱，在体系和构造上多是对称的。当荷载对称地满布于桥上时，拱内压力最大，是对稳定最不利的荷载情况。如果拱轴线和压力线是吻合的，则在失稳前的平衡状态只有压缩没有弯曲变形。当荷载逐渐增加到临界值时，平衡就出现有弯曲变形的分支，拱开始发生屈曲。图6-6-1表示无铰拱、两铰拱、三铰拱的屈曲形式。前两种都是反对称的，而三铰拱的最不利屈曲形式则与矢跨比有关：矢跨比较小时为对称失稳；矢跨比较大时为反对称失稳。

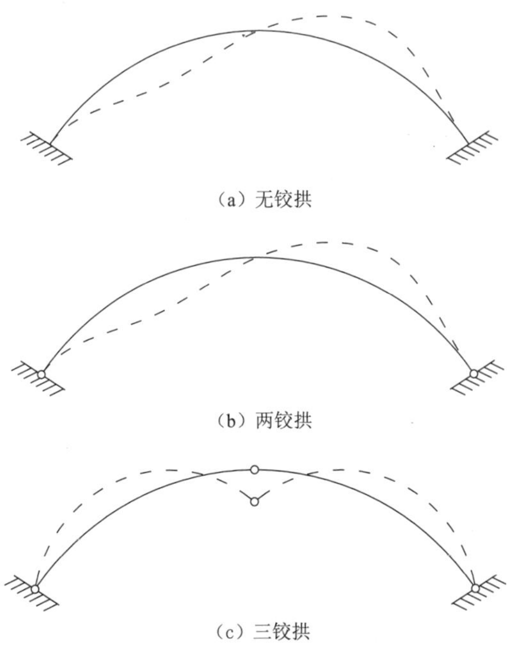

图6-6-1 拱的屈曲模式

在实际结构中，当满布对称荷载时，拱轴线和压力线也不一定完全吻合，此时拱一开始加载就有可能出现带有弯曲变形的平衡状态。当然当荷载达到一定临界值时，拱仍会发生屈曲。理论表明：初始的对称弯曲变形对拱的反对称屈曲临界荷载的影响较小。因此，研究拱的面内屈曲时，可以近似的假定拱轴线与压力线是吻合的。这样，理论计算容易处理很多。

拱的受力比较复杂，拱的曲线形式、荷载条件、边界条件等对拱肋受力性能的影响非常大。理论研究表明：对于矢跨比小于0.2的坦拱，圆弧拱和抛物线拱的稳定系数相差很小；当拱的类型确定后，四分点的名义屈曲轴向压力在相当大范围内几乎只取决于矢跨比，而拱的几何形状的改变，并不明显地影响四分点处的名义屈曲压力。因此，本节在进行理论计算时，以中跨拱肋四分点的名义屈曲压力来判断整个结构的屈曲稳定性。对于变截面拱，可以把这种拱换算成当量的等截面拱，于是，临界压力可以写成：

$$N_{cr}=\frac{\pi^2 EJ_0}{S_0^2} \tag{6-6-1}$$

式中 N_{cr}——四分点的名义屈曲轴向压力；

J_0——换算截面的惯性矩，当截面变化不大时，可取四分点的截面惯性矩：

$$S_0=\bar{\beta}\frac{S}{2}$$

S——拱弧全长；

$\bar{\beta}$——拱度影响系数，当拱按两个半波屈曲时，其取值如表6-6-1所示。

表6-6-1 拱度影响系数$\bar{\beta}$取值

f/L	0.05	0.2	0.3	0.4	0.5
三铰拱	1.20	1.16	1.13	1.19	1.25
两铰拱	1.00	1.06	1.13	1.19	1.25
无铰拱	0.70	0.72	0.74	0.75	0.76

由表6-6-1可见，各种拱的$\bar{\beta}$值对f/L的变化都不大，可近似取中值。

2. 稳定性验算

本工程的拱肋截面采用立特规律变化，截面变化不大，应此可用等截面换算惯性矩来计算临界压力，且选用四分点截面作为换算惯性矩。四分点截面的尺寸如图6-6-2所示。

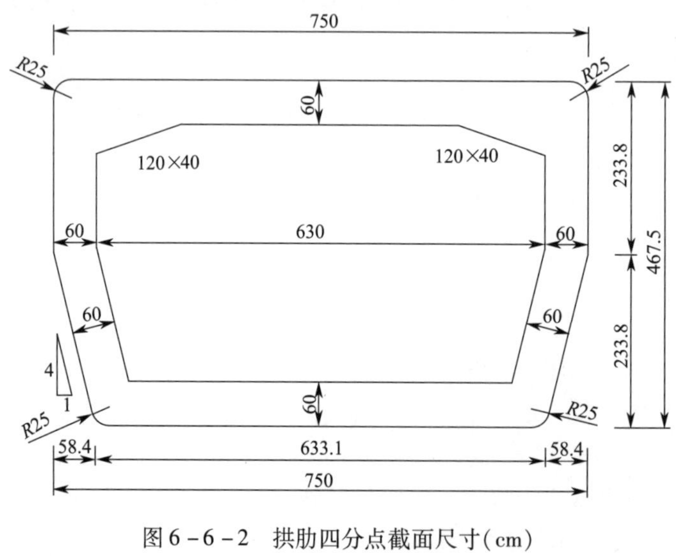

图6-6-2 拱肋四分点截面尺寸(cm)

经过计算，得四分点截面惯性矩为8.5183×10^{13} mm^4，即$J_0=8.5183\times10^{13}$ mm^4。

拱轴线方程为$y=[4f\times(L-x)x]/L^2$，其中$f=25.5$ m，计算跨径$L=153$ m，则：

$$S=\int_0^L\sqrt{1+(y')^2}\,dx \tag{6-6-2}$$

$$y'=\frac{4f}{L^2}(L-2x) \tag{6-6-3}$$

将式(6－6－3)代入式(6－6－2),可得:

$$S=\int_0^L\sqrt{1+(y')^2}\mathrm{d}x=\int_0^L\sqrt{1+\frac{16f^2}{L^4}(L-2x)^2}\mathrm{d}x=163.38\ \mathrm{m}。$$

本工程拱肋类型为无铰拱,矢跨比 1/6,因此可保守取 $\overline{\beta}=0.72$,从而可得临界压力:

$$N_{\mathrm{cr}}=\frac{\pi^2EJ_0}{S_0^2}=\frac{4}{0.72^2\times163.68^2}\times\pi^2\times3.55\times10^{10}\times85.183=8\ 595\ 770.2\ \mathrm{kN}。$$

经 Midas 软件分析,得到在恒载作用下,拱顶四分点处的轴力为(39 393.3 + 74 503.4) = 113 896.7 kN,所以在恒载下拱肋发生反对称失稳的安全系数为 78。偏安全的考虑活载下四分点的轴力为恒载下的 50%,同时考虑极限状态下的荷载组合(1.2×恒载＋1.4×活载)得四分点的轴力为 216 403.7 kN,则此时的安全系数为 40。

6.6.3　悬臂结构的稳定性验算

运用有限元软件 Ansys 对转体结构建模,进行屈曲分析。得到前 5 阶屈曲模态,如图 6－6－3 所示。

(a) 第一阶屈曲模态 (稳定安全系数13.6)

(b) 第二阶屈曲模态 (稳定安全系数13.8)

图 6－6－3

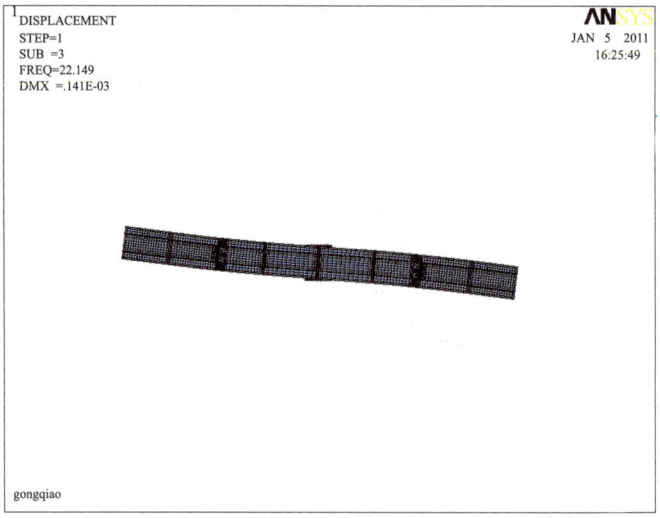

（c）第三阶屈曲模态（稳定安全系数22.15）

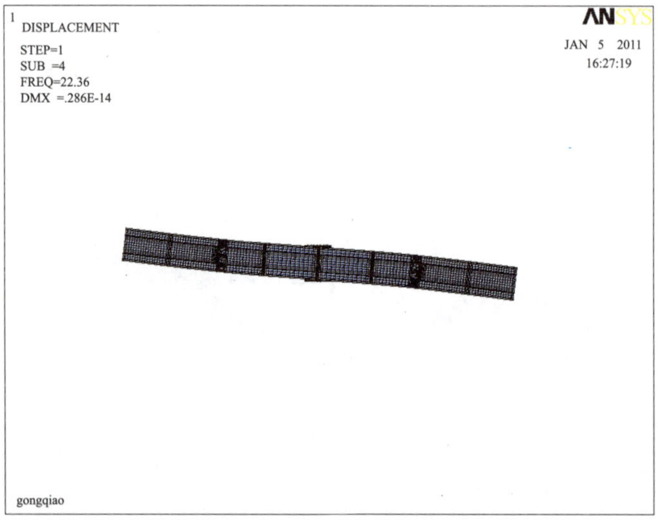

（d）第四阶屈曲模态（稳定安全系数22.36）

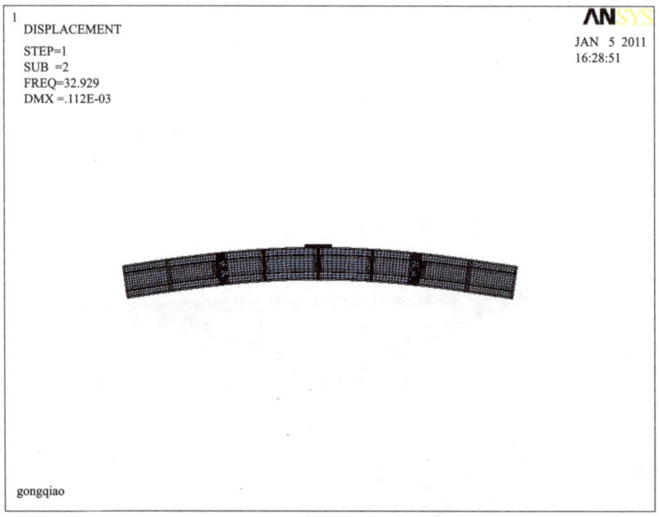

（e）第五阶屈曲模态（稳定安全系数33）

图 6－6－3　转体结构的屈曲模态

由上图可知，转体结构的前五阶失稳模态中，前二阶为平面内失稳，后三阶为平面外失稳。平面内失稳模态的安全系数较小，最小值为 13.6，仍然远大于 1，因此可以验证转体结构的稳定性是得到保证的。

6.6.4　成桥结构的稳定性验算

运用有限元软件 Ansys 对全桥成桥状态进行屈曲分析。去掉局部屈曲模态后,得到前四阶整体屈曲模态如图 6 - 6 - 4 所示。

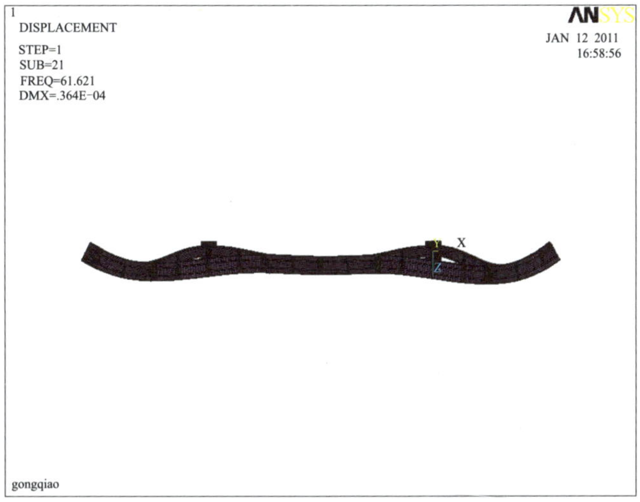

(a) 整体横向侧倾屈曲失稳（稳定安全系数61.6）

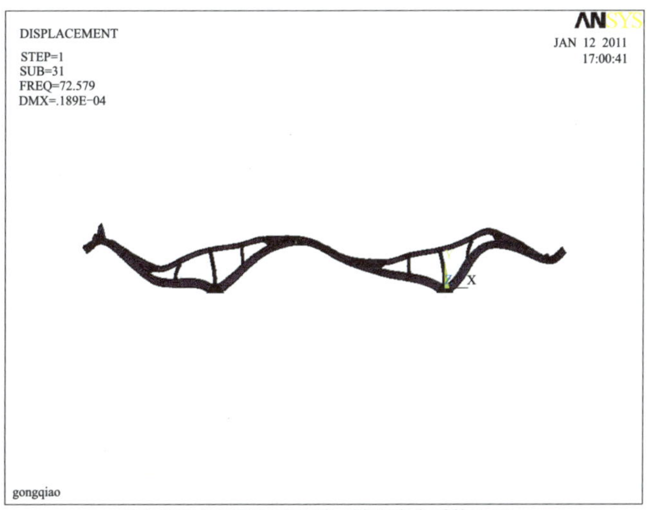

(b) 面内反对称屈曲失稳（稳定安全系数72.6）

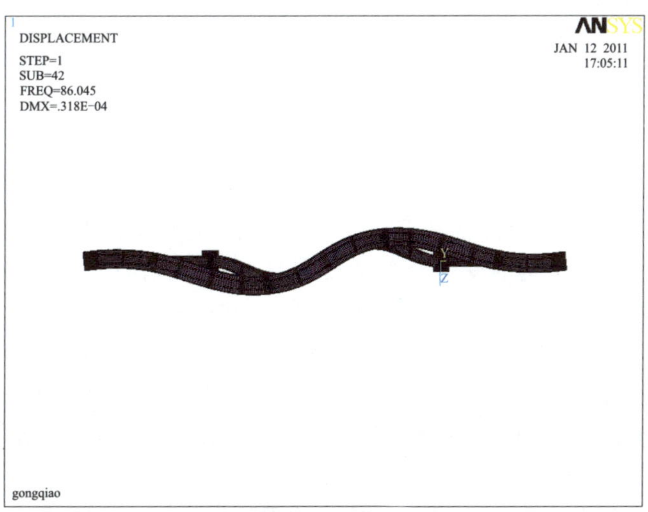

(c) 面外反对称屈曲失稳（86.0）

图　6 - 6 - 4

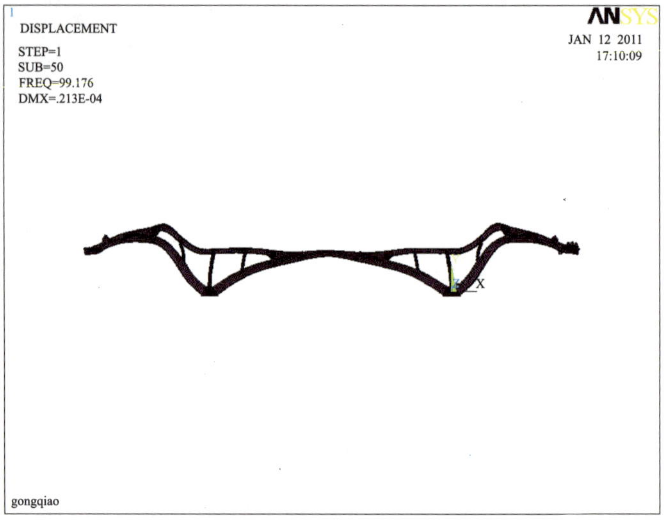

（d）面内对称屈曲失稳（99.2）

图6－6－4　主体结构成桥后在恒载下的屈曲模态

上图列出的都是结构发生整体失稳的模态，对于局部屈曲这里不作讨论，因此也没列出来。可以发现，在整体屈曲模态中，首先出现的是面外整体侧倾屈曲失稳，接着出现的是面内反对称屈曲失稳，然后出现的是面外反对称屈曲失稳，最后出现的是面内正对称屈曲失稳，这些失稳模式的稳定安全系数都远远大于1，因此可以验证成桥状态拱肋结构的稳定性满足要求。同时与理论分析的结论也比较接近，理论分析的安全系数为78，而数值模拟的结果为72.6，同时面内临界失稳模式都是反对称的。

6.6.5　结　　论

通过本章的计算研究，一方面验证了本工程结构拱肋的屈曲稳定性是满足要求的，同时通过对比理论计算及数值模拟的结果，发现以拱肋四分点的名义屈曲压力来控制整个结构的稳定性是合理的。

6.7　转体施工自锚上承式拱桥的顶推力与系杆力计算

转体施工的混凝土桥梁通常在合龙前需施加顶推力，同时对于自锚上承式拱桥，拱顶水平推力由系杆平衡，因此存在顶推力与系杆力计算的问题。转体施工自锚上承式拱桥的的受力状态对顶推力与系杆力的大小非常敏感，顶推力与系杆力不仅关系到转体施工阶段的安全性，同时影响着结构的使用性能。

6.7.1　概　　述

自锚上承式系杆拱桥的最大特点就是，系杆用于平衡拱顶的水平推力。作为结构主要受力构件的系杆，它的内力大小对整个结构的受力分布至关重要。在恒载作用下，理论上存在一个系杆内力值，使得拱脚处不产生水平推力，在设计中应当兼顾活载影响，将拱脚水平推力控制在可以接受的范围。特别是在软土地基建造拱桥，基础承受较大水平力，可能意味着较大的经济投入。如果可以充分利用系杆来调节整个结构的内力，使得拱脚水平推力较小，将是非常合理的。但是，只从拱脚水平推力作为确定系杆内力的标准是片面的，其他因素，比如施工阶段及运营阶段结构的应力状态等也会影响系杆内力的取值。

综上所述，系杆具有两大作用：一是作为结构力的平衡体系的主要受力构件；二是调节结构的应力状态及拱脚水平推力。本节把作为力的平衡体系的预应力索称为系杆，把作为调节结构内力的预应力称为 F 型索。以沪杭高铁自锚上承式系杆拱桥为工程背景,从拱座水平推力、施工阶段及运营阶段的应力状态出发,研究系杆体系对结构的影响规律,从而确定系杆力的确定方法。

同时,对于此类拱桥的建设,合龙前通常须预先施加顶推力,这样做的原因有二:一是为跨中合龙段提供预压应力;二是调节主拱肋与边拱肋的应力状态。因此在研究系杆体系时,必须将顶推力的效应考虑进去。

6.7.2　确定系杆索张拉力与顶推力的影响矩阵法思想

系杆索张拉与顶推力施加的基本原则是:保证结构施工阶段的安全,以及成桥后结构的应力、变形状态合理、拱座水平推力较小。但是,不存在一个确定的标准,比如拱肋达到什么样的应力状态,拱座水平推力为多少时结构最优。只能说某设计较优,但是存在更合理的状态。所以,系杆所张拉力与顶推力的设计实际上是一个优化设计问题。

对系杆索张拉力与顶推力的优化设计要从它们对结构的作用规律着手。按施工顺序分析系杆索张拉与顶推力施加对结构的影响。转体结构(半跨结构)在自重作用下,应力沿墩中心线对称分布,拱肋上缘受拉、下缘受压;临时系杆的作用刚好与自重相反,即拱肋上缘受压、下缘受拉;顶推力的施加,对结构产生近似反对称的应力分布(由于边跨已经合龙,不是完全的反对称),中跨拱肋上缘、边拱肋下缘受压,中跨拱肋下缘、边拱肋上缘受拉;全桥合龙后,二恒对结构产生沿桥中心对称的应力分布,拱肋下缘受压,拱肋上缘的应力状态视拱轴力与拱脚弯矩的具体大小而定,大多数情况下属受压;成桥后,施加永久系杆同样对全桥产生沿桥中心对称的应力分布,边拱肋上缘受压、下缘受拉,主拱肋受到的影响较边拱肋小很多,下缘受拉,上缘拉压不定。

根据以上分析,对各工况下结构应力的变化趋势计入表 6 -7 -1。

应力以受拉为正,拱座水平推力以地基对拱座产生指向桥中心的方向为正。

设计人员一般先定结构尺寸,再确定系杆索张拉力和顶推力。结构基本尺寸确定后,除系杆索张拉力和顶推力之外的所有工况下的结构参数都是确定的。本节对系杆索张拉力与顶推力的确定思路:首先,计算除系杆索张拉力与顶推力外的所有工况下的结构应力、拱座水平推力,由于是唯一确定的,因此其系数为 1;其次,计算各阶段施加单位系杆索力和顶推力下的结构应力和拱座水平推力,由于是待定的,因此系数为未知数;最后,以施工阶段的安全和成桥状态的应力状态、拱座水平推力大小为判定标准,优化未知数的合理取值。

表 6 -7 -1　各工况下结构关键参数的变化趋势

工况	主拱脚		边拱脚		拱座水平推力 (kN)
	上缘	下缘	上缘	下缘	
转体结构承受自重	↑	↓	↑	↓	→
转体结构张拉临时系杆	↓	↑	↓	↑	→
施加顶推力	↓	↑	↑	↓	↑
成桥状态施加二恒	/	↓	/	↑	↑
成桥状态张拉永久系杆	/	↓	↓	↑	↓

以沪杭高铁跨沪杭高速转体桥为例,建立考虑顶推力与系杆力的影响矩阵,并给出相应的约束条件。根据本工程的实际情况,主要定义以下几个工况建立影响矩阵,具体工况定义如表 6 -7 -2 所示。

表 6 -7 -2　关键施工工况定义

工况名称	工况内容
工况 1	以湿接缝浇筑前为基本结构,并假定存在刚性系杆,荷载为结构自重
工况 2	以湿接缝浇筑前为基本结构,荷载为临时系杆张拉 1 000 kN
工况 3	以转体前为基本结构,顶推力施加 1 000 kN
工况 4	以成桥状态为基本结构,荷载为二期恒载

续上表

工况名称	工况内容
工况5	以成桥状态为基本结构,荷载为永久系杆张拉1 000 kN
工况6	除以上工况,其他施工阶段(中、边跨合龙等)产生的结构效应
工况7	以成桥通车后的状态为基本结构,作用列车荷载

各工况下的应力、水平推力等参数的符号定义如表6-7-3所示。

表6-7-3　各工况下的参数符号

工况	主拱脚应力		边拱脚应力		拱座水平推力(kN)	系数
	上缘	下缘	上缘	下缘		
1	σ_{zt1}	σ_{cb1}	σ_{bt1}	σ_{bb1}	F_1	1
2	σ_{zt2}(↓)	σ_{cb2}(↑)	σ_{bt2}(↓)	σ_{bb2}(↑)	F_2(→)	x
3	σ_{zt3}(↓)	σ_{cb3}(↑)	σ_{bt3}(↑)	σ_{bb3}(↓)	F_3(↑)	y
4	σ_{zt4}	σ_{cb4}	σ_{bt4}	σ_{bb4}	F_4	1
5	σ_{zt5}(↑)	σ_{cb5}(↓)	σ_{bt5}(↓)	σ_{bb5}(↑)	F_5(↓)	z
6	σ_{zt6}	σ_{cb6}	σ_{bt6}	σ_{bb6}	F_6	1
7	σ_{ztl}	σ_{cbl}	σ_{btl}	σ_{bbl}	F_l	1

以中、边拱肋拱脚应力和拱座水平推力为优化目标,建立基于影响矩阵的约束方程组。

$$\begin{pmatrix}[\sigma_1]\\ [\sigma_2]\\ [\sigma_3]\\ [\sigma_4]\\ [-F_0]\end{pmatrix} \leqslant \begin{pmatrix}\sigma_{zt1} & \sigma_{zt2} & \sigma_{zt3} & \sigma_{zt4} & \sigma_{zt5} & \sigma_{zt6} & \sigma_{ztl}\\ \sigma_{zb1} & \sigma_{zb2} & \sigma_{zb3} & \sigma_{zb4} & \sigma_{zb5} & \sigma_{zb6} & \sigma_{zbl}\\ \sigma_{bt1} & \sigma_{bt2} & \sigma_{bt3} & \sigma_{bt4} & \sigma_{bt5} & \sigma_{bt6} & \sigma_{btl}\\ \sigma_{bb1} & \sigma_{bb2} & \sigma_{bb3} & \sigma_{bb4} & \sigma_{bb5} & \sigma_{bb6} & \sigma_{bbl}\\ F_1 & F_2 & F_3 & F_4 & F_5 & F_6 & F_l\end{pmatrix}\begin{pmatrix}1\\ x\\ y\\ 1\\ z\\ 1\\ 1\end{pmatrix} \leqslant \begin{pmatrix}[\sigma_{11}]\\ [\sigma_{22}]\\ [\sigma_{33}]\\ [\sigma_{44}]\\ [F_0]\end{pmatrix} \tag{6-7-1}$$

式中　$[\sigma_1]\sim[\sigma_4]$——中跨拱脚上缘、下缘,边跨拱脚上缘、下缘持久状况下最大压应力容许值;

$[\sigma_{11}]\sim[\sigma_{44}]$——中跨拱脚上缘、下缘,边跨拱脚上缘、下缘的持久状况下最大拉应力容许值;

x,y,z——待优化确定的未知数,代表系杆索张拉力和顶推力的大小;

$[F_0]$——持久状况下理想的拱座水平推力。

式(6-7-1)形式上只有5个不等式,但是由于活载包络线包括最大值和最小值,实际上该式包含10个不等式。满足上式的x,y,z取值组合有无数个,但是存在较优。为了找到更优的组合,可通过缩小容许应力范围。比如,对于中跨拱脚上缘,根据以往经验,可能存在压应力储备不足、易开裂的问题,因此可将$[\sigma_{11}]$的取值适当减小;对于中跨拱脚下缘,可能存在压应力过大,可将$[\sigma_1]$适当取大。

根据式(6-7-1),即可进行系杆索张拉力与顶推力的优化设计。但是,通过该式确定的值只考虑了成桥状态,并未将施工状态考虑进去。为了将施工状态的安全考虑进去,必须建立某项参数,比如中跨拱脚上缘应力的时程图。一般情况下,可先通过式(6-7-1)初步确定系杆索张拉力和顶推力的取值,再考察施工状态的安全性。

6.7.3　计算实例

仍以沪杭高铁跨沪杭高速公路转体桥为工程背景,运用影响矩阵法进行系杆索张拉力与顶推力的优化设计。

1. 计算各工况的应力状态和拱座水平推力

(1)工况1、工况2

半跨结构按刚性系杆计算系杆内力,基本结构如图6-7-1所示。

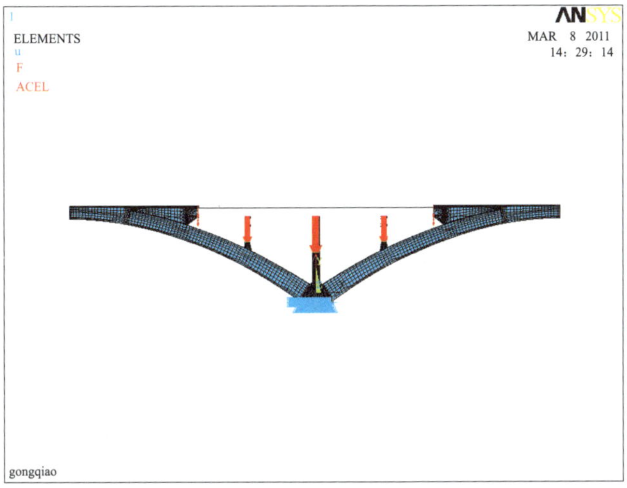

图 6－7－1　工况 1 的计算简图及加载方式

如图 6－7－2 所示，按刚性系杆计算的系杆内力为 76 800 kN(3×25 600 kN)，从图 6－7－3 可见，在次系杆内力下，拱脚上下缘应力差别较大，上缘压应力应力为 1.68 MPa 左右，而下缘压应力则为 9.3 MPa 左右，拱肋与系杆交界处下沉 67.1 mm，与拱肋受力的理想状态——拱肋只受轴力相去甚远，为此可通过加大系杆内力来调整拱肋受力。下面对该基本结构下，施加 F 型索进行受力分析。G6 预应力束在拱脚上缘产生压应力 －1.9 MPa，下缘产生拉应力 0.6 MPa。如图 6－7－4 所示。

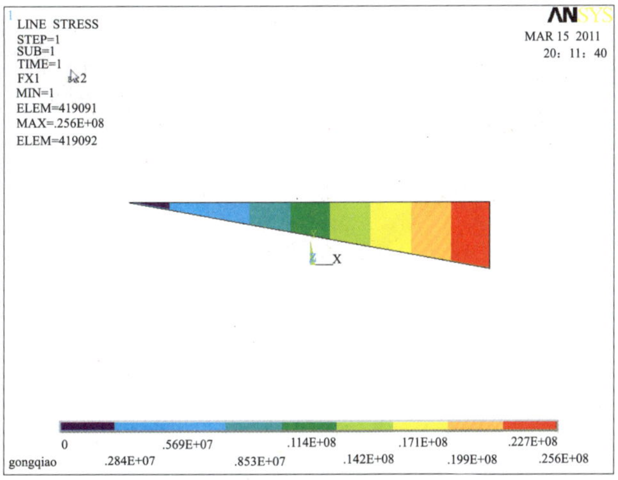

图 6－7－2　工况 1 的系杆内力(N)

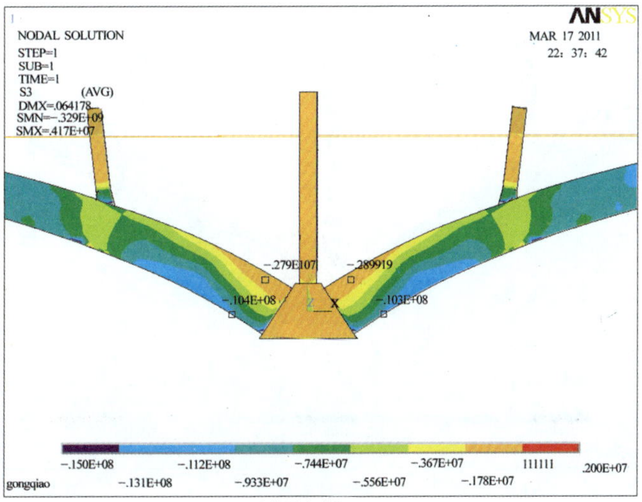

(a)不包括G6

图　6－7－3

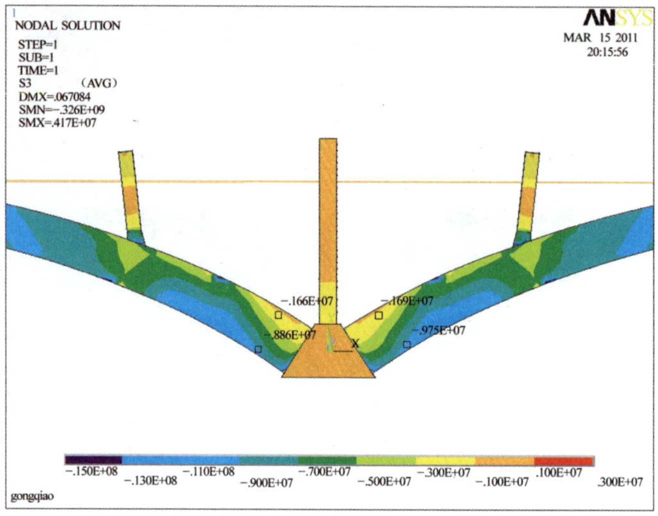

(b) 包括G6

图 6-7-3　工况 1 下的应力图(N/mm²)

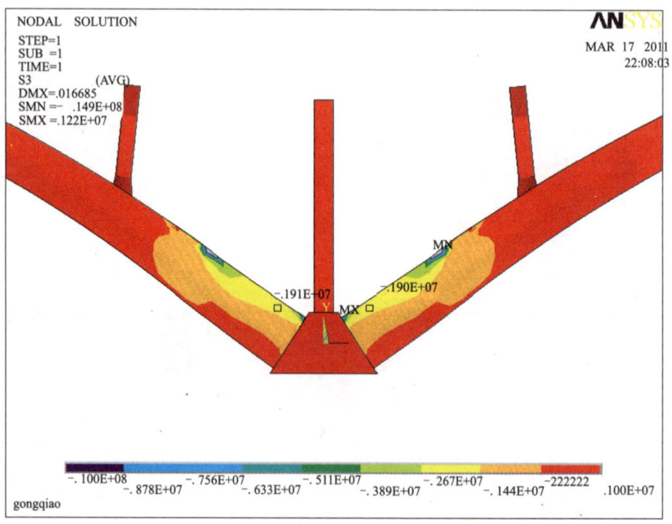

（a）主压应力

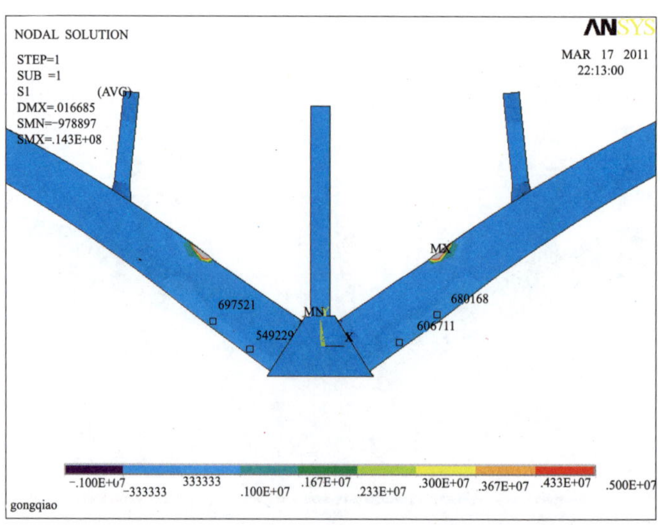

（b）主拉应力

图 6-7-4　G6 预应力效应(N/mm²)

如图 6－7－5 所示，当 F 型索的内力为 1 000 kN 时，拱脚上缘产生压应力 0. 8 MPa，下缘产生拉应力0. 83 MPa，边跨上翘 20. 4 mm。

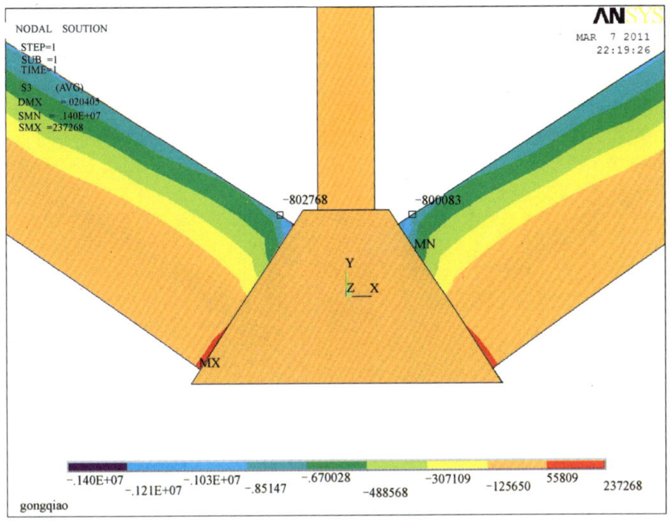

（a）主压应力

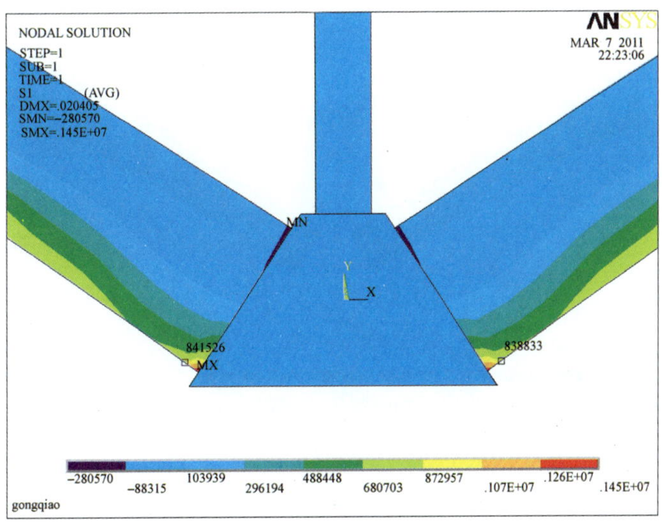

（b）主拉应力

图 6－7－5　工况 2 下的拱脚应力（N/mm^2）

（2）工况 3

工况 3 的计算简图及加载方式如图 6－7－6 所示。在合龙前施加顶推力，会使中跨拱脚上缘、边拱下缘产生压应力，中跨拱脚下缘与边跨拱脚上缘产生拉应力，可以调节结构的应力状态。从图 6－7－7中可以看出，顶推力施加 1 000 kN，中跨拱脚上缘产生压应力 0. 115 MPa，边跨拱脚下缘产生压应力 0. 116 MPa，中跨拱脚下缘产生拉应力 0. 1 MPa，边跨拱脚上缘产生拉应力 0. 13 MPa。

（3）工况 4、工况 5

成桥状态的结构计算图示如图 6－7－8 所示，该模型中为建系杆，而是在边跨支座处设置纵向约束，相当于刚性系杆约束纵向变形。如图 6－7－9 所示，二恒作用下中跨拱脚上缘压应力为 0. 15 MPa，下缘压应力为 1 MPa，边跨拱脚上缘应力几乎为 0，下缘压应力为 0. 96 MPa。同时，查看结构发现，按刚性系杆计算二恒作用下的系杆内力为 5 561 kN。同时计算了系杆张拉 10 000 kN 时拱脚的应力，如图 6－7－10 所示，并通过查看 Ansys 数据发现，此时的拱座水平推力为 487 kN。

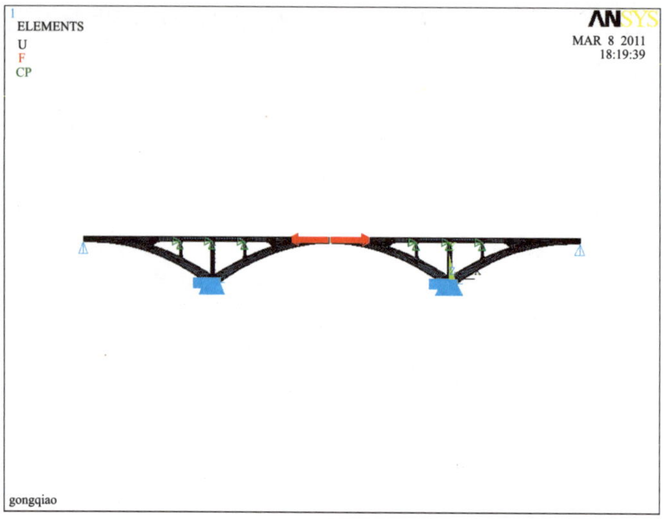

图 6-7-6　工况 3 的计算简图及加载方式

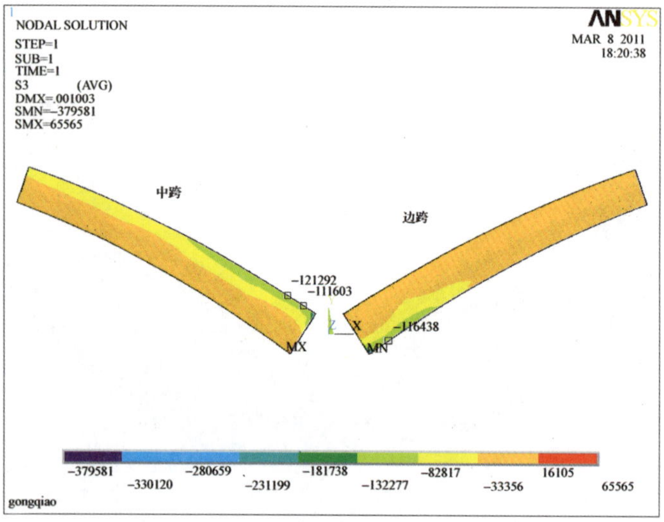

(a)主压应力

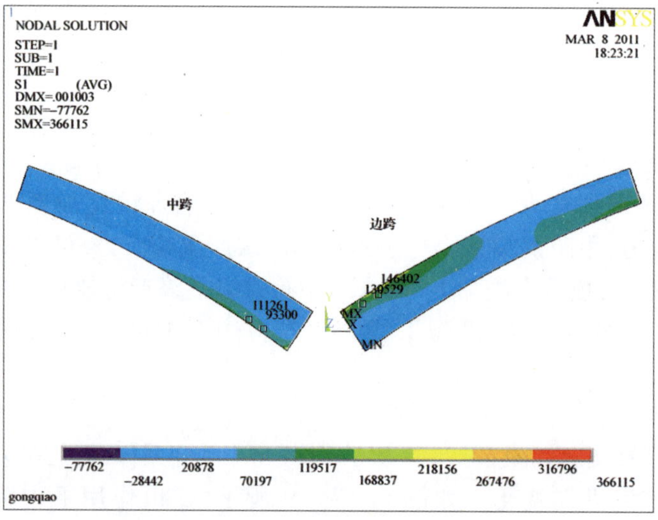

(b)主拉应力

图 6-7-7　工况 3 下的拱脚应力图(N/mm²)

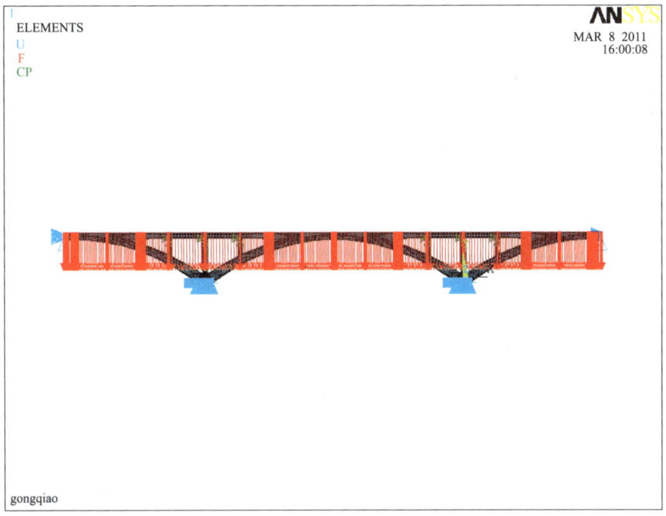

图 6－7－8 工况 4 计算简图与加载方式

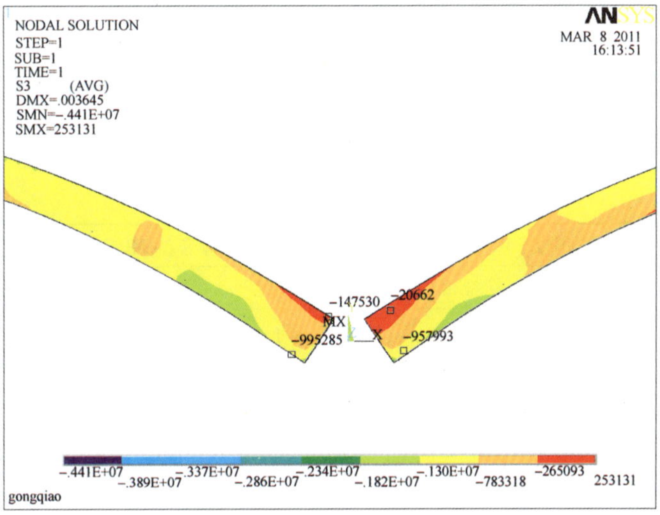

图 6－7－9 工况 4 下的拱脚主压应力（N/mm^2）

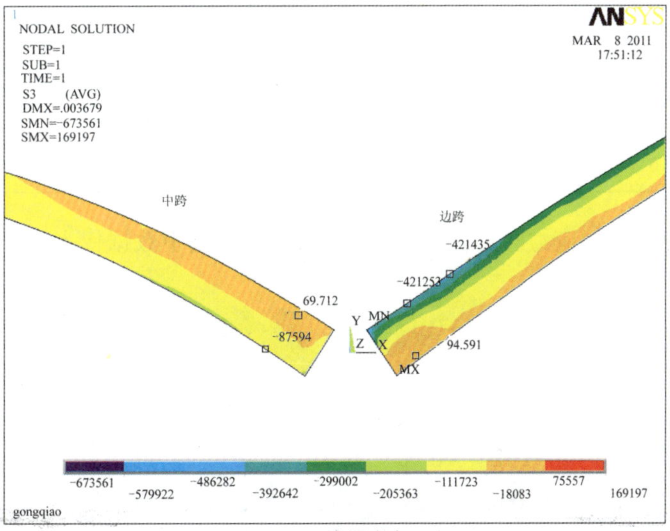

（a）主压应力

图 6－7－10

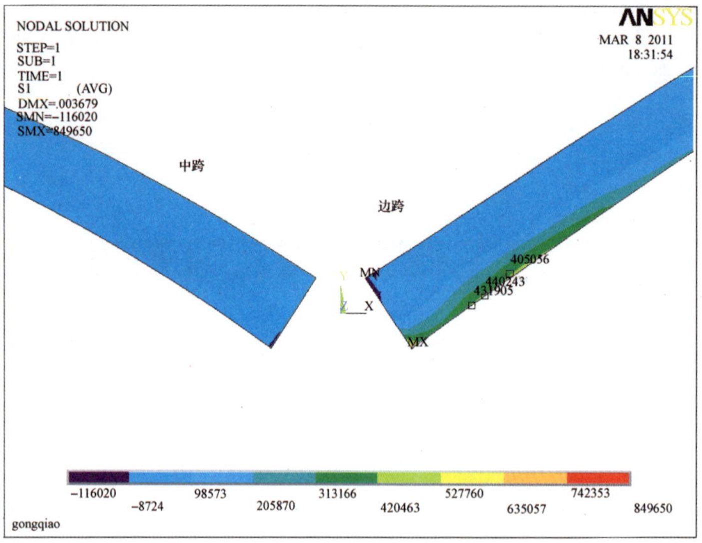

（b）主拉应力

图 6－7－10　工况 5 下的拱脚应力（N/mm^2）

2. 初步确定系杆索张拉力与顶推力

将上述计算结果汇总入表 6－7－4。

表 6－7－4　各工况下的计算参数

工况	主拱脚应力（MPa）		边拱脚应力（MPa）		拱座水平推力（kN）
	上缘	下缘	上缘	下缘	
1	－1.68	－9.3	－1.68	－9.3	0
2	－0.8	0.83	－0.8	0.83	0
3	－0.12	0.11	0.13	－0.12	1 000
4	－0.15	－1.00	0	－0.96	－923
5	0	－0.09	－0.43	0.42	－487
6	0.5	－0.6	－0.3	0.1	－2 449
活载最大	2.2	1.1	2.8	2.5	3 496
活载最小	－1.4	－5.2	－3.3	－4.9	－4 922
活载中值	0.4	－2.0	－0.2	－1.2	－713

根据经验，选取较理想的应力状态和水平推力状态，并将表中数据代入式（6－7－1），得

$$\begin{pmatrix}[-10]\\ [-12]\\ [-10]\\ [-12]\\ [-5\,000]\end{pmatrix} \leqslant \begin{pmatrix}-1.68 & -0.8 & -0.12 & -0.15 & 0 & 0.5 & 0.4\\ -9.3 & 0.83 & 0.11 & -1 & -0.09 & -0.6 & -2\\ -1.68 & -0.8 & 0.13 & 0 & -0.43 & -0.3 & -0.2\\ -9.3 & 0.83 & -0.12 & -0.96 & 0.42 & 0.1 & -1.2\\ 0 & 0 & 1\,000 & -923 & -487 & -2\,449 & -713\end{pmatrix} \begin{pmatrix}1\\ x\\ y\\ 1\\ z\\ 1\\ 1\end{pmatrix} \leqslant \begin{pmatrix}[-4]\\ [-6]\\ [-4]\\ [-6]\\ [5\,000]\end{pmatrix} \qquad (6-7-2)$$

取 $x=3.5$，$y=8.5$，$z=5$，代入式（6－7－2），得

$$\begin{pmatrix} -1.68 & -0.8 & -0.12 & -0.15 & 0 & 0.5 & 0.4 \\ -9.3 & 0.83 & 0.11 & -1 & -0.09 & -0.6 & -2 \\ -1.68 & -0.8 & 0.13 & 0 & -0.43 & -0.3 & -0.2 \\ -9.3 & 0.83 & -0.12 & -0.96 & 0.42 & 0.1 & -1.2 \\ 0 & 0 & 1\,000 & -923 & -487 & -2\,449 & -713 \end{pmatrix} \begin{pmatrix} 1 \\ 3.5 \\ 8.5 \\ 1 \\ 5 \\ 1 \\ 1 \end{pmatrix} = \begin{pmatrix} -4.750 \\ -9.510 \\ -6.025 \\ -7.375 \\ 1\,444 \end{pmatrix} \tag{6-7-3}$$

可见，该组取值比较合理，应力状态与拱座水平推力都处于可以接受范围。

实际的系杆体系及顶推力设计，相当于取 $x=3.4$，$y=8.2$，$z=6.1$，代入式(6－7－2)，得

$$\begin{pmatrix} -1.68 & -0.8 & -0.12 & -0.15 & 0 & 0.5 & 0.4 \\ -9.3 & 0.83 & 0.11 & -1 & -0.09 & -0.6 & -2 \\ -1.68 & -0.8 & 0.13 & 0 & -0.43 & -0.3 & -0.2 \\ -9.3 & 0.83 & -0.12 & -0.96 & 0.42 & 0.1 & -1.2 \\ 0 & 0 & 1\,000 & -923 & -487 & -2\,449 & -713 \end{pmatrix} \begin{pmatrix} 1 \\ 3.4 \\ 8.2 \\ 1 \\ 6.1 \\ 1 \\ 1 \end{pmatrix} = \begin{pmatrix} -4.634 \\ -9.419 \\ -4.995 \\ -9.388 \\ 1\,857.3 \end{pmatrix} \tag{6-7-4}$$

可见，在本工程的实际设计参数下，成桥状态的拱肋应力状态及拱脚水平推力均比较合理。下面进行施工阶段的安全分析。

3. 施工状态安全分析

该桥整体计算采用 Midas/Civil 2006 空间有限元程序进行。桥梁上部结构通过梁单元进行模拟，施加系杆力的体外索采用体外预应力单元模拟，可以考虑预应力损失效应。空间有限元的基础采用了固结支座形式。

(1)承台水平推力分析

顶推力的施加对承台处水平推力有较大的影响，在施工过程中应该进行严格的控制，由于边跨合龙前半跨结构以承台对称施工，则边跨合龙前的施工阶段承台处的水平反力为0，因此只考虑边跨合龙后各施工阶段承台处水平反力，现将各施工阶段承台处水平反力汇总于表6－7－5。

表6－7－5 施工阶段承台水平反力

施工阶段	半跨对称施工	边跨合龙	顶推力施加	中跨合龙	永久索更换	二期恒载
承台水平反力(kN)	0	0	8 200	7 994.6	2 780.4	1 857.3

注：承台水平反力力指向桥中心为正，指向桥台为负。

为了显示各个施工阶段承台水平反力的变化趋势，现将各施工阶段承台处水平力绘制于图6－7－11。

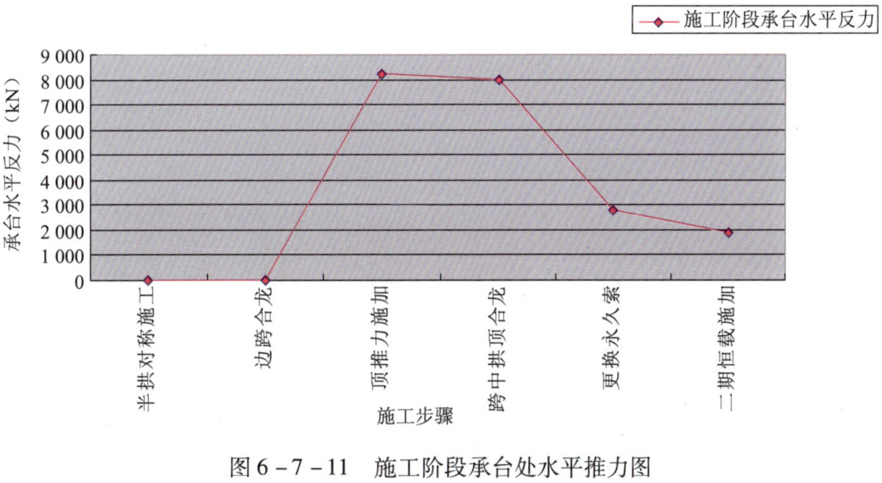

图6－7－11 施工阶段承台处水平推力图

注：承台水平反力力指向桥中心为正，指向桥台为负。

由上图 6-7-11 可知，在边跨合龙前，即拱桥对称施工这一系列施工阶段，由于半跨拱桥以承台对称，因此在承台处无水平推力；当施加了顶推力后，在承台处的水平反力指向桥中心为 8 200 kN；在接下来的施工阶段，承台水平反力有向桥中心减小的趋势；最终成桥时，承台处有向桥中心方向 1 857.3 kN的水平反力。

成桥三年施加列车荷载后，承台处的水平反力也是需要考虑的，即在上述两种不利工况下承台处的水平推力汇总于表 6-7-6。

表 6-7-6　成桥后两种工况下承台处水平反力

荷载工况	承台处水平推力(kN)
成桥三年 + 活载最大	5 353.4
成桥三年 + 活载最小	-3 064.9

注：水平推力指向桥中心为正，指向桥台方向为负。

由表 6-7-6 知，施加 8 200 kN 顶推力后，最终在工况 1 下承台水平反力指向桥中心，大小为 5 353.4 kN；工况 2 下承台水平反力指向桥台方向，大小为 3 064.9 kN。两种工况下，承台水平反力较为接近，该力可以通过承台处的止推板平衡。因此，顶推力的施加较为合理。

(2)应力分析

施加顶推力 8 200 kN 后，考虑到该顶推力较大，为了保证施工阶段桥梁结构的安全，拱脚控制截面的应力时程如图 6-7-12 所示，拱顶处的应力时程如图 6-7-13 所示。

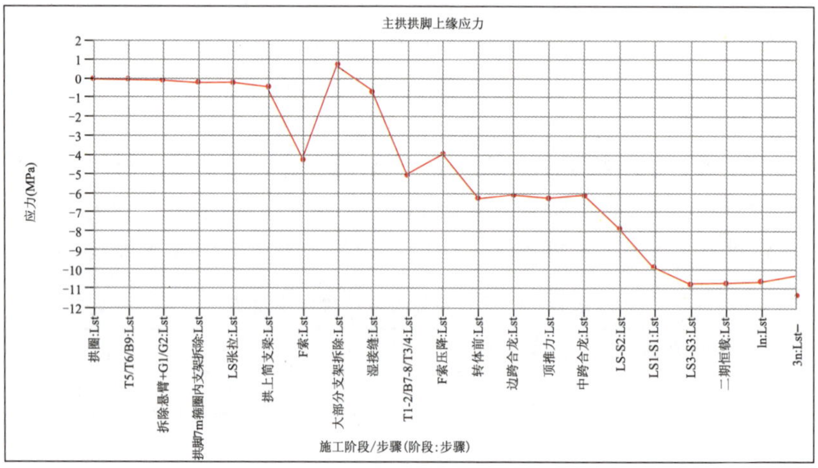

(a) 主拱拱脚上缘应力时程图

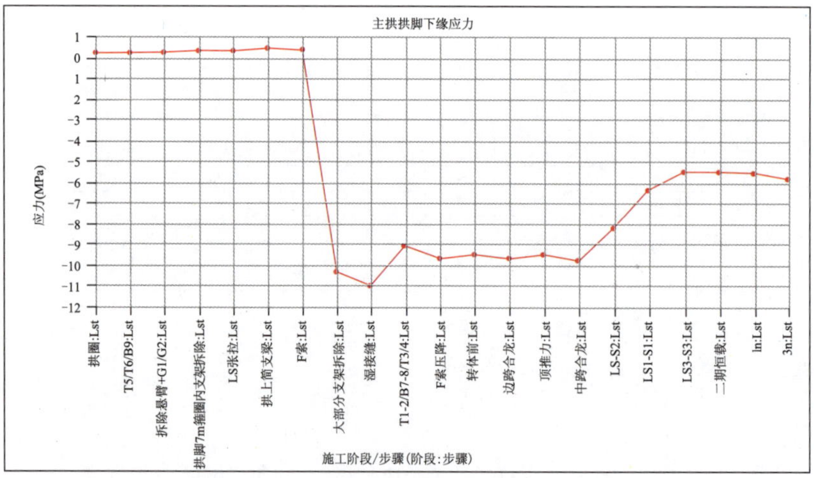

(b) 主拱拱脚下缘应力时程图

图　6-7-12

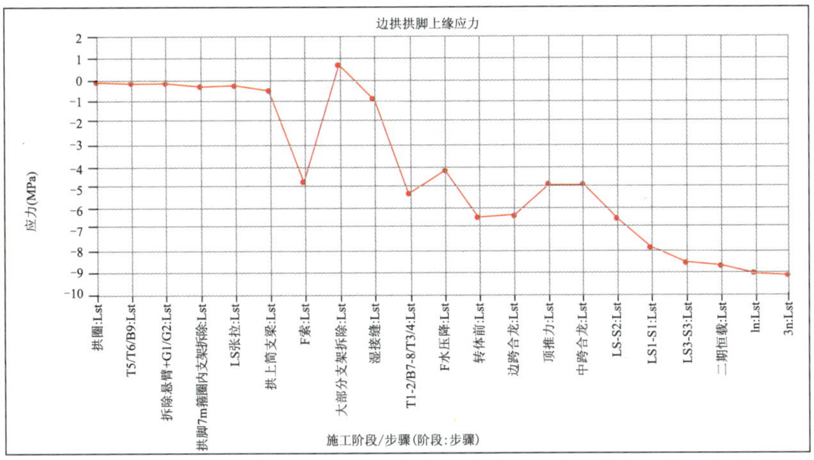

（c）边拱拱脚上缘应力时程图

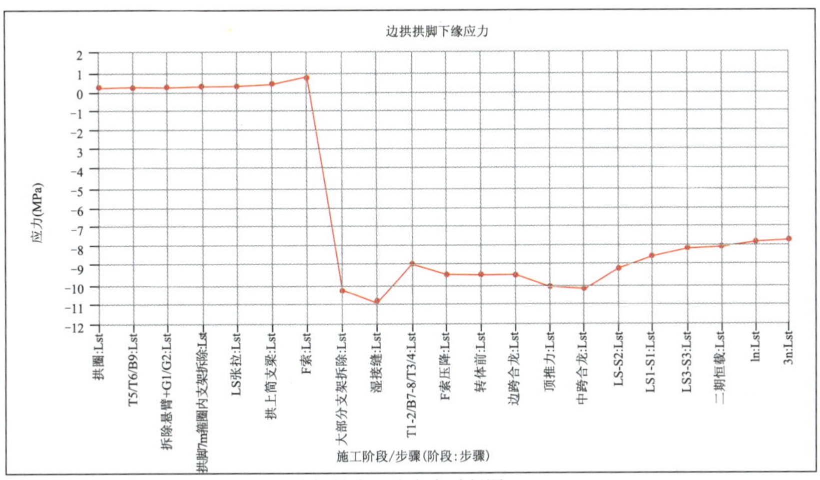

（d）边拱拱脚下缘应力时程图

图 6－7－12　拱脚截面应力时程图(MPa)

由图 6－7－12 可知,各个施工阶段拱脚截面的应力均能满足规范的要求,并且施加顶推力后主拱和边拱拱脚上下缘的应力都得到了相应的改善。在成桥三年后,拱脚各个截面均为压应力,并且其大小较为均匀,控制在 6～10 MPa 内,达到了施加顶推力改善后期拱脚截面应力的目的。

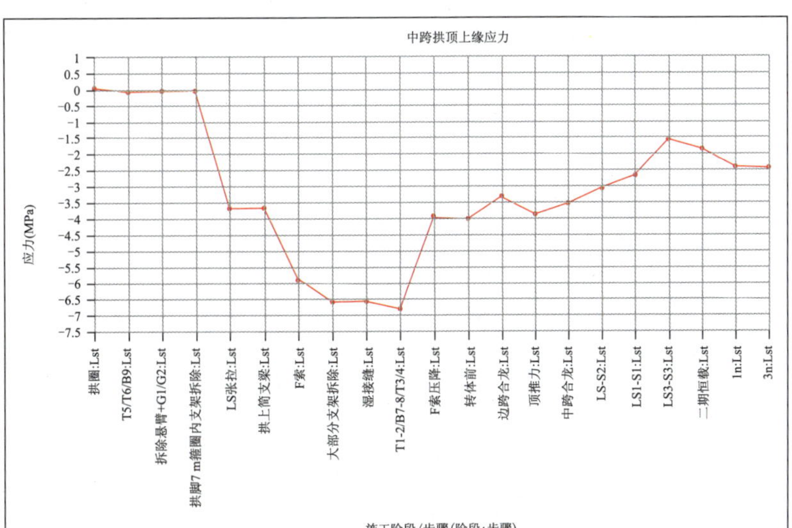

（a）拱顶截面上缘应力时程图

图　6－7－13

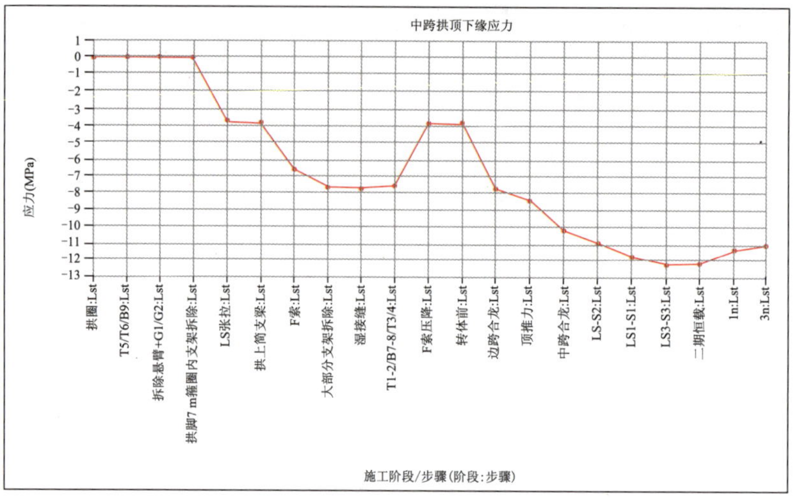

(b) 拱顶截面下缘应力时程图

图 6－7－13　拱顶截面应力(MPa)

由图 6－7－13 可知，施加顶推力后，各施工阶段拱顶截面应力均处于受压，满足规范要求。

如前所述，成桥后在两种不利工况下，拱脚截面应力应当予以充分的考虑，现将这两种工况下拱脚截面的应力汇总于表 6－7－7。

表 6－7－7　成桥状态下的应力状态

应力 / 工况组合	主拱应力(MPa)		边拱应力(MPa)	
	上缘	下缘	上缘	下缘
工况 1	－8.2	－4.7	－6.3	－5.2
工况 2	－11.9	－11	－12.4	－12.6

注：拉应力为正，压应力为负。

由上表可知，在工况 1 和工况 2 下，拱脚截面均为压应力，且截面上下缘的应力值较为接近，达到了改善拱脚截面应力的目的。该顶推力方案可行。

(3) 变形分析

对于高速铁路桥梁，其对桥梁的线形有较高的要求，但施工期间由于结构自重和施工荷载以及混凝土收缩徐变的影响，桥梁结构会发生竖向下挠，这对成桥线型不利。为了保持桥梁的平顺以及良好运营性能，在跨中合龙前施加顶推力可以适当的调整拱顶线型，这又是施加顶推力的又一特点，能够在很小的经济成本下收到很大的效果，现将施加顶推力前后，桥梁结构拱顶处的竖向变形绘制于图 6－7－14。

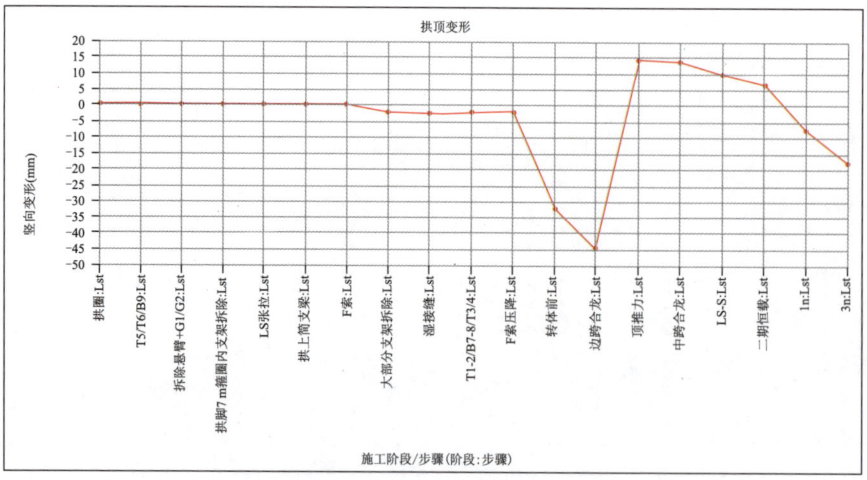

图 6－7－14　拱顶竖向变形时程图(mm)

由图 6－7－14 可知,施加顶推力时,拱顶竖向变形向上升高了 60 mm 左右,对调整拱顶的线形起到了较大的作用,并且使此阶段拱顶有 15 mm 的上翘,为后期在结构上施加的荷载和混凝土收缩徐变的影响提供了一定的安全储备。

6.7.4　小　　结

通过系统分析结构关键施工阶段的结构应力、拱座水平推力,特别是单位系杆索张拉力和顶推力作用下的结构参数,提出了基于结构后期使用性能的系杆索张拉力与顶推力优化方程,并用施工阶段的安全性进行检验。以沪杭高铁跨沪杭高速公路转体桥工程背景,详细介绍了系杆索张拉力与顶推力确定的计算方法,并将之与实际设计参数对比,表明实际的设计参数处于本节提出的优化设计合理范围内。

6.8　基于后期性能的收缩徐变效应、预应力张拉顺序研究

收缩徐变与预应力张拉顺序几乎是混凝土结构不可回避的问题,且在不同的结构类型中,其对结构使用性能的影响效应呈现不同的规律。对于转体施工高速铁路桥梁,其使用性能尤其受到关注,因此对沪杭高铁转体桥开展收缩徐变效应及预应力张拉顺序研究有较大的现实意义。

6.8.1　概　　述

工程的安全顺利建成是项目建设的首要目标,确保桥梁的使用性能和耐久性则是另一项重要目标。目前,工程建设如火如荼,但有些地方缺乏理论指导。理论与实践始终是相辅相成的,理论可以指导实践,反过来,经过实践可以论证或进一步完善理论。最终,理论应当起到为工程设计指导的作用。但是,目前工程界在某些领域,理论是落后于工程实践的。本节将对工程界经常遇到,却又无法很好解决的两个问题进行研究,从而指导本工程的建设。

本节将对以下两项关键内容进行研究:

(1)混凝土收缩徐变对结构使用性能的影响;

(2)预应力张拉顺序对结构性能的影响。

6.8.2　收缩徐变对结构使用性能的影响

1. 理论分析(内力、变形、预应力损失)

徐变是指在荷载作用下,混凝土材料除了发生瞬时的弹性变形外,还会发生随着时间持续增长的变形;收缩主要是指混凝土体内水泥胶凝体中的水分蒸发而使本身体积缩小的一种物理化学现象。收缩徐变是混凝土材料的固有特性,两者的区别在于:徐变是由混凝土所受的应力引起,并且其量值和发展与整个结构的应力历史有关;而收缩则与结构所有的应力无关,影响混凝土收缩徐变的主要因素有:相对湿度、构件理论厚度、加载龄期和混凝土强度等。

一般用徐变系数(徐变变形与弹性变形的比值)来表征徐变的大小,它的计算模型有两个基本理论——先天理论和老化理论。老化理论认为不同加载龄期下的徐变系数在任一时刻的增长率都相同,显然加载龄期越长,徐变系数终极值越小;先天理论认为不同加载龄期终极值相同,在相同的持续加载时间内的徐变系数相等,并在该点上有相同的徐变增长率。实际上,真实的徐变系数值介于这两种理论之间,也就是通常所说的混合理论。本节采用的徐变模式为规范中建议的模式,实际上就是 CEB－FIP(1990)模式,该模式的徐变系数变化曲线如图 6－8－1 所示。

由于徐变与应力有关,一般情况下,徐变会使结构变形沿着原来的趋势增大,徐变对内力、应力的影响比较复杂,与具体的结构体系有关,总体上存在如下规律:如果结构一次成型,也就是未发生体系转换,那么徐变不会引起内力的变化,反之则必引起内力变化。同时对于预应力混凝土结构,徐变一般会引起预应力的损失,导致结构预压应力的不足。

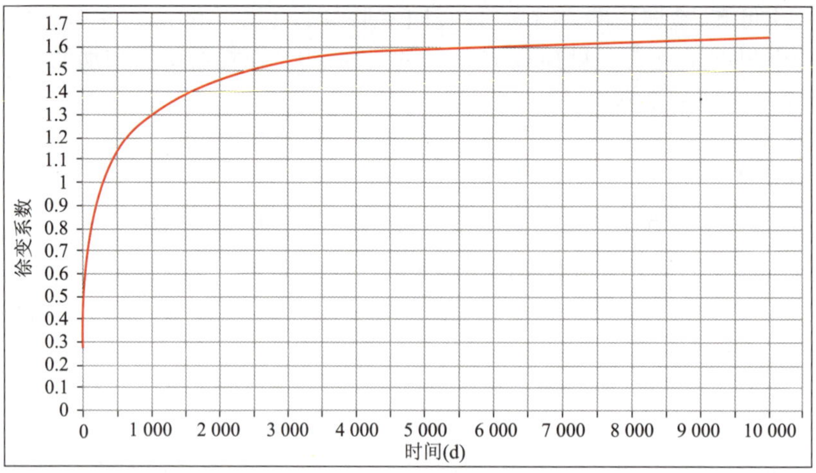

图 6－8－1　采用的徐变曲线

在转体前，也就是结构处于大悬臂状态，自重使结构有往下“陷”的趋势，而系杆则使结构有往上“翘”的趋势。如果系杆内力较大，则徐变会使悬臂结构有往上“翘”的变形趋势，主、边拱拱脚上缘压应力增大，下缘压应力减小；如果系杆内力较小，则徐变会使结构有往下“陷”的变形趋势，主边拱拱脚上缘压应力减小，下缘压应力增大。

全桥合龙后，徐变会使全桥有主拱向下“陷”、边拱向上“翘”的趋势，于是主拱拱脚上缘、边拱拱脚下缘压应力减小，主拱拱脚下缘、边拱拱脚上缘压应力增大。

收缩是通过收缩应变来度量的，它总是使结构的体积变小，对于杆系结构表现为长度缩短，因此容易在超静定结构中产生拉应力，同时也会导致预应力损失。本节中的收缩应变曲线如图 6－8－2 所示。

在转体前，收缩会使构件变短，因此悬臂结构总是往上“翘”；合龙后，收缩与徐变对结构的变形影响一致，即主拱向下“陷”，边拱向上“翘”，同时主拱拱脚上缘、边拱拱脚下缘压应力减小，主拱拱脚下缘、边拱拱脚上缘压应力增大。

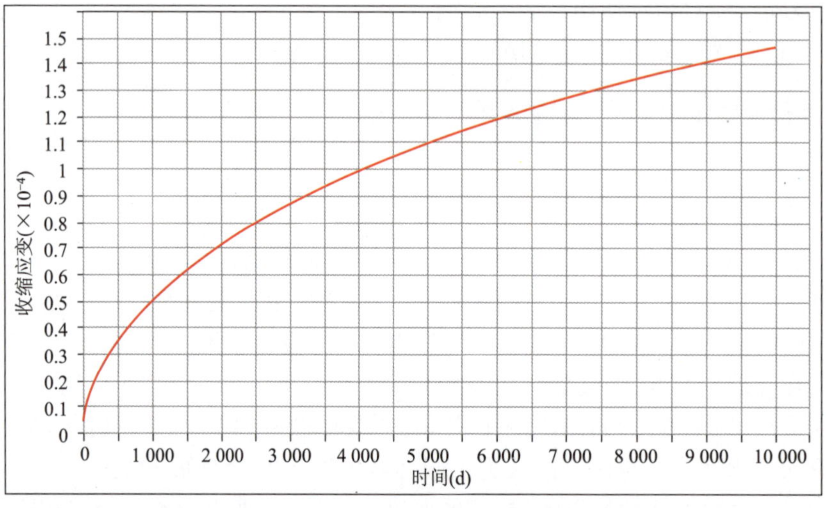

图 6－8－2　采用的收缩应变曲线

本节对混凝土收缩徐变的研究分为两个方面：一是对收缩徐变的影响做总体评价；二是研究不同工期对收缩徐变效应的影响。

2. 算例

(1)收缩徐变对结构性能的影响

按实际的工期建立施工阶段仿真分析模型，施工阶段划分见第 5.4 节，分别得到徐变和收缩对结构应力、变形的影响如图 6－8－3、图 6－8－4 所示。

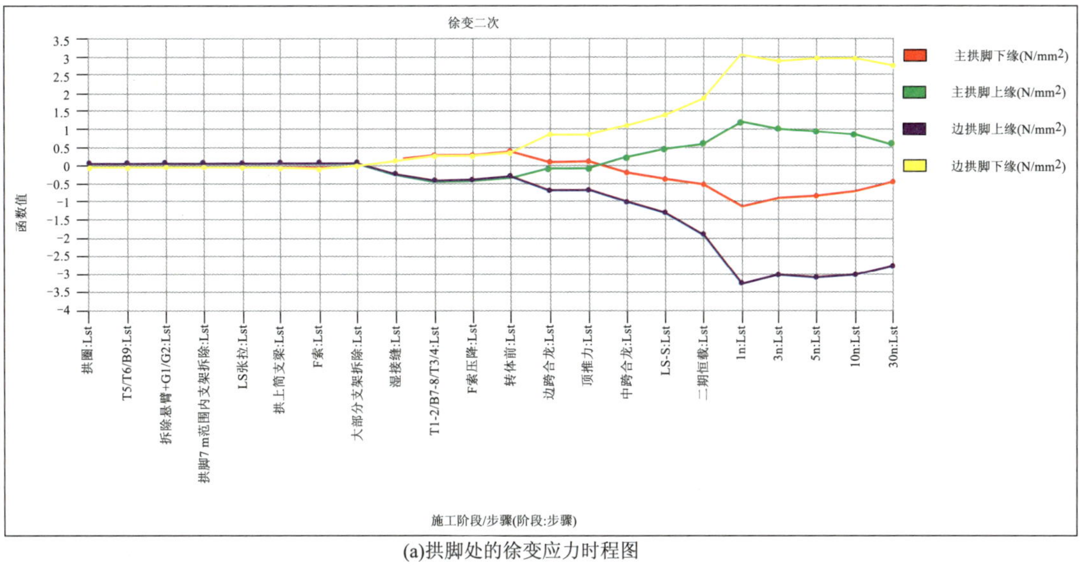

(a)拱脚处的徐变应力时程图

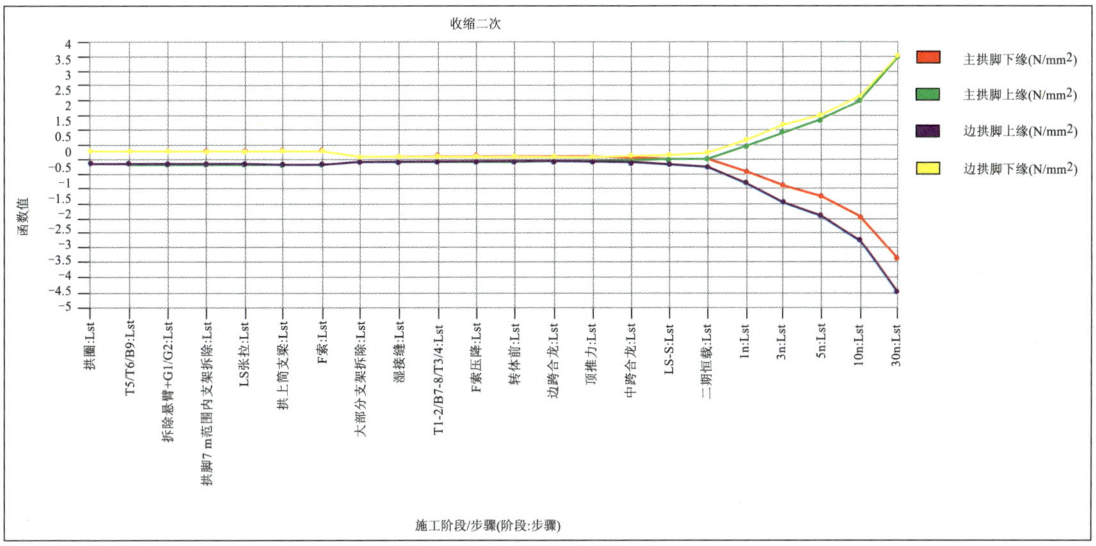

(b)拱脚处的收缩应力时程图

图 6－8－3　拱脚处的收缩徐变应力时程图（N/mm^2）

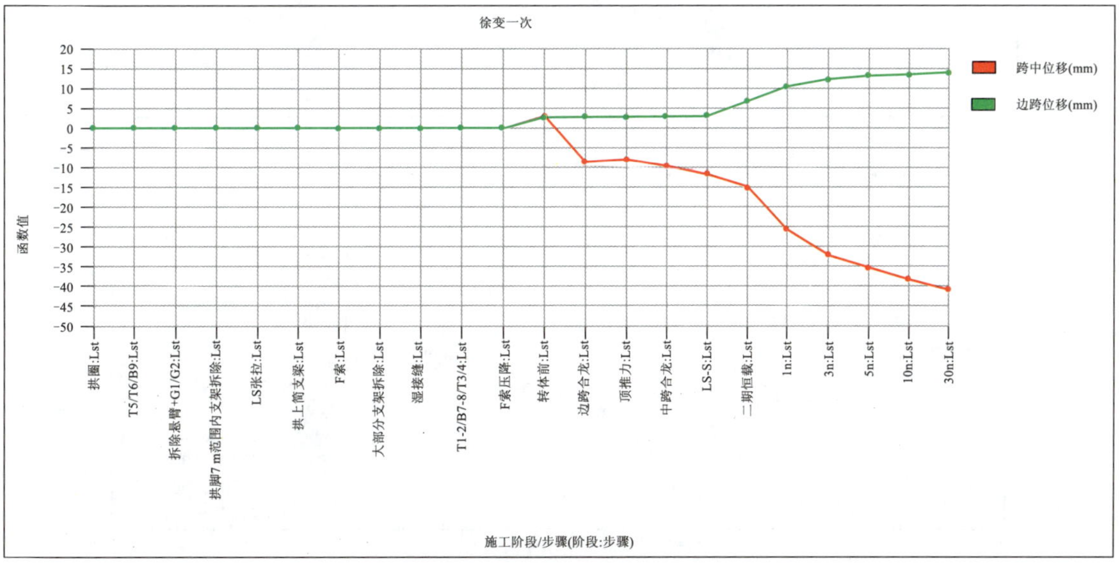

(a)边、中跨徐变变形时程图

图　6－8－4

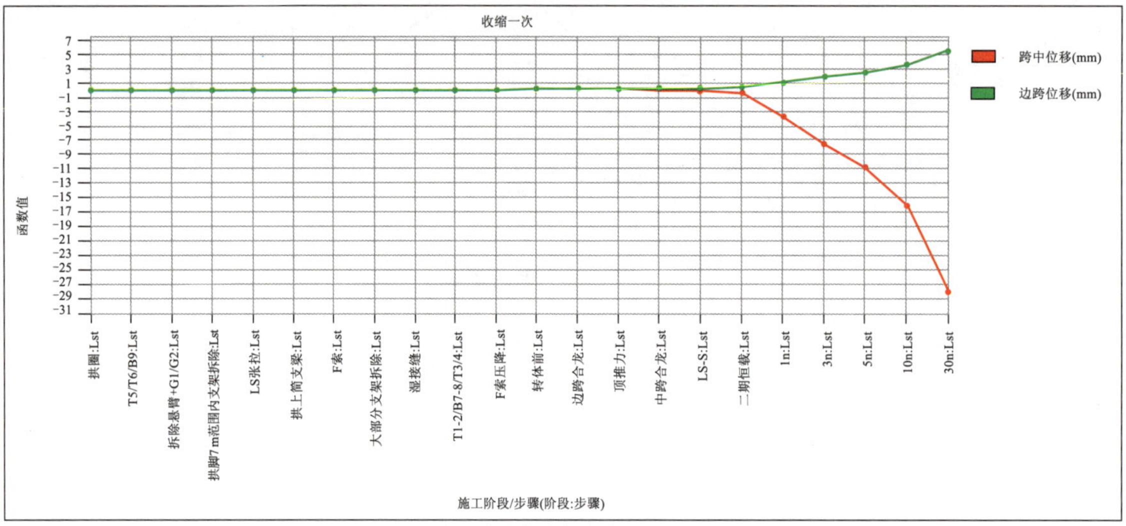

(b)边、中跨收缩变形时程图

图 6－8－4　边中跨收缩徐变变形时程图(mm)

由上图可知,影响规律同理论分析一致,徐变对主拱脚上缘和边拱脚下缘产生拉应力,对主拱脚下缘、边拱脚上缘产生拉应力,量值上边拱脚的徐变应力数值较大;收缩对拱脚应力的影响规律与徐变相似,而且在数值上,边、主拱的收缩应力比较接近;徐变与徐变对结构变形的影响规律相似,即中跨向下边跨向上,而且都是中跨向下变形大于边上向上变形。

以上研究了收缩与徐变各自对结构性能的影响,这是不够的,必须将收缩徐变与结构其他效应(自重、预应力等)结合起来考虑,这样才能对收缩徐变影响作出全面评价。下面就以结构的成桥状态作为分析基础,对比分析考虑收缩徐变与不考虑收缩徐变下的结构应力、变形状态,从而对收缩徐变影响作出整体分析。考虑收缩徐变效应的结构成桥状态参数如图 6－8－5 所示,不考虑的如图 6－8－6 所示。

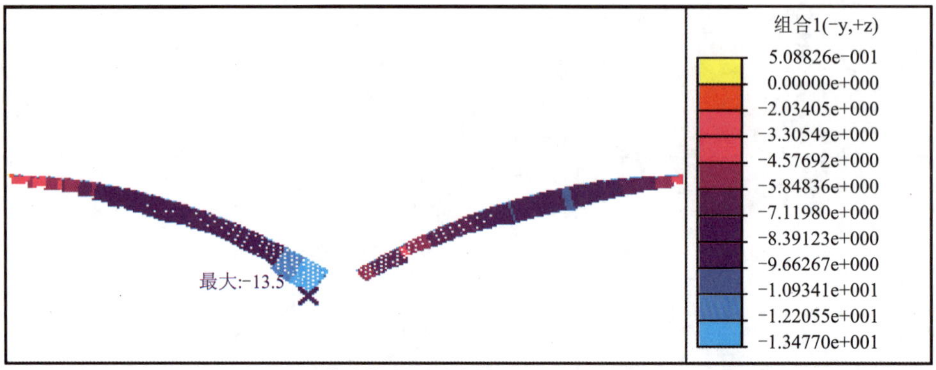

(a) 拱肋截面上缘应力图 (MPa)

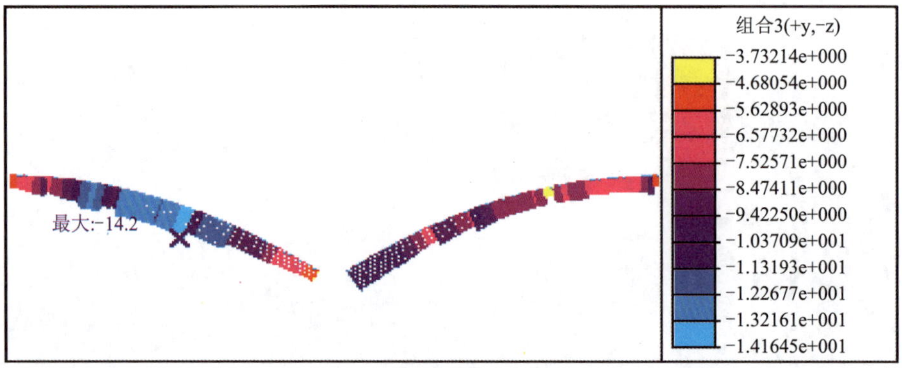

(b) 成桥状态拱肋截面下缘应力图 (MPa)

图　6－8－5

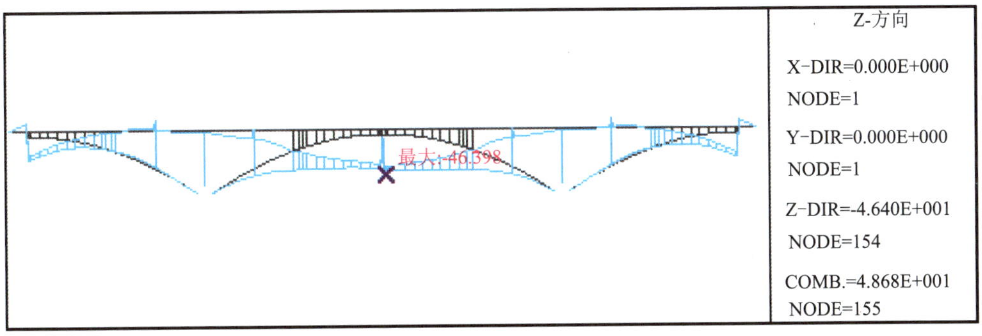

(c) 成桥状态全桥变形图 (mm)

图 6－8－5　考虑收缩徐变的结构成桥状态参数

(a) 成桥状态拱肋截面上缘应力图 (MPa)

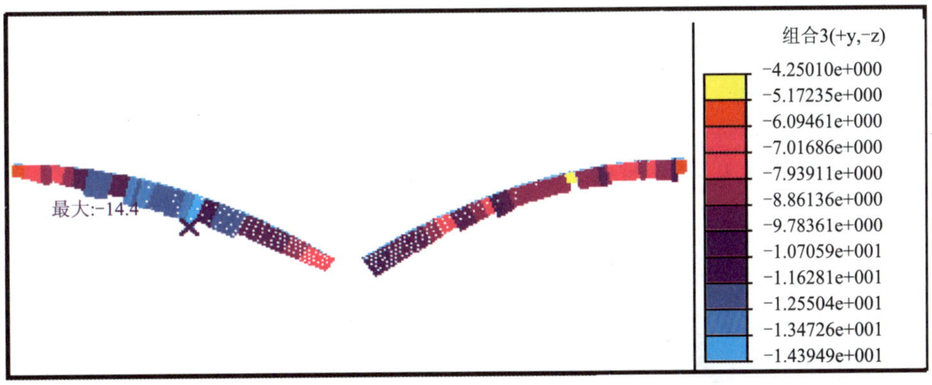

(b) 成桥状态拱肋截面下缘应力图 (MPa)

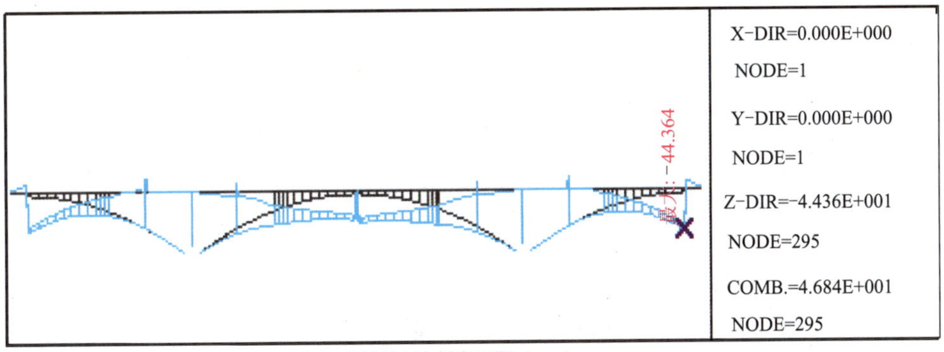

(c) 成桥状态全桥变形图 (mm)

图 6－8－6　不考虑收缩徐变的结构成桥状态参数

将以上计算结果汇总，如表 6－8－1 所示。

表 6-8-1　收缩徐变对结构成桥状态性能的影响

是否考虑收缩徐变	主拱拱脚应力(MPa)		边拱拱脚应力(MPa)		主拱跨中变形(mm)	边拱变形(mm)
	上缘	下缘	上缘	下缘		
是	-5.7	-11.3	-13.5	-5.4	46.4	30
否	-6.5	-10.7	-12.0	-7.1	34.2	43.2

从上表可以看出,收缩徐变对结构成桥状态性能的影响与理论分析一致,即收缩徐变会使主拱跨中向下变形,边拱向上变形。同时主拱拱脚上缘、边拱拱脚下缘压应力减小,主拱拱脚下缘、边拱拱脚上缘压应力增大。

主跨跨中变形时程如图 6-8-7 所示,由于前面几个施工阶段,此处有支架支撑位移都为零,直到转体前拆除此处支架才开始发生变形,到二恒铺装完成时,此处的竖向变形大致为 40 mm(向下),1 年后此值变为 56 mm,3 年后此值变为 66 mm,5 年后此值变为 72 mm,10 年后为 80 mm,30 年后为 95 mm,可见收缩徐变对结构变形影响较大,甚至可以超过荷载刚作用时的弹性变形,因此预拱度的设置必须将其考虑进去。

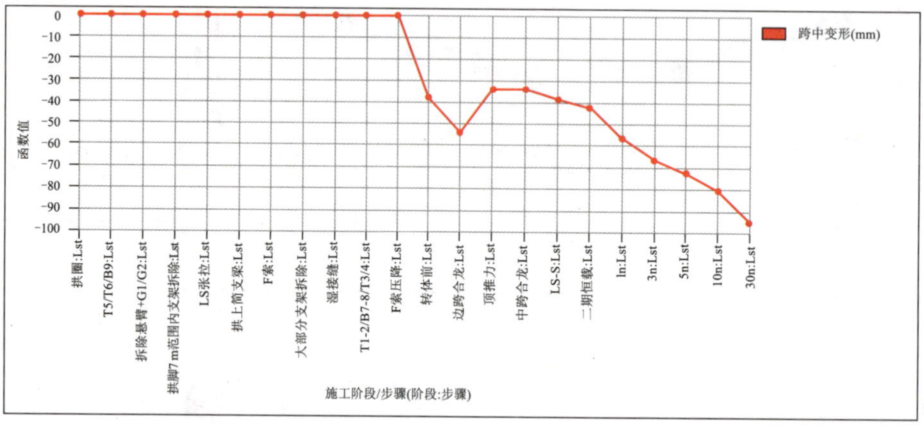

图 6-8-7　主拱跨中变形时程图

(2)不同工期对收缩徐变的影响

为了悬臂结构不同的存放时间对收缩徐变效应的影响,在模型中通过设置不同的施工期(0 d,30 d,60 d,90 d),最后得到不同存放时间下结构应力、变形对比情况,徐变效应对比如图 6-8-8 所示,收缩效应对比如图 6-8-9 所示。

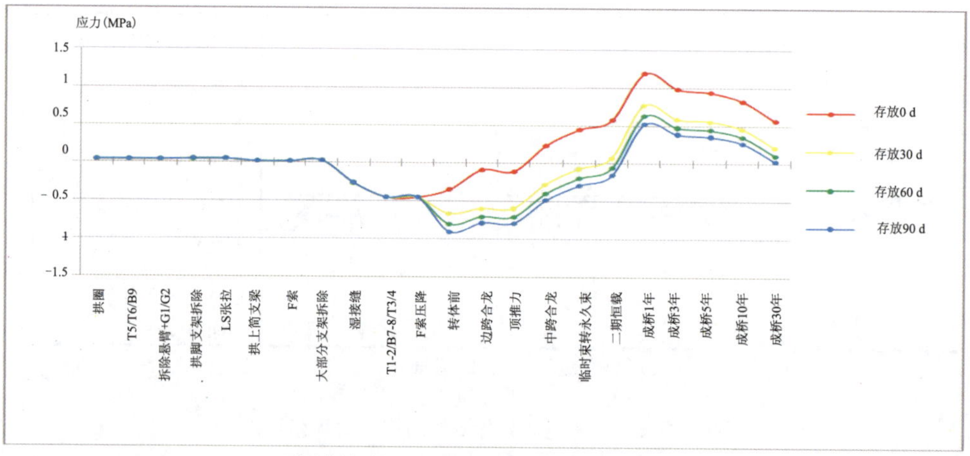

(a)不同存放时间下主拱脚上缘徐变应力(N/mm²)

图　6-8-8

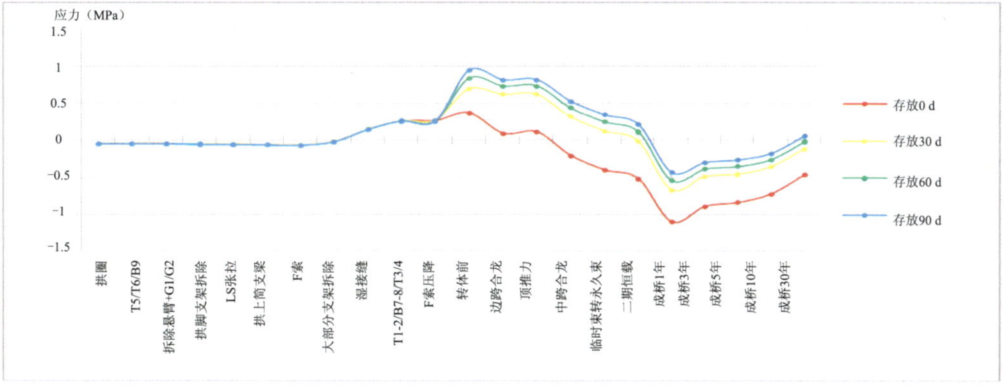

（b） 不同存放时间下主拱脚下缘徐变应力（N/mm²）

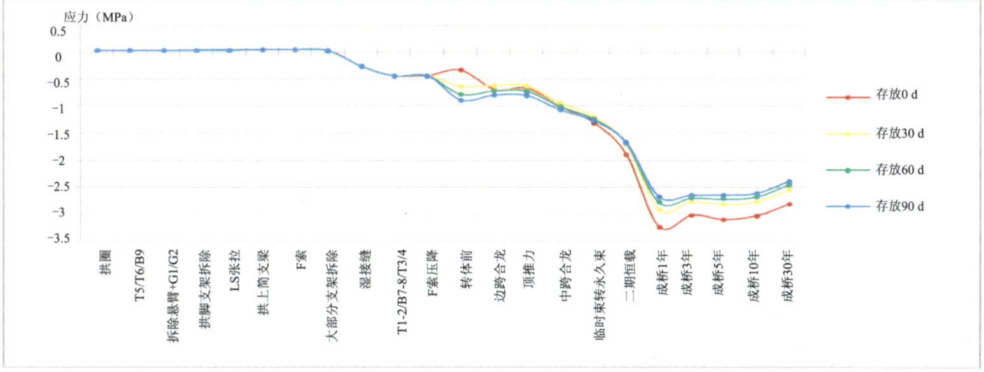

（c）不同存放时间下边拱脚上缘徐变应力（N/mm²）

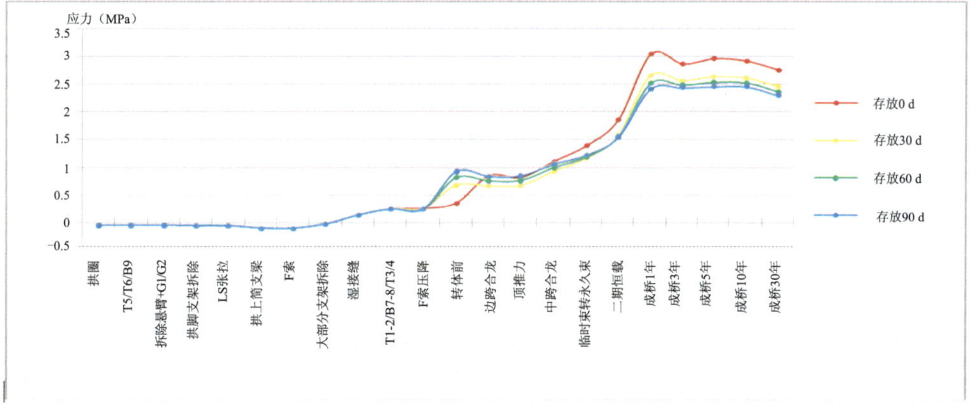

（d）不同存放时间下边拱脚下缘徐变应力（N/mm²）

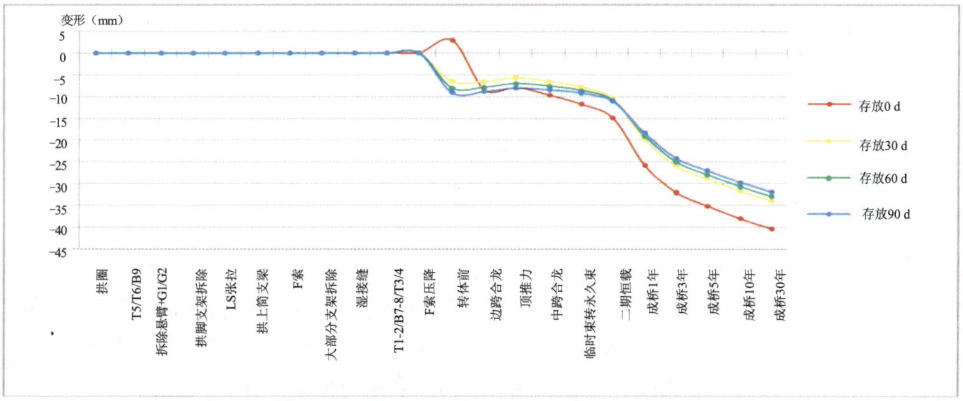

（e）不同存放时间下主拱跨中徐变变形（mm）

图 6－8－8

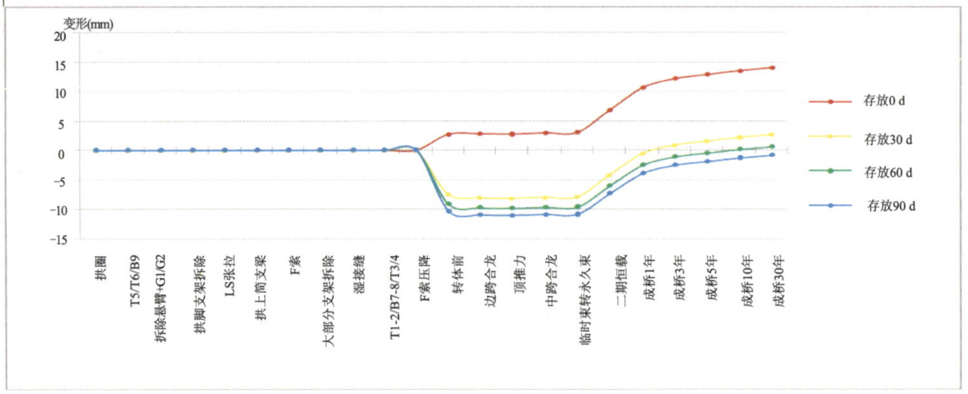

(f) 不同存放时间下边拱徐变变形 (mm)

图 6－8－8　不同存放时间下的徐变应力及变形对比

由上图可知,存放时间越短,主拱脚上缘、边拱脚下缘的徐变拉应力越大,主拱脚下缘、边拱脚上缘徐变压应力越大,而在恒载下,主拱脚上缘压应力较下缘小,边拱脚下缘压应力较上缘小,因此徐变产生的应力对结构刚好是不利的,因此存放时间越长,徐变应力越小,对结构相对较有利。

徐变变形规律也呈现,存放时间越短,变形越大(中跨跨中向下,边跨向上)。尽管徐变变形可以通过设置预拱度来抵消,但总是希望徐变变形不要过大,因此从这一点来看,也希望存放时间久一点。

存放时间意味着工期的延长,这在有些情况下是不被接受的,因此对于存放时间的确定,应当综合考虑结构性能和实际的施工工期限制。

由上图可见,不同存放时间下,结构收缩应力、变形总体上变化不大,这与本节所才采用的收缩变形曲线是一致的。从收缩变形曲线上可以看出,在前 1 000 d,收缩变形曲线几乎成线性变化,因此不同存放时间的应力、变形变化率相近;同时收缩的持续时间比较长,本节所取的存放时间较小,因此不同存放时间的收缩应力、变形差很小,因此曲线比较接近。

3. 小结

通过全桥的施工过程仿真分析,考察的收缩徐变对结构性能的影响如下:收缩徐变会使主拱跨中向下变形,边拱向上变形。同时主拱拱脚上缘、边拱拱脚下缘压应力减小,主拱拱脚下缘、边拱拱脚上缘压应力增大。

本节还研究了悬臂结构不同存放时间对收缩徐变效应的影响,研究结果如下:存放时间越短,主拱脚上缘、边拱脚下缘的徐变拉应力越大,主拱脚下缘、边拱脚上缘徐变压应力越大,对结构相对越不利;存放时间越短,变形越大(中跨跨中向下,边跨向上)。

6.8.3　预应力张拉顺序对结构使用性能的影响使用性能的影响

预应力张拉通常会遇到先张拉长束还是先张拉短束的问题,到底该选择怎样的顺序,判断的标准又是什么。本节将首先进行理论分析,给出定性的结论;然后,利用有限元软件 Midas 进行张拉顺序对比,验证之前给出的结论。

1. 理论分析

实际工程的预应力布置可能比较复杂,不过在研究中,为了简化计算、便于理解,可以在不违反预应力作用规律的前提下简化模型,先得到简单情况下的结论,再将该结论推广到更为复杂的实际情况。

考察如图 6－8－10 所示的连续梁,纵向约束设在中支座,预应力束对称布置,长束和短束的面积和张拉控制力相等,因此只产生轴向力。研究过程中是以预应力损失值作为指标评价两种对两种方案——先短后长和先长后短进行比较。

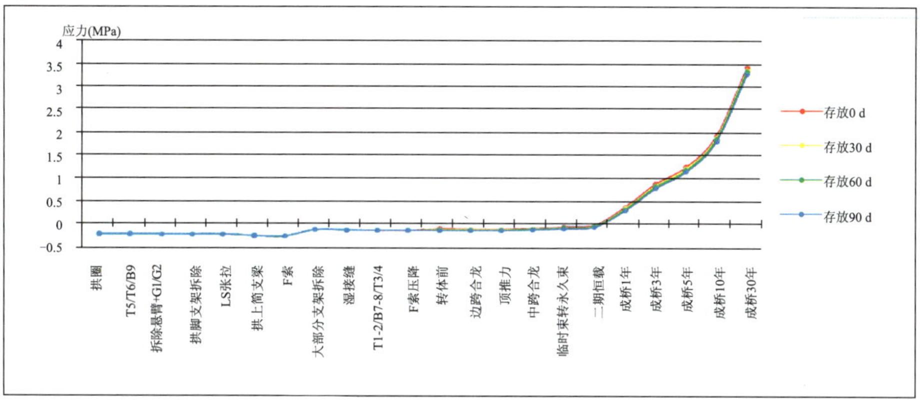

（a）不同存放时间下主拱脚上缘收缩应力（N /mm²）

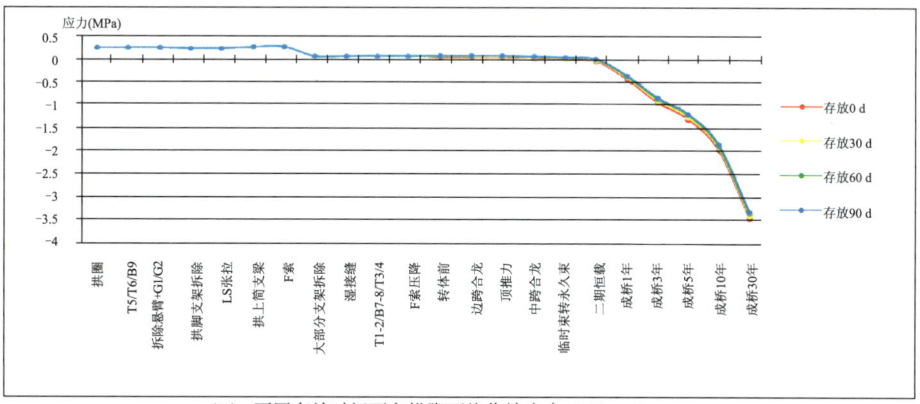

（b）不同存放时间下主拱脚下缘收缩应力（N/mm²）

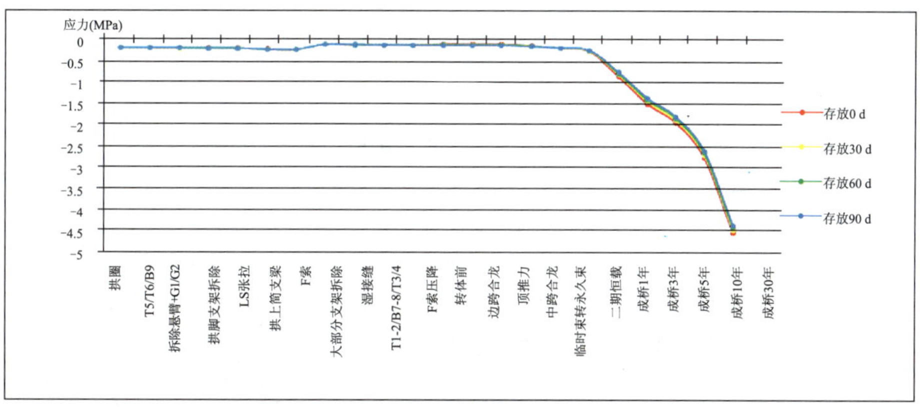

（c）不同存放时间下边拱脚上缘收缩应力（N/mm²）

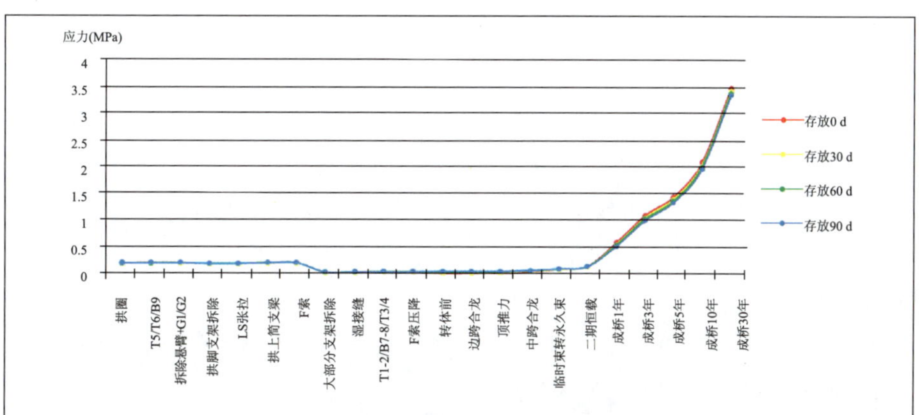

（d）不同存放时间下边拱脚下缘徐变应力（N/mm²）

图　6－8－9

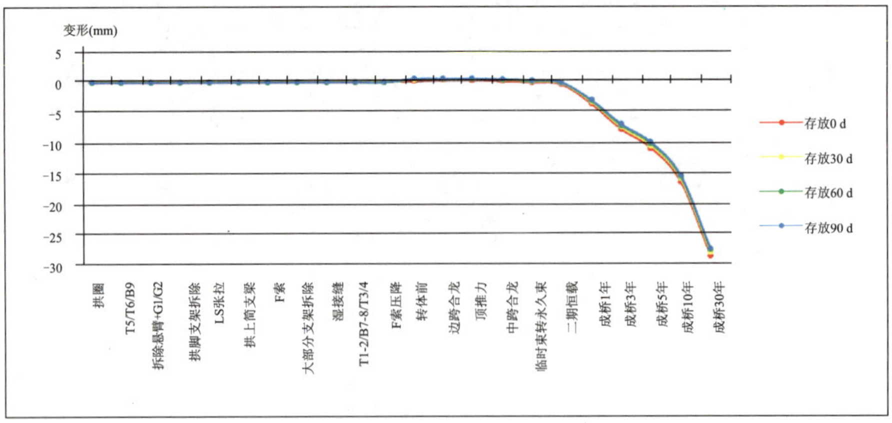

（e）不同存放时间下主拱跨中收缩变形（mm）

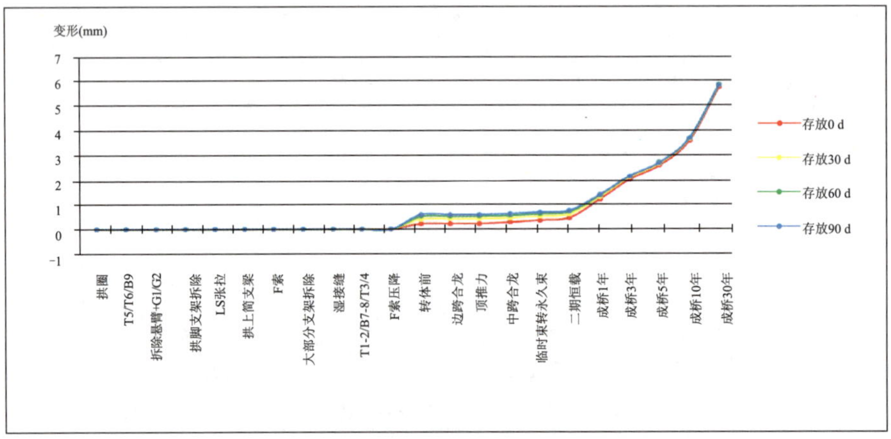

（f）不同存放时间下边拱收缩变形（mm）

图 6－8－9　不同存放时间下的收缩应力及变形对比

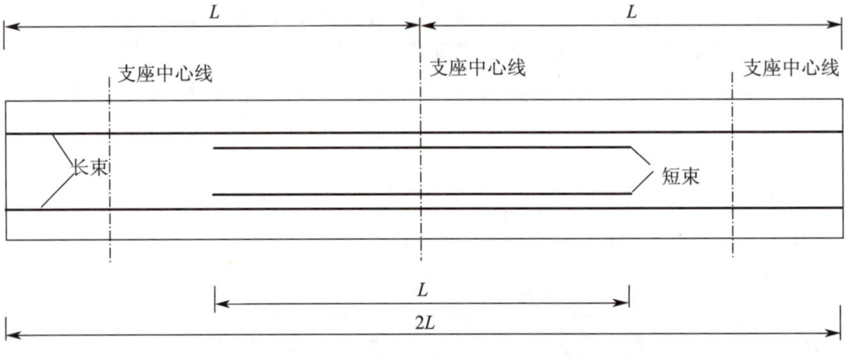

图 6－8－10　连续梁平面图及其预应力布置

σ_1—张拉控制应力；σ_2—先张拉的预应力筋经损失后的残余有效应力；A_s—长束或短束的总面积；A_c—混凝土截面积；E_s、E_c—表示钢筋和混凝土的弹性模量

（1）张拉短束，后张拉长束

先张拉短束后张拉长束方案的预应力束张拉顺序及变形示意如图 6－8－11 所示。

张拉短束后，短束区域内混凝土压缩长度：

$$2\Delta_1 = \frac{\sigma_1 A_s}{E_c A_c} L \tag{6-8-1}$$

张拉长束后，短束区域内混凝土压缩长度：

$$2\Delta_2=\frac{(\sigma_1+\sigma_2)A_s}{E_cA_c}L \tag{6-8-2}$$

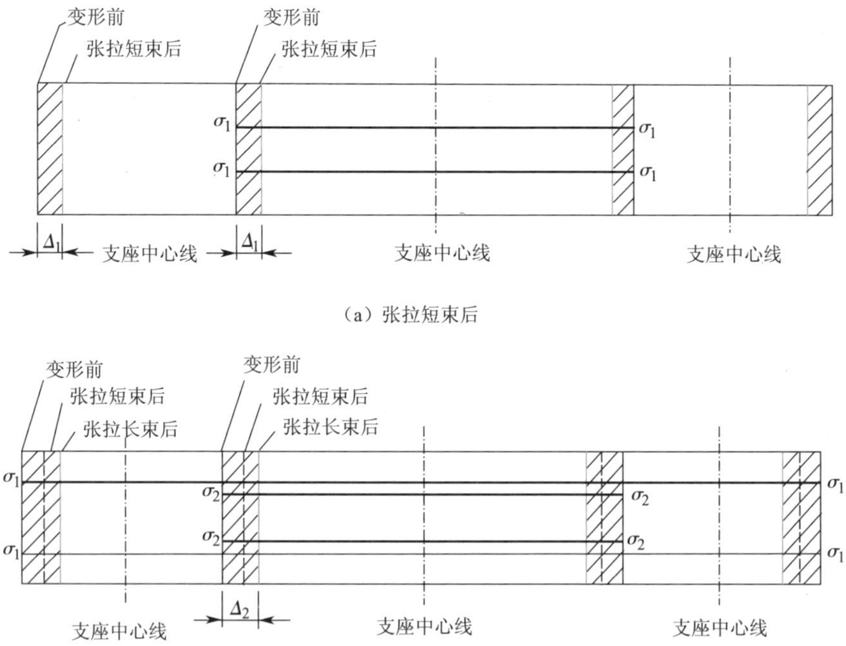

(a) 张拉短束后

(b) 张拉长束后

图 6-8-11　预应力张拉顺序及变形示意图

张拉长束引起短束的预应力损失：

$$\sigma_1-\sigma_2=\frac{2(\Delta_2-\Delta_1)}{L_0}E_s \tag{6-8-3}$$

式中　L_0——短束的无应力长度，由下式算得：

$$L_0=\frac{(E_cA_c-\sigma_1A_s)E_s}{(\sigma_1+E_s)E_cA_c}L \tag{6-8-4}$$

由于实际情况中，σ_1 较 E_s 和 E_c 很小，同时 A_s 较 A_c 又很小，因此可以近似认为 $L_0=L$。于是将式(6-8-1)、式(6-8-2)代入式(6-8-3)，得

$$\sigma_1-\sigma_2=\frac{\sigma_2A_sL}{E_cA_cL_0}E_s \tag{6-8-5}$$

求解式(6-8-5)，得

$$\sigma_2=\frac{E_cA_cL_0}{A_sLE_s+E_cA_cL_0}\sigma_1\approx\frac{E_cA_c}{A_sE_s+E_cA_c}\sigma_1 \tag{6-8-6}$$

因此，预应力损失：

$$\sigma_1-\sigma_2=\frac{E_sA_s}{E_cA_c+E_sA_s}\sigma_1 \tag{6-8-7}$$

(2)先张拉长束，后张拉短束

先张拉长束，后张拉短束方案的预应力束张拉顺序及变形示意如图 6-8-12 所示。

张拉长束后，长束区域内混凝土压缩长度：

$$2\Delta_1=\frac{\sigma_1A_s}{E_cA_c}2L \tag{6-8-8}$$

张拉短束后，长束区域内混凝土压缩长度：

$$2\Delta_2=\frac{(\sigma_1+\sigma_2)A_s}{E_cA_c}L+\frac{\sigma_2A_s}{E_cA_c}L \tag{6-8-9}$$

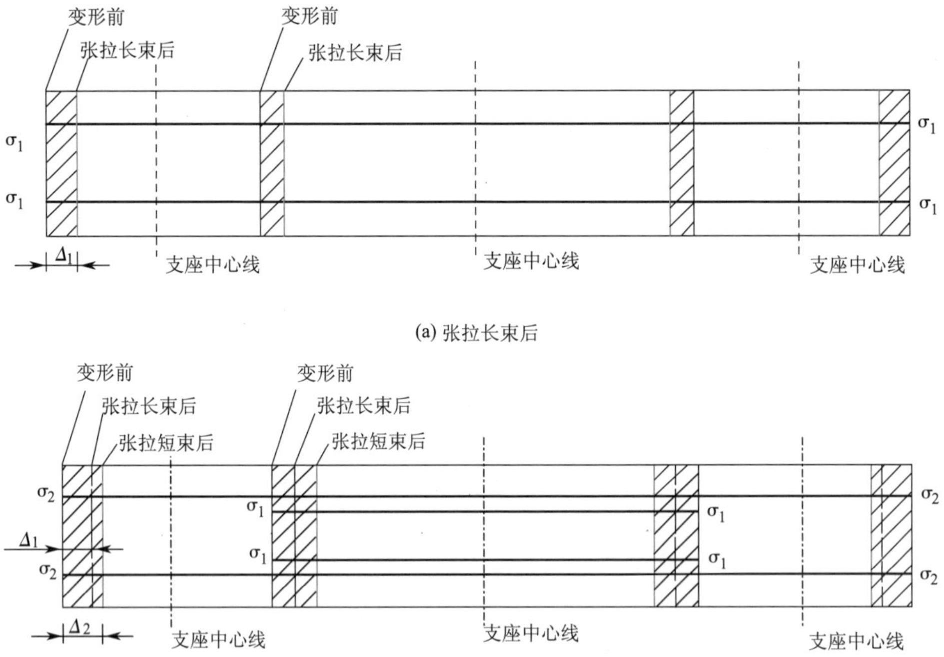

(a) 张拉长束后

(b) 张拉短束后

图 6-8-12　预应力张拉顺序及变形示意图

张拉长束引起短束的预应力损失：

$$\sigma_1-\sigma_2=\frac{2(\Delta_2-\Delta_1)}{L_0}E_s \tag{6-8-10}$$

式中　L_0——长束的无应力长度，由下式算得：

$$L_0=\frac{(E_cA_c-\sigma_1A_s)E_s}{(\sigma_1+E_s)E_cA_c}2L \tag{6-8-11}$$

由于实际情况中，σ_1 较 E_s 和 E_c 很小，同时 A_s 较 A_c 又很小，因此可以近似认为 $L_0=2L$。

于是将式(6-8-8)、式(6-8-9)代入式(6-8-10)，得

$$\sigma_1-\sigma_2=\frac{2\sigma_2A_sL-\sigma_1A_sL}{2E_cA_cL_0}E_s \tag{6-8-12}$$

求解式(6-8-12)，得

$$\sigma_2=\frac{(2E_cA_cL_0+A_sE_sL)}{2(A_sE_sL+E_cA_cL_0)}\sigma_1\approx\frac{2E_cA_c+A_sE_s}{2(A_sE_s+E_cA_c)}\sigma_1 \tag{6-8-13}$$

因此，预应力损失：

$$\sigma_1-\sigma_2=\frac{E_sA_s}{2(E_cA_c+E_sA_s)}\sigma_1 \tag{6-8-14}$$

将式(6-8-14)与式(6-8-7)作对比，可发现方案一的损失为方案二的两倍，因此从以预应力损失角度考虑，应当先张拉长束后张拉短束。

以上讨论的是纵向可以自由变形的情况，对于诸如刚构体系的纵向变形受到约束的情况，仍然应当先张拉长束。如果先张拉长束，再张拉短束，由于纵向变形受到约束，后张拉的短束只会在某一区段内造成弹性压缩，同时会在另一区段造成弹性拉伸，总体说来对长束的影响不会很大；如果先张拉短束，再张拉长束，长束的张拉会造成短束全长范围内的弹性压缩，造成短束的预应力

损失。

综上所示,在施工条件允许的条件下,应当尽可能先张拉长束,后张拉短束。

2. 算例

本工程中,施工阶段需要进行拱上连续梁顶板束(T1 ~ T4)的张拉,其中 T1、T2 较长,T3、T4 较短,张拉这些预应力束的作用是为拱上连续梁提供预压应力,特别是防止支座负弯矩处开裂,预应力损失将会影响预应力效果,因此预应力张拉顺序应当尽可能减小预应力损失。本节将分别采用同时张拉、先长后短、先短后长方法进行预应力张拉时,该施工阶段结束时的状态定义为工况 1、2、3。工况 1、2、3 下的应力、变形、内力状态分别如图 6 - 8 - 13、图 6 - 8 - 14、图 6 - 8 - 15所示。

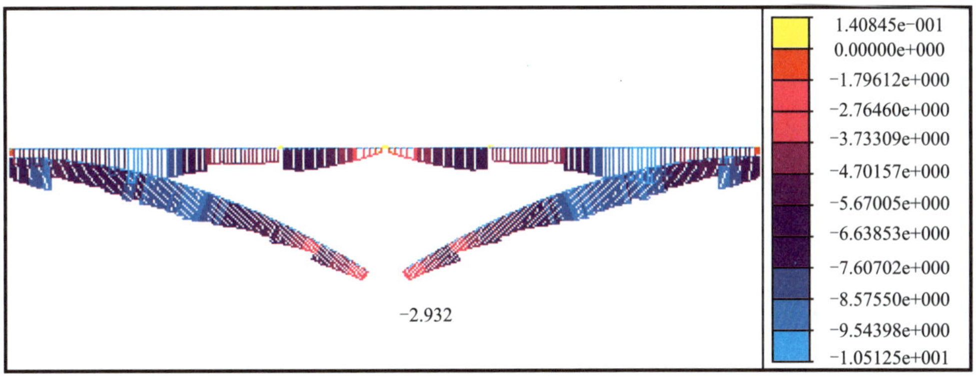

(a) 上缘应力图 (N/mm2)

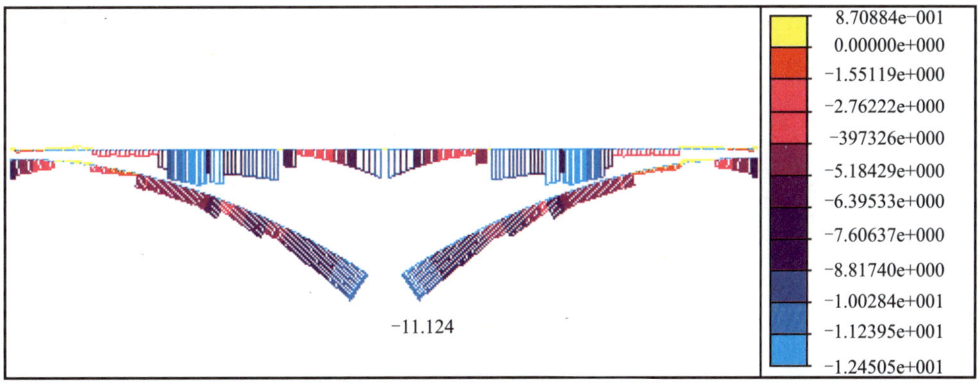

(b) 下缘应力图 (N/mm2)

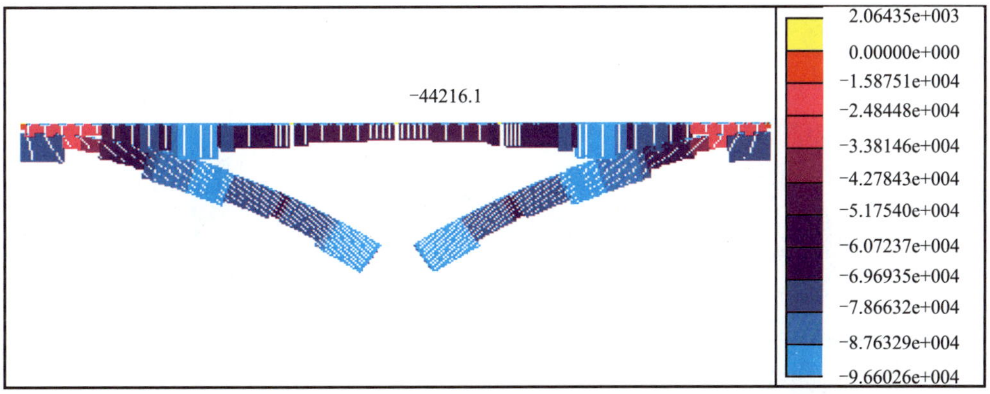

(c) 半跨轴力图 (kN)

图　6 - 8 - 13

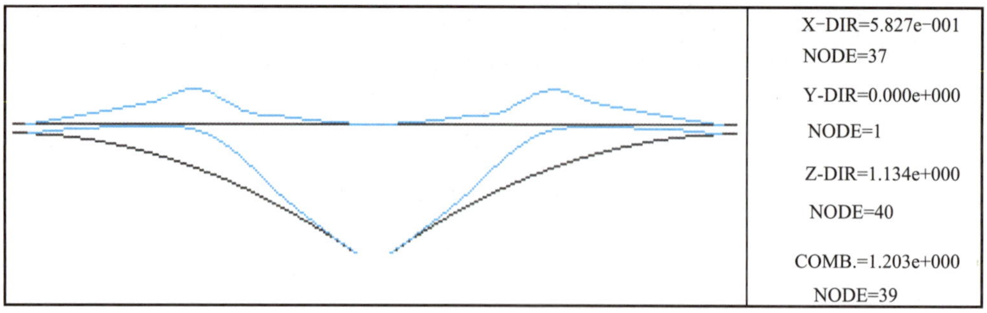

（d）半跨变形图（mm）

图 6-8-13　工况 1(同时张拉)下结构内力、应力、变形图

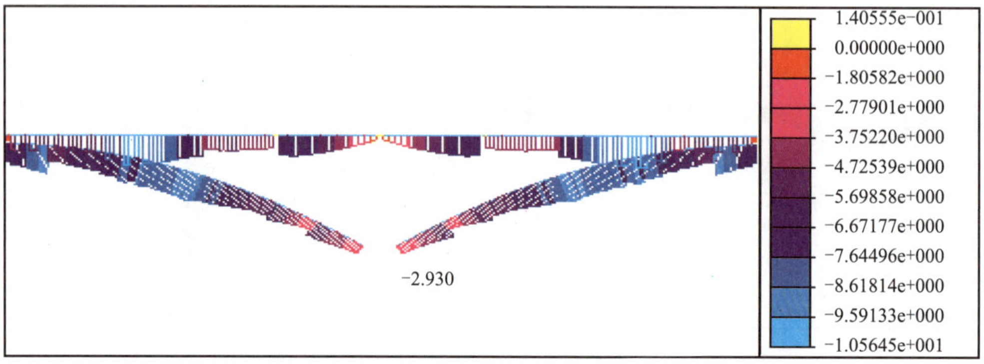

（a）上缘应力图（N/mm²）

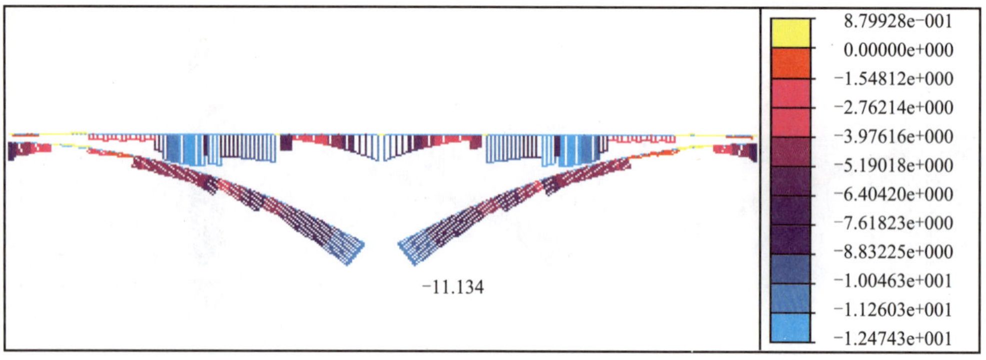

（b）下缘应力图（N/mm²）

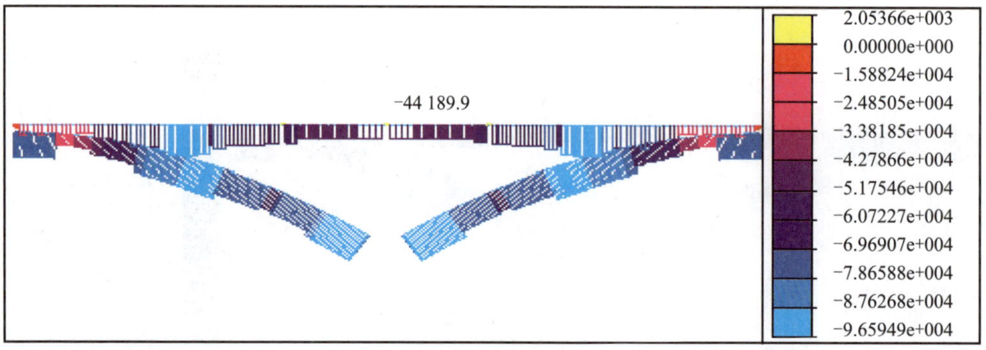

（c）半跨轴力图（kN）

图　6-8-14

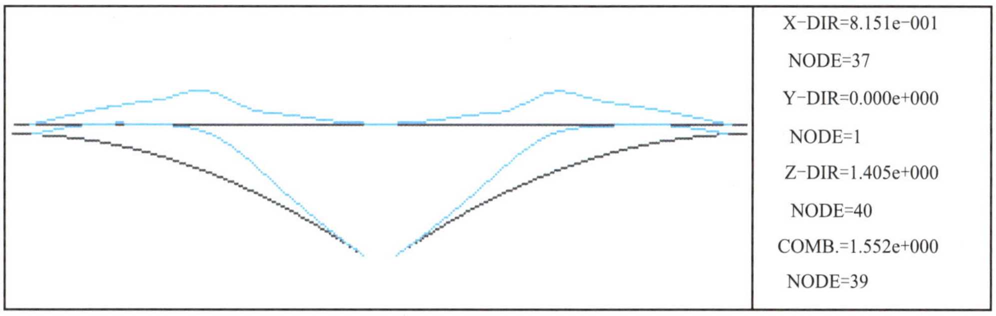

（d）半跨变形图（mm）

图 6－8－14　工况 2(先长后短)下结构内力、应力、变形图

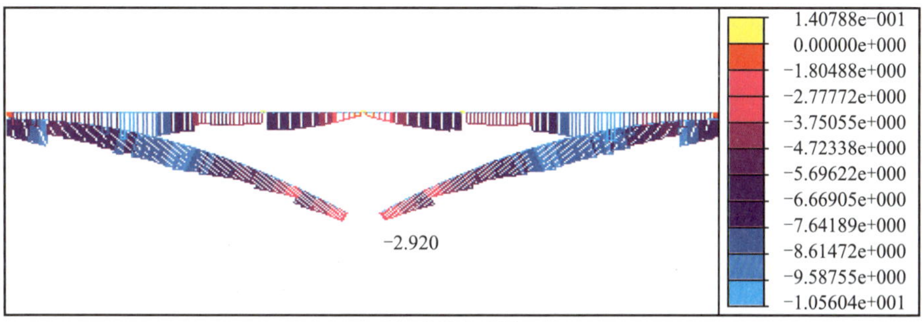

（a）上缘应力图（N/mm²）

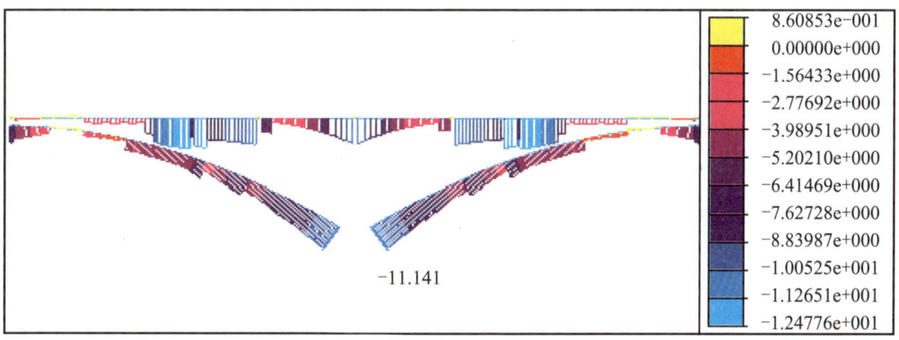

（b）下缘应力图（N/mm²）

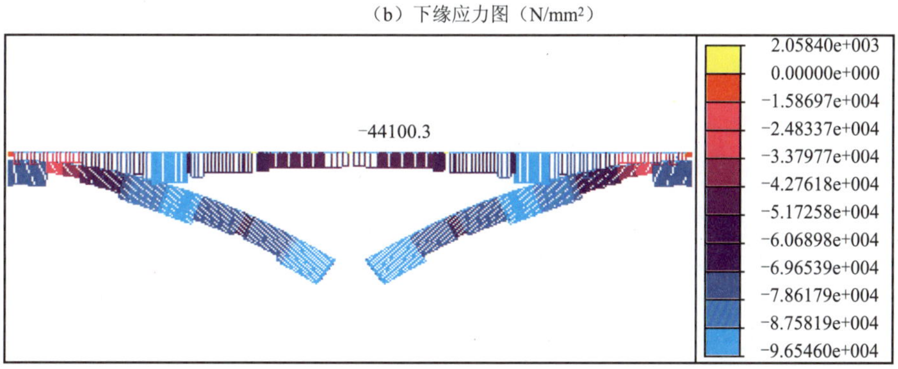

（c）半跨轴力图（kN）

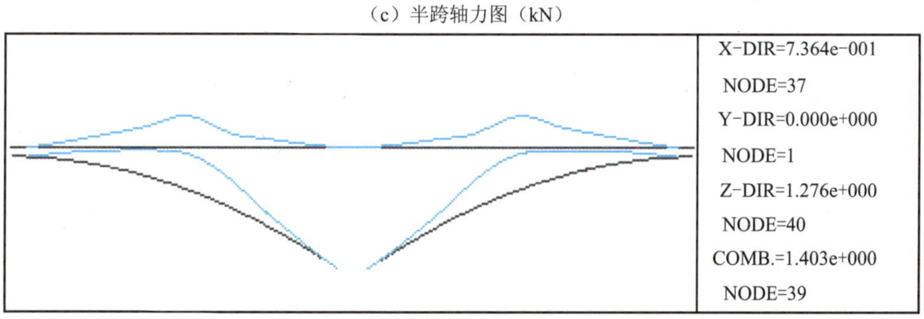

（d）半跨变形图（mm）

图 6－8－15　工况 3(先短后长)下结构内力、应力、变形图

将以上数据汇总进行对比分析,汇总结果如表6-8-2所示。

表6-8-2　不同张拉顺序下的结构参数对比

张拉顺序	拱脚上缘（N/mm^2）	拱脚下缘（N/mm^2）	系梁中部轴力(kN)	系梁端部纵向变形（mm）	系梁最大竖向变形（mm）
同时张拉	-2.932	-11.124	-44 216.1	0.441 7	1.134
先长后短	-2.930	-11.134	-44 189.9	0.815 1	1.405
先短后长	-2.920	-11.141	-44 100.3	0.736 4	1.276

张拉T1~T4预应力束会在拱脚上缘产生压应力,下缘产生拉应力,在系梁内部产生轴力,同时使系梁长度缩短。因此,由上表数据可知,同时张拉的预应力效率是最高的,但是这种情况是假想的,实际不存在。对比先长后短和先短后长的数据,可以发现始终都是先长后短张拉顺序下的预应力效率更高,与理论分析的结论是一致的。因此在实际工程中,在条件允许的情况下,应当尽可能先张拉长束,后张拉短束。

6.8.4　小　结

本节主要研究了基于转体桥梁后期使用性能的两项关键理论研究——混凝土收缩徐变效应和预应力张拉顺序对结构性能的影响。

研究表明,收缩徐变对结构的应力、变形影响较大,成桥以后,收缩徐变会使主拱跨中向下变形,边拱向上变形。同时主拱拱脚上缘、边拱拱脚下缘压应力减小,主拱拱脚下缘、边拱拱脚上缘压应力增大。同时,转体悬臂结构存放时间越短,主拱脚上缘、边拱脚下缘的徐变拉应力越大,主拱脚下缘、边拱脚上缘徐变压应力越大,对结构相对越不利;存放时间越短,变形越大(中跨跨中向下,边跨向上)。

通过对预应力长短束的张拉顺序研究表明,先张拉长束后张拉短束的预应力效率更高。实际操作中,在条件允许的情况下,应当先张拉长束,后张拉短束。

第 7 章　工程总结与展望

7.1　概　　述

沪杭客运专线是连接上海和杭州两大国内发达城市的主要交通干线，具有巨大的经济效益和社会效益，其中沪杭客专跨沪杭高速和跨石大路转体桥是沪杭客专的重点控制工程之一。

该桥的建成不仅在技术层面上取得了重大突破，同时在高速铁路桥梁中实现了建筑造型上的创新。首先，该桥采用转体施工技术，2010 年 5 月 18 日，跨沪杭高速 160 m 特大桥自锚上承式拱桥顺利合龙，创下三项世界第一：高速铁路自锚上承式拱桥世界第一跨；软土地基上第一座跨度达 160 m 的自锚上承式拱桥；单边转体重量达 16 800 t，为世界同类桥梁之最。其次，该桥主跨跨度达 160 m，拱肋矢跨比为 1/6，整个结构给人以轻盈、通透之感，这在高速铁路桥梁中实属罕见。

该桥在设计阶段始终运用安全、适用、经济美观的设计理念，经过多种方案的比选，才最终确定此方案。安全性由设计计算及构造保证；适用性体现在，由于采用转体施工，使得新建桥梁对既有线——沪杭高速和石大路的影响降至最小，同时在软土地基建造拱桥，采用自锚上承式系杆体系可以完美解决拱脚水平推力难以克服的问题，因此这种体系是适用于软土地基的；经济美观性可由拱结构的普遍特性来阐述，首先，拱结构以受压为主，可以充分发挥混凝土抗压强度高的优势，同样跨度的桥梁，拱结构通常比连续梁、连续刚构节约材料，其次，拱结构与生俱来的曲线外形是传统审美标准下美的典型。

在具备先进设计理念的同时，本工程在技术层面上的创新更加突出。本工程主桥设计为基础、拱肋、梁固结体系，采用支架现浇、转体就位的施工方法。为了实现这样的施工工艺，需要解决诸多技术难题。比如球铰的设计与施工，球铰下承台的设计，转体抗倾覆性控制，转体施工监控技术，系杆索力和顶推力的确定方法等。为把沪杭客专跨沪杭高速转体桥建成精品工程，承担该工程的中铁一局和中铁十二局桥梁公司，在工期紧、任务重、资金困难的情况下，合理组织、精心施工，对每一个部位的方案都进行方案比选，论证。虚心采纳专家建议，学习国内外先进理论和方法，严密组织，充分投入，精心施工，成立专门的科技攻关小组，攻克了一道道难关，并在施工过程中不断优化。施工质量、安全、进度得到了明显提高。

在顺利完成工程项目的同时，本项目课题组针对转体施工作了大量研究，并形成了一套完整的设计理论与施工指南，为今后此类桥梁的建设提供了强大的理论支撑与实践指导。

本章将分三部分来叙述，首先是总结施工工法及施工监控技术；其次，总结本书在转体施工拱桥设计理论方面取得的科研成果；最后，对本工程作总体评价，并对转体施工技术在我国的发展前景及面临的挑战作前瞻性的预测。

7.2　软基地区万吨级转体施工高速铁路桥梁施工技术总结

我国的桥梁转体施工技术是在实践过程中逐步发展起来的，积聚了几代人的经验与智慧。本项目的建设也是建立在已有实践经验基础上的，同时本项目的成功建成也丰富了在软基地区进行转体施工高速铁路桥梁建设的实践经验，在施工工法和监控技术方面都积累了宝贵经验。本项目在施工与监控技术方面取得了以下几项成果：

(1)将施工工序流程化，简洁直观。

(2)全面总结转体施工整个流程的关键技术，完整性较高。

(3)注重施工过程中的监控，为转体施工的顺利实施提供了必要前提。

本书提炼的主要施工工法有：

(1)球铰承台的施工工法；(2)转动体系的合理布置；(3)称重试验技术；(4)软基地区的地基处

理技术;(5)转体施工桥梁的监控技术。

7.2.1 球铰承台的施工工法

参照本工程的实践经验,球铰承台的施工工法可按图 7-2-1 所示的流程进行。

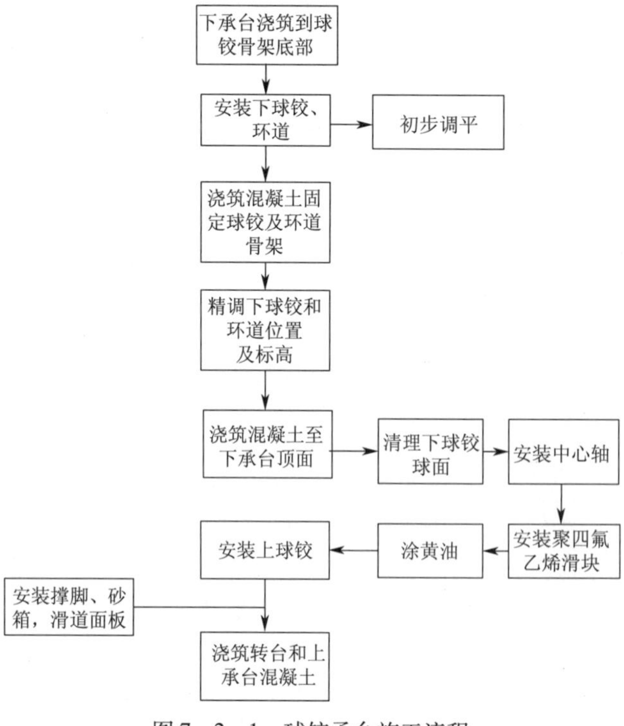

图 7-2-1　球铰承台施工流程

球铰具体的施工过程及控制要求此处不再赘述。

7.2.2 转动体系的合理布置

转动系统应当包括牵引及助推系统、配重体系、防过转及微调系统、测量系统等构成,如图7-2-2所示。转体施工设备宜采用全液压、自动、连续运行系统。

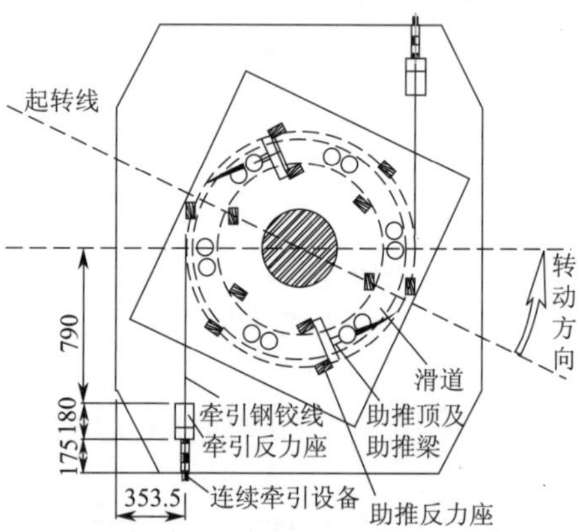

图 7-2-2　转动体系布置平面图(cm)

7.2.3 称重试验技术

称重试验的总体流程如图 7-2-3 所示。

(1)安装好位移计,逐步解除临时固结措施,判定转体体系的平衡状态。如果存在不平衡力矩,则须进行称重试验。

(2)称重试验的测试内容主要有:转动体部分的不平衡力矩、偏心距、摩阻力矩及摩擦系数。

(3)静摩擦力矩和转动体不平衡力矩计算。

(4)摩擦系数及偏心距计算。

(5)根据称重试验在梁部用砂袋或水箱增加配重,确保两端重量平衡。

(6)正式转体前须试转,建立主桥墩转动角速度与梁端转动线速度的关系,以便在转动过程中把转动速度控制在要求范围内。

7.2.4 软基地区的地基处理技术

1. 钻孔桩地基加固技术

陆上钻孔桩的施工工艺流程如图 7-2-4 所示。

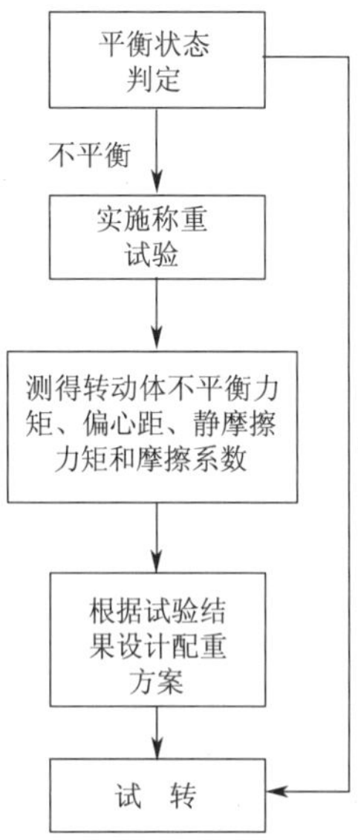

图 7－2－3　称重试验流程

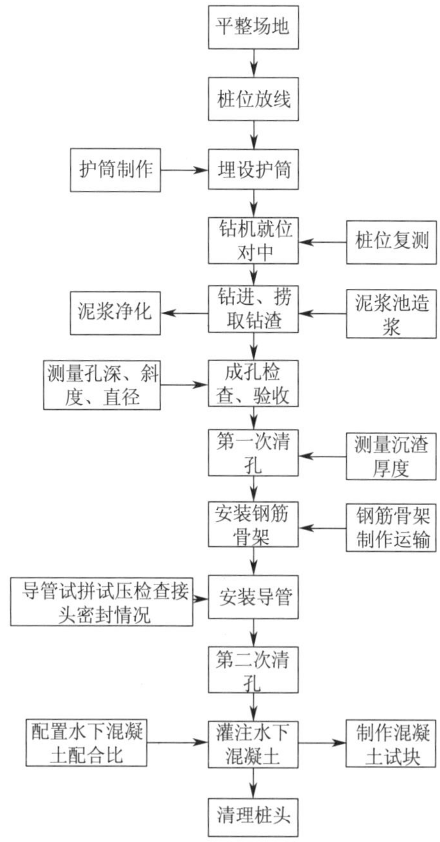

图 7－2－4　陆上钻孔桩施工工艺流程图

2. CFG 桩地基加固技术

CFG 桩的施工工艺主要流程如图 7－2－5 所示。

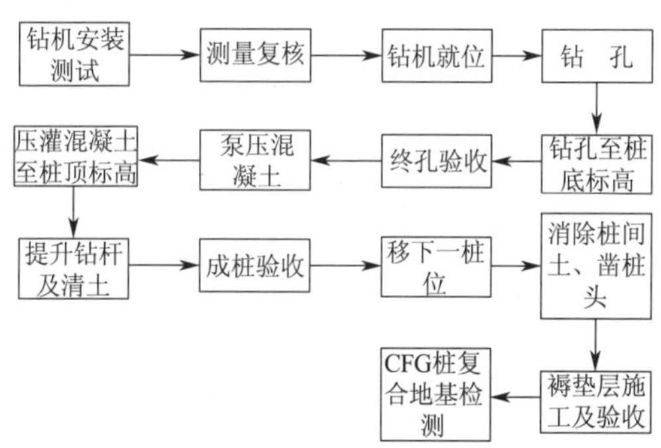

图 7－2－5　CFG 桩施工流程图

7.2.5　转体施工桥梁的施工监控技术

转体施工桥梁与普通桥梁相比，最大的特点在于转体这一环节。转体桥梁的施工控制须结合转体的特殊要求，务必实现“转得动、转得稳、转得准”的目标。围绕这一目标，施工监控方案的确定应紧密结合转体施工工艺的具体操作流程。同时，普通桥梁常规的施工控制内容，也是本工程所需的。因此，本节将整座转体桥的施工监控分为两大项内容：一是为了实现“转得动、转得稳、转得准”的目标，专门针对转体进行的转体体系施工监控；二是与普通桥梁类似，对结构应力、线形监控，保证结构的安全和使用性能。其中针对转体进行的施工监控又以时间节点不同，分为转体前施工监控和转体过程中施工监控。

1. 转体前的施工监控

转体前对转体体系的监控，目的是实现“转得动、转得稳、转得准”的目标。为此，对转动体混凝土的浇筑质量、球铰和环道安装质量与精度、转动体系布置、称重试验过程等都要进行严格的监控。

转体前转体体系的监控可以分为以下几个方面：①球铰安装；②环道安装；③撑脚安装；④称重试验；⑤球铰试转。

2. 转体过程中的施工监控

转体过程中的施工监控主要目的有两个方面：一是转动过程中，判断转动体的偏心程度是否影响到结构安全，杜绝可能发生的倾覆；二是转体接近理论线形时的精确定位与固定，保证结构的轴向及横向线形误差在允许范围内。

转动过程中的监控主要包括两项内容：一是转动力学与物理参数（启动力矩、转动力矩、转动速度等）的控制；二是转动体偏心的控制。

3. 常规监控项目

转体桥常规项目监控与采用普通施工工艺的桥梁类似，目的是保证结构施工阶段的安全，及成桥后结构的应力、线形状态满足要求。因此，本项目常规项目的监控主要包括拱肋、拱上连续梁的应力变形监控及支架沉降监控。

7.3 软基地区万吨级转体施工高速铁路桥梁创新设计理论

转体施工桥梁的建造不仅给施工技术提出了很高的要求，同时也引起了桥梁设计理论的深层次问题。以沪杭高速两座转体桥为工程背景，对软基地区万吨级转体施工桥梁的设计理论进行科研攻关，并最终在以下几个方面取得了进展：

（1）软土地基桩基承载力及沉降计算建议；（2）球铰成套设计理论；（3）球铰下承台设计理论体系；（4）转体抗倾覆稳定控制方法；（5）顶推力与系杆拉力确定原则与方法。

7.3.1 软土地基桩基承载力及沉降计算建议

（1）桩基承载特性

经有限元软件 Abaqus 分析，发现低承台群桩中的基桩承载力不仅没有低于单桩承载力，甚至可达到单桩承载力的 2 ~ 3 倍。

（2）软土地基群桩基础承载力计算建议

提出了基于桩基反力分布的群桩系数法，并将之与基于应力叠加的群桩系数法及等待墩基法作对比，发现计算结果比较接近。

（3）软土地基群桩基础沉降计算建议

针对软土地基沉降时效性较明显的特点，提出了一种随时间变化的土体沉降计算公式。土体总沉降包括固结沉降、蠕变沉降及交通循环荷载产生的累积沉降。

7.3.2 球铰成套设计理论

球铰设计可按图 7 − 3 − 1 所示的流程进行，流程中提及的表格及公式如前所述。

7.3.3 球铰下承台设计理论

球铰下承台的设计可按图 7 − 3 − 2 所示的流程进行，初定下承台厚度公式及锥形面空间拉压杆模型的具体计算方法如前文所述。

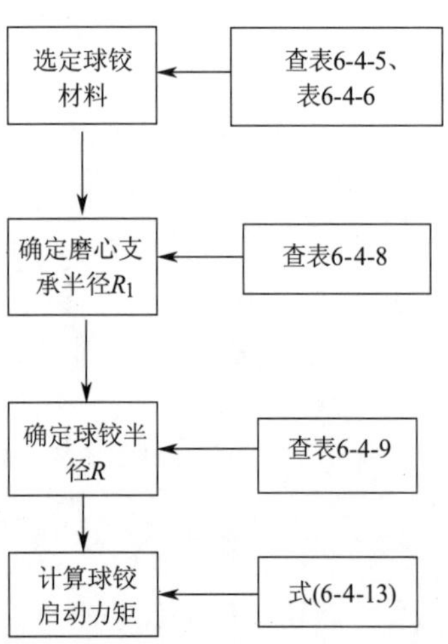

图 7 − 3 − 1　球铰设计的一般流程

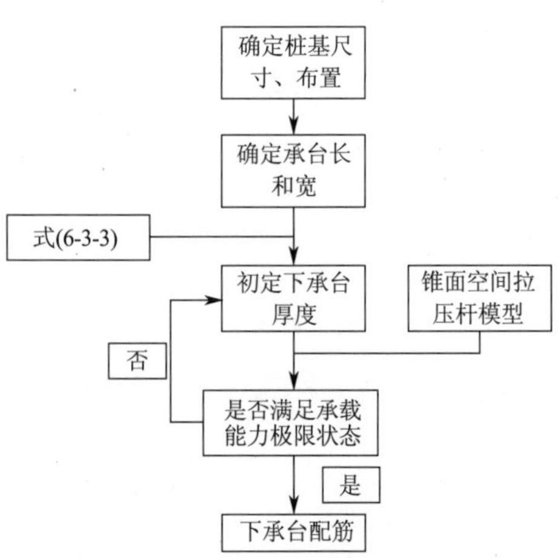

图 7 − 3 − 2　球铰下承台设计流程

7.3.4　转体抗倾覆稳定控制方法

1. 撑脚承载力验算

为防止转动体发生倾覆,须验算撑脚承载力,按下式计算(撑脚受力图式如图 7-3-3 所示):

$$N_R \leqslant N_C = G \cdot (e+e_1)/(R'+e_1) \tag{7-3-1}$$

式中　N_R——撑脚承载力(kN);

N_C——撑脚所受的等效集中力;

G——上部结构荷载等效集中力;

e——上部结构荷载偏心距;

e_1——球铰面支承等效支承集中力;

R'——环道中心线半径。

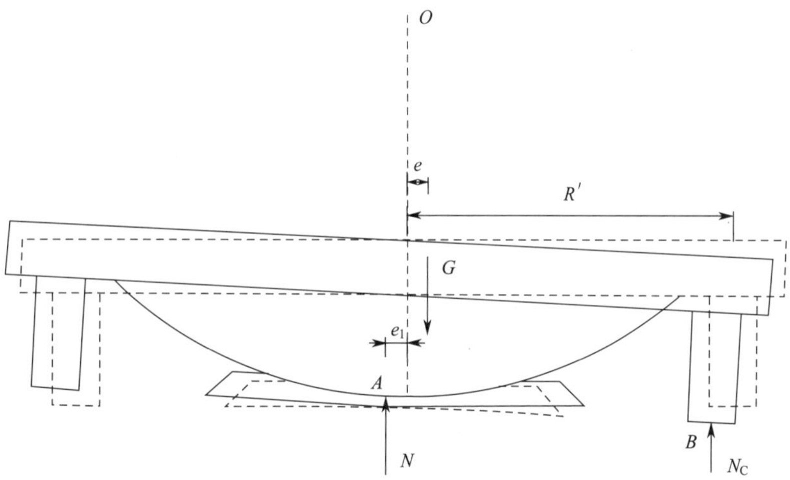

图 7-3-3　撑脚受力图式

2. 撑脚与环道间隙取值

撑脚与环道间隙的取值可通过控制转动体的允许转动角来确定,间隙与允许转动角存在以下关系(撑脚与环道的几何相对位置如图 7-3-4 所示):

$$\sin\frac{\theta_{外}}{2} = \sqrt{\left[R' + b/2 - \sqrt{R_{外}^2 - (R+h)^2}\right]^2 + \delta^2}/(2R_{外}) \tag{7-3-2}$$

式中　$R_{外}$——撑脚外边缘的旋转半径,由下式计算:

$$R_{外} = \sqrt{(R+h-\delta)^2 + (R'+b/2)^2} \tag{7-3-3}$$

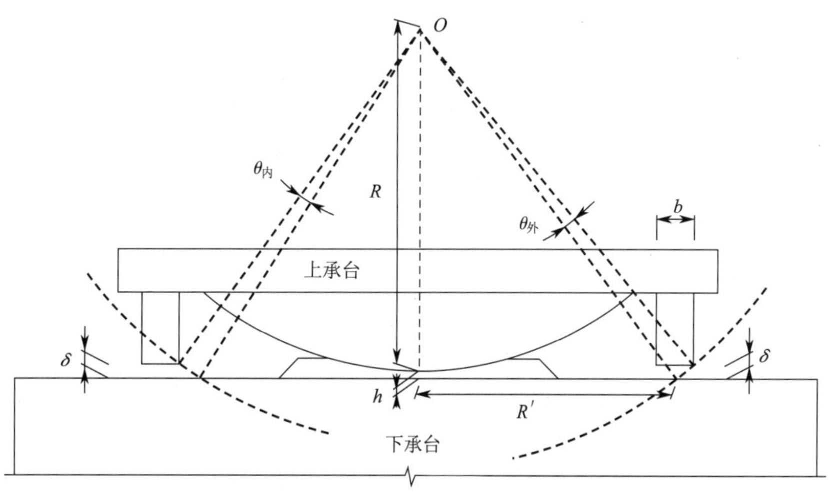

图 7-3-4　撑脚与环道相对位置示意图

实际工程中可通过控制外边缘的允许转动角来控制撑脚与环道之间的间隙。由于式(7－3－2)形式复杂，较难表示成间隙δ的表达式，因此只能先假定δ值，再计算θ值，考察θ是否满足要求，不满足则重新假定δ，直至θ满足要求。可编制小程序，输入几何变量及允许转动角θ，通过迭代法来求解δ。

7.3.5 转体施工自锚上承式拱桥顶推力与系杆力计算

采用转体施工的混凝土桥梁通常会在跨中合龙前，预先施加顶推力，合龙后卸去顶推力，这样就可以在跨中合龙段内预存一定的压应力。顶推力的确定是转体桥梁设计的关键参数。而本工程采用自锚上承式系杆拱桥，利用系杆来平衡拱肋水平推力，系杆力的确定对结构内力、变形状态影响很大。

综合以上分析，提出了将顶推力与系杆力联系起来考虑，以施工阶段的安全及合理成桥状态为设计的基本原则，对顶推力与系杆力进行优化设计，称之为基于影响矩阵的优化设计方法。具体计算方法详见第6.7节。

7.3.6 收缩徐变效应及预应力张拉顺序对结构使用性能的影响

通过分析收缩徐变及预应力张拉顺序对结构使用性能的影响，对桥梁的设计与施工提出了合理化建议。

对收缩徐变效应的研究表明：收缩徐变会使主拱跨中向下变形，边拱向上变形，主拱拱脚上缘、边拱拱脚下缘压应力减小，主拱拱脚下缘、边拱拱脚上缘压应力增大。转动体的存放时间对结构性能的影响：存放时间越短，主拱脚上缘、边拱脚下缘的徐变拉应力越大，主拱脚下缘、边拱脚上缘徐变压应力越大，对结构相对越不利；存放时间越短，变形越大（中跨跨中向下，边跨向上）。

对预应力张拉顺序的研究表明：在条件允许的情况下，应当尽可能先张拉长束，后张拉短束。

7.4 展　望

目前我国正在大规模地进行基础设施建设，不可避免地会出现新建路线跨越已有路线，特别是跨越高速公路等重要路线，传统的支架施工或悬臂施工都会对已有线路造成困扰，将影响降到最小的做法就是采用转体施工法，在此类情况下，转体施工将独具优势。

斜拉桥由于斜拉索的作用，可大大降低梁高，转体时其悬臂小，临时配筋少，斜拉索在平转时可起到扣索作用，能增加桥梁结构的平衡稳定。因此与其他桥型相比，斜拉桥采用转体施工技术，具有更大的优越性和较为广泛的发展前景。

在看到转体施工技术良好前景的同时也应看到，转体施工技术复杂、设计理论不完善、安全问题突出，没有可靠的规范可依。同时转体施工技术在朝着大吨位、大悬臂的方向发展，面临的技术难题进一步加大。本书的研究与实践经验为转体施工技术的发展解决了众多技术难题，对转体施工技术的发展具有重要的现实意义与应用价值。

参考文献

[1]何国锋."平面转体法"桥梁施工技术[J].工业技术,2008(22).

[2]贾生旭.160m连续梁拱竖向转体施工技术[J].铁道建筑技术,2010(6).

[3]周文胜,朱根云,许柏民.G312跨沪宁高速公路跨线桥转体施工[J].桥梁建设,2004(1).

[4]周痒天,孙毅峰,向宝城,肖红文.北京石景山混凝土斜拉桥转体施工[J].预应力技术,2004(1).

[5]周勇,许志刚,王宏伟.大跨度连续梁球铰法转体设计、施工关键技术[J].公路交通科技,2010(4).

[6]方申,史福元,索燕云,李河永,吴坚.丰沙铁路立交桥转体施工定额专题研究[J].公路,2010(8).

[7]张文慧.高速公路转体桥施工工艺研究[J].交通标准化,2009(20).

[8]张六一.哈大铁路客运专线跨既有线箱梁转体施工[J].工程科技,2010(26).

[9]张联燕,等.桥梁转体施工[M].北京:人民交通出版社,2001.

[10]陈宝春,孙潮,陈友杰.桥梁转体施工方法在我国的应用与发展[J].公路交通科技,2001(2).

[11]雷俊卿.桥梁转体施工新技术的研究[J].西安公路交通大学学报,1998(S2).

[12]Michel Virlogeux. Recent Evolution of Cable - Stayed Bridges[J]. Engineering Structures, 1999(21).

[13]李自康.都拉营大桥T构箱梁的转体施工[J].公路,1999(3).

[14]秦立方,梁来.贵阳都拉营T构桥水平转体施工技术[J].施工技术,2000(6).

[15]郭彬立.丫髻沙大桥主桥转体施工计算[J].铁道标准设计,2001(6).

[16]左军.桥梁转体施工验算[J].建筑结构,2002(4).

[17]李盛.开口薄壁转体拱桥施工阶段整体稳定性分析[J].公路交通科技(应用技术版),2004(10).

[18]李翌程.钢管混凝土劲性骨架拱桥转体施工关键技术研究[D].武汉:武汉理工大学,2006.

[19]骆祖文.转体施工桥梁的有限元结构验算及优化[D].武汉:武汉理工大学,2002.

[20]罗德,陈伟.高架斜拉桥跨越铁路转体施工技术[J].石家庄铁道学院学报,2004(5).

[21]马顺昌,王同民.转体斜拉桥施工[J].公路,2004(3).

[22]贾艳敏,邢恩泰.结构设计原理[M].哈尔滨:东北林业大学出版社,2000.

[23]朱文卫.浅谈鞍山转体大桥的转盘施工[J].交通科技,2005(5).

[24]粟晓.定轴转动刚体的惯性运动分析[J].武汉大学学报,1998(2).

[25]M. S. Pfeil, R. C. Batista. Aerodynamic Stability Analysis of Cable - Stayed Bridges[J]. Journal of Structural Engineering, 1995, 121(12).

[26]Agar T. J. Dynamic Instability of Suspension Bridges[J]. Computers & Structures, 1991, 41(6).

[27]Thompson, J. M. T., Basic Principles in the General Theory of Elastic Stability[J]. Journal of the Mechanics and Physics of Solids, 1963(11).

[28]George J. Simitses. An Introduction to the Elastic Stability of Structures[M]. Prentice - Hall, 1976.

[29]Zarghamcc M. S., Shah J. M. Stability of Space Frames[J]. ASCE, 1968(94).

[30]A. D. Jefferson, H. D. wght. Finite - Element Simulation of Dual - Skin Composite Structures[J]. Structural Engineering Review, 1996,8(2).

[31]Scanlan &H. Theory of the Wind Analysis of Long Span Bridges based on Dam Obtained from Section Model Test[J]. Pro. ICWEBS, 1975.

[32]陈政清.桥梁风工程[M].北京:人民交通出版社,2005.

[33]杨振江,巩天才.高架斜拉桥跨越铁路转体施工技术[J].铁道建筑,2004(11).

[34]王建斌,张为,等.跨苏嘉杭特大桥主桥转体施工技术[J].铁道标准设计,2006(6).

[35]何庭国,马庭林,等.北盘江大桥拱圈单铰转体施工设计[J].铁道标准设计,2002(9).

[36]侯宇,张竞.桥梁转体施工新技术的研究[J].中国计量学院学报,1998(2).

[37]徐升桥,陈国立,等.北京市五环路曲线斜拉桥转体施工设计[J].铁道标准设计,2003(10).

[38]胡云江.广州丫髻沙大桥的转体施工[J].公路,2001(6).

[39]中华人民共和国交通部.公路斜拉桥设计细则[S].北京:人民交通出版社,1996.

[40] Podolny W., Scalzi J. B. Construction and Design of Cable – Stayed Bridges[M]. John Wiley & Sons, New York, 1986.
[41] A. H. Peyrot, A. M. Goulois. Analysis of Cable Structures[J]. Computers & Structures, 1979(10).
[42] 马庭林. 预应力拉索在北盘江大桥转体结构上的应用[J]. 预应力技术,2005(5).
[43] 肖佳鹏. 石景山南站斜拉桥转体系统施工要点[J]. 铁道标准设计,2005(6).
[44] 葛俊颖,贾强. 广州丫髻沙大桥的转体施工方案检算[J]. 山东建筑工程学院学报,1999(3).
[45] 钟启宾. 大里营刚性索斜拉桥转体施工设计新技术[J]. 铁道标准设计,1997(2).
[46] M. C. Tang. Nonlinear Behavior of Cable – Stayed Bridges[J]. Sino – American Symposium on Bridge and Structural Engineering, Beijing, 1982.
[47] 李国豪. 桥梁结构振动与稳定[M]. 北京:中国铁道出版社,2003.
[48] 戴公连,李德建. 桥梁结构空间分析设计方法与应用[M]. 北京:人民交通出版社.
[49] 李艳辉等. 一种分析旋转梁振动的梁柱有限元[J]. 机械科学与技术,2005(3).
[50] Bathe. kJ. Finite Element Procedures in Engineering Analysis[M]. Prentice – Hall, Inc. Englewood cliffs, New Jersey, 1982.
[51] John Fleming. Nonlinear Static Analysis of Cable – Stayed Bridge Structures[J]. Computers & Structures, 1979, 10(4).
[52] Karoumi. Some Modeling Aspects in the Nonlinear Finite Element Analysis of Cable – Supported Bridges[J]. Computers & Structures, 1999(71).
[53] 魏峰,陈强,马林. 北京市五环路斜拉桥转动体不平衡重称重试验分析[J]. 铁道建筑,2005(4).
[54] 张三喜. 平衡重转体桥转动体系的施工设计[J]. 中国市政工程,2002(8).
[55] Jin Cheng. Jing Jianjing. Ultimate Load Carrying Capacity of Lu – Pu Steel Arch Bridge under Static Wind Loads. Computers & Structures, 2003(81).
[56] 姜岩,雷华阳,郑刚,杨雄健. 循环荷载下结构性软土变形预测. 交通运输工程学报,2011,11(1).
[57] 盛国刚,彭献,赵冰. 变速旋转梁的建模与运动稳定性分析[J]. 湖南大学学报(自然科学版),2003(2).
[58] 张青斌,等. 旋转梁的动力学建模及其反馈控制[J]. 上海航天,2001(4).
[59] 廖强华. 旋转工作台的动力学分析[J]. 机械设计与制作,2006(5).
[60] Wittenburg J. Dynamics of Systems of Rigid Bodies[M]. B. Q Teubner Stuttgart, 1977.
[61] 苏明,田淑清,郑贵臣. 旋转弹性梁大变形的动力学方程及其特征值问题[J]. 吉林建筑工程学院学报,1999(4).
[62] D Bruna, A Leonardi. Nonlinear Analys is of Cable – Stayed Bridges Eccentrically Loaded[J]. IABSE Proc. P – 103/86. 1986, 129 ~ 140.
[63] Aty S. Nazmy, Abmed M. Abflel – Ghaffar. Three dimensional Nonlinear Static Analysis of Cable – Stayed Bridge[J]. Computers & Structures, 1990, 34(2).
[64] D. R. Popp and E. B. Willian. Stability Analysis of Steel Trapezoidal Box – Girder Bridges[J]. Structures, 2005.
[65] C. G Bucher, Y. K. Lin. Stochastic Stability of Bridges Considering Coupled Modes[J]. Engng. Mech., 1988,114(12).
[66] Gladwell I., Thomas R. M. Stability Properties of the Newmark, HouboR and Wilson – e methods, Int[J]. Numer. Anal. Meth. Geomech, 1980(4).
[67] 李盛. 开口薄壁箱拱桥转体施工阶段结构稳定性研究[D]. 武汉:武汉理工大学,2006.
[68] 张劲夫,秦卫阳. 高等动力学[M]. 北京:科学出版社,2004.
[69] 郝文化. ANSYS 土木工程应用实例[M]. 北京:中国水利水电出版社,2005.
[70] 张朝晖. ANSYS 8.0 结构分析及实例解析[M]. 北京:机械工业出版社,2006.
[71] 张立明. Algor、Ansys 在桥梁工程中的应用方法与实例[M]. 北京:人民交通出版社,2003.
[72] 叶先磊,史亚杰. ANSYS 工程分析软件应用实例[M]. 北京:清华大学出版社,2003.
[73] 李权. ANSYS 在土木工程中的应用[M]. 北京:人民邮电出版社,2005.
[74] 张晓壳. 斜拉桥的数学建模[J]. 国外桥梁,1998(2).
[75] 张海龙. 桥梁的结构分析[M]. 北京:中国建筑工业出版社,2003(8).
[76] 宋杰,李艳哲. 稀索转体斜拉桥主梁采用支架法施工的技术要点[J]. 公路交通技术,2004(4).
[77] 张联燕,等. 桥梁转体施工[M]. 北京:人民交通出版社,2001(8).

[78] Adeber P., Kuchma D., Collins M. P. Strut and Tie Models for the Design of Pile Caps: An Experimental Study[J]. ACI Journal, 1990, 87(1).

[79] Adeber P., Zhou Z. Design of Deep Pile Caps by Strut－and－Tie Model[J]. ACI Journal, 1996, 93(4).

[80] 中交公路规划设计院. 公路钢筋混凝土及预应力混凝土桥涵设计规范(JTG D62－2004)[S]. 北京:人民交通出版社,2004.

[81] Cavers, Willam, Fenton, Gordon A. An Evaluation of Pile Cap Design Methods in Accordance with the Canadian Design Standard[J]. Canadian Journal of Civil Engineering, 2004, 31(1).

[82] 卢健峰. 桩基承台空间桁架设计理论设计方法研究[D]. 南京:东南大学,2001.

[83] Frank J. Vecchio and Michael P. Collins. The Modified Compression－Field Theory for Reinforced Concrete Elements Subjected to Shear[J]. ACI Structural Journal, 1986, 83(2).

[84] 陈竹昌,刘利民,王建华. 承台刚度的研究[J]. 同济大学学报,1999,27(1).

[85] 龚晓南,陈明中. 桩筏基础设计方案优化若干问题[J]. 土木工程学报,2001,34(4).

[86] 陈云敏,陈仁朋,黄海丹. 桩筏基础相对刚度及合理板厚的确定[J]. 工业建筑,2005,35(5).

[87] Horikoshi K., Randolph M. F. A Contribution to the Optimum Design of Piled Rafts[J]. Geotechnique, 1998(3).

[88] 卢波. 集群桩基大型承台按软化空间桁架设计理论的试验研究[D]. 东南:东南大学,2007.

[89] 曾友金,章为民,王年香,等. 苏通大桥主桥索塔群桩基础与土体共同作用数值模拟分析[R]. 南京水利科学研究院,2004.

[90] 苏通长江公路大桥主桥索塔群桩基础与土体共同作用离心模型试验研究报告[R]. 南京水利科学研究院,2004.

[91] 过超. 桩－承台基础相对刚度试验研究[J]. 岩土工程学报,2008,30(12).

[92] Suzuki K., Otsuki K., Tsubata T. Influence of Bar Arrangement on Ultimate Strength of Four－Pile Caps[J]. Transactions of the Japan Concrete Institute, 1998(20).

[93] 过超,卢波,龚维明,戴国亮. 柱下九桩承台承载性能试验研究[J]. 土木工程学报, 2010,43(1).

[94] 卢波,过超,龚维明,戴国亮. 九桩厚承台室内外试验分析与设计[J]. 土木工程学报,2011,44(1).

[95] 张喜刚,龚维明. 超长群桩基础承载机理研究[M]. 北京:人民交通出版社,2009.

[96] 黄茂松,李进军,李兴照. 饱和软粘土的不排水循环累积变形特性[J]. 岩土工程学报,2006,28(7).

[97] 崔新壮. 交通荷载作用下低路堤软粘土地基累积沉降规律分析[J]. 中国公路学报,2009,22(4).

[98] Monismith C. L., Ogaw A. N., Freeme C. R. Permanent Deformation Characteristics of Subgrade Soils due to Repeated Loading[J]. Transportation Research Record, 1975(537).

[99] Li Dingqing, SELIG E. T. Cumulative Plastic Deformation for Fine Grained Subgrade Soils[J]. Journal of Geotechnical Engineering, 1996, 122(12).

[100] 王军,蔡袁强. 循环荷载作用下饱和软黏土应变累积模型研究[J]. 岩石力学与工程学报, 2008, 27(2).

[101] 颜斌,倪万魁,刘海松. 公路黄土地基流变模型研究[J]. 中国公路学报,2009,22(4).

[102] 程海涛,刘保健,谢永利. 重塑黄土变形特性[J]. 长安大学学报(自然科学版),2008,28(5).

[103] 张洪亮,边祥芹,王玉兰. 重复荷载作用下路基土粘弹塑性永久变形预估[J]. 长安大学学报(自然科学版),2010,30(2).

[104] 王国欣,肖树芳,周旺高. 原状结构性土先期固结压力与结构强度的确定[J]. 岩土工程学报,2003,25(2).

[105] 邹越强,王建斌,邵孟新. 推求先期固结压力的逐步逼近法[J]. 岩土工程学报,1994,16(3).

[106] 王国欣. 软土结构性及其扰动状态模型研究[D]. 长春:吉林大学,2003.

[107] 陈颖平,黄博,陈云敏. 循环荷载作用下结构性软黏土的变形和强度特性[J]. 岩土工程学报,2005,27(9).

[108] 中交公路规划设计院. JTG D60－2004 公路桥涵设计通用规范[S]. 北京:人民交通出版社,2004.

[109] 路桥集团第一公路工程局. JTJ 041－2000 公路桥涵施工技术规范[S]. 北京:人民交通出版社,2000.

[110] 铁道第三勘察设计院,等. TB 10621－2009 高速铁路设计规范(试行)[S]. 北京:中国铁道出版社,2007.

[111] 铁道部第三勘察设计院. TB 10002.1－2005 铁路桥涵设计基本规范[S]. 北京:中国铁道出版社,2005.

[112] 中铁工程设计咨询集团有限公司. TB 10002.3－2005 铁路桥涵钢筋混凝土和预应力钢筋混凝土结构设计规范[S]. 北京:中国铁道出版社,2005.

[113] 铁道第三勘察设计院. TB 10002.4－2005 铁路桥涵混凝土和砌体结构设计规范[S]. 北京:中国铁道出版社,2005.

[114] 铁道科学研究院. TB 10005－2010 铁路混凝土结构耐久性设计规范. 北京:中国铁道出版社,2005.

[115]铁道科学研究院. 铁建设函〔2003〕205 号 新建铁路桥上无缝线路设计暂行规定[S].

[116]铁道第三勘察设计院. TB 10002.5 — 2005 铁路桥涵地基和基础设计规范[S]. 北京:中国铁道出版社,2005.

[117]中交公路规划设计院. JTG/T D60 - 01 — 2004 公路桥梁抗风设计规范 [S]. 北京:人民交通出版社,2004.

[118]中华人民共和国铁道部. GB 50111 — 2006 铁路工程抗震设计规范[S]. 北京:中国计划出版社,2009.

[119]田美存,徐永福. 荷载传递法在群桩分析中的应用[J]. 河海大学学报,1997,25(1).

[120]刘利民,舒翔,熊巨华. 桩基工程的理论进展与工程实践[M]. 北京:中国建材工业出版社,2002.

[121]Coyle H. M., Reese L. C. Load Transfer for Axially Load Piles in Clay[J]. Soil Mesh Found Div Proc ASCE, 1992 (2).

[122]冯忠居,冯瑞玲,赵占厂,等. 黄土湿陷性对桥梁桩基承载力的影响[J]. 交通运输工程学报,2005,5(3).

[123]尹书军. 沪杭客运专线跨沪杭高速公路特大桥(88 + 160 + 88)m 自锚上承式拱桥设计[J]. 铁道标准设计,2010 (5).

[124]李惊蛰. 跨苏嘉杭高速公路特大桥转体施工技术[J]. 铁道建筑技术,2007(S1).

[125]徐芝纶. 弹性力学简明教程[M]. 北京:高等教育出版社,2002.